Beyerbach | Die juristische Doktorarbeit

Die juristische Doktorarbeit

Ein Ratgeber für das gesamte Promotionsverfahren

von

Dr. Hannes Beyerbach

Akademischer Rat

an der Universität Mannheim

2. Auflage 2017

Verlag Franz Vahlen · LexisNexis · Helbing Lichtenhahn

Zitiervorschlag: *Beyerbach* Doktorarbeit Rn.

www.vahlen.de

ISBN Vahlen 978 3 8006 5496 3
ISBN LexisNexis 978 3 7007 6902 6
ISBN Helbing Lichtenhahn 978 3 7190 4012 3

© 2017 Verlag Franz Vahlen GmbH
Wilhelmstraße 9, 80801 München
Druck: Druckhaus Nomos
In den Lissen 12, 76547 Sinzheim

Satz: R. John + W. John GbR, Köln
Umschlaggestaltung: Martina Busch, Grafikdesign, Homburg Saar

Gedruckt auf säurefreiem, alterungsbeständigem Papier
(hergestellt aus chlorfrei gebleichtem Zellstoff)

Vorwort

Nachdem die erste Auflage meines Buches positiv aufgenommen wurde, konnte ich mich bereits weniger als zwei Jahre nach ihrem Erscheinen daranmachen, diese zweite Auflage vorzubereiten. Sie bot nicht nur Gelegenheit, das Werk auf den neuesten Stand zu bringen und die überraschend zahlreichen Neuerscheinungen und Neuauflagen der letzten zwei Jahre einzuarbeiten, sondern auch dazu, einige Anregungen aufzugreifen. Reaktionen auf die erste Auflage haben mich über Rezensionen, E-Mails, aber auch in persönlichen Gesprächen erreicht. Viele Hinweise und Anregungen habe ich zudem in meinen Doktorandenseminaren erhalten. Für alle Hinweise war ich dankbar – die Behauptung im Vorwort zur ersten Auflage war also ernst gemeint –, und sie haben an einigen Stellen zu Änderungen und Ergänzungen des Werks geführt, die es hoffentlich noch etwas besser gemacht haben.

Neu aufgenommen in diese Auflage sind etwa einige Bemerkungen zum Betreuungsverhältnis, und das Kapitel zum richtigen Zitieren habe ich um ausführlichere Abschnitte zum Zitieren europäischer Quellen, von Gesetzgebungsmaterialien, von elektronischen Quellen sowie von ausländischer und fremdsprachiger Literatur erweitert. Damit verdient diese Fassung hoffentlich das für Neuauflagen beliebte Prädikat einer »verbesserten und erweiterten« zweiten Auflage.

Bei deren Entstehung haben *Dominique Nardin* mit peniblen Korrekturen und *Natalie Hubl* mit ebenso gewissenhaften Korrekturen und gründlicher Recherche wertvolle Hilfe geleistet, für die ich mich herzlich bedanke. Wenn trotz aller aufmerksamer Augen noch ein Fehler unentdeckt geblieben oder etwas zu verbessern ist, freue ich mich über eine Rückmeldung per E-Mail (an den Verlag oder an die Adresse beyerbach@uni-mannheim.de).

Ich hoffe, dass auch diese Auflage des Buches vielen Doktorandinnen und Doktoranden bei der Arbeit an ihrer Dissertation eine kleine Unterstützung sein kann und wünsche allen Leserinnen und Lesern gutes Gelingen bei ihren wissenschaftlichen Projekten!

Mannheim, im Juli 2017 *Hannes Beyerbach*

Vorwort zur ersten Auflage

Der Weg zur Promotion ist für viele die Phase mit der größten zeitlichen und inhaltlichen Freiheit während ihrer juristischen Laufbahn. Ohne (allzu viele) tagesaktuelle Fristen und ohne das Korsett von Falllösungen und Gutachtenstil kann man sich einem Thema widmen, das nicht zugleich Hunderte von Kollegen traktieren. Gleichzeitig ist die Erstellung der Dissertation eines der anspruchsvollsten Projekte in der Karriere der meisten Doktoranden. Zum ersten Mal soll man etwas wirklich »Neues« zur Rechtswissenschaft beitragen und einen monografischen, wissenschaftlichen Text schreiben. Ohne Planung und Regeln kann deshalb auch diese Phase nicht ablaufen. Damit gehen viele Fragen einher, von den rein formalen Aspekten wie der Formatierung und dem richtigen Zitieren bis zur Frage, wie man wissenschaftlich schreibt. In meinem Buch möchte ich den Weg von der Idee bis zum veröffentlichten Werk nachzeichnen und Hilfestellung bei allen Fragen bieten, die sich bis zur Promotion stellen können. Das Werk geht in seinen Grundzügen auf das Seminar »Zitieren und wissenschaftliches Schreiben für promovierende Juristen« zurück, das ich mehrfach an den Universitäten Passau und Mannheim angeboten habe.

Bislang gibt es wenig speziell an Doktoranden der Rechtswissenschaft gerichtete Seminare, welche die allgemeine Graduiertenausbildung mit den Besonderheiten der Rechtswissenschaft verbinden. Entsprechendes gilt für die Literatur. Es fehlte bisher an einem aktuellen, nur für Doktoranden der Rechtswissenschaft geschriebenen Ratgeber, der nicht nur Einzelaspekte wie das Zitieren abdeckt, sondern auch den Schreibprozess begleitet, Hilfe bei Schreibblockaden bietet und bei der Erstellung von Gliederung und Exposé hilft. Diese Lücke möchte mein Buch schließen. Es versteht sich vor allem als praktischer Ratgeber. Dazu habe ich im Allgemeinen auf meine Erfahrungen als Doktorand zurückgegriffen, die notwendigerweise subjektiv sind. Vieles ist zudem Geschmackssache. Wo verschiedene Lösungen möglich sind, habe ich versucht, dies kenntlich zu machen.

Niemand ist perfekt. Wenn Sie beim Lesen anderer Meinung sind, Ausführungen vermisst haben oder einen Fehler entdecken, bin ich über Hinweise (an den Verlag oder per E-Mail an die Adresse beyerbach@uni-mannheim.de) dankbar.

Mit einer Danksagung darf ich schließen: *Dominique Nardin* hat wertvolle Hilfe bei der Literaturbeschaffung und der Recherche zu den Promotionsleitfäden (Anhang 2) geleistet sowie große Teile des Werkes aufmerksam Korrektur gelesen. Dafür danke ich ihm herzlich.

Ich hoffe, dass das Buch vielen Doktoranden während Ihrer Promotionsphase Hilfe bieten kann. Bei Ihrem großen Projekt wünsche ich gutes Gelingen!

Mannheim, im Februar 2015   *Hannes Beyerbach*

Inhaltsverzeichnis

Abkürzungsverzeichnis

a.A. . . . . andere(r) Ansicht
a.a.O. . . . . am angegebenen Ort
Abs. . . . . Absatz
AcP . . . . Archiv für die civilistische Praxis (Zeitschrift)
AFT . . . . Allgemeiner Fakultätentag
AG . . . . Amtsgericht
AK . . . . Alternativkommentar
AK-GG . . . . Alternativkommentar zum Grundgesetz
a.M. . . . . am Main
AöR . . . . Archiv des öffentlichen Rechts (Zeitschrift)
AP . . . . Arbeitsrechtliche Praxis (Rechtsprechungssammlung)
ArbG . . . . Arbeitsgericht
ArbR . . . . Arbeitsrecht aktuell (Zeitschrift)
Art. . . . . Artikel
AT . . . . Allgemeiner Teil
Aufl. . . . . Auflage
AVR . . . . Archiv des Völkerrechts (Zeitschrift)

BayHschG . . . . . . Bayerisches Hochschulgesetz
Bd. . . . . Band
BeckOK . . . . Beck'scher Online-Kommentar
BGB . . . . Bürgerliches Gesetzbuch
BGHZ . . . . Entscheidungen des Bundesgerichtshofes in Zivilsachen (Amtliche Sammlung)
BK-GG . . . . Bonner Kommentar zum Grundgesetz
BT . . . . Besonderer Teil/Bundestag
BT-Drs.. . . . . Bundestagsdrucksachen
BT-Drucks. . . . . . Bundestagsdrucksachen
BVerfG . . . . Bundesverfassungsgericht
BVerfGE . . . . . . Amtliche Sammlung der Entscheidungen des Bundesverfassungsgerichts
BVerfGG . . . . . . Bundesverfassungsgerichtsgesetz
bzw. . . . . beziehungsweise

CEDH . . . . *Court Européenne des Droits de l'Homme* (Europäischer Gerichtshof für Menschenrechte; zugleich französischsprachige Abkürzung der amtlichen Sammlung)
COM . . . . Kommissionsdokumente(e) [englischsprachige Zitierung]

DBIS . . . . Datenbanken-Infosystem
d.h. . . . . das heißt
dens. . . . . denselben
ders. . . . . derselbe
DFG . . . . Deutsche Forschungsgemeinschaft
DHV . . . . Deutscher Hochschulverband
dies. . . . . dieselbe(n)
Diss. . . . . Dissertation
DNB . . . . Deutsche Nationalbibliothek
DOI . . . . *Digital Object Identifier*
Dr. . . . . Doktor
DVBl. . . . . Deutsches Verwaltungsblatt (Zeitschrift)

ECHR . . . . *European Court of Human Rights* (Europäischer Gerichtshof für Menschenrechte; zugleich englischsprachige Abkürzung der amtlichen Sammlung)
ECLI . . . . European Case Law Identifier

EDV . . . . Elektronische Datenverarbeitung
EGMR . . . . Europäischer Gerichtshof für Menschenrechte
endg. . . . . endgültig (bei Dokumenten der Europäischen Kommission – Zitierweise bis 2012)
et al. . . . . *et alii* (und andere)
etc. . . . . *et cetera* (und andere/s)
EU . . . . Europäische Union
EuG . . . . Gericht (der EU; vormals Gericht erster Instanz)
EuGH . . . . Gerichtshof der Europäischen Union
EuZW . . . . Zeitschrift für Europäisches Wirtschaftsrecht (Zeitschrift)

F&L . . . . Forschung und Lehre (Zeitschrift)
f. . . . . folgende/r (Seite/§/Absatz/Art.)
FamFR . . . . Familienrecht und Familienverfahrensrecht (Zeitschrift)
FamRZ . . . . Zeitschrift für das gesamte Familienrecht (Zeitschrift)
FAQ . . . . *Frequently Asked Questions*
FAZ . . . . Frankfurter Allgemeine Zeitung
ff. . . . . folgende
FG . . . . Festgabe/Finanzgericht
Fn. . . . . Fußnote
FS . . . . Festschrift

GA . . . . Goldtammer's Archiv für Strafrecht (Zeitschrift)
GG . . . . Grundgesetz
ggf. . . . . gegebenenfalls
GS . . . . Gedächtnisschrift

h.L. . . . . herrschende Lehre
h.M. . . . . herrschende Meinung
Habil. . . . . Habilitationsschrift
Hrsg. . . . . Herausgeber
HStR . . . . Handbuch des Staatsrechts

i.d.F. . . . . in der Fassung
i.d.R. . . . . in der Regel
IGH . . . . Internationaler Gerichtshof
i.S.v. . . . . im Sinne von
insb. . . . . insbesondere
ISBN . . . . Internationale Standardbuchnummer

JA . . . . Juristische Arbeitsblätter (Zeitschrift)
JöR n.F. . . . . Jahrbuch des öffentlichen Rechts der Gegenwart (neue Folge) (Zeitschrift)
Jura . . . . Juristische Ausbildung (Zeitschrift)
JurPC . . . . Internet-Zeitschrift für Rechtsinformatik und Informationsrecht (Zeitschrift)
JuS . . . . Juristische Schulung (Zeitschrift)
JZ . . . . JuristenZeitung (Zeitschrift)

K&R . . . . Kommunikation und Recht (Zeitschrift)
KJ . . . . Kritische Justiz (Zeitschrift)
KJB . . . . Karlsruher Juristische Bibliographie (Zeitschrift)
KK . . . . Karlsruher Kommentar
KOM. . . . . Kommissionsdokument(e) – deutsche Zitierweise bis 2012
KVK . . . . Karlsruher Virtueller Katalog

LAG . . . . Landesarbeitsgericht
LG . . . . Landgericht
LHG . . . . Landeshochschulgesetz
LSG . . . . Landessozialgericht
lit. . . . . *littera* (Buchstabe)

LL.M . . . . Master of Laws (Legum Magister)
LM . . . . Lindenmaier-Möhring (Nachschlagewerk des Bundesgerichtshofs)

m.E. . . . . meines Erachtens
m.w.N. . . . . mit weiteren Nachweisen
MMR . . . . Multimedia und Recht (Zeitschrift)
MPG . . . . Max-Planck-Gesellschaft
MüKo . . . . Münchener Kommentar
MünchKomm . . . . Münchener Kommentar

NJW . . . . Neue Juristische Wochenschrift (Zeitschrift)
NJW-RR . . . . Neue Juristische Wochenschrift – Rechtsprechungsreport (Zeitschrift)
Nr. . . . . Nummer
Nrn. . . . . Nummern
NStZ . . . . Neue Zeitschrift für Strafrecht (Zeitschrift)
NStZ-RR . . . . Neue Zeitschrift für Strafrecht – Rechtsprechungsreport (Zeitschrift)
NVwZ . . . . Neue Zeitschrift für Verwaltungsrecht (Zeitschrift)
NVwZ-RR . . . . . . Neue Zeitschrift für Verwaltungsrecht – Rechtsprechungsreport (Zeitschrift)
NZA . . . . Neue Zeitschrift für Arbeitsrecht (Zeitschrift)
NZA-RR . . . . Neue Zeitschrift für Arbeitsrecht – Rechtsprechungsreport (Zeitschrift)
NZFam . . . . Neue Zeitschrift für Familienrecht (Zeitschrift)
NZG . . . . Neue Zeitschrift für Gesellschaftsrecht (Zeitschrift)

OLG . . . . Oberlandesgericht
OVG . . . . Oberverwaltungsgericht

PC . . . . *Personal Computer*
PD . . . . Privatdozent
PDF (.pdf) . . . . . . Portable Document Format (Dateiformat)
PlProt. . . . . Plenarprotokolle
Prof. . . . . Professor

RdA . . . . Recht der Arbeit (Zeitschrift)
Rdnr. . . . . Randnummer
RGZ . . . . Entscheidungen des Reichsgerichts in Zivilsachen (Amtliche Sammlung)
RiLG . . . . Richter am Landgericht
RL . . . . Richtlinie
Rn. . . . . Randnummer
RRa . . . . Reiserecht aktuell (Zeitschrift)
Rs. . . . . Rechtssache
RW . . . . Rechtswissenschaft – Zeitschrift für rechtswissenschaftliche Forschung (Zeit-
            schrift)

S. . . . . Seite/Satz
s. . . . . siehe
SG . . . . Sozialgericht
SK . . . . Systematischer Kommentar
Slg. . . . . Sammlung (Amtliche Sammlung der Rechtsprechung des EuGH)
s.o. . . . . siehe oben
s.u. . . . . siehe unten
StGB . . . . Strafgesetzbuch
StPO . . . . Strafprozessordnung

u.a. . . . . und andere/unter anderem
UFITA . . . . Archiv für Urheber-, Film- [ab 1954–1999], Funk- und Theaterrecht [1928–
            1944; 1954–1999]; dann: Archiv für Urheber- und Medienrecht (Zeitschrift)
URL . . . . *United Resource Locator* (hier: Ressourcenanzeiger für die Adresse von Web-
            seiten)
Urt. . . . . Urteil

Literaturverzeichnis

Anmerkung: Das Verzeichnis folgt meinen Empfehlungen zum Literaturverzeichnis, zum Beispiel in Bezug auf die Formatierung, die Angabe der Untertitel zu den zitierten Werken und Angaben dazu, ob ein Werk zugleich eine Dissertation oder Habilitationsschrift war (s. dazu § 5 D.III.1. [Rn. 502 f.]). Für selbstständige Schriften wurde keine Kurzform gewählt, weil in einem didaktisch orientierten Werk ohnehin die Fußnoten nicht so zahlreich sind wie in einer wissenschaftlichen Arbeit. Anders habe ich das zum Beispiel in meiner eigenen Dissertation gehandhabt, um die mitunter langen Fußnoten nicht noch länger werden zu lassen. Die üblichen Abkürzungen (wie FS für Festschrift oder Kommentarkürzel wie MüKo-BGB) sollten aber stets verwendet werden, weil die Fußnoten sonst unnötig lang und überbetont werden.
Die Internetfundstellen wurden zuletzt am 31. Mai 2017 auf Ihre Abrufbarkeit überprüft. Neuauflagen und Neuerscheinungen konnten, soweit verfügbar, bis Ende Mai 2017 berücksichtigt werden.

v. Alemann, Ulrich: Das Exposé. Ja, mach nur einen Plan..., abrufbar unter: *www.phil-fak.uni-duesseldorf.de/politik/Mitarbeiter/Alemann/aufsatz/01_expose2001.pdf.*

Allgemeiner Fakultätentag (AFT)/Fakultätentage/Deutscher Hochschulverband (DHV): Gemeinsames Positionspapier vom 9. Juli 2012 »Gute wissenschaftliche Praxis für das Verfassen wissenschaftlicher Qualifikationsarbeiten«, abrufbar unter: *www.hochschulverband.de/cms1/uploads/media/Gute_wiss._Praxis_Fakultaetentage_01.pdf.*

Assmann, Heinz-Dieter/Kirchner, Christian/Schanze, Erich: Ökonomische Analyse des Rechts. Tübingen 1993.

Balzert, Helmut/Schröder, Marion/Schäfer, Christian: Wissenschaftliches Arbeiten. 2. Aufl., Dortmund 2011.

Basak, Denis/Schimmel, Roland: Internet im Jurastudium – Plädoyer für einen wohlüberlegten Einsatz des WWW, ZJS 2008, S. 435–440.

Basak, Denis/Reiß, Marc/Schimmel, Roland: Wissenschaftlichkeit der Rechtswissenschaft? Überlegungen zum Umgang mit Plagiaten in rechtswissenschaftlichen Publikationen und Prüfungsarbeiten, RW 2014, S. 277–300.

Bauer, Waldemar/Bleck-Neuhaus, Jörn/Dombois, Rainer/Wehrtmann, Ingo S.: Forschungsprojekte entwickeln – von der Idee bis zur Publikation, Baden-Baden 2013.

Baumert, Andreas: Professionell texten. Grundlagen, Tipps und Techniken. 4. Aufl., München 2017.

Becker, Julia: Das Einmaleins der Promotion. Die Promotionsfibel 2016, Hamburg 2016.

Bergmann, Marcus/Schröder, Christian/Sturm, Michael: Richtiges Zitieren. Ein Leitfaden für Jurastudium und Rechtspraxis. München 2010.

Beyerbach, Hannes: Die geheime Unternehmensinformation. Grundrechtlich geschützte Betriebs- und Geschäftsgeheimnisse als Schranke einfachrechtlicher Informationsansprüche. Tübingen 2012 (zugl. Diss. Passau 2011).

ders.: Gutachten, Hilfsgutachten und Gutachtenstil – Bemerkungen zur juristischen Fallbearbeitung, JA 2014, S. 813–819.

Bitter, Georg/Rauhut, Tilman: Grundsätze zivilrechtlicher Methodik – Schlüssel zu einer gelungenen Fallbearbeitung, JuS 2009, S. 289–298.

Bleuel, Jens: Zitation von Internet-Quellen, 2000. Abrufbar unter: *www.ostfalia.de/export/sites/default/de/bib/download/zitierregelnonline.pdf.*

Bohlen, Fred N./Forster, Gabriele A.: Effizient lesen. Eine systematische Hilfe für alle, die zu viel zu lesen haben. 7. Aufl., Renningen 2008.

Bolker, Joan: Writing Your Dissertation in Fifteen Minutes a Day. A Guide to Starting, Revising and Finishing Your Doctoral Thesis. New York 1998.

Brandt, Edmund: Rationeller schreiben lernen. 5. Aufl., Baden-Baden 2016.

Brauner, Detlef Jürgen/Vollmer, Hans-Ulrich: Erfolgreiches wissenschaftliches Arbeiten. 3. Aufl., Sternenfels 2008.

Brink, Alfred: Anfertigung wissenschaftlicher Arbeiten. Ein prozessorientierter Leitfaden zur Erstellung von Bachelor-, Master- und Diplomarbeiten. 5. Aufl., Wiesbaden 2013.

Brinkmann, Karl: Die rechtswissenschaftliche Seminar- und Doktorarbeit. Eine Aufbauanleitung. Berlin/Frankfurt a.M. 1959.

Buzan, Tony/Buzan, Barry: Das Mind-Map-Buch. Die beste Methode zur Steigerung Ihres geistigen Potenzials. München 2013 (neue 1., erweiterte und aktualisierte Auflage).

Butzer, Hermann/Epping, Volker: Arbeitstechnik im Öffentlichen Recht. Vom Sachverhalt zur Lösung. 3. Aufl., Stuttgart u.a. 2006.

Byrd, B. Sharon/Lehmann, Matthias: Zitierfibel für Juristen. 2. Aufl., München 2016.

Calleros, Charles R.: Legal Method and Writing. 7. Aufl., Austin u.a. 2014.

Canaris, Claus-Wilhelm/Schmidt, Reiner: Hohe Kultur. FAZ vom 07.04.2011, S. 8, abrufbar unter: *www.faz.net/aktuell/politik/staat-und-recht/gastbeitrag-hohe-kultur-1624499.html.*

v. Coelln, Christian/Haug, Volker M. (Hrsg.): Beck'scher Online-Kommentar Hochschulrecht Baden-Württemberg. 3. Edition, Stand: 01.02.2017 (zitiert als: *Bearbeiter*, in: v. Coelln/Haug, BeckOK Hochschulrecht Baden-Württemberg).

v. Coelln, Christian/Lindner, Josef Franz (Hrsg.): Beck'scher Online-Kommentar Hochschulrecht Bayern. 4. Edition, Stand: 01.02.2017 (zitiert als: *Bearbeiter*, in: v. Coelln/Lindner, BeckOK hochschulrecht Bayern).

Dax, Peter/Hopf, Gerhard (Hrsg.): Abkürzungs- und Zitierregeln der österreichischen Rechtssprache und europarechtlicher Rechtsquellen (AZR). 7. Aufl., Wien 2012.

Deutsche Forschungsgemeinschaft (DFG): Sicherung guter wissenschaftlicher Praxis. Denkschrift, abrufbar unter: *www.dfg.de/download/pdf/dfg_im_profil/reden_stellungnahmen/download/empfehlung_wiss_praxis_1310.pdf.*

Deutscher Juristen-Fakultätentag: Empfehlungen des Deutschen Juristen-Fakultätentages zur wissenschaftlichen Redlichkeit bei der Erstellung rechtswissenschaftlicher Texte (Vorlage erarbeitet von Hirte/Noack), abrufbar unter: *www.djft.de/medien/pdf/Beschluss%2011%2092.%20DJFT%20-%20Annex.pdf.*

Dölle, Hans: Vom Stil der Rechtssprache. Tübingen 1949.

Dreier, Thomas/Ohly, Ansgar (Hrsg.): Plagiate. Wissenschaftsethik und Recht, Tübingen 2013.

Dreier, Thomas/Ohly, Ansgar: Lehren aus der Vergangenheit – Perspektiven für die Zukunft, in: dies., Plagiate. Wissenschaftsethik und Recht, Tübingen 2013, S. 155–184.

Duden (herausgegeben von der Dudenredaktion): Die deutsche Rechtschreibung. 26. Aufl., Berlin u.a. 2013.

Duden (herausgegeben von der Dudenredaktion): Das Wörterbuch der sprachlichen Zweifelsfälle. Richtiges und gutes Deutsch. 8. Aufl., Mannheim 2016.

Eco, Umberto: Wie man eine wissenschaftliche Abschlußarbeit schreibt (»Come si fa una Tesi di Laurea«). 13. Aufl., ins Deutsche übersetzt von Walter Schick, Wien 2010 (Nachdruck Wien 2012).

Eisenberg, Peter: Deutsche Orthographie. Regelwerk und Kommentar, verfasst im Auftrag der Deutschen Akademie für Sprache und Dichtung, Berlin/Boston 2016.

Elbow, Peter: Writing Without Teachers. 2. Aufl., New York/Oxford 1998.

ders.: Writing With Power. Techniques for Mastering the Writing Process. 2. Aufl., New York/Oxford 1998.

Esselborn-Krumbiegel, Helga: Von der Idee zum Text. Eine Anleitung zum wissenschaftlichen Schreiben. 4. Aufl., Paderborn u.a. 2014.

dies.: Richtig wissenschaftlich schreiben. 5. Aufl., Paderborn 2017.

Fischer, Thomas: Strafgesetzbuch. Kommentar, 64. Aufl., München 2017.

Forstmoser, Peter/Ogorek, Regina/Schindler, Benjamin: Juristisches Arbeiten. Eine Anleitung für Studierende. 5. Aufl., Zürich u.a. 2014.

Franck, Norbert: Wissenschaftliche Texte schreiben, in: Norbert Franck/Joachim Stary (Hrsg.), Die Technik wissenschaftlichen Arbeitens. 17. Aufl., Paderborn 2013, S. 111–172.

ders.: Handbuch Wissenschaftliches Arbeiten. 3. Aufl., Paderborn 2017.

Frankenberg, Günter: Lob dem Plagiat, KJ 2007, S. 258–264.

Frenz, Walter: Wissenschaftliches Fehlverhalten und Urheberrecht, ZUM 2016, S. 13–18.

Garcia-Scholz, Stephan: Die äußere Gestaltung juristischer Hausarbeiten, JA 2000, S. 956–961.

Gärditz, Klaus Ferdinand: Die Feststellung von Wissenschaftsplagiaten im Verwaltungsverfahren. Hochschulrechtliche Probleme und wissenschaftspolitischer Handlungsbedarf, WissR 46 (2013), S. 3–36.

Gast, Wolfgang: Juristische Rhetorik. 5. Aufl., Heidelberg 2015.

Geck, Wilhelm Karl: Totgeschwiegene Kommentatoren und zeitlose Kommentierungen: Unarten beim Zitieren, JZ 1987, S. 870.

Haas, Raphaël/Betschart, Franziska M./Thurnherr, Daniela: Leitfaden zum Verfassen einer juristischen Arbeit. 2. Aufl., Zürich/St. Gallen 2012.

Häberle, Peter/Blankenagel, Alexander: Fußnoten als Instrument der Rechts-Wissenschaft, Rechtstheorie 19 (1988), S. 116–136.

Haft, Fritjof: Juristische Schreibschule. Anleitung zum strukturierten Schreiben. München 2009.

Hahner, Markus/Scheide, Wolfgang/Wilke-Thissen, Elisabeth: Wissenschaftliche[s] Arbeiten mit Word 2010. Unterschleißheim 2011.

Hamann, Hanjo: Die Fußnote, das unbekannte Wesen – Potential und Grenzen juristischer Zitationsanalyse, RW 2014, S. 501–534.

Hauthal, Janine/Heinen, Sandra: Die Themenfindung als Einstieg in den Promotionsprozess: Selektionskriterien, Voraussetzungen, Orientierungen, in: Ansgar Nünning/Roy Sommer (Hrsg.), Handbuch Promotion. Forschung – Förderung – Finanzierung, Stuttgart/Weimar 2007, S. 231–233.

Heinen, Sandra: Softwaregestützte Literaturverwaltung, in: Ansgar Nünning/Roy Sommer (Hrsg.), Handbuch Promotion. Forschung – Förderung – Finanzierung. Stuttgart/Weimar 2007, S. 286–289.

Heinig, Hans Michael/Möllers, Christoph: Kultur der Wissenschaftlichkeit. FAZ vom 20.04.2011, abrufbar unter: *www.faz.net/aktuell/politik/die-debatte-kultur-der-wissenschaftlichkeit-1606898.html*.

dies.: Kultur der Kumpanei. FAZ vom 24.03.2011, S. 8, abrufbar unter: *www.faz.net/aktuell/politik/staat-und-recht/gastbeitrag-kultur-der-kumpanei-1610253.html*.

Herold, Ramona/Müller, Christian H.: »No-Gos« in Seminaren, JA 2013, S. 808–814.

Hinske, Norbert: Die Opfer des Laptops. Wie eine neue Technik das wissenschaftliche Arbeiten verändert. F&L 2011, S. 374 f.

Hirte, Heribert: Der Zugang zu Rechtsquellen und Rechtsliteratur, Köln u.a. 1991.

Hofmann, Friedrich: Promotionsfabriken. Der Doktortitel zwischen Wissenschaft, Prestige und Betrug, Berlin 2016.

Hornbostel, Stefan/Johann, David: Summa cum laude. Promotionsnoten in Deutschland, F&L 2017, S. 420–422.

Huber, Peter M./Radtke, Henning: Leistungsfähig und vorbildlich. FAZ vom 07.04.2011, S. 8, abrufbar unter: *www.faz.net/aktuell/politik/staat-und-recht/gastbeitrag-leistungsfaehig-und-vorbildlich-1620058.html*.

Janson, Gunnar: Ökonomische Theorie im Recht. Anwendbarkeit und Erkenntniswert im allgemeinen und am Beispiel des Arbeitsrechts. Berlin 2004 (zugl. Diss. Freiburg 2003).

Kaehlbrandt, Roland: Logbuch Deutsch. Wie wir sprechen, wie wir schreiben, Frankfurt a.M. 2016.

Kästle-Lamparter, David: Der schrittweise Fortschritt der (Rechts-)Sprache: Eine überfällige Laudatio, JZ 2016, S. 999 f.

Keiler, Stephan/Bezemek, Christoph: leg cit[3]. Leitfaden für juristisches Zitieren. 3. Aufl., Wien 2014.

Kellenberger, Claus: Der verfassungsrechtliche Schutz des eingerichteten und ausgeübten Gewerbebetriebs. Frankfurt a.M. u.a. 1999 (zugl. Diss. Frankfurt a.M. 1998).

Kerschner, Ferdinand: Wissenschaftliche Arbeitstechnik und Methodenlehre für Juristen. 6. Aufl., Wien 2014.

Keseling, Gisbert: Schreibblockaden überwinden, in: Norbert Franck/Joachim Stary (Hrsg.), Die Technik wissenschaftlichen Arbeitens. 17. Aufl., Paderborn 2013, S. 191–216.

ders.: Die Einsamkeit des Schreibers. Wie Schreibblockaden entstehen und erfolgreich bearbeitet werden können. Wiesbaden 2004.

XVII

Kilian, Matthias: Von der Beliebtheit und den Effekten einer Promotion zum Doktor der Rechte, JuS 2017, S. 187–192.

v. Kirchmann, Julius Hermann: Die Werthlosigkeit der Jurisprudenz als Wissenschaft. Nachdruck der Ausgabe Berlin 1848, herausgegeben von Hermann Klenner. Berlin 1990.

Kirchner, Abkürzungsverzeichnis der Rechtssprache. Begründet von Hildebert Kirchner, bearbeitet von Eike Böttcher. 8. Aufl., Berlin/Boston 2015.

Klaner, Andreas: Richtiges Lernen für Jurastudenten und Rechtsreferendare. 5. Aufl., Berlin 2011.

Klein, Andrea: Wissenschaftliche Arbeiten schreiben. Praktischer Leitfaden mit über 100 Software-Tipps, Frechen 2017

Knigge, Adolph Freiherr von: Über den Umgang mit Menschen: in drei Theilen. Band 3, 9. Aufl., Hannover 1818, abrufbar unter: *reader.digitale-sammlungen.de/de/fs1/object/display/bsb 10042453_00002.html.*

Knigge-Illner, Helga: Der Weg zum Doktortitel. Strategien für die erfolgreiche Promotion. 3. Aufl., Frankfurt a.M. 2015.

Koch, Richard: Das 80/20 Prinzip. Mehr Erfolg mit weniger Aufwand. 3. Aufl., Frankfurt a.M./New York 2015.

Kohler-Gehrig, Eleonora: Diplom-, Seminar-, Bachelor- und Masterarbeiten in den Rechtswissenschaften. 2. Aufl., Stuttgart 2008.

Konrath, Christoph (Hrsg.): SchreibGuide Jus. Juristisches Schreiben für Studium und Praxis. 3. Aufl., Wien 2013.

Kreutz, Peter: Propädeutik Rechtswissenschaften. Kurzanleitung zur Erstellung juristischer Seminararbeiten. Berlin 2011.

Krüper, Julian: Die Sache, nicht die Schatten – Der Fall zu Guttenberg, die Jurisprudenz als Wissenschaft und die Anforderungen an juristische Prüfungsarbeiten, ZJS 2011, S. 198–206.

Kruse, Otto: Keine Angst vor dem leeren Blatt. Ohne Schreibblockaden durchs Studium. 12. Aufl., Frankfurt a.M. 2007.

Lahnsteiner, Eva: Seminar- und Abschlussarbeiten effektiv und erfolgreich schreiben, Jura 2011, S. 580–587.

Lange, Ulrike: Fachtexte. Lesen – verstehen – wiedergeben. Paderborn 2013.

Lent, Wolfgang: Erfolgreich mit 8000 Fußnoten? Wege und Irrwege bei Promotionsvorhaben, Beck'scher Referendarführer 2007, S. 21–25.

Lepsius, Oliver: Nie war sie so dogmatisch wie heute. FAZ vom 19.05.2011, S. 8, abrufbar unter: *www.faz.net/aktuell/politik/staat-und-recht/die-debatte-nie-war-sie-so-dogmatisch-wie-heute-1637517.html.*

Linke, Tobias: Brauchen wir ein »Promotions- und Prüfungsstrafrecht«? Rechtliche und rechtspolitische Gedanken zur Bekämpfung des Unterschleifs, NVwZ 2015, S. 327–333.

Löwer, Wolfgang: Regeln guter wissenschaftlicher Praxis zwischen Ethik und Hochschulrecht, in: Thomas Dreier/Ansgar Ohly (Hrsg.), Plagiate. Wissenschaftsethik und Recht. Tübingen 2013, S. 51–65.

Löwisch, Manfred/Würtenberger, Thomas: Betreuungsvereinbarungen im Promotionsverfahren, Ordnung der Wissenschaft 3 (2014), S. 103–112, abrufbar unter: *www.ordnungderwissenschaft. de/Print_2014/16_loewisch_wuertenberger_betreuungsvereinbarungen_odw_ordnung_der_wisse nschaft_2014.pdf.*

Mann, Thomas: Einführung in die juristische Arbeitstechnik. Klausuren – Hausarbeiten – Seminararbeiten – Dissertationen. 5. Aufl. des von Peter J. Tettinger begründeten Werkes, München 2015.

Maschmann, Frank/Konertz, Roman: Das Hochschulbefristungsrecht in der Reform: Die Novelle des Wissenschaftszeitvertragsgesetzes, NZA 2016, S. 257–267.

Messing, Barbara/Huber, Klaus-Peter: Die Doktorarbeit: Vom Start zum Ziel. Leitfaden für Promotionswillige. 4. Aufl., Berlin u.a. 2007.

Meurer, Peter/Schluchter, Manfred: Einführung in das wissenschaftliche Arbeiten mit Citavi 5, Wädenswil 2015, abrufbar unter: *www.citavi.com/service/de/docs/citavi_5_wissenschaftliches_ arbeiten.pdf.*

Mix, Christine: Schreiben im Jurastudium. Klausur – Hausarbeit – Themenarbeit. Paderborn 2011.

Möllers, Thomas M.J.: Juristische Arbeitstechnik und wissenschaftliches Arbeiten. 8. Aufl., München 2016.

v. Münch, Ingo/Mankowski, Peter: Promotion. 4. Aufl., Tübingen 2013.

Müller, Roger: ZitierGuide. Leitfaden zum fachgerechten Zitieren in rechtswissenschaftlichen Arbeiten. 4. Aufl., Zürich u.a. 2016.

Murray, Donald M.: Write to Learn. 8. Aufl., Boston 2005.

Noack, Ulrich/Kremer, Sascha: Professionelle Online-Dienste für Juristen, NJW 2006, S. 3313–3317.

Nünning, Ansgar/Sommer, Roy (Hrsg.): Handbuch Promotion. Forschung – Förderung – Finanzierung. Stuttgart/Weimar 2007.

Peukert, Alexander: Vom Plagiat zur wissenschaftlichen Redlichkeit. Plädoyer für ein neues Paradigma bei der Beurteilung wissenschaftlichen Fehlverhaltens, WissR 48 (2015), S. 14–28.

Preißer, Karl-Heinz: Die Gliederung – verkürztes Spiegelbild der wissenschaftlichen Arbeit, WiSt 1993, S. 593–595.

Preißner, Andreas: Wissenschaftliches Arbeiten. Internet nutzen – Text erstellen – Überblick behalten. 3. Aufl., München 2012.

Prexl, Lydia: Mit digitalen Quellen arbeiten. Richtig zitieren aus Datenbanken, E-Books, YouTube und Co. 2. Aufl., Paderborn 2016.

Putzke, Holm: Juristische Arbeiten erfolgreich schreiben. 5. Aufl., München 2014.

Rahn, Horst-Joachim: Techniken geistiger Arbeit. Hamburg 2011.

Rau, Harald: Der ,Writing Code'. Bessere Abschlussarbeiten in kürzerer Zeit, Baden-Baden 2016.

Reiners, Ludwig: Stilfibel. Der sichere Weg zum guten Deutsch. 2. Aufl., München 2009 (dtv-Ausgabe = Neudruck der Ausgabe München 2007; Erstveröffentlichung der dtv-Ausgabe 1963).

ders.: Stilkunst. Ein Lehrbuch deutscher Prosa. 2. Aufl. der neubearbeiteten Ausgabe, München 2004.

Rieble, Volker: Erscheinungsformen des Plagiats, in: Thomas Dreier/Ansgar Ohly (Hrsg.), Plagiate. Wissenschaftsethik und Recht. Tübingen 2013, S. 31–50.

ders.: Das Wissenschaftsplagiat. Vom Versagen eines Systems. Frankfurt a.M. 2010.

Riedenauer, Markus/Tschirf, Andrea: Zeitmanagement und Selbstorganisation in der Wissenschaft. Ein selbstbestimmtes Leben in Balance. Wien 2012 (= identisch mit Nachdruck Wien 2013).

Rieß, Peter: Vorstudien zu einer Theorie der Fußnote, in: Peter Rieß/Stefan Fisch/Peter Strohschneider: Prolegomena zu einer Theorie der Fußnote. Münster/Hamburg 1995.

Rixen, Stephan: Qualität rechtswissenschaftlicher Promotionen: Rahmenbedingungen, Kriterien, Verfahren, in: Judith Brockmann/Arne Pilniok/Hans-Heinrich Trute/Eike Westermann (Hrsg.), Promovieren in der Rechtswissenschaft. Zwischen Individualbetreuung und strukturierten Programmen. Baden-Baden 2015, S. 23–39.

Rossig, Wolfram E.: Wissenschaftliche Arbeiten. Leitfaden für Haus- und Seminararbeiten, Bachelor- und Masterthesis, Diplom- und Magisterarbeiten, Dissertationen. 9. Aufl., Hamburg 2011.

Roxin, Claus: Strafrecht Allgemeiner Teil. Band I: Grundlagen – Der Aufbau der Verbrechenslehre. 4. Aufl., München 2006.

Runkehl, Jens/Siever, Torsten: Das Zitat im Internet. Ein Electronic Style Guide zum Publizieren, Bibliografieren und Zitieren. Hannover 2001.

Sauerwald, Markus J.: Mind Mapping in Jurastudium und Referendariat. Köln u.a. 2006.

Schack, Haimo: Wissenschaftsplagiat und Urheberrecht, in: Thomas Dreier/Ansgar Ohly (Hrsg.), Plagiate. Wissenschaftsethik und Recht. Tübingen 2013, S. 81–98.

Schimmel, Roland: Juristische Klausuren und Hausarbeiten richtig formulieren. 12. Aufl., München 2016.

Schimmel, Roland/Weinert, Mirko/Basak, Denis: Juristische Themenarbeiten. Anleitung für Klausur und Hausarbeit im Schwerpunktbereich, Seminararbeit, Bachelor- und Master-Thesis. 2. Aufl., Heidelberg 2011.

Schlosser, Joachim: Wissenschaftliche Arbeiten schreiben mit LaTeX. Leitfaden für Einsteiger. 6. Aufl., Frechen 2016

Schmidt, Thorsten Ingo: Grundlagen rechtswissenschaftlichen Arbeitens. Teil 1, JuS 2003, S. 551–556.

Schmuck, Michael: Deutsch für Juristen. Vom Schwulst zur klaren Formulierung. 4. Aufl., Köln 2016.

ders.: Nein, nein, nein und nochmals nein! Doppelte und dreifache Verneinungen, Schachtelsätze, Nominalstil – für Laien sind juristische Texte Geheimcodes: Recht ohne Kommunikation, K&R 2015, S. 608.

Schnapp, Friedrich E.: Stilfibel für Juristen, Berlin 2004.

ders.: Aktiv oder Passiv? Das Leiden an der Leideform, Jura 2004, S. 526–531.

ders.: Krebsübel Substantivitis? Der richtige Umgang mit dem Nominalstil, Jura 2003, S. 173–177.

ders.: Das vertrackte »Verbindungs«-Wesen. Zum richtigen Gebrauch von Konjunktionen, Jura 2002, S. 599–602.

Schneider, Egon: Die juristische Doktorarbeit. Eine Anleitung zur Themenwahl und zur Bearbeitung von Dissertationen. Düsseldorf 1964.

Schorr, Angela: Willkommen im Publikationsdschungel. Warum Wissenschaft immer unübersichtlicher wird – und was man dagegen tun kann, F&L 2011, S. 372 f.

Schulze-Fielitz, Helmuth: Was macht die Qualität öffentlich-rechtlicher Forschung aus?, JÖR n.F. 50 (2002), S. 1–68.

ders.: Reaktionsmöglichkeiten des Rechts auf wissenschaftliches Fehlverhalten, in: Wolfgang Löwer/Klaus Ferdinand Gärditz (Hrsg.), Wissenschaft und Ethik. Beiheft 21 zu WissR, Tübingen 2012, S. 1–67.

Schwintowski, Hans-Peter: Promovieren für Juristen. Wie, warum und womit man sonst seine Zeit vergeuden kann, Frankfurt a.M. 2015.

Sesink, Werner: Einführung in das wissenschaftliche Arbeiten – inklusive E-Learning, Web-Recherche, digitale Präsentation u.a. 9. Aufl., München 2012.

Sommer, Roy: Wissenschaftliche Anforderungen und eigene Ansprüche: Was Dissertationen leisten sollen, in: Ansgar Nünning/Roy Sommer (Hrsg.), Handbuch Promotion. Forschung – Förderung – Finanzierung. Stuttgart/Weimar 2007, S. 240–245.

ders.: Das Exposé. Projektskizze, Arbeits- und Zeitplan, in: Ansgar Nünning/Roy Sommer (Hrsg.), Handbuch Promotion. Forschung – Förderung – Finanzierung. Stuttgart/Weimar 2007, S. 246–253.

Stahn, Michael/Naumann, Daniel: Das Wissenschaftsplagiat im Lichte des Urheberrechts. Auswirkungen des Gleichlaufs der Plagiatsbegriffe innerhalb der wissenschaftsrechtlichen Praxis, WissR 48 (2015), S. 295–317.

Stary, Joachim: Wissenschaftliche Literatur lesen und verstehen, in: Norbert Franck/Joachim Stary (Hrsg.), Die Technik wissenschaftlichen Arbeitens. 17. Aufl., Paderborn 2013, S. 65–90.

Stein, Ekkehart: Die rechtswissenschaftliche Arbeit. Tübingen 2000.

Stock, Steffen/Schneider, Patricia/Peper, Elisabeth/Molitor, Eva (Hrsg.): Erfolgreich promovieren. Ein Ratgeber von Promovierten für Promovierende. 3. Aufl., Berlin u.a. 2014.

Strasser, Christian: Examensgleiche Prüfung oder wissenschaftliches Gespräch? – Zur mündlichen Abschlussprüfung vor Erlangung der Hohen Würde eines Doktor iuris, JuS 2006, S. 575 f.

Stüber, Stephan: Zitieren in juristischen Arbeiten. Hamburg 2014, abrufbar unter: *www. niederle-media.de/Zitieren.pdf*.

Tesch, Jakob: Promovieren in der Rechtswissenschaft – Bedingungen und Strukturen im Vergleich zu anderen Disziplinen, in: Judith Brockmann/Arne Pilniok/Hans-Heinrich Trute/Eike Westermann (Hrsg.), Promovieren in der Rechtswissenschaft. Zwischen Individualbetreuung und strukturierten Programmen. Baden-Baden 2015, S. 41–58.

Theisen, Manuel René: Wissenschaftliches Arbeiten. Erfolgreich bei Bachelor- und Masterarbeit. 16. Aufl., München 2013.

Thieme, Werner: Die Anfertigung von rechtswissenschaftlichen Doktorarbeiten. Göttingen 1963.

Torka, Marc/Maiwald, Kai-Olaf: Die Krise als Normalfall. Zur Professionalisierung des Promovierens und der Promotionsbetreuung aus soziologischer Sicht, in: Judith Brockmann/Arne Pilniok/Hans-Heinrich Trute/Eike Westermann (Hrsg.), Promovieren in der Rechtswissenschaft. Zwischen Individualbetreuung und strukturierten Programmen. Baden-Baden 2015, S. 113–136.

Trabant, Jürgen: Paraphrasen und andere Formen des wissenschaftlichen *fading*. Sieben Szenen aus der *scientific community*, in: Christiane Lahusen/Christoph Markschies (Hrsg.), Zitat, Paraphrase, Plagiat. Wissenschaft zwischen Praxis und Fehlverhalten, Frankfurt a.M. 2015, S. 181–188.

Träger, Thomas: Zitieren 2.0. Elektronische Quellen und Projektmaterialien korrekt zitieren, München 2016.

Tuhls, G. O.: Wissenschaftliche Arbeiten schreiben mit Microsoft Office Word 2016, 2013, 2010, 2007. Frechen 2016.

Vereinigung der Deutschen Staatsrechtslehrer e.V.: Leitsätze Gute wissenschaftliche Praxis im Öffentlichen Recht. Beschlossen auf der Mitgliederversammlung in Kiel am 3. Oktober 2012, abrufbar unter: *www.vdstrl.de/gute-wissenschaftliche-praxis/*.

Vogel, Ivo: Erfolgreich recherchieren – Jura. 2. Aufl., Berlin/Boston 2015.

Vollmer, Hans-Ulrich: Die Doktorarbeit schreiben. Strukturebenen – Stilmittel – Textentwicklung. Sternenfels 2008.

Vormbaum, Thomas: Epilegomena zu einer Theorie der Fußnote, in: Walter Hömberg/Eckart Klaus Roloff (Hrsg.), Jahrbuch für Marginalistik, Bd. 1, Münster 2000, S. 21–45.

Voss, Rödiger: Wissenschaftliches Arbeiten. 5. Aufl., Konstanz/München 2017.

Walker, Reinhard: Die Publikation von Gerichtsentscheidungen, Diss. Saarbrücken 1998.

ders: Die Publikation von Gerichtsentscheidungen in der Bundesrepublik Deutschland – Entwicklung und Veröffentlichungslage, JurPC WebDok. 100/1998, Abs. 1–104.

Walter, Tonio: Kleine Stilkunde für Juristen. 3. Aufl., München 2017.

ders.: Über den juristischen Stil, Jura 2006, S. 344–348.

Weber-Wulff, Debora: Technische Möglichkeiten der Aufdeckung von Verstößen – Was kann, wie und durch wen kontrolliert werden?, in: Thomas Dreier/Ansgar Ohly (Hrsg.), Plagiate. Wissenschaftsethik und Recht. Tübingen 2013, S. 135–154.

dies.: False Feathers. A Perspective on Academic Plagiarism, Berlin/Heidelberg 2014.

v. Werder, Lutz: Kreatives Schreiben von Diplom- und Doktorarbeiten. 3. Aufl., Berlin/Milow 2000.

ders.: Kreatives Schreiben in den Wissenschaften. Für Schule, Hochschule und Erwachsenenbildung. 2. Aufl., Berlin/Milow 1995.

ders.: Lehrbuch des wissenschaftlichen Schreibens. Ein Übungsbuch für die Praxis, Berlin/Milow 1993.

Wergen, Jutta: Promotionsplanung und Exposee. Die ersten Schritte auf dem Weg zur Dissertation. 2. Aufl., Opladen/Toronto 2015.

Wieduwilt, Hendrik: Die Sprache des Gutachtens, JuS 2010, S. 288–292.

Willamowski, Marcus: Zitierfähigkeit von Internetseiten. JurPC Web-Dok. 78/2000, abrufbar unter: *www.jurpc.de/jurpc/show?id=20000078&q=*.

§ 1 Einleitendes zur Dissertation

A. Vorbemerkung

Wenn Sie dieses Buch in den Händen halten, haben Sie bereits das vermeintlich größ- 1
te juristische Projekt – das erste und möglicherweise auch das zweite juristische
Staatsexamen – hinter sich gebracht. In diesem Stadium des fortgeschrittenen Maso-
chismus haben Sie sich nun dazu entschieden, zusätzlich noch ein wissenschaftliches
Vorhaben zu wagen. Bei allen Strapazen, welche dieses mit sich bringen wird, sind Sie
dazu nur zu ermutigen: Mit der Dissertation sind Sie gleichsam in der »Königsdiszip-
lin« einer im Übrigen häufig handwerklich-technischen Ausbildung angelangt und
nehmen sich die höchsten akademischen Weihen vor. Gleichzeitig ist diese Phase erfahrungsgemäß durch eine große geistige wie persönliche Freiheit und durch echten
Wissenszuwachs geprägt. Zum ersten Mal haben Sie die Chance, in einem kleinen
Teilbereich der Rechtswissenschaft zu einem Experten zu werden und einen Wissens-
grad zu erlangen, der weit über das Falllösungswissen des Staatsexamens hinausgeht
– und häufig auch über das Spezialwissen Ihres Betreuers oder sonstiger anerkannter
Autoritäten. Wer sich einer Dissertation mit Leidenschaft und Akribie widmet, wird
auch einen Wissensfundus erlangen, auf den er später häufig zurückgreifen kann –
und das nicht nur in der Wissenschaft, sondern auch in anderen Einsatzfeldern wie
zum Beispiel großen Wirtschaftskanzleien.

Ihnen bei dem Projekt eine Handreichung zu geben, ist Ziel dieses Buches. Es ist 2
mehr als Ratgeber und Anleitungsbuch gedacht denn als wissenschaftliche Abhandlung zur Textproduktion oder zum Plagiatsbegriff.[1] Zwar sind zu einzelnen Aspekten
der juristischen Doktorarbeit – wie zum Beispiel dem Zitieren[2], dem Schreibprozess[3]
und dem juristischen Stil[4] – bereits sehr empfehlenswerte[5] Bücher erschienen; auch
existieren einige gute Bücher zur Methodik insbesondere in rechtswissenschaftlichen
»Hausarbeiten« (Hausarbeit, Seminararbeit und Doktorarbeit).[6] Ein Gesamtwerk

---

1 S. zu dieser Diskussion u.a. *Dreier/Ohly*, Plagiate – Wissenschaftsethik und Recht, 2013;
  v. Münch/Mankowski, Promotion, S. 189–210; *Rieble*, Das Wissenschaftsplagiat, 2010, sowie die
  kurzen Ausführungen unter § 5 E (Rn. 526–535).
2 S. dazu insbesondere *Bergmann/Schröder/Sturm*, Richtiges Zitieren, 2010 (2. Aufl. für Ende 2017
  angekündigt); *Byrd/Lehmann*, Zitierfibel für Juristen, 2. Aufl. 2016.
3 S. für Juristen etwa: *Brandt*, Rationeller schreiben lernen, 5. Aufl. 2016 und *Mix*, Schreiben im
  Jurastudium, 2011 (eher für das Studium gedacht, da auf den Studientil fokussiert). Daneben
  existieren sehr viele geisteswissenschaftliche Werke zur Textproduktion (s. etwa die im Literaturverzeichnis aufgeführten Beiträge von *Balzert/Schröder/Schäfer, Brauner/Vollmer, Esselborn-
  Krumbiegel, Franck* und *Theisen*) und Arbeiten, die sich allgemein mit dem Abfassen größerer
  schriftlicher Arbeiten befassen, wie etwa das berühmt gewordene Werk von *Umberto Eco* (Wie
  man eine wissenschaftliche Abschlußarbeit schreibt, 8. Aufl. 2010).
4 Vgl. z.B. *Reiners*, Stilfibel, 2. Aufl. 2009; *ders.*, Stilkunst, 2. Aufl. 2004; *Walter*, Kleine Stilkunde für
  Juristen, 3. Aufl. 2017.
5 Einige Bücher habe ich im Anhang 2 explizit herausgehoben – ohne dass damit freilich alle emp-
  fehlenswerten Werke abdeckt sind.
6 S. u.a. *Möllers*, Juristische Arbeitstechnik und wissenschaftliches Arbeiten, 8. Aufl. 2016; *Putzke*,
  Juristische Arbeiten erfolgreich schreiben, 5. Aufl. 2014; *Schimmel/Weinert/Basak*, Juristische Themenarbeiten, 2. Aufl. 2011; *Stein*, Die rechtswissenschaftliche Arbeit, 2000.

sowohl zu den formellen (etwa der Formatierung oder des Zitierens) als auch zu den inhaltlichen Fragen (Themensuche, Schreibprozess) gibt es für speziell Doktoranden der Rechtswissenschaft[7] aber bisher nicht. Diese Lücke zu schließen, war zunächst das Ziel eines Seminars an den Universitäten Passau und Mannheim, das nun zu diesem Buch geführt hat.

3   Die Rechtswissenschaft ist bekanntlich eine normative Wissenschaft, in der es in vielen Bereichen kein »richtig« oder »falsch« gibt, sondern vielmehr ein »mehr/weniger/besser vertretbar«. Diese Erkenntnis durchzieht nicht nur die universitäre Ausbildung, sondern wirkt sich auch bei den häuslichen wissenschaftlichen Arbeiten aus. Sie führt dazu, dass auch dieser Ratgeber keine Allgemeingültigkeit für sich beanspruchen kann und will. Dieses Werk möchte daher apodiktische Regeln vermeiden und an ihrer statt Empfehlungen geben, die allesamt den Erfahrungen und dem Geschmack des Autors geschuldet sind. Weil nicht nur das Schreiben von Belletristik oder Gedichten, sondern auch das Abfassen wissenschaftlicher Texte Ausdruck eines höchstpersönlichen Prozesses ist, gibt es viele »Wege nach Rom«. Auch wird jede Dissertation in ihrer Struktur, Argumentationstechnik und im Schreibstil unterschiedlich sein. Die hier präsentierten Empfehlungen sind dementsprechend als Beispiele gedacht, die Sie getrost beiseitelassen können, wenn Sie sich nicht in Ihren persönlichen Stil einpassen lassen. Auch prägen die persönlichen Zeitressourcen, aber auch der Anspruch an die eigene Arbeit den inhaltlichen Zuschnitt, aber auch die formalen Aspekte. Sie müssen also die Hinweise Ihrem Projekt und Ihrer Arbeitsweise anpassen. Dort freilich, wo es sich um zwingende Regeln handelt, habe ich[8] die betroffenen Ausführungen ausdrücklich als solche bezeichnet.

4   Wenn Sie diesen »Disclaimer« beachten, wird Ihnen das Büchlein hoffentlich an einigen Stellen einen guten Ratschlag geben können. Es richtet sich namentlich an diejenigen, die erst am Anfang ihres Projekts stehen und eventuell sogar noch auf der Themensuche sind, ist aber auch in der mittleren oder End-Phase der Arbeit noch als Nachschlagewerk zu gebrauchen. In den folgenden Kapiteln werde ich versuchen, zu den einzelnen Phasen der Dissertation in der Reihenfolge, wie sie durchlaufen werden, einige Hinweise zu geben. Der Aufbau des Werkes entspricht also chronologisch dem Ablauf des Promotionsverfahrens. Nach meiner Erfahrung ist es wichtig, die einzelnen Phasen – ähnlich etwa wie beim Klausurenschreiben – auch tatsächlich und in dieser Reihenfolge zu durchlaufen. Dadurch können Planungsschwierigkeiten und inhaltliche Probleme vermieden werden. Das Buch will insbesondere dazu animieren, das große Projekt zu strukturieren, um – bei aller geistigen Freiheit – die Entstehung plan- und realisierbar zu machen.

B. Anforderungen an die Dissertation

5   Was aber ist Ziel des gesamten Verfahrens? Worum handelt es sich bei einer Dissertation, für welche man den Grad eines Doktors der Rechtswissenschaft verliehen bekommt? Die Festlegung des Verfahrens, der Zugangsvoraussetzungen und damit

---

7 Von den allgemeinen Promotionsratgebern sei insb. das Werk von *Stock/Schneider/Peper/Molitor* (Erfolgreich promovieren, 3. Aufl. 2014) erwähnt.

8 Dieses Buch ist teilweise in der ersten Person verfasst, was wiederum (s. den Abschnitt § 4 D. III. 5. [Rn. 342–344]) in wissenschaftlichen Texten unüblich ist.

auch die Definition der Dissertation obliegt der jeweiligen Fakultät im Rahmen ihrer abgeleiteten Satzungshoheit. Entscheidend ist für Sie also die Promotionsordnung der Fakultät, an der Sie promoviert werden möchten. Dementsprechend existieren zahlreiche unterschiedliche Definitionen, die sich in vielen Punkten decken. Manche Fakultät beschränkt sich darauf, die Dissertation als »selbständige, veröffentlichungsreife rechtswissenschaftliche Arbeit in deutscher Sprache« zu definieren.[9] Andere erweitern diese Definition auf selbstständige wissenschaftliche Leistungen, »die neue wissenschaftliche Erkenntnis zu dem behandelten Thema bring[en]«[10] oder die Fähigkeit »zu selbstständiger, vertiefter rechtswissenschaftlicher Arbeit erweisen«[11]. Wieder andere Fakultäten versuchen bereits im universitären Satzungsrecht, die hohen akademischen Weihen, die mit der Dissertation erreicht werden sollen, definitorisch zum Ausdruck zu bringen: Mal wird eine »beachtenswerte (…) Leistung«[12] oder eine »rechtswissenschaftlich beachtliche Abhandlung«[13] verlangt, dann sogar eine Dissertation, die »zum Fortschritt der Rechtswissenschaft beiträgt«[14] oder »die Rechtswissenschaft fördernd [...] und der Veröffentlichung würdig [...]«[15] ist.

Ob diese hohen Hürden auch tatsächlich durch jede Doktorarbeit in der traditionell promotionsstarken Rechtswissenschaft[16] überwunden werden, darf freilich bezweifelt werden. Bei Ausnutzung der Notenskala für Dissertationen – zur Bewertungspraxis sogleich – dürfte Arbeiten in den unteren Notenbereichen eher selten ein solch hochtrabendes Prädikat verliehen werden. Allerdings kommt durch die textliche Fassung der genannten Promotionsordnungen in zutreffender Weise zum Ausdruck, was das Ziel des Promotionsverfahrens ist, das heißt woran man sich bereits beim Schreiben orientieren sollte. Es sind namentlich zwei Merkmale, durch die sich eine Dissertation auszeichnet, die zum Doktorgrad zu führen geeignet ist: Zum einen muss es sich um eine *selbstständige wissenschaftliche* Abhandlung handeln. Zum anderen soll diese Abhandlung auch *Neues* bringen. 6

---

9 § 11 Abs. 1 der Promotionsordnung für die Juristische Fakultät der Universität Heidelberg vom 20. April 2012.

10 § 10 Abs. 1 der Promotionsordnung für die Juristische Fakultät der Universität Passau vom 29. Juli 2009 i.d.F. vom 17. Februar 2014.

11 § 8 Abs. 1 der Promotionsordnung der Juristischen Fakultät der Humboldt-Universität Berlin vom 17. Februar 2005.

12 § 11 Abs. 1 der Promotionsordnung für die Juristische Fakultät der Ludwig-Maximilians-Universität München vom 25. Januar 1988 in der Fassung der Fünften Änderungssatzung vom 20. Februar 2004. Einen »wissenschaftlich beachtenswerten Beitrag« verlangt § 6 Abs. 1 der Promotionsordnung der Rechtswissenschaftlichen Fakultät der Westfälischen Wilhelms-Universität Münster vom 18. Mai 2010 i.d.F. vom 23. August 2011.

13 § 9 Abs. 1 der Promotionsordnung der Rechtswissenschaftlichen Fakultät der Universität zu Köln vom 26. Oktober 2010. Ähnlich auch § 5 Abs. 1 der Juristischen Promotionsordnung der Rechts- und Staatswissenschaftlichen Fakultät der Rheinischen Friedrich-Wilhelms-Universität Bonn vom 27. Februar 2009.

14 So § 15 Abs. 1 der Promotionsordnung der Albert-Ludwigs-Universität Freiburg vom 18. März 2000.

15 Vgl. § 1 Abs. 2 S. 1 der Promotionsordnung der Universität Mannheim zur Erlangung des Doktorgrades der Rechte vom 12. Dezember 2011 i.d.F. vom 3. Juni 2013.

16 Im Zeitraum 2007–2009 haben von denjenigen, die von 2002–2004 das Studium erfolgreich beendet haben, 15,6% auch erfolgreich eine Promotion abgelegt, vgl. dazu den Bericht des Wissenschaftsrats unter *www.wissenschaftsrat.de/download/archiv/2558-12.pdf* (S. 15 und Tabelle 10). Das statistische Bundesamt weist für das Prüfungsjahr 2015 eine Zahl von 1.334 bestandenen Promotionen aus, vgl. www.*destatis.de/DE/Publikationen/Thematisch/BildungForschungKultur/Hochschulen/PruefungenHochschulen2110420157004.pdf?__blob=publicationFile* (S. 44). S. zuletzt auch die Bewertung der Promotionsstatistik in der Rechtswissenschaft bei *Kilian*, JuS 2017, 187 (189 f.).

7   Dass eine universitäre schriftliche Arbeit die Wissenschaftlichkeit zum Anspruch hat, wird nicht überraschen. Was aber ist damit gemeint? Ganz im Sinne der bekannten Definition des Bundesverfassungsgerichts kann unter Wissenschaft die »geistige Tätigkeit mit dem Ziele, in methodischer, systematischer und nachprüfbarer Weise neue Erkenntnisse zu gewinnen«[17], also eine planmäßige Suche nach der Wahrheit gesehen werden. Danach bedeutet wissenschaftliches Arbeiten, dass ein strukturierter, rationalisierter Arbeitsplan verfolgt wird, mit dem die vorhandenen Kenntnisse ausgewertet, verarbeitet und bei der eigenen Arbeit berücksichtigt werden. Damit verbunden ist unter anderem die Verarbeitung aller wesentlichen Quellen, die Kenntlichmachung von Fremdleistungen und der Berücksichtigung des Forschungsstandes. Das folgende Zitat beschreibt den Prozess sehr treffend: »Ein konkretes Forschungsprojekt hat den Zweck, auf diesem nie endenden Weg einen absehbaren Schritt voranzugehen, dh anknüpfend an den gegenwärtigen Stand der Wissenschaft neues Wissen zu generieren und dergestalt bekannt zu machen, dass es in den Stand des Wissens neu aufgenommen wird. (...) Wissenschaftliche Forschung muss daher Tatsachen möglichst genau beobachten, dann Konzepte, Beschreibungen, Modelle und Theorien hierzu entwickeln, darauf gestützt weitere, zunehmend geschärfte Beobachtungen anstellen und diese zu dem bereits bestehenden Wissen in Beziehung setzen. Dieses bereits bestehende Wissen wird dadurch aktualisiert oder präzisiert und stets erweitert, aber gleichzeitig auch einer Überprüfung unterzogen, in der es bestätigt werden kann oder auch nicht. In jedem Fall wird der Stand des Wissens dabei verändert.«[18] Die Auswertung der Quellen hat ebenfalls wissenschaftlichen Maßstäben zu genügen, womit zum Beispiel auch Aktualität, Richtigkeit und Vollständigkeit verbunden sind.

8   Diese allgemeinen Anforderungen an wissenschaftliches Arbeiten sind dieselben, die auch an Haus- und Seminararbeiten zu stellen sind – wenn auch die Menge an Literatur und Rechtsprechung, die es auszuwerten gilt, bei der Dissertation wesentlich höher ist. Das Erfordernis eines »neuen« Beitrags im Konzert der Meinungen ist demgegenüber ein Merkmal, das die Doktorarbeit von den meisten Seminararbeiten unterscheidet. Letztere sind nicht selten eher deskriptiver Art – sie stellen also ein Problem dar, werten Meinungen aus und beziehen zum Schluss Stellung – oder behandeln eine Frage, die schon häufig diskutiert worden ist. Ziel einer Doktorarbeit ist es jedoch, einen neuen Beitrag zur Rechtswissenschaft zu leisten. Dissertationen weisen dadurch einen höheren Grad der Professionalisierung auf als studentische Haus- und Abschlussarbeiten.[19]

9   Dass aber nicht jedes Kapitel der Dissertation nur Neues bringen kann, versteht sich angesichts des soeben zur Wissenschaftlichkeit Gesagten von selbst: Zur wissenschaftlichen Herangehensweise gehört es nämlich auch und gerade, den Forschungsstand zu berücksichtigen und damit auch im eigenen Werk darzustellen; denn die Arbeit muss alle Angaben enthalten, die zur Überprüfung ihrer Thesen nötig sind.[20] Daraus ergeben sich notwendigerweise Passagen, in denen die Rechtslage, die ergangene Rechtsprechung oder die erschienene Literatur nachvollzogen, zusammengefasst und in einen Gesamtzusammenhang gestellt sowie jeweils zu einander in Bezug ge-

---

17   Definition der Forschung bei BVerfGE 35, 79 (112).
18   *Bauer/Bleck-Neuhaus/Dombois/Wehrtmann*, Forschungsprojekte entwickeln – von der Idee bis zur Publikation, S. 15 f.
19   *Sommer*, in: Nünning/Sommer, Handbuch Promotion, S. 241.
20   *Eco*, Wie man eine wissenschaftliche Abschlußarbeit schreibt, S. 44 f.

setzt wird. Nur dann ist auch die wissenschaftliche Basis für eine eigene Bewertung oder einen neuen Ansatz vorhanden und nur dann kann der Leser auch kontrollieren, wie die präsentierten Erkenntnisse einzuordnen sind und in welchem Maße sie auf Vorarbeiten aufbauen.

Das Neue, das in der Folge im Idealfall tatsächlich »die Rechtswissenschaft fördert«, 10 macht demnach praktisch nie 100% der Arbeit aus; häufig werden nicht mehr als 20% der Arbeit wirklich Neues beinhalten.[21] Gleichwohl sind es gerade diese Anteile, die den entscheidenden Wert einer Dissertation ausmachen und ohne die die Dissertation auch keine annahmefähige Arbeit ist. »Neu« kann ein völlig neuer Ansatz sein – etwa eine alternative gesetzliche Regelung oder eine neue dogmatische Figur –, aber auch eine neue Erkenntnis in Bezug auf bereits vorhandene Quellen. So kann beispielsweise die strukturierte Analyse gerichtlicher Entscheidungen wertvolle Erkenntnisse liefern, zum Beispiel über die tatsächliche Verwendung einer Konstruktion durch die Rechtsprechung.[22] Denkbar ist es auch, ein bekanntes Problem nach eingehender Analyse als Scheinproblem zu entlarven, was ein erhebliches wissenschaftliches Verdienst sein kann.[23] Oder Sie bestätigen eine bereits vertretene Auffassung mit neuen Begründungsaspekten[24]. Oder Sie fragen danach, ob bestehende Normen verfassungskonform sind:

So bildete im Rahmen meines eigenen Dissertationsprojektes die Frage, ob Informa- 11 tionsansprüche wie jener des Umweltinformationsgesetzes, das für den Zugang zu Betriebs- und Geschäftsgeheimnissen den Anspruch von einer Abwägung des Informations- mit dem Geheimhaltungsinteresse abhängig macht, die Ausgangsidee. Die anfängliche Vermutung, die in der Literatur auch schon geäußert worden war, bestand darin, dass solche Abwägungsklauseln möglicherweise wegen Verstoßes gegen die Eigentumsgarantie des Art. 14 Abs. 1 GG verfassungswidrig sind, weil sie einen Vermögenswert kompensationslos vernichten. Am Ende stellte sich heraus, dass die bestehenden Abwägungsklauseln verfassungskonform sind und dass gar der Schutzbereich der Eigentumsgarantie die betroffenen Positionen nicht erfasst.[25]

---

21 Von Neuem »in kleiner Münze« sprechen *Schimmel/Weinert/Basak*, Juristische Themenarbeiten, Rn. 504.

22 Eine solche Untersuchung kann z.B. darin bestehen, herauszufinden, ob (insbesondere) das BVerfG tatsächlich ein »Recht am eingerichteten und ausgeübten Gewerbebetrieb« anerkennt und wenn ja, ob dieses auch als eine von Art. 14 Abs. 1 GG erfasste Eigentumsposition anerkannt wurde, die im konkreten Fall benötigt wurde, um zur Begründetheit des Verfahrens zu gelangen. S. dazu die Untersuchung von *Kellenberger*, Der verfassungsrechtliche Schutz des eingerichteten und ausgeübten Gewerbebetriebs, 1999. In diesem Kontext wären auch empirische Arbeiten, die in der Rechtswissenschaft sonst nicht verbreitet sind, sehr sinnvoll und würden die »Grundlagenforschung« bereichern.

23 *Thieme*, Die Anfertigung von rechtswissenschaftlichen Doktorarbeiten, S. 9.

24 Zutreffend *Stein*, Die rechtswissenschaftliche Arbeit, S. 112; *Brandt*, Rationeller schreiben lernen, Rn. 76.

25 In einer Rezension zu meiner Arbeit wurde dieser durch *Heintzen* sodann vorgeworfen, dass sie nur die *lex lata* bestätige. Vieles bei der Rezeption von Dissertationen ist Geschmackssache; diesen einzelnen Vorwurf fand ich jedoch nicht gerechtfertigt. Soll man tatsächlich verfassungsrechtliche Untersuchungen nur veröffentlichen, wenn man zur Verfassungswidrigkeit des bestehenden Rechts oder einer etablierten Praxis gelangt? M.E. lieferte die Untersuchung gerade nicht nur eine Bestätigung der *lex lata* (was im Übrigen ebenfalls ein relevantes Ergebnis darstellt), sondern darüber hinaus auch die Erkenntnis für den Gesetzgeber, dass solche Abwägungsklauseln in die voraussetzungslosen Informationsansprüche der Bürger aufgenommen werden können. Dieses Ergebnis könnte z.B. in jenen Bundesländern relevant werden, die noch kein Informationsfreiheitsgesetz erlassen haben, dies jedoch anvisieren.

12   Auch kann u.a. aus dem Rechtsvergleich eine wertvolle Erkenntnis gezogen werden, auch wenn der Autor selbst keine »neue« Meinung zum Kanon der Stellungnahmen ergänzt. Der wissenschaftliche Wert Ihrer Arbeit zeigt sich daran, ob das, was Sie zum Schrifttum beitragen, »für andere von Nutzen« ist.[26] In der Regel geht es deshalb beim Promovieren »weniger um geniale Leistungen als vielmehr um solides Handwerk mit einem Funken Kreativität«[27]. Stets sollte daher beim Recherchieren, Gliedern und Schreiben darauf geachtet werden, worin gerade die Eigenleistung der Arbeit besteht und warum dazu gewisse deskriptive Vorarbeiten erforderlich sind. Mit dieser Fokussierung – die später[28] noch eingehender erläutert werden soll – ist gewährleistet, dass die eher referierenden Teile nicht zu lange und als »l'art pour l'art« ausfallen, sondern als nötige Grundsteinlegung für eine darauf aufbauende Analyse. Die Arbeit bekommt dadurch ein Ziel und im Idealfall auch eine argumentative Stringenz, indem dem Leser bei jedem Kapitel ersichtlich ist, warum er sich durch die Ausführungen »quälen« muss. Eine Arbeit ohne neue Erkenntnisse fördert nach dem Gesagten die Rechtswissenschaft nicht, stellt demnach auch keine annahmefähige Dissertation dar. Nur Neues kann eine Dissertation aber auch nicht hervorbringen, sind doch zu fast allen Teilbereichen des Rechts umfassende Vorarbeiten erschienen und damit zu beachten. Ziel der Dissertation ist es daher zusammengefasst, das selbstständige, wissenschaftliche Vorgehen zu beweisen und mit seiner Arbeit eine durch eigene Leistung errungene »Neuigkeit« zum Konzert der Meinungen beizutragen.

13   Was den Umfang der Arbeit betrifft, so ist dieser zunächst in hohem Maße von dem gewählten Thema und dem Umfang des dazu vorhandenen Materials abhängig; daneben hängt er auch von dem persönlichen Schreibstil – werden eher ausschweifende, blumige Formulierungen gewählt oder prägt ein kurzer, sachlicher Stil die Arbeit? – ab. Die Länge juristischer Dissertationen ist über die Jahre wesentlich angestiegen. Das hängt zum einen mit den neuen Möglichkeiten der Textverarbeitung und der besseren Verfügbarkeit seltenerer Werke zusammen, ist aber auch auf die schiere Masse an Vorarbeiten bedingt, die mittlerweile die Rechtswissenschaft prägt. War es um die Jahrhundertwende vom 19. auf das 20. Jahrhundert noch möglich, mit 30 Seiten in weniger als einem Jahr promoviert zu werden, lässt sich heute eine Arbeit, die den Forschungsstand zuverlässig wiedergibt und neue Erkenntnisse beiträgt, unmöglich auf weniger als 100 Seiten darstellen.[29] Pauschale Angaben können hier zwar nicht gemacht werden. Als Richtwert lässt sich jedoch sagen, dass die meisten juristischen Doktorarbeiten in ihrer gedruckten Fassung ohne Verzeichnisse einen Textteil von 150 bis 400 Seiten aufweisen und zwischen 800 und 2.000 Fußnoten setzen.

14   Keinesfalls sollten Sie jedoch eine gewisse »Mindestlänge« oder Mindestanzahl an Fußnoten als Maßstab für eine scheinbar besonders gelungene Arbeit anpeilen.[30]

---

26 *Eco*, Wie man eine wissenschaftliche Abschlußarbeit schreibt, S. 42.

27 *Knigge-Illner*, Der Weg zum Doktortitel, S. 228.

28 S. zu den Aufbaufragen insb. § 3 F. (Rn. 141–187).

29 Noch 1959 gab *Brinkmann* (Die rechtswissenschaftliche Seminar- und Doktorarbeit, S. 176) für die Doktorarbeit einen Umfang von 50 (!) bis 200 Seiten an.

30 Folgende im Ergebnis zutreffende Bemerkung sollte deshalb nicht als Aufforderung missinterpretiert werden (*Bungenberg/Arndt*, Hinweise zur Erstellung von Haus-, Seminar-, Bachelor-, Master-, Diplomarbeiten und Dissertationen, S. 13): »Eine Mindestanzahl an Fußnoten kann nicht genannt werden. Guten Studierenden gelingt jedoch auch bei Themen, die wenig direktes Quellenmaterial bieten, im Schnitt 2 Literaturquellen pro Seite (…) im Literaturverzeichnis und 4–5 Fußnoten pro Seite (…) zu erreichen.«

Auch taugen andere Arbeiten schon ob des abweichenden Themas nur bedingt als Vorgabe für den Umfang der eigenen Ausführungen. Allerdings dürften die meisten Betreuer aus nachvollziehbaren Gründen konzise, kurze Darstellungen, die nur das wirklich Relevante enthalten, bevorzugen. Wenn Sie sich also ein Ziel setzen, dann eher das, weniger zu schreiben – die Seiten produzieren sich aller Erfahrung nach ab einem bestimmten Zeitpunkt von selbst und in meist zu hoher Geschwindigkeit. Gleichwohl sollte – nicht zuletzt mit Blick auf den Betreuer und die zukünftigen Leser – aber eine Überlänge vermieden werden. Wenn Dissertationen mehr als 600 Seiten lang sind oder eine Habilitationsschrift in den vierstelligen Bereich vordringt, hätte gegebenenfalls ein anderer Themenzuschnitt oder das gezielte Ausklammern von einzelnen Fragen geholfen, das Buch lesbarer zu machen. Die Gefahr, dass solche Werke nicht oder nur schlecht rezipiert werden, ist sehr hoch; dass sie einige für die behandelte Fragestellung unnötige Ausführungen enthalten, ebenfalls.

C. Die »gute« Dissertation

Diese Überlegungen führen zugleich zu der Frage, was eine gute Dissertation auszeichnet. Stets ist es nämlich lohnend, den Empfängerhorizont vor Augen zu haben und den strengen Maßstab, den man selbst an andere Bücher stellt, auch bei der Abfassung des eigenen Werkes in Rechnung zu stellen. Das, was einem an einem fremden Buch gefällt, kann also ein guter Maßstab für den Stil und Aufbau des eigenen sein. Ziel des Promotionsverfahrens sollte es sein, eine »gute« Dissertation zu schreiben. 15

Welche Eigenschaft ein bestimmtes Buch zu einem guten macht, hängt freilich nicht nur von dem jeweiligen Empfänger, sondern auch vom Thema ab. Manche Themen sind eher als andere geeignet, ein Phänomen deskriptiv darzustellen, manche Themen bieten mehr Raum für echte Neuerungen und ungewöhnliche Konstruktionen. Wieder andere Themen sind eng mit einer bestimmten Norm verbunden und sollten deshalb gerade auch für verschiedene praktische Fallkonstellationen Antworten bieten oder für den Autor eines Gesetzeskommentars eine wertvolle Quelle sein; wieder andere Themen sind möglicherweise genau das Gegenteil, etwa wenn eine methodische oder dogmatische Arbeit geschrieben wird, deren Qualität nicht an der Subsumtion unter eine ganz bestimmte Norm gemessen werden kann. Bei all diesen verschiedenen Bedürfnissen können entsprechend viele Eigenschaften genannt werden, welche einer Dissertation zu besonderer Qualität verhelfen: 16

- Den bereits erwähnten Definitionen entsprechend, sollte die Arbeit durch die Eigenleistung geprägt sein. Eine gute Dissertation trägt durch echte Neuerungen zur Fortentwicklung der Rechtswissenschaft bei. Sie besticht durch einen geänderten Blick auf ein altes Phänomen, durch eine völlig neue Konstruktion, durch einen innovativen Regelungsvorschlag oder durch die Weiterentwicklung bereits bestehender Gedanken. 17
- Als wissenschaftlich ordentliche Arbeit wertet sie alle wesentlichen Quellen (insbesondere also monografische Werke mit Bezug zum Thema, längere Abhandlungen in Zeitschriften, namentlich in den Archivzeitschriften und Vierteljahresschriften, Festschriftbeiträge, aber auch Leitentscheidungen der ober- und höchstrichterlichen Rechtsprechung) aus. 18
- Eine gute Arbeit besticht durch eine gut verständliche, stringente Argumentation auf einem hohen Niveau. Sie ist in der Lage, Probleme zu abstrahieren, ohne dass 19

die Lösung ihren Bezug zu möglichen Anwendungsfällen verliert. Dem Leser sollte ferner stets einleuchten, warum ein Gedanke gerade an dieser Stelle ausgebreitet wird und wo er sich in der Gesamtarbeit befindet, sprich: der berühmte rote Faden sollte die Arbeit durchziehen, die Relevanz der Passage für das Gesamtwerk erkennbar sein.

20 • Die Rechtswissenschaft ist eine anwendungsbezogene Wissenschaft. Diese Eigenschaft – die häufig vonseiten der anderen Disziplinen zu dem Vorwurf führt, es handele sich gar nicht um eine »echte« Wissenschaft, sondern nur um ein methodisch unterfüttertes Falllösen[31] – sollte auch im Rahmen der Dissertation berücksichtigt werden. Je mehr Bezug ein Dissertationsthema zu einer konkreten Norm oder einer Fallkonstellation hat, desto stärker sollte darauf geachtet werden, für die Anwendung dieser Norm und für die denkbaren Konstellationen tatsächlich auch Lösungen anzubieten. Entsprechendes gilt für die aufgeworfene Forschungsfrage. Diese zeichnet eine Dissertation gerade im Vergleich zu vielen Seminararbeiten aus und sollte dementsprechend im Zentrum der Arbeit stehen. Die Forschungsfrage sollte also nicht nur beantwortet werden, sondern auch tatsächlich zu relevanten Antworten für die Rechtswissenschaft führen. Eine gute Dissertation beantwortet viele bisher offen gebliebene Fragen und bietet Lösungen zu problematischen Fällen an. Sie liefert Antworten, im Idealfall zu häufigen und aktuellen Fällen.[32]

21 • Neben den speziellen Einzelfragen sind es jedoch häufig die grundlegenden Fragen eines Rechtsgebiets, der Methodik und Dogmatik, die sich hinter einem Spezialproblem verstecken. Diese Fragen werden auch in anderen als den von der Dissertation abgedeckten Bereichen relevant und sind deshalb von allgemeinem Interesse. Ihre Beantwortung ist gleichzeitig besonders anspruchsvoll und bietet deshalb Gelegenheit, die Arbeit auf ein höheres (Abstraktions-)Niveau zu heben. Allgemeine, abstrakte Fragen, die hinter einem speziellen Problem liegen, sollten aus diesem Grund keinesfalls offen gelassen werden, sondern vielmehr mit besonderer Sorgfalt bearbeitet und möglicherweise mit einem eigenen Kapitel bedacht werden. Sie können idealiter einen wirklichen Beitrag zur Weiterentwicklung der Rechtswissenschaft, auch zur Beantwortung anderer Einzelfragen liefern. Dabei sollten Sie jedoch darauf achten, dass es nicht um das »Theoretisch-sein-Müssen«[33] gehen sollte, sondern dass dogmatischen Fragen nachgegangen wird, weil sie die Basis für konkrete Antworten liefern, und nicht weil man der eigenen

---

31 Was die »akademische« Ausbildung und die Aussagekraft des Staatsexamens für die wissenschaftliche Befähigung der Kandidaten betrifft, ist dieser Vorwurf auch nicht von der Hand zu weisen. Damit sollte aber nicht zugleich der Rechtswissenschaft als solcher die Fähigkeit abgesprochen werden, als eigene Wissenschaftsdisziplin zu gelten, die zugleich Fälle nach dem Gesetz löst. S. zur Kritik am Wissenschaftscharakter der Rechtswissenschaft, die sich im Zuge der Affäre um *Karl-Theodor zu Guttenberg* zugespitzt hat, z.B. *Krüper*, ZJS 2011, 198 (200–203) und die Kontroverse in der Frankfurter Allgemeinen Zeitung um den Sinn von Rechtsdogmatik und deren Rolle für die deutsche Rechtswissenschaft (vgl. dazu die im Literaturverzeichnis aufgeführten Beiträge von: *Canaris/Schmidt*, *Heinig/Möllers*, *Huber/Radtke* und *Lepsius*). S. außerdem bereits *v. Kirchmann*, Die Werthlosigkeit der Jurisprudenz als Wissenschaft, 1848.

32 Bisweilen wird gerade diese Eigenschaft auch von den Betreuern vor der Zusage angemahnt, s. dazu etwa den Hinweis des Mannheimer Privatrechtlers *Bitter* auf seiner Website unter *www.bankrecht.uni-mannheim.de/lehrstuhlinhaber/promotion_am_lehrstuhl/*.

33 Kritisch zu dieser manchmal zu beobachtenden Tendenz *Rixen*, in: Brockmann/Pilniok/Trute/ Westermann, Promovieren in der Rechtswissenschaft, S. 23 (33).

Arbeit einen eleganten, hochabstrakten Anstrich geben möchte. Dogmatik ist kein Selbstzweck!

- Eine Eigenschaft, die vom Betreuer wohl nicht verlangt werden würde, vom Leser 22 aber wiederum sehr geschätzt wird, ist die Eignung des Werkes als »Fundgrube« zu dem behandelten Themenkreis. Solange die Dissertation für die gestellte Forschungsfrage keine unnötigen Passagen und Fußnoten enthält, werden Leser dankbar sein, wenn sie nicht nur etwas Neues durch das Buch erfahren, sondern dieses zugleich auch dazu nützen können, die Quellenlage zu den Einzelfragen herauszufinden. Im Idealfall decken Fußnoten und Literaturverzeichnis und der Zuschnitt der Arbeit nämlich alle relevanten Fragen ab und werten alles Wesentliche mit hoher Aktualität aus, ohne dass Kapitel nur colorandi causa geschrieben wurden. Das erlaubt es dem Leser, sich dem Thema allein mit *einer* Dissertation zu nähern, worin auch eine Leistung des Doktoranden – der ja nicht nur Neues präsentieren soll, sondern auch den Forschungsstand wiedergeben muss – liegen kann.

- Die letzten Aspekte einer guten Arbeit werden insbesondere die Betreuer häufig 23 anmahnen. Erfahrungsgemäß und überraschenderweise werden sie jedoch von vielen Doktoranden nicht beherzigt: So ist es zunächst einmal eine Selbstverständlichkeit, dass sich eine Doktorarbeit durch eine weitgehende Fehlerfreiheit in Orthografie, Grammatik, Interpunktion und Sprache auszeichnet. Leider ist bereits hier häufig zu beobachten, dass dieser selbstverständliche Hinweis nicht (mehr?)[34] so selbstverständlich zu sein scheint und dass nicht wenige Arbeiten schlampig redigiert wurden.

  Daneben – und dies wird von zu wenigen Autoren beachtet – zeichnet sich aber eine gute Dissertation auch durch eine schöne, abwechslungsreiche Sprache aus. Die Rechtswissenschaft ist eine normative, sprachzentrierte Wissenschaft. Entsprechend viel transportiert sich daher über die sprachliche Gestaltung der Arbeit, über eine elegante Argumentation und innovative Wortschöpfungen. Zu viele Dissertationen lesen sich wie Klausurlösungen und sind in einem eintönigen Subsumtionsstil geschrieben. Denken Sie bei der Abfassung des Werkes daran, dass sich das hohe Niveau Ihrer Argumentation auch auf die Sprache niederschlagen sollte und dass Sie keine Falllösung präsentieren, sondern eine wissenschaftliche Abhandlung schreiben. Das bedingt eine angemessene, abwechslungsreiche Sprache, die der Leser auch gerne und flüssig liest – ohne dabei jedoch zu übertreiben, denn zu viel rhetorische Brillanz kann einer Arbeit auch schaden.[35]

- Erreichen Sie dieses Ziel, wird Ihnen das erfahrungsgemäß auch zu einer kürzeren 24 Korrekturzeit verhelfen; denn welcher Betreuer liest schon 50 Seiten am Tag, wenn er sich durch einen stupiden, klausurhaften Stil oder durch unverständliche Schachtelsätze quälen muss? Eine Dissertation ist freilich kein Werk, mit dem Sie einen Nobelpreis für Literatur anstreben können und sollen. Allerdings gibt es auch abseits der Belletristik schöne Sprache – geben Sie also dem Werk nicht nur inhaltlich, sondern auch sprachlich eine gewisse Spritzigkeit und Gewandtheit.

---

34 S. aber bereits *Thieme*, Die Anfertigung von rechtswissenschaftlichen Doktorarbeiten, S. 5: »Bei der Begutachtung von Dissertationen habe ich festgestellt, daß die Masse der zurückgewiesenen oder zur Umarbeitung zurückgegebenen Dissertationen nicht deshalb als mangelhaft bezeichnet worden ist, weil die Verfasser an sich nicht in der Lage waren, wissenschaftlich zu arbeiten, sondern weil sie die Technik der wissenschaftlichen Arbeit nicht beherrschten und deshalb entweder formale Fehler machten oder mit den formalen Fragen so große Schwierigkeiten hatten, daß die eigentliche Bearbeitung zu kurz kam.«

35 Vgl. *Schulze-Fielitz*, JÖR n.F. 50 (2002), 1 (28).

25 • Schließlich sollte auch an den eiligen Leser und den angestrebten Rezipienten – etwa den Kommentator eines der in der Dissertation relevanten Paragrafen – gedacht werden. Damit diese Adressaten das Werk schnell und zuverlässig verarbeiten können, ist zweierlei nötig: Einerseits sollte man sich an keiner Stelle der Arbeit davor scheuen, ein klares Fazit zu ziehen und das gefundene Ergebnis zu einer Fragestellung explizit festzustellen. Ein geeigneter Ort dafür sind Zwischenresümees in der Arbeit, die eine Entsprechung zu den aus der Klausurbearbeitung bekannten Zwischenergebnissen darstellen. Wenn der Text stringent und verständlich geschrieben ist, wären sie zwar eigentlich nicht nötig; allerdings kann hier auf kleinem Raum die Kernaussage noch einmal pointiert und ausdrücklich genannt werden. Wer einmal eine der (erstaunlich häufigen) nebulös resümierenden Arbeiten gelesen hat, wird dankbar sein für klare Fazits und Stellungnahmen. Entsprechendes gilt sodann für die bei Dissertationen übliche Zusammenfassung der Arbeit. Diese sollte ausreichend lang sein, damit auch alle Kapitel in ihr gewürdigt werden können, und ebenfalls entsprechend klar Stellung beziehen. Das erlaubt zudem einen schnellen Zugriff auf die Arbeit und erhöht die Chance, dass sie in anderen Werken zitiert wird (erst recht dann, wenn in den zusammenfassenden Passagen die Thesen eine Kapitelüberschrift tragen oder in der Fußnote die betroffenen Seiten angegeben werden).

26 Wie gesagt werden indes nicht alle aufgeführten Qualitäten bei jeder Arbeit in gleicher Weise relevant. So ist manches Thema weniger geeignet, Grundlagenarbeit zu leisten, andere Themen wiederum sind durch eine verworrene Rechtslage und viele bereits vorhandene Quellen gekennzeichnet. Bei solchen Themen kann die eher deskriptive Aufarbeitung des *status quo* bereits eine erhebliche Leistung darstellen. Andere Themen sind gerade dadurch geprägt, dass mit ihnen Neuland betreten wird. Hier sollte der Fokus auf der Innovation, also der echten Eigenleistung liegen. Je nachdem, welches Thema gewählt wird und welchen Zuschnitt man seiner Arbeit gegeben hat[36], wird also mal die eine, mal die andere Eigenschaft einer guten Dissertation virulent werden.

D. Die »schlechte« Dissertation

27 Schlechte Dissertationen zeichnen sich demgegenüber gerade durch das Gegenteil der positiven Eigenschaften aus. Eine abschließende Liste aller Negativfaktoren kann nicht gegeben werden; folgende Mängel gehören jedoch zu den häufiger gerügten:

28 • So ist der Hauptvorwurf an schlechte Arbeiten, dass sie rein deskriptiv bleiben und keine echte eigene Leistung präsentieren. Solche Arbeiten – die leider relativ häufig sind – erschöpfen sich darin, nach Art eines Gesetzeskommentars die Rechts- und Quellenlage zusammenzufassen und zu ordnen, ohne dass in der Strukturierung etwas Eigenes läge und ohne dass aus der Ordnung eine eigene Erkenntnis gewonnen würde, welche die Wissenschaft um einen neuen Gedanken bereichert. Der Praktiker weiß solche Sammlungen möglicherweise sogar zu

---

36 Zu solchen Überlegungen im Rahmen des Zuschnitts von Themen s. unten im Abschnitt § 3 E. (Rn. 132–140).

schätzen, als promotionswürdige Arbeit taugen sie dennoch häufig nicht[37]: »Lese-
früchte«[38] sind aber keine wissenschaftliche Leistung!

- Daneben fallen schlechte Arbeiten dadurch auf, dass sie in der Auswertung der   29
Quellen und in der Argumentation »dünn« bleiben. Das bedeutet, dass entweder
wesentliche Werke nicht verarbeitet werden – es wird etwa eher mit Lehrbüchern
und Aufsätzen gearbeitet als mit den großen Monografien zum Thema – oder die
Argumentation beschränkt sich auch hier auf eine Darstellung fremder Meinungen mit lediglich kurzer, eigener Stellungnahme. Eine solche Technik sollte jedoch
Klausuren vorbehalten bleiben: In der Dissertation ist zu erwarten, dass auf dem
vorhandenen Meinungsstand aufgebaut wird, um dann eigene Gedanken zu entwickeln. Der schlimmste Vorwurf ist in diesem Zusammenhang, wenn der Arbeit
vorgeworfen wird, unverständlich und nicht stringent zu argumentieren oder
Unnötiges auszubreiten. Wenn es zu Ihrem Themengebiet bereits sehr viele Quellen gibt, ist ein strukturiertes Vorgehen, eine Erläuterung der Quellenlage und eine nachvollziehbare Argumentation besonders wichtig.[39]

- Es wurde bereits angedeutet, wie stark sich die sprachliche Abfassung auf die   30
Qualität einer juristischen Arbeit auswirken kann. Nicht immer wird der Betreuer sich auch in seinem Votum zur Sprache der Dissertation auslassen; sehr häufig
aber wird er unterschwellig bereits bei der Lektüre durch die Sprache der Arbeit
beeinflusst. Ähnlich wie bei Klausuren kann eine eintönige, unbeholfene und tro-
cken-technische Sprache das Aufkommen jeglichen Lesevergnügens bereits im
Keim ersticken. Solche Arbeiten werden erfahrungsgemäß auch nicht mit dem
höchsten Prädikat bedacht, weil die unbeholfene Ausdrucksweise möglicherweise
den Zugang zum Inhalt versperrt oder die inhaltliche Qualität sogar negativ beeinflusst, indem etwa die Argumentation aus diesem Grund nicht überzeugt.

- Sie sollten bei der Arbeit an Ihrem großen Werk jedoch weniger diese Negativ-   31
eigenschaften vor Augen haben als vielmehr das, was Ihre Dissertation zu einer
guten macht. Orientieren Sie sich also nicht daran, »keine Fehler« zu machen,
sondern versuchen Sie, wirklich etwas Eigenes zu schaffen und etwas zur
Rechtswissenschaft beizutragen. Das wiederum wird Ihnen eher dann gelingen,
wenn Sie Ihr Ziel kennen, als wenn Sie lediglich wissen, was Sie vermeiden wollen. Es ist bisweilen zu beobachten, dass Doktoranden schlicht so lange in mittel-
mäßiger Qualität Seiten produzieren, bis »es zum Titel[40] reicht«. Das hingegen

---

37 *Schulze-Fielitz*, JÖR n.F. 50 (2002), 1 (14) spricht bissig vom »breiten Strom der alltagskonflikt-
orientierten wissenschaftlichen Literatur, die im Extremfall den Inhalt von Gerichtsentscheidungen oder Gesetzestexten, allenfalls ein wenig systematisch geordnet, nacherzählt.«

38 Treffend *Schneider*, Die juristische Doktorarbeit, S. 9: »Doktoranden lesen zuviel und denken
zuwenig. Mit Lesefrüchten kann man aber nicht die ›Fähigkeit des Bewerbers zu selbständiger
wissenschaftlicher Forschung dartun und eine beachtliche wissenschaftliche Leistung‹ erbringen.«

39 Vgl. dazu etwa die instruktive Liste zu Bewertungskriterien für Doktorarbeiten nach *Mauch* und
Birch, abgedruckt bei *Brauner/Vollmer*, Erfolgreiches wissenschaftliches Arbeiten, S. 152 f. Die
Erläuterung der Datenlage, der vorhandenen Quellen und des eigenen Vorgehens (Lücken!) ist
freilich in den empirischen Wissenschaften wesentlich wichtiger als in der normativen Rechtswissenschaft, in der es problemlos mehrere Arbeiten zur selben Frage geben kann.

40 Im Rechtssinne handelt es sich um einen akademischen Grad (der auch strafrechtlich geschützt
ist, vgl. § 132a Abs. 1 Nr. 1 StGB), nicht aber auch um einen Titel. Dieser Begriff wird zwar um-
gangssprachlich als Synonym für den Doktorgrad häufig verwendet – und taucht auch in diesem
Buch häufig auf. Einen Titel im Rechtssinne, das heißt im Sinne von § 2 des Gesetzes über Titel,
Orden und Ehrenzeichen stellt er jedoch nicht dar. Zu den Begrifflichkeiten s. *Keil*, in: v. Coelln/
Haug, Hochschulrecht Baden-Württemberg, § 38 LHG, Rn. 18.

ist die falsche Einstellung: Genauso, wie in der Klausur nicht von 18 Punkten ausgegangen und dann für jeden Fehler ein Punkt abgezogen wird, geht der Betreuer einer Doktorarbeit ebenfalls nicht davon aus, dass die Dissertation »für den Titel reicht«, bis er Fehler entdeckt. Vielmehr will er mit Form, Inhalt und Handwerk überzeugt werden. Nehmen Sie also die Leserperspektive ein und versuchen Sie, die oben genannten Eigenschaften einer guten Dissertation zu beherzigen.

32

Übersicht: Die Eigenschaften der »guten« Dissertation

- Leistet einen Beitrag zur Entwicklung der Rechtswissenschaft, bringt Neues
- Argumentiert stringent und auf hohem Niveau
- Wertet die wesentlichen Quellen (Literatur/Rechtsprechung) umfassend aus
- Liefert in der Praxis oder Grundlagenforschung verwertbare Ergebnisse
- Geht allen methodisch-dogmatischen Fragen nach, die für das Thema relevant sind
- Ist nicht länger als für das Thema erforderlich
- Ist sprachlich abwechslungsreich geschrieben
- Ist durch prägnanten Stil und Zusammenfassungen gut erschließbar

E. Benotungskultur

33 Was die dann folgende Note betrifft, ist die Bewertungspraxis für Doktorarbeiten nicht so einheitlich wie im Staatsexamen. Auch sind die Noten, verglichen mit den Examensnoten, häufig eher im oberen Bereich angesiedelt. Der Student, der sich während des langen Studiums an Nackenschläge gewöhnt hat und seine Ansprüche auf den mittleren Bereich der Punkteskala reduziert hat, muss also vor der Note seiner Doktorarbeit keine allzu große Angst haben. Mit dem Spitzenprädikat »summa cum laude« werden deutlich häufiger Dissertationen versehen, als im Staatsexamen die Note »sehr gut« erreicht wird. Auch werden selten Dissertationen als nicht annahmefähig und damit ungenügend/nicht ausreichend (»insufficienter«, »non rite« oder »non sufficit«) beurteilt; häufig werden hier jedoch die jeweiligen Doktoranden, denen diese Benotung gedroht hätte, ihr Projekt schon zuvor abgebrochen haben. Bereits die Note ausreichend (»rite«) wird jedoch extrem selten vergeben. Manche Fakultäten verfügen noch über eine Zwischennote zwischen den Prädikatsnoten (summa cum laude – magna cum laude – cum laude[41]), die zum Beispiel als »satis bene« (»hinreichend«) bezeichnet wird. Wo diese nicht existiert, ist nicht selten zu beobachten, dass auch Arbeiten, denen der Betreuer eigentlich kein Lob zukommen lassen möchte, mit »cum laude« abschneiden, was die Note »magna cum laude« (leider) mancherorts fast zur Normalnote werden lässt.[42] Insgesamt ist also die Benotungs-

---

41 Es existieren – allerdings selten – auch die Bezeichnungen »opus idoneum« (ausreichend), »opus laudabile« (als Pendant zu »cum laude«), »opus valde laudabile« (als Pendant zu »magna cum laude«) und »opus eximium« (als Pendant zu »summa cum laude«).

42 Vgl. *v. Münch/Mankowski*, Promotion, S. 146.

kultur juristischer Dissertationen im Verhältnis zu derjenigen in den beiden juristischen Staatsexamen demnach eher wohlwollend.[43]

Relativ selten sind auch Abweichungen in der Note zwischen dem Erst- und Zweit-   34
gutachter, wenn sich Ersterer in der Note bereits eindeutig positioniert und die Arbeit nicht im Grenzbereich zwischen zwei Prädikaten gesehen hat. Das mag man bedauern, hängt aber häufig damit zusammen, dass ein Fakultätskollege einem anderen nicht die fachliche Urteilskraft absprechen will – womit leider eine Abweichung in der Noteneinstufung der Dissertation häufig verwechselt wird.[44] Dieser Zustand ist jedoch immer noch akzeptabler als die Gott sei Dank höchst selten zu beobachtende Situation, dass ein persönlicher oder fachlicher Disput zwischen dem Erst- und Zweitgutachter zu dem »Bauernopfer« einer Herabstufung des Doktoranden führt. Die absolut größte Zahl der Gutachter sind (insoweit ganz Wissenschaftler) sachlich, neutral, auf den Inhalt der Arbeit fokussiert und trotz oder gerade wegen ihres großen Wissensschatzes in der Bewertung wohlwollend. Angst vor der Benotung ist demnach in den meisten Fällen unbegründet.

Die Note summa cum laude ist aber nach wie vor – mit einigen Ausnahmen von Be-   35
treuern, die etwas großzügiger bewerten – sehr selten. Sie soll eine besonders vorzügliche Arbeit bewerten, deren Ergebnis besonderes Lob verdient. Denn bereits die Note »magna cum laude« ist mit »sehr gut« gleichzusetzen. Die Bestnote wird insbesondere für Arbeiten vergeben, die nicht nur inhaltlich und formal den höchsten Standards genügen, sondern die einen wirklichen Beitrag zur Rechtswissenschaft leisten, der über eine bloße Detailfrage hinausgeht.

Man sollte jedoch die Arbeit weder allein wegen des akademischen Grads noch mit   36
dem Ziel einer bestimmten Note schreiben. Die besten Werke entstehen dann, wenn man sich eine ordentliche, den wissenschaftlichen Ansprüchen genügende Arbeitsweise, Redlichkeit und echte Innovation vornimmt. Das gute Prädikat wird in diesen Fällen folgen. Auch wenn vielen Doktoranden die endgültige Note abseits des persönlichen Ehrgeizes weniger wichtig ist, hat sie doch im wissenschaftlichen Bereich naturgemäß eine wichtige Bedeutung: So ist nach vielen Habilitationsordnungen eine mit mindestens magna cum laude bewertete Dissertation nötig, um eine Karriere in der Wissenschaft anzustreben. Ferner kann die Note für den Publikationsort maßgeblich sein. Die renommierten Verlage verlangen jedenfalls in ihren bekannteren Reihen mindestens eine Bewertung mit magna cum laude, mitunter sogar eine solche mit summa cum laude.[45] Wer sich also zum Ziel gesetzt

---

43 *Hofmann* (Promotionsfabriken, S. 65) zieht angesichts einiger Beispiele von Fakultäten, die in ihrem Fachbereich inflationär die Bestnote vergeben, das Fazit: »Außer bei den Noten ›genügend‹ oder ›ausreichend‹ ist die Promotionsnote in Deutschland im Muster ohne Wert.« Es gibt jedoch bei einem über die Fächer hinweg ungefähr gleichbleibenden Anteil von mit summa cum laude bewerteten Dissertationen 2001–2003: 17%, 2013–2015: 20%) auch einige Fakultäten, bei denen diese Note so häufig vergeben wird, dass dies nicht mehr mit der hohen Qualität der dort betriebenen Forschung (und damit auch den möglicherweise besonders hervorragenden Doktoranden, die dorthin gehen) begründet werden kann, sondern vor allem der lokalen Benotungskultur geschuldet ist, so etwa wenn in Mannheim und Gießen in den Wirtschaftswissenschaften über 60% der Doktoranden mit der Bestnote abschließen. S. zum Ganzen den Bericht von *Hornbostel/ Johann*, F&L 2017, 420–422.
44 So auch die Beobachtung von *v. Münch/Mankowski*, Promotion, S. 142, welche diese Sichtweise ebenfalls kritisieren.
45 Ausführlicher zur Publikation der Arbeit unten im Abschnitt § 6 C. (Rn. 596–606).

hat, an prominenter Stelle in einer anerkannten Reihe mit ansprechender druck-
technischer Aufmachung zu erscheinen, weiß damit, welche Notensphären er zu
erreichen hat.

§ 2 Die verschiedenen Phasen des »Projekts Dissertation«

In den folgenden Kapiteln soll zu der Vielzahl an Einzelfragen, die sich auf dem Weg zur Promotion stellen, ebenso eine Antwort gegeben werden wie zur Herangehensweise an die Arbeit im Allgemeinen. Diese Themen sollen in der Reihenfolge besprochen werden, wie sie im Laufe des Projektes durchlaufen werden. Für den Erfolg und die Planbarkeit der Arbeit ist nämlich eine strukturierte Vorgehensweise in der richtigen Reihenfolge wichtig. Dadurch wird zum einen gewährleistet, dass die Dissertation »aus einem Guss« gefasst ist und ihre Erkenntnisse schlüssig aufeinander aufbaut, sodass der »rote Faden« stets erkennbar ist. Andererseits trägt es wesentlich zur Effizienz des wissenschaftlichen Schreibens bei, wenn die Arbeitsschritte, die aufeinander aufbauen, auch in der richtigen Reihenfolge abgehandelt werden. 37

Die Dissertation ähnelt in dieser Hinsicht einer Haus- oder Seminararbeit während des Studiums: Auch hier schadet es der effizienten Arbeitsweise und der Qualität der Arbeit, wenn ein Bearbeitungsschritt – wie beispielsweise die gründliche Recherche – unterlassen oder »übersprungen« wird, um ihn dann doch, gleichsam inzident, an anderer Stelle wieder nachholen zu müssen. Die Entstehung der Dissertation kann deshalb in verschiedene Phasen eingeteilt werden, die in diesem Abschnitt kurz dargestellt werden sollen, bevor auf jeden einzelnen Schritt ausführlicher eingegangen wird. 38

A. Von der Idee zum Text

Jede Promotion beginnt mit einer **Idee**. Selten wird diese aber bereits ein konkretes, bearbeitungsfähiges Thema darstellen. Zum einen kann sich die Themensuche schwierig gestalten, weil weder der Absolvent, der ein Promotionsprojekt starten möchte, noch der Betreuer bei allen Ideen sofort erkennen werden, ob ein Themenfeld genug Raum für Neuerungen bietet oder möglicherweise zu viele Teilaspekte beinhaltet, um die Dissertation zeitnah fertigstellen zu können. Die Idee besteht deshalb häufig in einem Gedanken, der bei der Lektüre eines Werkes auffällt, etwa weil er dort ausdrücklich als noch offene Rechtsfrage bezeichnet wird oder weil man an einer in einer Publikation vertretenen These zweifelt und diese Zweifel auf ihre Berechtigung untersuchen möchte. Aus Sicht der Betreuer ergeben sich Dissertationsthemen häufig aus der stetigen Auswertung von Fachliteratur und der Sichtung von Zeitschriften, durch welche sich gewisse Tendenzen oder aktuell diskutierte Probleme ergeben. 39

Auch ein Urteil kann bisweilen so viele Fragen aufwerfen, dass es der Anlass für ein wissenschaftliches Projekt sein kann. Der Natur der Rechtswissenschaft als anwendungsbezogener, praktischer Wissenschaft entsprechend, kann auch das Ergebnis eines höchstrichterlichen Urteiles so überraschend oder zweifelhaft erscheinen, dass es die Idee zu einer größer angelegten Untersuchung bildet. Und so kann aus einem Fall aus der Praxis eine Doktorarbeit werden. In einer solchen Konstellation wird 40 dann auch das Anwendungsfeld der Dissertation gleich zu Beginn deutlich: Wenn bereits ein konkreter Sachverhalt Ausgangspunkt für die wissenschaftliche Untersuchung ist, so ist damit zugleich klar, dass für diese Konstellation eine wissenschaftlich fundierte Lösung gesucht wird. Dass die Arbeit praktische Relevanz aufweist, ist in diesem Fall sichergestellt; die Aufgabe der Dissertation ist es dann, mehr zu sein als eine lang geratene Urteilsanmerkung. Aus dem Urteil als Idee sollte daher eine dogmatische Fragestellung herausgearbeitet werden. Entsprechendes gilt, wenn eine neue Rechtsvorschrift den Anlass für eine eingehendere wissenschaftliche Untersuchung bildet. Auch hier sind Anwendungsfeld und praktische Relevanz unmittelbar ersichtlich. Aufgabe der weiteren Entwicklung des Themas ist es deshalb vor allem, die methodischen und dogmatischen Fragen, die hinter der Norm stehen oder für ihre Auslegung (und Wirksamkeit?) relevant werden, herauszuschälen, damit die Dissertation nicht zu einem Gesetzeskommentar verkommt.

41 Eine solche methodische oder dogmatische Fragestellung kann auch für sich genommen die Idee bilden. So kann beispielsweise im Rahmen einer anderen Untersuchung (oder auch einer Falllösung) eine dogmatische Frage allgemeiner Art auftauchen, über die in den gängigen Lehrbüchern und Aufsätzen nichts zu finden ist. Das kann die Herausforderung bilden, sich dieser allgemeinen Frage näher zu widmen, um für den Fall, durch welchen man zu der Frage gelangt ist, eine Lösung zu finden. Auch eine Begrifflichkeit oder ein in der Rechtsprechung auftauchendes Erklärungsmuster kann als Idee zu einer größeren Arbeit fungieren, indem die tatsächliche Verwendung des Begriffes erforscht und seine Bedeutung und Wirkweise hinterfragt werden.

42 Von solchen Anregungen ausgehend, sollte man zunächst herausarbeiten, welche Ergebnisse die Untersuchung bringen könnte. Weil der wichtige Unterschied einer Haus- oder Seminararbeit zur Doktorarbeit darin besteht, dass Letztere eine echte Neuerung bringt, sollte man bereits zu Beginn der Arbeit eine oder mehrere **Forschungsfragen** oder **Hypothesen** formulieren. Die Herausarbeitung solcher Fragen gestaltet sich relativ einfach, wenn die Idee bereits ein »fertiges« Thema[46] darstellt, also eine so konkrete Rechtsfrage, dass sich der Untersuchungsgegenstand aus sich selbst ergibt oder gar bereits in einer Forschungsfrage besteht. Wenn die Idee jedoch sehr abstrakt ist oder gar aus einer fremden Wissenschaftsdisziplin oder einer aktuellen politischen Diskussion entnommen wurde, ist die Themenfindung wesentlich durch die Suche nach Forschungsfragen geprägt.

43 Diese Hypothesen zu bestätigen oder zu verwerfen und die Forschungsfragen zu beantworten ist dann das Ziel der Arbeit. Mit diesem gedanklichen Ziel vor Augen sollte sich sodann eine umfassende Recherchephase anschließen, die zwar durch die Forschungsfragen angeleitet wird, aber gleichzeitig ergebnisoffen noch nicht durch mentale Scheuklappen geprägt ist. Keinesfalls also sollte die Forschungsfrage den Blick auf mögliche Erkenntnisse, an die man beim ersten Zugriff nicht gedacht hatte, versperren. Sie dient dazu, gezielt nach relevanten Lücken im gewählten Themenfeld zu suchen, mithin nach den Gebieten, auf denen Raum für neue Erkenntnisse besteht.

44 Im Rahmen der **Recherche** sollte man das gewählte Thema zunächst in die gesamte Rechtsordnung und Rechtswissenschaft einordnen. Es sollen dadurch Bezüge hergestellt werden zu den einzelnen Rechts- und Teilrechtsgebieten, die von der Thematik

---

46 *Voss*, Wissenschaftliches Arbeiten, S. 67.

betroffen sind oder in denen die Antwort auf die Forschungsfrage eine Rolle spielen kann. Das steckt den Suchradius und die zu wählenden Suchbegriffe, gegebenenfalls auch die zu berücksichtigenden Normen ab. Oft ist ein kleines Teilgebiet des Rechts der Anlass für eine Frage, betroffen von ihrer Antwort sind aber zugleich mehrere andere Gebiete. Auch stehen häufig verschiedene Teilrechtsgebiete miteinander in Zusammenhang, sodass sich die Forschungsfrage in dem einen wie in dem anderen Gebiet stellt. Dann sollte jeweils umfassend recherchiert werden, weil es möglich ist, dass in einer Arbeit zu einer vermeintlich speziellen Frage eines anderen Teilgebiets die eigene Forschungsfrage ebenfalls akut und deshalb beantwortet wurde. Um zu vermeiden, dass solche Paralleldiskussionen unentdeckt bleiben, sollte man bereits bei der Recherche mögliche Grundlagenfragen (also Dogmatisches, Methodisches und Rechtsgebietübergreifendes) notieren und hierzu jeweils die Standardwerke, insbesondere Dissertationen und Habilitationsschriften, heraussuchen.

Neben dieser rechtswissenschaftlichen Grundlagenforschung sollten bei der Recherche aber auch aktuelle politische Bestrebungen, insbesondere Reformvorhaben zu bestehenden Gesetzeswerken und Gesetzentwürfe nicht außer Acht bleiben. Möglicherweise bietet auch der Vergleich mit anderen Ländern interessante Erkenntnisse, etwa dann, wenn in diesem Land bereits eine neue Regelung getroffen wurde oder dort ein völlig anderes Modell gewählt wurde. Wenn nationale Grundsätze – insbesondere verfassungsrechtliche Vorgaben – einer Implementierung des fremden Modells in das deutsche Regelungssystem nicht entgegenstehen, könnte es als Beispiel für eine Neuregelung in Deutschland dienen. Durch den Rechtsvergleich können so Erkenntnisse aus einer fremden Rechtsordnung zu einem innovativen Vorschlag für die eigene werden. Denkbar ist dies auch für Teilaspekte wie etwa bestimmte Rechtsfiguren einer fremden Rechtsordnung, beispielsweise ein spezieller Haftungsgrundsatz. Es wird die Recherche sprengen, wollte man das Dissertationsthema auch international »abgrasen«. Sollte man jedoch bei der Stichwortsuche auf eine ausländische Monografie stoßen oder in einem Aufsatz einen Hinweis auf eine Parallellösung in einer anderen Rechtsordnung finden, lohnt in jedem Falle eine kurze Notiz, um dieser Spur im Laufe der Arbeit nachzugehen. Es ist schließlich auch nie ausgeschlossen, dass der Betreuer – zum Beispiel durch eigene Forschungsaufenthalte (LL.M.-Studium?) oder Kontakte zu ausländischen Wissenschaftlern – hier schon Vorkenntnisse hat und deshalb seine Assoziationen zu einem Themenkreis nicht auf die nationale Rechtsordnung beschränkt bleiben. Auch das kann einen Grund dafür liefern, seine Recherchen auf andere Länder und fremdsprachige Publikationen auszuweiten.

45

Die recherchierte Literatur (und gegebenenfalls gesondert die Rechtsprechung) sollte dann in einer **vorläufigen Literaturliste** zusammengefasst werden. Es lohnt sich auch, parallel eine Liste der in den Quellen diskutierten Probleme zu führen, mithilfe derer die Lücken in der rechtlichen Diskussion eruiert und Schwerpunkte gesetzt werden können. Dort kann auch vermerkt werden, wenn eine Problematik zwar schon »ausdiskutiert« zu sein scheint, aber die bisherigen Lösungen zweifelhaft wirken, Sie also beim Lesen nicht überzeugt haben. Gleichzeitig bilden die Diskussionen aus der vorhandenen Quellenlage den Forschungsstand, auf dem Ihre Arbeit aufbauen muss. Schon deshalb sollte bei der Recherche die Literatur überblicksartig ausgewertet werden. Die eigenen Forschungsfragen und Hypothesen können dann auf den publizierten Problemen aufbauen, Lücken schließen oder Gegenpositionen bilden.

46

47 Es ist empfehlenswert, auf der Basis der Recherche und der katalogisierten Quellenlage sodann ein **Exposé** für die geplante Arbeit zu erstellen. Manche Betreuer – und insbesondere Doktorandenkollegs – verlangen ein solches sogar, bevor sie einen Doktoranden offiziell annehmen. Wenn man sich für ein Promotionsstipendium bewirbt, ist in der Regel ebenfalls ein Exposé einzureichen, das zur Begutachtung des Vorhabens dient. Zu seiner Erstellung ist aber in jedem Fall zu raten, auch wenn es nicht explizit gefordert wird. Zum einen kann ein Exposé dem Betreuer schon zu Beginn der Arbeit vorgelegt werden, um von ihm eine Rückmeldung zur Herangehensweise, dem Aufbau der Arbeit und zur Schwerpunktsetzung zu erhalten; diese Rückmeldung bewahrt frühzeitig davor, sich in eine falsche Richtung zu bewegen und aus Sicht des Betreuers an der Thematik vorbeizuschreiben. Es dient also zunächst zur Absicherung des Doktoranden.

48 Daneben hilft es jedoch auch, das Vorhaben zu strukturieren und zu planen. Üblich ist es nämlich (insbesondere dann, wenn es im Rahmen eines Doktorandenkollegs oder für die Bewerbung um ein Stipendium erforderlich wird), dem Exposé einen Arbeits- und Zeitplan beizufügen. An diesem Plan kann man sich bei gründlicher Vor-Recherche und Gliederung bis zum Ende des Verfahrens orientieren. Er hilft, sich selbst zu disziplinieren und eine zeitliche Orientierung über den Fortgang der Arbeit zu behalten. Schon aus diesem Grund ist die Erstellung eines Exposés sehr sinnvoll, bevor mit der eigentlichen Arbeit begonnen wird.

49 Ich habe persönlich die Erfahrung gemacht, dass ein gut konzipiertes Exposé tatsächlich »abgearbeitet« werden kann. Es dient also nicht nur als grobe Orientierung darüber, wie lange das Verfahren insgesamt dauern soll, sondern gibt – ähnlich einem Lernplan während der Examensvorbereitung – vor, was in welcher Reihenfolge untersucht werden soll. Das fördert zum einen die **Planbarkeit** der Arbeit. Denn auf diese Weise lässt sich stets abschätzen, welcher prozentuale Anteil am Inhalt der Arbeit bereits geschrieben ist. Da man einer Dissertation nur einen groben Zeitplan zugrunde legen kann, hilft diese inhaltliche Orientierung am eigenen Arbeitsfortschritt auch zu einer zeitlichen Abschätzung. Wenn beispielsweise für die gesamte Dissertation zwei Jahre eingeplant werden, nach Fertigstellung von 30% des im Exposé geplanten Inhalts aber bereits anderthalb Jahre verstrichen sind, ist eine entsprechende Anpassung des Plans erforderlich. Gerade dann, wenn man sich für die Zeit nach der Promotion frühzeitig für einen Referendariatsplatz in einer beliebten Stadt oder für eine zu einem bestimmten Zeitpunkt freiwerdende Stelle bewerben möchte, verhilft diese Orientierung zu einer realistischen Einschätzung des möglichen Einstiegstermins. Mein persönlicher Rat – den ich unten noch weiter präzisieren werde[47] – ist vor diesem Hintergrund, das Exposé tatsächlich Punkt für Punkt in der vorgegebenen Reihenfolge als Arbeitsplan zugrunde zu legen und neue Abschnitte erst dann zu beginnen, wenn der vorige abgeschlossen ist.

50 Wenn der Dissertationstext abgeschlossen ist, schließt sich eine **Endredaktion** an. Hierzu wird der gesamte Text noch einmal »am Stück« Korrektur gelesen und auf grammatikalische, orthografische und sprachliche Fehler durchgesehen. Auch auf Einheitlichkeit sollte noch einmal besonders geachtet werden, zum Beispiel bei der Zitierweise, dem Verwenden von Abkürzungen oder der Verwendung von Kursivsetzungen. Je nachdem, wie intensiv man sich bereits vor dem Schreiben des Textes

---

47 S. ausführlicher unten im Abschnitt § 4 B. IV. 3. (Rn. 274–280).

– was empfehlenswert ist! – mit den eigenen Formatierungs- und Zitierungsvorgaben befasst hat, kann diese Vereinheitlichung mehr oder weniger Zeit in Anspruch nehmen. Auch wenn man sich solche einheitlichen Vorgaben bereits vor dem Arbeitsbeginn überlegt hat, ist an dieser Stelle ein aufmerksames Auge gefordert – schließlich liegen zwischen dem ersten und letzten geschriebenen Satz der Arbeit nicht selten Jahre, in denen man sich möglicherweise nicht nur inhaltlich, sondern auch in Bezug auf die Formalien in Einzelfragen anders entschieden hat. Je nach Vor-Vereinheitlichung dauert die Endkontrolle zwischen wenigen Wochen bis zu (hoffentlich!) wenigen Monaten.[48]

Es ist dann üblich, den Dissertationstext in der abgabereifen Formatierung noch einmal an den Betreuer zu einer informellen **Vorbegutachtung** (»Vorabgabe«) zu geben. Diese Begutachtung findet außerhalb des Verfahrens statt und dient vor allem dazu, eine Rückmeldung über die Annahmefähigkeit der Arbeit zu bekommen. Sie schützt also insbesondere notleidende Arbeiten davor, im offiziellen Verfahren (und damit nach vielen Promotionsordnungen endgültig) zu scheitern. Der Betreuer wird sich daneben zwar auch mehr oder weniger deutlich zur Qualität der Arbeit auslassen; in der Regel wird er sich aber nicht ausdrücklich auf eine bestimmte Notenstufe festlegen oder dem Doktoranden dezidierte Hinweise dazu geben, was zu einer bestimmten, angestrebten Notenstufe fehlt. Gleichwohl kann aus den inhaltlichen Hinweisen – etwa zu noch bedenkenswerten Aspekten, zur Verständlichkeit mancher Passagen oder zur Überzeugungskraft der vorgelegten Thesen – oft eine grobe Orientierung auf der Notenskala herausgelesen werden. **51**

Deutliche Verbesserungen sind jedoch in aller Regel in diesem Stadium unrealistisch: Wer »auf der Kippe« zwischen zwei Noten steht, dem mögen die Hinweise des Betreuers helfen, mit einigen Wochen oder Monaten Nacharbeit zur besseren Note zu gelangen. Wem aber Substanzielles zu einer besser zu benotenden Arbeit fehlt, der wird nur selten die juristische Qualität und auch das Durchhaltevermögen besitzen, für mehrere Monate erneut in die Arbeit einzusteigen und den gesamten Text auf ein höheres Niveau zu heben. Oft drängt in dieser Phase auch die Zeit, etwa weil der Berufseinstieg oder der Beginn des Referendariats (oder sogar das Zweite Staatsexamen) anstehen und man schlicht nicht mehr die zeitlichen Ressourcen zu einer substanziellen Verbesserung der Arbeit aufbringen kann, ganz abgesehen von der Motivation. In jedem Fall sollte aber die Gelegenheit zu einer solchen Vorabgabe genutzt werden, wenn der Betreuer sie anbietet. Hat er nicht selbst auf diese Möglichkeit hingewiesen, hilft eine Nachfrage im Sekretariat oder bei den Mitarbeitern des Lehrstuhls (die zumeist ebenfalls Doktoranden desselben Betreuers sind). Nicht selten hat diese Möglichkeit Arbeiten vor einem endgültigen Scheitern bewahrt. **52**

Nach der positiven Rückmeldung auf die Vorabgabe kann dann die Dissertation – zusammen mit den nach der jeweiligen Satzung erforderlichen Unterlagen und (eidesstattlichen) Versicherungen – **offiziell** beim Dekanat der Fakultät **eingereicht** werden. Dann ist sie »im Verfahren« und wird vom Dekanat dem Betreuer offiziell zur Begutachtung vorgelegt. Damit ist zugleich auch ein förmliches Verwaltungsverfahren eröffnet, in dem nicht nach jeder Promotionsordnung auch die Möglichkeit **53**

---

48 Meine persönliche Endkontrolle (Textkorrektur, Kontrolle der Formalien, Formatierung der Überschriften, Kontrolle der Verzeichnisse) nahm ca. zwei Wochen in Anspruch, nachdem ich die einzelnen Kapitel nach ihrer Fertigstellung jeweils schon gesondert korrigiert hatte.

besteht, bei Nichtannahmefähigkeit der Arbeit nachzubessern.[49] Gleichzeitig mit der Vorlage zur Begutachtung durch das Dekanat läuft regelmäßig auch eine Frist für die Erstellung des Gutachtens. Allerdings gestalten die Promotionsordnungen diese als Soll-Vorschrift aus und sehen praktisch keine Sanktionsmöglichkeiten für den Fall vor, dass der Betreuer die anvisierte Frist (etwa: 6 Monate) überschreitet. Wie im Falle der Vorbegutachtung kann es deshalb einige Monate, in extremen Fällen sogar bis zu einem Jahr dauern, bis man das offizielle Verfahren durchlaufen hat. Die Gründe für solche Verzögerungen sind mannigfaltig: So betreut mancher Hochschullehrer – entgegen wissenschaftsethischen Regeln[50] – zu viele Doktoranden oder hat das Pech, dass einige Doktoranden gleichzeitig ihre Arbeit abschließen, was zum Beispiel häufig der Fall ist, wenn die »erste Generation« eines neu berufenen Professors ihr Projekt zum Abschluss bringt. Auch können »dringendere« Verpflichtungen wie Tagungen, »lästigere« Fristen für Publikationen in Verlagen oder universitäre Veranstaltungen für eine verzögerte Begutachtung der Arbeit ursächlich werden.

54   Verhindern kann der Doktorand solche Verzögerungen freilich nicht. Auch ist es nicht zu empfehlen, sich im wöchentlichen Rhythmus nach dem Fortgang der Begutachtung zu erkundigen. Sollte das Verfahren sich aber über viele Monate hinziehen, ist es angebracht, höflich anzufragen, wie der aktuelle Stand ist – insbesondere mit Blick auf zwischenzeitlich erschienene Literatur oder neue Rechtsprechung, die es einzuarbeiten gilt. Oft kann auch der richtige Abgabezeitpunkt für eine angemessene Begutachtungsdauer sorgen, etwa wenn der Betreuer Dissertationen in der Regel in der vorlesungsfreien Zeit »votiert«. Dann sollte man versuchen, seine Endredaktion auf den Vorlesungsschluss zu terminieren, damit die Chance auf eine schnelle Lektüre erhöht wird. Für das gesamte Verfahren von der offiziellen Einreichung bis zum Abschluss durch die mündliche Prüfung (Rigorosum oder Disputation) sollte man im Normalfall eine **Verfahrensdauer** von etwa 4–6 Monate einplanen und auch längere Verfahrensdauern in Rechnung stellen, wenn Erst- und/oder Zweitgutachter im Abgabezeitpunkt eine hohe Arbeitslast tragen.[51] Von der Vorabgabe bis zur Promotion, das heißt dem erfolgreichen Abschluss des offiziellen Verfahrens, vergehen in der Regel demnach 6 Monate bis (leider) ein Jahr.

B. Wie viel Zeit einplanen?

55   Die Dauer des offiziellen Verfahrens kann der Doktorand kaum beeinflussen – wohl kann und sollte er aber die Erstellung der Dissertation nicht nur in inhaltlicher, sondern auch in zeitlicher Hinsicht strukturieren. Wieviel Zeit sollte also dafür eingeplant werden?

---

49 Manche Promotionsordnungen sehen aber die Möglichkeit vor, in diesem Fall die Arbeit offiziell für nichtannahmefähig zu erklären und sie gleichzeitig dem Antragsteller für eine gewisse Zeitspanne zur Bearbeitung zurückzureichen, vgl. etwa § 14 Abs. 3 der Promotionsordnung für die Juristische Fakultät der Universität Passau vom 29. Juli 2009 i.d.F. vom 17. Februar 2014.

50 So empfiehlt die Vereinigung der Deutschen Staatsrechtslehrer (VDStRL) in ihren Leitsätzen »Gute wissenschaftliche Praxis im Öffentlichen Recht«, Nr. 33 eine Orientierungsgröße von »etwa zehn« gleichzeitigen Individualbetreuungsverhältnissen als Obergrenze.

51 Die bereits erwähnten »Leitsätze Gute wissenschaftliche Praxis im Öffentlichen Recht« der VDStRL sehen unter Nr. 34 (S. 6) eine Regelfrist von je drei Monaten für die beiden Dissertationsvoten vor.

Das hängt nicht nur davon ab, welches Arbeitsethos man an den Tag zu legen bereit   56
ist und wie viel Zeit man für die Promotion erübrigen kann, sondern auch vom persönlichen Anspruch an die Arbeit. Nach der bekannten *Pareto*-Verteilung[52] kann im
Grundsatz auch bei einer optimierten Dissertation davon ausgegangen werden, dass
die ersten 80% der Leistung 20% der Zeit und Mühe verschlingen, die letzten 20% –
die zur optimalen Leistung führen – aber 80% der Arbeit bedeuten. Eine Arbeit über
die Schwelle der Annahmefähigkeit zu hieven ist demnach schneller möglich, als sie
in den oberen Notensphären auf ein neues Niveau, das heißt das nächste Prädikat zu
heben. Ähnlich wie für den Leistungssportler, dem die Optimierung seiner Fähigkeiten um die letzten 5–10%, die ihn entscheidend von der Konkurrenz abheben, bedeutet es auch für den Doktoranden einen großen Aufwand, die Arbeit von einer guten
zu einer sehr guten zu machen. Die Ansprüche, die an eine vorzügliche Dissertation
gestellt werden – zum Beispiel dass sie aktuell, umfassend, dogmatisch fundiert und
schön geschrieben sein soll –, bedeuten einen Mehraufwand, der sich leider nicht
proportional zu den Mühen entwickelt, die man bis zur lediglich guten Arbeit aufbringen musste. Vor diesem Hintergrund sollte man auch bei der Erstellung des Zeitplans die eigene Motivation und den Anspruch an die Dissertation zuvor kritisch
hinterfragen.[53]

Es ist nach alledem schwierig, konkrete Zahlen zu nennen. Eine gute Dissertation   57
dürfte jedoch bei einem Zeiteinsatz von 7–10 Stunden pro Arbeitstag und
6 Arbeitstagen pro Woche selbst bei wenigen Urlaubstagen wohl nicht unter einem
Jahr zu schaffen sein. In die Rechnung eingestellt werden müssen zudem auch Nebentätigkeiten, etwa in einer Anwaltskanzlei oder als wissenschaftlicher Mitarbeiter
am Lehrstuhl, die zusätzliche Tage blockieren und unter Umständen auch für einzelne Phasen der Vollzeitbeschäftigung sorgen können, in denen man kaum zum Promovieren kommt. Je nach Nebentätigkeit sollten für eine gute Arbeit aber deshalb
ungefähr 1,5–2,5 Jahre eingeplant werden.[54] Wer in der glücklichen Lage ist, über ein
Vollstipendium zu verfügen, das seinen Lebensunterhalt komplett finanziert, kann
möglicherweise auch in einem Jahr zu diesem Ziel gelangen, sofern er jeden Tag an
der Dissertation arbeitet und keine Nebentätigkeiten aufnimmt.

Auch wenn dieser Hinweis die oben glorifizierte große Freiheit des Promotionspro-   58
zesses konterkarieren sollte: Es lohnt sich, bereits zu Beginn des Projektes einen
straffen Arbeitsrhythmus zu verfolgen und jeden freien Tag zu nutzen. Gerade für
Doktoranden, die neben der Promotion in Teilzeit als wissenschaftlicher Mitarbeiter
beschäftigt sind, ist die Versuchung groß, nach einem anstrengenden Semester mit
eigenen Lehrveranstaltungen, der Zuarbeit für die Veranstaltungen des Lehrstuhls

---

52 Auch als sogenanntes *Pareto*-Prinzip bekannt, benannt nach dem italienischen Mathematiker
   Vilfredo Pareto (1848–1923), der es entwickelt hat, um die Bodenverteilung in Italien statistisch
   zu beschreiben. Es wird seitdem auf unterschiedliche statistische Erhebungen und Verteilungen
   übertragen und zur Beurteilung von Effektivität genutzt, vgl. etwa *Koch*, Das 80/20 Prinzip,
   3. Aufl. 2015.

53 Von einer »gesunde[n] Portion Pragmatismus« spricht insoweit *Sommer*, in: Nünning/Sommer,
   Handbuch Promotion, S. 244.

54 *Stein* (Die rechtswissenschaftliche Arbeit, S. 105 f.) schlägt in einem recht konkreten Vorschlag
   eines Zeitbudgets einen Zeitraum von einem Jahr und 8 Monaten vor. Das dürfte eine realistische
   Orientierung sein. *Möllers* (Juristische Arbeitstechnik und wissenschaftliches Arbeiten, § 8
   Rn. 18, Fn. 6) geht davon aus, dass der Zeitplan einer Dissertation »in etwa dem der Examensvorbereitung« entspricht. *Schwintowski* (Promovieren für Juristen, S. 11) geht von »zwei, vielleicht
   drei« Jahren aus mit dem Zusatz: »Sehr viel mehr und sehr viel weniger sollte es nicht sein.«

und den täglich anfallenden kleineren Aufgaben die vorlesungsfreie Zeit zunächst für Urlaub und Erholung zu nutzen. Das ist sicherlich nötig; jedoch sollte man nicht aus den Augen verlieren, dass dies gerade die Zeit sein kann, in der man seine Arbeit voranbringen und endlich in Ruhe ein einzelnes Projekt bearbeiten kann. Von daher sollte man die vorlesungsfreie Zeit nicht flexibler handhaben als die gewöhnlich urlaubsfreie Vorlesungsphase, sondern auch in diesem Zeitraum außeruniversitäre Aktivitäten und Erholung gezielt planen und an den Promotionsrhythmus anpassen.

59 Bei der Tagesplanung sollten insbesondere Teilzeit-Doktoranden und »Externe« – also zum Beispiel Richter und Anwälte, die neben ihrer beruflichen Tätigkeit eine Dissertation schreiben – beachten, dass die Doktorarbeit ein besonderes Maß an Konzentration und Kreativität verlangt. Sie ist erfahrungsgemäß inhaltlich und organisatorisch anspruchsvoller als das sonstige Tagesgeschäft in Form von Lehrveranstaltungen, Zuarbeiten oder auch justiziellen Verfügungen und anwaltlichen Schriftsätzen. Für die Arbeit an der Dissertation sollte deshalb idealerweise die produktivste Zeit des Tages – bei vielen also der frühe Morgen, wenn der lange Arbeitstag noch nicht die körperliche und mentale Energie aufgezehrt hat – oder auch (noch besser) ein ganzer Tag eingeplant werden.[55] Eine anspruchsvolle wissenschaftliche Arbeit nach einem anstrengenden Bürotag oder ausschließlich am Wochenende zu schreiben ist in aller Regel zum Scheitern verurteilt. Hält man sich für den Promotionsprozess hingegen bestimmte Tageszeiten oder Wochentage frei, läuft man zudem in geringerem Maße Gefahr, die Motivation für die wissenschaftliche Arbeit zu verlieren – denn nichts ist frustrierender als den wissenschaftlichen Ansprüchen schon deshalb nicht gerecht werden zu können, weil die körperliche Energie und die zur Verfügung stehende Zeit nicht für eine gute Leistung ausreichen. Hier helfen ein vernünftiger Arbeitsplan und ein strukturierter Tagesablauf.

---

55 Vgl. auch die Hinweise bei *Knigge-Illner*, Der Weg zum Doktortitel, S. 138–161 (insb. S. 154–159).

§ 3 Von der Idee zur Gliederung

Am Anfang des Projektes und damit auch der konkreten Planung steht die Idee, die 60
– wie gesehen – in einem Urteil, einer ungelösten dogmatischen Frage, einer neuen
rechtlichen Entwicklung oder in einer aktuellen (politischen oder rechtlichen) Streitfrage bestehen kann. Ein Arbeitsplan lässt sich jedoch aus einer solchen Idee, die grob
das Dissertationsprojekt überschreibt, nur dann entwickeln, wenn aus ihr eine Forschungsfrage und aus dieser ein konkretes Arbeitsprogramm geworden ist. Das setzt
wiederum eine Gliederung voraus, die idealerweise in einem Exposé erläutert wird.
Wie aber wird aus einer abstrakten Vorstellung die Gliederung einer Dissertation, die
man sogar zu einem Zeitplan ausbauen kann? Im Folgenden sollen die hierfür erforderlichen und eben bereits angedeuteten Arbeitsschritte nachvollzogen werden.

A. Recherche

Unerlässlich für eine solide Gliederung ist zunächst eine gründliche Recherche. Denn 61
wer den Meinungsstand und die möglicherweise relevant werdenden Probleme nicht
kennt, kann nicht abschätzen, welchen neuen Beitrag seine Dissertation zur Rechtswissenschaft beitragen soll und wird seine Arbeit nicht so detailliert gliedern können,
dass er aus der Gliederung einen Arbeitsplan machen kann. Auch die Absicherung
gegen vermeintliche Plagiate und Gedankendiebstahl ist nur möglich, wenn das vorhandene Material umfassend gesichtet wurde. Planungssicherheit, Innovativität und
wissenschaftliche Gründlichkeit provozieren also eine ausführliche Recherche bereits
vor der Erstellung des Exposés.

Es wird nicht gelingen, die Recherche für die Arbeit ausschließlich auf den Beginn zu 62
konzentrieren und sich nach der Erstellung der Gliederung nur noch mit der Lektüre, Auswertung und Bewertung der Quellen zu befassen. Ebenso wenig ist es möglich, zunächst alle verfügbaren Quellen zu lesen, um sich danach nur noch dem
Schreiben der Arbeit zu widmen. Die Recherche am Beginn muss allerdings so ausführlich sein, dass Sie die möglichen Fallstricke Ihres Themas überblicken, den Meinungsstand – den Sie auch in Ihrem Exposé abbilden müssen – erfassen und die offenen Fragen erkennen können. Von einer rechtswissenschaftlichen Arbeit wird ferner
erwartet, dass sie das praktische Anwendungsfeld der gewonnenen Erkenntnisse darstellt. Das setzt voraus, dass vor der Abfassung des Exposés einschlägige Gesetze,
bisher ergangene Urteile und politische (möglicherweise auch internationale) Reformbestrebungen in den Blick genommen werden.

Anders als zu Zeiten ohne EDV-gestützte Recherche und ohne digital verarbeitete 63
und verfügbare Literatur ist heutzutage der Zugang zu dem vorhandenen Material
kein Problem. Im Gegenteil: Die Herausforderung besteht gerade darin, nach und in
den richtigen Kategorien zu suchen, um weder zu wenig noch zu viele Treffer zu lan-
den und aus den Millionen potenzieller Quellen die einschlägigen herauszufiltern.
Weil die digital erfassten Quellen – außer über ihren Titel – auch über Schlagwörter
zu finden sind, hängt es davon ab, unter welchem Begriff der jeweilige Titel von den

Bibliothekaren abgespeichert wurde. Fortgeschrittene Doktoranden haben in der Regel ein Gespür dafür entwickelt, welche Begriffe sie wählen müssen, um die wesentlichen Quellen zu erfassen – auch wenn deren Titel von dem Suchbegriff abweicht.

64 Gerade im Rahmen der umfassenden »Initial-Recherche« sollte deshalb – auch um noch mangelnde Erfahrung mit professioneller Literatursuche auszugleichen – zweierlei beachtet werden: Einerseits gilt es, den Blick noch möglichst weit zu halten und keine akademischen Scheuklappen anzulegen, die den Blick auf mögliche Randprobleme oder Bezüge zu anderen Disziplinen versperren. Andererseits muss vermieden werden, dass eine einseitige Auswahl der Recherchemethoden aus bloßen technischen Gründen den Zugang zu zusätzlicher Erkenntnis verschließt; vermieden werden soll demnach eine Monokultur der Erkenntnisquellen.

Für die Anfangsrecherche bedeutet dies:

65 • Die initiale Idee[56] sollte zunächst zu einer Art *Brainstorming* führen, in dem alle Assoziationen und spontanen rechtlichen Einschätzungen oder Hypothesen notiert werden. Scheinbar abseitige Gedanken sollten nicht voreilig verworfen werden; oft liefern vermeintlich naive, unbedarfte Reaktionen auf ein Spezialproblem interessante und unkonventionelle Lösungsansätze. Entsprechendes gilt für Bezüge zu anderen Teilrechtsgebieten oder gar zu anderen Wissenschaftsdisziplinen. Diese sollte man sich stets vor Augen halten, führen sie doch häufig auch zu Paralleldiskussion oder sonstigen wertvollen Analogien.

Auch ist es bisweilen die Neigung, zu sehr in den gewohnten Bahnen zu schwimmen, das heißt im ausbildungsbezogenen Falllösen zu verhaften, welche die Themenfindung erschweren kann. Eine solche »psychologische Blockade«[57] kann vermieden werden, wenn mit einem Brainstorming, also der ungeordneten Sammlung von Einfällen, (zufälligen) Rechercheergebnissen und (auch »wilden«) Assoziationen begonnen wird. Die dann folgende juristische Bewertung und Einordnung der Assoziationen wird, unterstützt durch eine Recherche, recht schnell ergeben, ob der wilde Gedanke auch das Potenzial für eine Forschungsfrage besitzt oder nicht. Auch ein sogenanntes »*Mindmap*«, in dem in einer bild- und skizzenhaften Darstellung die Begriffe systematisiert und zu einander in Bezug gesetzt werden,[58] kann hier für Ordnung sorgen.[59] Von daher sollte das Brainstorming zunächst »kritiklos« ablaufen; bei gründlicher Recherche und nachfolgender kritischer Bewertung werden die untauglichen Gedanken schnell verworfen werden.

66 • Wenn die Idee in ein Themenfeld eingebettet wurde (oder gar zu einer ersten Idee für ein konkretes Thema geführt hat), sollte man möglichst viele Begriffe notieren, mittels derer man einschlägige Quellen finden kann. Die Wahl der Termini

---

56 Man kann ein Mindmap auch im laufenden Promotionsprozess weiterschreiben, um sein Thema visuell unterstützt weiterzuentwickeln, vgl. *Messing/Huber*, Die Doktorarbeit, S. 69–71.

57 *Voss*, Wissenschaftliches Arbeiten, S. 65.

58 Eine nützliche Darstellung liefert dazu (vor allem für Studierende und Referendare; das dort Gesagte kann aber selbstverständlich auch im Rahmen einer größeren Arbeit verwendet werden): *Sauerwald*, Mind Mapping in Jurastudium und Referendariat, insb. S. 1–14 und 55–71; s. dazu auch den Klassiker: *T. Buzan/B. Buzan*, Das Mind-Map-Buch, 2013 (der Psychologe *Tony Buzan* prägte den Begriff »Mind Map«).

59 Unter der Internetadresse *freemind.softonic.de/* kann eine Software heruntergeladen werden, mit deren Hilfe entsprechende grafische Darstellungen erstellt werden können.

sollte nicht nur auf Synonyme für das eigene Thema beschränkt bleiben, sondern auch Schlagwörter und allgemeine Oberbegriffe für den Themenkreis einbeziehen.

- Unter Verwendung dieser Begriffe bietet sich zunächst eine Online-Recherche im *Bibliothekskatalog* der eigenen Universität an (über Systeme wie OPAC, InfoGuide, Primo). Dort sollte man nicht nur die Titelsuche ausprobieren – diese wertet nur die tatsächlichen Buchtitel aus –, sondern auch die erweiterte Suche nach Schlagwörtern oder über Notationen. Denn ein bestimmtes Teilrechtsgebiet erhält in der Regel eine einheitliche Notation, sodass über diese Kennung weitere passende Werke gefunden werden können, nachdem man ein erstes Werk entdeckt hat. Stets sollte man jedoch zur Sicherheit die Suche auch über die Fernleih-Funktion nutzen. Dazu kann man entweder im lokalen Katalog im Suchformular auf »Fernleihe« klicken oder auf einen Button zur »Weitersuche über Fernleihe«, über den man auf das Verbundportal des jeweiligen Bibliothekenverbunds umgeleitet wird. Es ist auch möglich, die Suche direkt in dem Verbundportal zu starten, sofern eine entsprechende Website mit eigener Suchfunktion vorhanden ist (zum Beispiel *www.gateway-bayern.de* für den bayerischen Verbundkatalog[60]). Trifft man dort auf ein Buch, das auch lokal (an der Heimatuniversität, deren Kennung man zur Recherche benutzt) vorhanden ist, führt ein Link auf den lokalen Katalog, sodass die Fernleihe gesperrt ist. Anderenfalls kann das Buch – oder Kopien daraus – über Fernleihe bestellt werden – freilich in der Mehrzahl der Bundesländer kostenpflichtig.[61]

Zusätzlich zum Bibliothekskatalog der Universität und des Bibliothekenverbunds lohnt noch eine Suche über den *Karlsruher Virtuellen Katalog (KVK)*[62], der als Metakatalog die Kataloge von großen Bibliotheken des In- und Auslands beinhaltet und so Zugang zu 500 Millionen Quellen bietet. Gerade für denjenigen, der ein Thema mit internationalem Bezug bearbeitet, kann eine solche Recherche interessant sein, weil fremdsprachige Quellen in den Fakultätsbibliotheken häufig nur spärlich und nicht in der aktuellsten Auflage verfügbar sind. Im KVK kann zudem die Suche auf bestimmte Länder eingeschränkt werden, was vor allem bei rechtsvergleichenden Arbeiten für eine effektivere Recherche sorgt. Häufiger als im KVK werden Sie aber in dem Katalog Ihrer eigenen Universität – kombiniert mit der Fernleih-Suche – recherchieren. Insbesondere für die Initial-Recherche sollten Sie aber zusätzlich auch den KVK bemühen; dort kann dann die Suche turnusgemäß wiederholt werden, also zum Beispiel vierteljährlich als eine Art von Ergebniskontrolle.

Entsprechendes gilt für den *Katalog der Deutschen Nationalbibliothek (DNB)*.[63] Dieser bietet die Möglichkeit, die Suche auf verschiedene Medienarten einzuschränken, und ist mit den Listen des Buchhandels verknüpft. Dies ermöglicht die Kontrolle, ob das Buch aktuell noch erhältlich ist. Gleichzeitig ist der DNB-Katalog die beste Quelle für deutschsprachige Literatur, die nach 1913 erschienen ist. Für denjenigen, der in räumlicher Nähe zur Deutschen Nationalbibliothek

---

60 Weitere Verbundkataloge finden Sie unter: *www.gbv.de/verbund*, *www.hbz-nrw.de*, *www.hebis.de*, *www.kobv.de/services/katalog/b3kat*, portal.kobv.de und *swb.bsz-bw.de/*.
61 In der Regel wird für die Fernleihbestellung eines Buches oder einer Kopie ein Betrag von 1,50 Euro veranschlagt.
62 Abrufbar unter: *kvk.bibliothek.kit.edu*.
63 Dieser ist abrufbar unter: *portal.dnb.de*.

wohnt, besteht ferner die Möglichkeit, die Werke im Präsenzbestand anzusehen; entleihbar sind sie nicht, sodass in der Regel eine Suche über den lokalen Katalog und den Verbundkatalog für die Fernleihe für Doktoranden praktischer sein wird.

68 • Die weitere Recherche führt über die Bücher, die man bei der ersten Katalogrecherche bestellt hat, zu Folgewerken: In einem »Schneeballsystem« kann man die Literaturlisten der dann ausgeliehenen Bücher zu weiteren Bestellungen nutzen. Hierbei empfiehlt es sich, zunächst[64] von den aktuellen auszugehen, bevor man sich die älteren vornimmt, also zeitlich rückwärts zu arbeiten, weil die gründlicher ausgearbeiteten aktuellen Quellen bereits die meisten älteren Quellen berücksichtigt haben.[65] Da bestimmte zusammengehörige Kategorien über eine gemeinsame Notation verfügen (ihre *Bibliothekssignatur* ist in der Regel am Anfang identisch), lassen sich aber auch auf einem Gang in die »reale Welt« der Bücherregale weitere Bücher finden, deren Titel vielleicht auf den ersten Blick gar nicht einschlägig scheint. Denn in dem Regal, in welchem man das erste Fundstück online entdeckt hat, stehen auch die anderen Werke, die thematisch mit jenem zusammenhängen. Es lohnt sich also, in der Bibliothek darauf zu achten, welche Werke im Umfeld des bereits aufgefundenen Buches zu finden sind.

69 • Entsprechend kann man vorgehen, wenn man die Ausgangsidee, die zum Dissertationsthema führen könnte, an einer bestimmten Norm festmachen kann. Dann ist häufig ein Großkommentar die erste Wahl; dort findet man vor den *Kommentierungen* in der Regel eine Liste mit der verwendeten Literatur, die man ebenfalls zu einem ersten Zugriff auf die Quellenlage nutzen kann – zumal die meisten Kommentare relativ aktuell gehalten werden. Anders als bei möglicherweise recht alten Monografien werten die größeren Kommentare mit wissenschaftlichem Anspruch stets auch die aktuell erschienene Literatur und Rechtsprechung aus, werden also laufend aktualisiert. Über die dort aufgeführte Literatur (auch in den Fußnoten) kann der Weg zu weiteren Quellen führen.

70 • Die in der juristischen Praxis am häufigsten genutzte Recherchemöglichkeit stellen daneben die *juristischen Datenbanken* dar, insbesondere *Juris* und *beck-online*.[66] Während bei Ersterer – neben den Juris-Praxiskommentaren und den zugehörigen Rechtsprechungsreporten – nur einzelne Zeitschriften auch im Volltext abrufbar sind (zum Beispiel BB, WRP, GewArch), bietet *beck-online* den Vorteil, dass dort zahlreiche Zeitschriften abrufbar sind, sofern die Universität oder Ihre Kanzlei das entsprechende Modul lizenziert hat.

---

64 Auf eine spätere eigene Kontrolle und die weitere Suche nach möglicherweise bisher von den anderen Autoren unentdeckt gebliebenen »Schätzen« sollte man nie verzichten!

65 *Schimmel/Weinert/Basak*, Juristische Themenarbeiten, Rn. 86 f.; *Stein*, Die rechtswissenschaftliche Arbeit, S. 107.

66 Eine Übersicht aller in Deutschland verfügbaren (auch ausländischen) Datenbanken findet sich im jeweiligen Online-Bibliothekskatalog im sogenannten Datenbanken-Infosystem (DBIS). Dort sind alle verfügbaren Datenbanken nach Fächern sortiert. Die im Ausland verbreiteten Datenbanken *Jurion* (als deutscher Ableger der großen Datenbank *LexisNexis*) und *Westlaw* haben mittlerweile in Deutschland außerhalb des angloamerikanischen Rechts nur noch eine vernachlässigbare Bedeutung. Einen Vergleich der Datenbanken *beck-online*, *Juris*, *Legios* und *LexisNexis* ziehen *Noack/Kremer*, NJW 2006, 3313 (3315 f.). Ausführlicher zur Datenbankrecherche im ausländischen Recht *Vogel*, Erfolgreich recherchieren – Jura, S. 83–100 (zum ausländischen Recht) und 111–118 (zum Recht der Vereinten Nationen). S. für Österreich *Busch*, in: Konrath, Schreib-Guide Jus, S. 64–75; für die Schweiz: *Forstmoser/Ogorek/Schindler*, Juristisches Arbeiten, S. 298–316.

Das betrifft zum **Beispiel** folgende periodische Schriften: ArbR, EuZW, FamFR, JuS (in der Regel nicht die Aufsätze), MMR, NJW, NJW-RR, NStZ, NStZ-RR, NVwZ, NVwZ-RR, NZA, NZA-RR, NZFam, RdA, ZUM, ZUM-RD.

Hier kann über Stichworte ein entsprechender Aufsatz und über die dort gesetzten Fußnoten weitere Literatur gefunden werden. Auch bietet *beck-online* eine Vielzahl an Gesetzeskommentaren, selbst zu Spezialgebieten. Neben manchen Standardkommentaren wie *Maunz/Dürig* (GG) und den Beck'schen Online-Kommentaren etwa auch die *Münchener Kommentare* zu verschiedenen Einzelgesetzen. Darüber hinaus sind manche Zeitschriften generell als reine Online-Zeitschriften konzipiert, so insbesondere manche auf Ausbildungszwecke spezialisierte Zeitschriften.[67]

- Nicht übersehen werden darf allerdings, dass mittlerweile auch die Universitätsbibliotheken selbst viele Lizenzen von Verlagen erwerben. Es lohnt sich daher, in den Online-Katalogen die Kürzel der gesuchten Zeitschriften[68] oder bestimmte Standardlehrbücher einzugeben. Häufig ist der jeweilige Titel mittlerweile als *Online-Ressource* (etwa als klassisches *E-Book*) verfügbar. Namentlich die Verlage *Springer* (dieser allerdings eher in der Medizin und den Wirtschaftswissenschaften) und *Duncker & Humblot* (für Dissertationen) bieten hier viele elektronische Angebote an. 71

- Für Gesetze und Urteile der Europäischen Union existieren mit der Datenbank EUR-Lex unter der Internetadresse *eur-lex.europa.eu/de./index.htm* eine sehr gut strukturierte Quelle mit Zugang zu allen EU-Rechtsakten in den verfügbaren Sprachen. Auch hier ist die Recherche durch eine Schlagwortsuche möglich. Für europarechtliche Dissertationsthemen (oder solchen mit Berührung zum Unionsrecht) kann dadurch diese Datenbank eine gute Quelle für die Ausgangsrecherche sein. 72

- Schließlich sollen noch ein unbekanntes und ein möglicherweise im wissenschaftlichen Kontext unerwartetes Recherchetool erwähnt werden. Überraschend mag insoweit der Hinweis auf Internet-Suchmaschinen erscheinen. Jedoch kann eine solche Suchabfrage abseits der juristischen Datenbanken und des rein in Bibliotheken verfügbaren Materials manchmal interessante Quellen liefern – sei es ein E-Book, das in einer ausländischen Datenbank gespeichert ist, sei es ein Zeitungsartikel, in dem möglicherweise sogar ein Wissenschaftler eine aktuelle Entwicklung kommentiert (zum Beispiel in der Rubrik »Staat und Recht« in der *Frankfurter Allgemeinen Zeitung*), oder der Hinweis auf Reformpläne auf politischer Ebene. Eine klassische Internet-Suchabfrage kann also über das rein Dogmatisch-Fachliche hinaus[69] zu Aspekten führen, die in der allgemeinen Diskussion eine Rolle spielen – und die somit derjenige, der das Dissertationsthema aus diesem 73

---

67 Siehe dazu: *www.hrr-strafrecht.de*, *www.jurpc.de*, *www.law-journal.de*, *www.zjs-online.com*, *www.zis-online.com*. Eine Zeitschriftenliste inklusive der Angabe, wo die jeweilige Zeitschrift online verfügbar ist, finden Sie zudem auf der Website des Lehrstuhls *Rohe* (Universität Erlangen-Nürnberg) unter *www.zr2.jura.uni-erlangen.de/bibliothek/online-verfuegbare-zeitschriften.shtml*.

68 Bisweilen lizenzierte Zeitschriften sind z.B.: AöR, AcP, AVR, DVBl., JZ, K&R, WuW. Die Zeitschriften werden von den Bibliothekskatalogen in der Regel sowohl mit ihrem vollen Titel als auch mit der offiziellen Abkürzung erfasst.

69 Für wissenschaftliche Recherchen existieren aber teilweise spezielle Suchmaschinen bzw. Anwendungen innerhalb von Suchmaschinen, wie namentlich *Google Scholar* (*scholar.google.de*). Informativ und umfassender zur wissenschaftlichen Recherche mit Internetsuchmaschinen (auch Alternativen zu *Google*) *Klein*, Wissenschaftliche Arbeiten schreiben, S. 149–157.

»Laien«-Blickwinkel (im Sinne von: aus der Sicht eines »Nicht-Insiders«) betrachtet, bei der Lektüre im Hinterkopf hat und auf welche er Antworten in der Doktorarbeit sucht.

74 • Ferner lohnt eine regelmäßige Recherche in der *Karlsruher Juristischen Bibliographie (KJB)*. Die KJB ist eine monatlich erscheinende Zeitschrift, die gleichsam ein Abfallprodukt des Bibliotheksdienstes des Bundesgerichtshofes darstellt. Dieser wertet für das Gericht Neuerscheinungen in Zeitschriften, Festschriften oder in Form von Monografien aus und sortiert sie nach Rubriken. Die Gliederungsziffern für die Rubriken sind stets identisch, sodass man sich bei der Recherche die Teilrechtsgebiete überlegen kann, die von dem gewählten Thema (der Idee) betroffen sind.[70] Dann kann man monatlich oder vierteljährlich die Hefte der KJB nach diesen Rubriken auswerten und dadurch abgleichen, ob im Rahmen der laufenden Recherchen über Datenbanken, aktuelle Kommentare und Bibliotheksgänge einige Werke »untergegangen« sind. Insbesondere durch die Auflistung von Festschriftbeiträgen und Einzelbeiträgen aus sonstigen Sammelwerken liefert die KJB einen nicht zu unterschätzenden Mehrwert: In diesen Werken sind nämlich üblicherweise recht heterogene Beiträge unter einem häufig abstrakten Titel vereinigt, sodass der bloße Hinweis auf eine Festschrift nicht erkennen lässt, ob in dieser einzelne Beiträge für das eigene Thema relevant werden. Die juristischen Datenbanken (*Juris*, *beck-online*) führen wiederum diese Einzelbeiträge nicht auf. Außerhalb der KJB sind sie demnach nur schwer zu finden; im Zweifel entdeckt man sie entweder zufällig oder über einen Verweis wie etwa in der Fußnote einer Kommentierung. Eine Kontrolle über die nur gedruckt verfügbare KJB ist daher zu empfehlen; Gleiches gilt für eine turnusmäßige Kontrolle der Internetseiten der größeren Wissenschaftsverlage. Da dies aber im Zusammenhang mit der Aktualisierung des Werkes steht, soll darauf zu einem späteren Zeitpunkt noch einmal eingegangen werden.[71]

75 Die anfängliche Recherche – das dürfte nach der obigen Auflistung klar geworden sein – nimmt einige Zeit in Anspruch und führt zu einer großen Menge an Fundstellen. Nicht umsonst wird häufig kolportiert, dass Doktoranden zu Beginn ihres Projektes zunächst den »Kleinen und Großen Kopierschein«[72] erwerben. Denn schon das Kopieren von Aufsätzen und Exzerpten aus Monografien ist zeitaufwändig und sollte sorgfältig vorgenommen werden – nicht zuletzt deshalb, weil unüberlegte Kopien und möglicherweise zu kurze Exzerpte später viel Rückverfolgungsaufwand kosten können, wenn man einzelne kopierte Seiten einem Autor zuordnen muss oder die vollständigen Angaben benötigt, um das Werk ins Literaturverzeichnis aufzunehmen.[73] Gefragt ist also von Anfang an auch eine gute Dokumentverwaltung und Archivierung; dazu soll im folgenden Abschnitt etwas gesagt werden.

---

70 So existieren z.B. die Rubriken 3. Privatrecht, die weiter unterteilt ist in Unterkapitel wie Sachenrecht (3.4) oder Wertpapierrecht (3.10), aber auch »exotischere« Kategorien wie z.B. das Kirchenrecht (16.) oder die Rechtsinformatik und das Informationsrecht (17.).

71 S. dazu unter dem Punkt § 6 A. II. (Rn. 557–569).

72 *Möllers*, Juristische Arbeitstechnik und wissenschaftliches Arbeiten, § 8 Rn. 20.

73 Der Ratschlag, zunächst die Quellen zu lesen, bevor man sie kopiert, und nur die (scheinbar!) relevanten Stellen zu vervielfältigen (so *Kohler-Gehrig*, Diplom-, Seminar-, Bachelor- und Masterarbeiten in den Rechtswissenschaften, S. 47) ist bei der Recherche für eine Dissertation nicht praktikabel und führt nur zu unstrukturiertem Lesen.

Damit die Recherche aber nicht nur zu einem unreflektierten Zusammentragen und   76
Aufhäufen von Kopien, Büchern und Literaturlisten verkommt, sollten die Ergebnisse zumindest in einige gröbere Kategorien sortiert werden, zum Beispiel nach
verschiedenen Teilrechtsgebieten, nach Normen oder auch nach Problemkreisen
der aufgeworfenen Forschungsfrage. Naturgemäß lassen sich zu Beginn nicht alle
Quellen auf Anhieb einem bestimmten Aspekt zuordnen, weil man sie dazu erst
einmal analysiert haben muss; auch kann ein Werk nützliche Informationen zu
mehreren Aspekten der Arbeit enthalten. Gleichwohl sollte man sich 3–5 grob
gewählte Kategorien ausdenken, in welche man die Fundstücke der ersten Recherche vorsortieren kann. Diese 3–5 Stapel gilt es dann in einer zweiten Stufe auszuwerten.

Checkliste: Quellen für initiale Recherche: 77

- Quellenunabhängiges Brainstorming, zum Beispiel durch Mindmaps
- Sammlung möglicherweise betroffener Rechtsnormen und Rechtsordnungen
- Recherche über den lokalen Bibliothekskatalog
- Recherche über den Verbundkatalog (Fernleihe)
- Kontrolle über den *Karlsruher Virtuellen Katalog* (KVK)
- Recherche vor Ort in der Bibliothek (Umgebung einer konkreten Signatur)
- Juristische Datenbanken, insbesondere *beck-online* und *Juris*
- Kontrolle der einschlägigen Kategorien in der *Karlsruher Juristischen Bibliographie* für die letzten Monate/Jahre
- Internet-Suchmaschinen-Abgleich

B. Literatursammlung und -auswertung

I. Vorbemerkungen zur Literaturverwaltung und Datensicherung

Wichtig für eine Auswertung ist aber zunächst, dass die Quellen nicht nur in Stapeln   78
gesammelt werden, sondern dass alle bibliografischen Angaben auf Karteikarten oder
einer (papiernen oder elektronischen) Liste erfasst werden. Auf den Kopien selbst
sollte daneben jedenfalls so viel notiert sein, dass eine Zuordnung zu dem vollständigen Eintrag auf der Karteikarte oder Liste möglich ist. Wie Sie Ihre Quellen archivieren und verwalten, hängt von Ihren persönlichen Arbeitsgewohnheiten ab. Wer – was
die Regel unter Doktoranden ist – stets ein elektronisches Dokument am PC oder
Laptop geöffnet hat (also entweder am Schreibtisch arbeitet oder den Laptop in die
Bibliothek mitnimmt), kann die Literaturverwaltung bequem in einer elektronischen Datei organisieren. Wer lieber erst die kopierten Texte liest und sich handschriftliche Exzerpte macht, für den ist möglicherweise eine klassische Zettel-
Kartei angenehmer.

Bei der elektronischen Variante kann man sich darauf beschränken, alle bibliogra-   79
fischen Angaben zu den kopierten Quellen untereinander abzutippen und über die
alphabetische Sortierung (im *Word*-Menü gibt es dazu in der Rubrik »Start« einen
gesonderten Button) ordnen. Dazu tippt man die Fundstellen in folgendem Format
ab: Autor, Vorname: Titel, Auflage, Erscheinungsort und Jahr sowie mögliche weitere

Angaben.[74] Erst danach wird ein neuer Absatz begonnen. Die alphabetische Sortierung ordnet nämlich nach Absätzen, sodass eine Quelle einem Absatz entsprechen sollte.[75] Das gleiche Ergebnis kann man mit einer *Word-* oder *Excel-*Tabelle erreichen, in deren erster Spalte man entweder nur den Autor aufführt oder den Autor mit allen eben genannten Angaben. Auch hier kann die Tabelle alphabetisch sortiert werden (dazu als Sortierungsmaßstab die erste Spalte angeben). In eine solche Tabelle können dann in weiteren Spalten zusätzliche Angaben aufgenommen werden, zum Beispiel welche Seiten man kopiert hat, in welchem Ordner man die Kopien abgelegt hat, für welche Kapitel die Quelle relevant wird oder ob eine Neuauflage des Werks angekündigt ist. Solche Angaben können später helfen, das Werk wiederzufinden und dienen zudem dazu, dass spontane Gedanken bei der Lektüre der Quelle nicht verloren gehen. Häufig passiert es nämlich, dass man im Rahmen eines Teilaspekts in der jeweiligen Fundstelle Erkenntnisse zu einem späteren Kapitel entdeckt. Solche Ideen sollte man sich entweder in den Dissertationstext unter die betroffene Überschrift notieren oder in der Literaturtabelle gesondert aufführen.

80 Wer diese Art der Literaturverwaltung weiter perfektionieren möchte und keine Scheu hat, sich in die Bedienung einer neuen Software einzuarbeiten und möglicherweise einige kleinere Programmierungen vorzunehmen, kann für die Verwaltung seiner Quellen auch ein spezielles Literaturverwaltungsprogramm verwenden. Das bekannteste[76] stellt *Citavi* dar, das zwar grundsätzlich kostenpflichtig ist, an den meisten Fakultäten jedoch kostenlos zum Download zur Verfügung gestellt wird und über sein Add-in mit *Word* kompatibel ist. Es ist mit dem Katalog der eigenen Universität, anderen Bibliothekskatalogen weltweit sowie gewissen *Google*-Quellen vernetzt; dadurch genügt es auch, die ISBN-Nummer der Quelle einzugeben, welche dann durch die vollständigen Angaben ersetzt wird. Ein weiterer Vorteil ist die Nutzung als echtes, das heißt auch inhaltliches Literaturverwaltungsprogramm, in das Abstracts zu den gelesenen Quellen geschrieben werden können und aus dem Notizen per *copy-and-paste* in den Dissertationstext eingefügt werden können. *Citavi* bietet ferner die Möglichkeit, die erfasste Literatur über Schlagwörter in Gruppen einzuteilen, was später bei der Arbeit an einem bestimmten Themenkomplex die Sondierung der Literatur zu Beginn eines neuen Kapitels der Arbeit erleichtern kann.

80a Durch die Festlegung von Zitierweisen für einzelne Quellen genügt beim Zitieren ferner ein Kürzel (also insbesondere der Name des Autors), der dann durch das vollständige Zitat ersetzt wird. Angemerkt sei jedoch, dass das Programm – insoweit gilt

---

74 Ausführlicher dazu, welche Angaben für das Literaturverzeichnis wichtig sind, unter dem Punkt § 5 D. (Rn. 487–525).

75 Dazu kann man bei den neueren Versionen von *Word* (ab 2010) unter der Rubrik »Start« in der Menüleiste in der Unterkategorie »Absatz« auf das A-Z-Symbol zum Sortieren klicken. Entsprechend funktioniert die alphabetische Sortierung von Tabellen: Hierzu einfach in die erste Spalte der Tabelle gehen, auf das Symbol klicken und dann angeben, dass nach der ersten Spalte alphabetisch sortiert werden soll.

76 Eine ausführliche Liste finden Sie bei *Stock/Schneider/Peper/Molitor*, Erfolgreich promovieren, S. 123 (dort finden Sie auch Bewertungen der Programme *Citavi, Librixx, EndNote, Bibliographix, Reference Manager* und *JabRef*). Ausführlicher zum Programm *Bibliographix Bergmann/Schröder/Sturm*, Rn. 861–887.

das Gleiche wie für Promotionsanleitungsbücher – nicht immer den persönlichen Geschmack abbildet. Das betrifft insbesondere die Gliederungsstruktur und die Zitierweise; ein Problem können etwa Zitate von Einzelbeiträgen aus Sammelbänden darstellen. Allerdings ist *Citavi* seit seiner Anfangsphase, in der weder juristische Zitierstile noch die klassische juristische Gliederungsstruktur voreinstellbar waren, wesentlich verbessert und weiterentwickelt worden. Die fehlende Anpassung an juristische Formalien und Gepflogenheiten hatte mich – wegen des dadurch erforderlich werdenden hohen Programmierungsaufwands – noch davon abgehalten, *Citavi* für meine eigene Dissertation zu nutzen. Inzwischen kann eine recht große Zahl an Vorlagen für rechtswissenschaftliche Zitierstile verwendet werden, etwa die Neuen Zitierregeln (NZR) für Österreich, einen auf dem Buch von *Byrd/Lehmann* beruhender Basis-Stil Jura, die Zitierregeln von *Riehm* sowie unter dem Namen »Beyerbach« auch die Zitierregeln dieses Buches. Diese Regeln können Sie dann Ihrem persönlichen Stil anpassen. Solche Anpassungen und die Festlegung der Formalien erfordern allerdings jedenfalls am Anfang der Nutzung einige in die Erstellung von Formatvorlagen investierte Stunden. Wer davon nicht abgeschreckt wird, für den bietet namentlich das Programm *Citavi*[77] viele Vorteile – zumal der Hersteller selbst mittlerweile viele kostenlose Manuals[78] und einen Beratungsservice[79] anbietet.

Citavi-Nutzer berichten jedoch auch von Nachteilen des Programms. So handelt es sich weitestgehend um ein »offline«-Programm, das projektbezogen an eine *Word*-Datei gekoppelt ist. Sie können also *Citavi* nicht über das Internet, zum Beispiel browserbasiert, nutzen, sondern müssen entweder nur an einem Desktop arbeiten oder stets den USB-Stick mit der *Word*-Datei bei sich tragen. Applikationen für *iOS* oder *Android* gibt es bislang nicht, sodass die entsprechenden Geräte als Arbeitsoberfläche für die Dissertation ausscheiden. Eine Cloud-Alternative böte sich allein in der Speicherung der *Word-Citavi*-Datei in einer *Dropbox* – was jedoch datenschutzrechtlich nicht ideal ist. Weil die Einstellungen jeweils projektbezogen festgelegt werden, können Sie *Citavi* auch nicht als Datenbank für eine Vielzahl an Projekten nutzen. Wenn Sie also neben der Dissertation noch an Aufsatzpublikationen oder sonstigen Manuskripten arbeiten, müssen Sie dazu ein neues Projekt anlegen und möglicherweise die identischen Quellen dort nochmals speichern. Ein weiterer Nachteil für *Apple*-Jünger ist die fehlende Kompatibilität mit *Mac*-Rechnern. An einem solchen können Sie mit *Citavi* nur arbeiten, wenn Sie eine sogenannte Virtualisierungslösung wählen, das heißt Ihren *Mac*-Rechner über Programme wie *Parallels* oder *VMware Fusion* mit einem *Windows*-Rechner verbinden.[80]

80b

---

77 Ausführlicher zu dieser Software z.B. *Heinen*, in: Nünning/Sommer, Handbuch Promotion, S. 286–289 und *Balzert/Schröder/Schäfer*, Wissenschaftliches Arbeiten, S. 144–150 (dort inklusive Screenshots). Zu den existierenden Programmen *Wergen*, Promotionsplanung und Exposee, S. 152–155.

78 Darunter auch ein Ratgeber zum wissenschaftlichen Arbeiten, s. *Meurer/Schluchter*, Einführung in das wissenschaftliche Arbeiten mit Citavi 5, 2015.

79 S. zum Citavi Support *www.citavi.com/de/support.html*.

80 Eine Anleitung dazu findet sich unter: *www.citavi.com/sub/manual5/de/index.html?installing_on_a_mac.html*.

80c Alternativen zu *Citavi* existieren namentlich in den Programmen *EndNote* oder *LaTeX*[81] sowie – vor allem für *Mac*- und *Linux*-Nutzer – im Programm *Zotero*[82] Diese Programme sind jedoch für rechtswissenschaftliche Arbeiten teilweise sehr einarbeitungs- und programmierungsintensiv. Wer diese Programme oder die übrigen, unter Juristen nicht besonders verbreiteten Alternativen[83] nicht konsequent von Beginn an für die gesamte Promotion einsetzt, für den dürfte sich die Benutzung nicht lohnen.[84]

81 Eine Literaturverwaltung kann freilich auch mit dem schlichten Schreibprogramm (in der Regel wird dies *Microsoft Word* sein) oder sogar mit handschriftlichen Notizen geleistet werden. In der einen oder anderen Weise empfehlen sich folgende Angaben[85] in einer Tabelle, einer gesonderten Datei, in einer Liste und zusätzlich im Dissertationstext (unter der betroffenen Teilkapitelüberschrift):

- Vollständige bibliografische Angaben
- Welche Seiten liegen in Kopie vor?
- Für welche Kapitel wird die Quelle relevant?
- Ist in den bereits gelesenen Passagen ein wörtliches Zitat aufgetaucht, das verwendet werden soll? Wenn ja: Im Wortlaut mit der genauen Fundstelle notieren (idealerweise bereits in der Datei, in welcher der Dissertationstext entsteht).
- Je nach Arbeitsweise: Kurzes Abstract, was in der Quelle steht und wozu sie verwendet werden soll (Welcher Meinung ist der Autor zuzuordnen? Welche Erkenntnisse bringt die Quelle? Ist sie für die eigene Arbeit wichtig? Sollte sie jedenfalls zitiert werden?).

82 Sie sollten sich bereits in der ersten Recherchephase Gedanken darüber machen, nach welchem System Sie Ihre Quellen sortieren und welche Angaben Sie sich jeweils notieren möchten. Dann arbeiten Sie von Beginn an strukturiert, einheitlich und damit effizienter. Wer sich erst inmitten des Verfahrens oder gar nach Abschluss der Arbeit am Dissertationstext Gedanken zu den Formalien und der Archivierung macht, hat nicht nur wertvolle Arbeitszeit im Laufe der Monate/Jahre verloren, sondern verbringt viel mehr Zeit damit, nachträglich die Formalien anzupassen, als es ihn gekostet

---

81 Diese Software wird insbesondere in den Wissenschaftsdisziplinen, die viel mit Tabellen, Grafiken und Formeln arbeiten (also die empirischen Wissenschaften), eingesetzt, weil sie eine komfortablere Formatierung und Einbettung dieser Elemente erlaubt und weniger fehleranfällig ist als das für Juristen zumeist uneingeschränkt taugliche *Word* von *Microsoft*. Neben dem speziellen Satzspiegel bietet es jedoch auch die Möglichkeit zur Literaturverwaltung, sodass es auch für die beschriebenen Zwecke sehr gut tauglich ist. Ein Nachteil des Programmes ist, dass es nicht kostenfrei zur Verfügung steht und eine wesentlich längere Einarbeitungsphase erfordert, die in juristischen Arbeiten i.d.R. aus Gesichtspunkten des Layouts nicht erforderlich ist. Auch ist der Zugang für technisch wenig Versierte durch die recht komplizierte Programmierung erschwert. Eine gute Hilfe bei der Einarbeitung liefert Ihnen, sollten Sie an dieser Software interessiert sein, *Schlosser*, Wissenschaftliche Arbeiten schreiben mit LaTeX (dort S. 171–206 zur Literaturverwaltung). *LaTeX* lässt sich kombinieren mit dem Programm *BibTeX* zur Literaturverwaltung.

82 S. dazu unter *www.zotero.org*. Zotero kann auch als Add-In für den Browser genutzt werden (*Firefox*). Zum speziellen Aspekt der Zitierregeln bei *Zotero* s. *Liedermann*, in: Keiler/Bezemek, leg cit³, Rn. 380–399.

83 Eine Übersicht über weitere Literaturverwaltungsprogramme mit jeweils einer kurzen Beschreibung findet sich bei *Klein*, Wissenschaftliche Arbeiten schreiben, S. 134–137.

84 *Theisen*, Wissenschaftliches Arbeiten, S. 124.

85 Ähnlich die Hinweise für Exzerpte bei *Prexl*, Mit digitalen Quellen arbeiten, S. 65–71.

hätte, die Quellen von vornherein mit ihren vollständigen Daten nach einem einheitlichen System auszuwerten[86] und abzulegen.

> **Hinweis:** Ich persönlich habe mir zu jeder Quelle neben den eben genannten Angaben notiert, welche Passagen ich aus ihr kopiert habe und ob das Werk an meiner damaligen Fakultät verfügbar war. Außerdem habe ich zu jedem kopierten Werk notiert, ob ich es zitiert hatte (sodass es später ins Literaturverzeichnis aufgenommen werden muss) und in welchem Ordner ich es abgelegt habe. Dazu habe ich die einzelnen Aktenordner mit einer Signatur versehen (unter anderem A I bis A VIII für die Aufsatzkopien) und in dem Ordner entweder mit Trennblättern abgeheftet (bei umfangreichen Kopien aus Monografien) oder mithilfe eines alphabetischen Registers (bei Aufsätzen und Festschriftbeiträgen).[87]

83

Als Maßstab für Ihre Archivierung sollten Sie sich folgende beiden Punkte zu Herzen nehmen: Zum einen muss aus Ihrer Liste – sei sie nun eine von *Citavi* generierte Literaturliste, eine gesonderte elektronische Datei oder eine klassische Kartei – alles zu dem einzelnen Werk entnommen werden können, was für den Eintrag ins spätere Literaturverzeichnis erforderlich ist. Zum anderen darf es unter Zuhilfenahme dieser Liste nicht länger als eine halbe Minute in Anspruch nehmen, die kopierten Seiten in Ihren Aktenordnern zu finden. Anderenfalls stehen Ihnen am Ende des Promotionsverfahrens Dutzende Ordner mit wertvollem Material zur Verfügung, das Sie nicht mit einem vernünftigen Zeitaufwand nutzen können. Mit einer einheitlichen und detaillierten Archivierungstechnik haben sie dagegen auch noch nach Abschluss des Promotionsverfahrens schnellen Zugriff zu den Fundstellen.

84

Um mit der katalogisierten Literatur und den zugehörigen Abstracts (zu diesen sogleich) arbeiten zu können, sollten Sie zwei Listen führen: Zum einen eine reine Literaturliste, in der Ihre Quellen alphabetisch geordnet werden und aus der sich die wichtigen bibliografischen und archivarischen Angaben (Titel, Fundstelle, kopierte Seiten) ergeben, zum anderen noch eine zweite (oder auch dritte) Datei, in der die Literatur nochmals nach Themenkreisen und gegebenenfalls nach Autoren (Personen) sortiert wird, damit Sie nicht alle Datenblätter zu Beginn eines neuen Kapitels von neuem durchsehen müssen.[88]

85

Ein solchermaßen verwaltetes privates »Archiv« kann beispielsweise nützlich sein, wenn Sie zu Ihrem Dissertationsthema später einen Aufsatz schreiben oder (was die Rezeption Ihres Buches verbessern kann) Ihr Werk in einem Aufsatz komprimiert als Zeitschriftenbeitrag platzieren. Bei der Abfassung eines solchen Beitrags kommt man in der Regel nicht umhin, noch einmal in die Quellen zu schauen – zumal dann, wenn der Aufsatz nicht nur eine Zusammenfassung der Doktorarbeit sein soll, sondern

86

---

86 Zur Auswertung sogleich unter dem Punkt II. (Rn. 88–101).

87 Für Monografien ergab sich z.B. eine Signatur Q II/3 für: Ordner Q II, Trennblatt 3. Bei Aufsätzen genügte aufgrund des alphabetischen Registers die Angabe des Ordners (in der Literaturliste *und* auf der Quelle).

88 *Eco* (Wie man eine wissenschaftliche Abschlußarbeit schreibt, S. 82 und S. 150–160) empfiehlt die Anlage verschiedener Karteien: einer Lektüre-Kartei, welche die gelesene Lektüre mit Zusammenfassungen, Zitaten und bibliografischen Angaben enthält (sie ähnelt also den empfohlenen Literaturblättern, vgl. *Eco*, a.a.O., S. 164. Auf den Seiten 166–178 finden sich einige Karteikarten des Autors selbst, deren Lektüre Ihnen zeigen kann, wie das Konzentrat eines Werkes aussehen kann); einer Bibliografie-Kartei, welche die zu suchende Literatur enthält (sie kann mit dem Ergebnis der Recherche, wie es oben beschrieben wurde, verglichen werden); einer Ideen-Kartei sowie einer Zitat-Kartei.

auch neue Aspekte einführen oder eine andere Fokussierung aufweisen soll. Ferner ist denkbar, dass man auf Ihr Werk aufmerksam geworden ist und Sie einlädt, einen Vortrag zu dem Thema zu halten. Dann hilft es, wenn das im Rahmen der Dissertation verarbeitete Material nach wie vor umfassend in leicht zugänglicher, geordneter Form zur Verfügung steht.

87 Wie bereits erwähnt, können Sie sich mit einer qualitätvollen, gründlich arbeitenden Dissertationsschrift eine hohe Expertise zu Ihrem Spezialgebiet sowie den für selbiges nötigen Grundlagen des Rechtsgebiets verfassen. Diese Expertise äußert sich auch in einem Fundus an Kopien und Scans, die Sie zu den grundsätzlichen und speziellen Rechtsfragen Ihres Forschungsfelds gesammelt haben.[89] Es ist nicht ausgeschlossen, dass Sie selbst in der anwaltlichen Tätigkeit auf diese Quellen zurückgreifen. Gerade in den großen Wirtschaftskanzleien wird auf einem hohen fachlichen Niveau gearbeitet, bisweilen sogar in einer gutachterlichen Form (sofern vom Mandanten gefordert). Zwar verfügen diese Kanzleien über große Bibliotheken mit zahlreichen Handbüchern, Kommentaren, aber auch Zeitschriften und Monografien. An Universitätsbibliotheken reichen sie jedoch nicht heran, gerade was wissenschaftlich orientierte Werke und Zeitschriften betrifft, die sich nicht an sogenannte Praktiker richten. Dennoch kann einmal eine Auswertung der wissenschaftlichen Fundstellen auch für die Praxis wertvoll sein. In einer solchen Situation hilft das eigene Archiv möglicherweise zu einem besseren anwaltlichen Gutachten. Erfahrungsgemäß wird man nämlich diese Quellen nur dann in der Praxis auswerten, wenn man unmittelbar und ohne zeitliche Verzögerung Zugriff auf sie hat, läuft doch – anders als in der Wissenschaft – in der Regel eine knapp bemessene Frist oder die anwaltliche Stundenuhr zur Abrechnung.

87a Denken Sie neben der Literaturverwaltung aber auch daran, nicht durch technisches Versagen Daten zu verlieren. Sie sollten sich deshalb nicht nur über die Verwaltung der Literatur, sondern auch über die Archivierung Ihrer Textdateien und der Exzerpte und sonstigen für die Dissertation erstellten Dokumente Gedanken machen, also über geeignete Maßnahmen zur Datensicherung. Gleichzeitig darf es Ihnen jedoch nicht passieren, aus Versehen mit einer veralteten Datei zu arbeiten und nach einigen inspirierten und mühevollen Ergänzungen festzustellen, dass Sie morgens die falsche Datei, nämlich nicht die aktuellste Fassung des Textes geöffnet haben. Die Daten müssen also so abgespeichert werden, dass keine Verwirrung zwischen verschiedenen Dateifassungen entsteht und trotzdem bei Ausfall eines Speichermediums das entstehende *opus magnum* nicht verloren ist.

87b Wichtig zur Sicherung der Daten ist zunächst, diese auf verschiedenen Speichermedien an verschiedenen Orten abzuspeichern. Wenn Sie etwa an einem Desktop-PC und mit dem Notebook an der Dissertation arbeiten und sich diese an verschiedenen Orten befinden, wäre bei einer doppelten Speicherung bereits für ein Mindestmaß an Absicherung gesorgt. Eine Grundregel der Datensicherheit sollte stets auch sein, selbst für den unwahrscheinlichen Fall eines Brandes, Wohnungsdiebstahls oder ähn-

---

89 Es ist Geschmackssache, ob Sie die Quellen lieber in ausgedruckter, d.h. in Papierform lesen oder als elektronische Datei am Bildschirm. Meine Erfahrung war es, dass man für einen großen Fundus an Kopien bzw. Scans dankbar ist, was leider zu großen Papierbergen und hohen Kopierkosten führt. Kritischer insoweit *Schimmel/Weinert/Basak*, Juristische Themenarbeiten, Rn. 136 f., die jedoch vor allem für Studierende schreiben, für welche diese Skepsis – auch angesichts der kurzen Bearbeitungsdauer von Haus- und Seminararbeiten – angebracht ist.

liche Katastrophen vorgesorgt zu haben, indem die Arbeit nicht nur an einem Ort abgespeichert wurde. Wenn ein Brand in Ihrer Wohnung dazu führen würde, dass alle Sicherungen der Arbeit verloren sind, sollten Sie sich also noch über alternative Speicherorte Gedanken machen – sei es elektronisch oder körperlich. So kann die Abspeicherung der Datei auf dem PC in der Arbeit (etwa an der Uni) eine Lösung sein, aber auch die Lösung über eine sogenannte Cloud, also einen virtuellen Speicherplatz, auf den Sie über das Internet zugreifen können. Auch ein anderswo deponierter USB-Stick oder eine externe Festplatte, die nicht zuhause gelagert wird, können für zusätzliche Datensicherheit sorgen. Für den größten Notfall sollte der Rohtext der Dissertation in seiner aktuellen Fassung zusätzlich in regelmäßigen Abständen ausgedruckt werden, damit der Text schlimmstenfalls durch Abtippen rekonstruiert werden kann. Bei meiner eigenen Arbeit habe ich diese Ausdrucke immer dann vorgenommen, wenn ich ein Kapitel abgeschlossen hatte. Für die mindestens doppelte Datensicherung können Sie die aktuelle Dateifassung mehrmals auf verschiedenen Datenträgern (PC, Notebook, USB-Stick) abspeichern oder auch eine Cloud-Lösung oder ein vernetztes Dokument nutzen, wenn Ihre IT-Umgebung dies zulässt, also die jeweiligen Geräte und Datenträger kompatibel sind. Die Lösung kann dabei auch in einem speziellen Backup-Programm liegen, das automatische Sicherungsdateien nach Ablauf eines von Ihnen zuvor festgelegten Intervalls erstellt. Programme wie etwa *FreeFileSync, Areca Backup, AOMEI Backupper* oder *Personal Backup* können hier nützlich sein.[90] Auch bei Nutzung einer Cloud-Lösung sollten Sie jedoch auf eine in regelmäßigen Abständen erfolgende zusätzliche Absicherung durch Speicherung auf einer Festplatte oder den Papierausdruck nicht verzichten – sicher ist sicher...

Behalten Sie bei der Sicherung der Daten aber immer einen Überblick darüber, ob die auf dem jeweiligen Datenträger gespeicherte Datei die aktuellste Textfassung enthält. Hierzu sollten Sie sich eine Überspeicherungsroutine angewöhnen, also immer im selben Rhythmus die aktuellste Fassung auf den Datenträgern abspeichern und gegebenenfalls veraltete Dateien löschen. Zudem sollte aus dem Titel der Datei erkennbar sein, ob es sich um die aktuellste Fassung handelt oder sogar welches der Stand der Datei ist, zum Beispiel indem das Datum in den Dateinamen integriert wird. Freilich kann eine solche Ansammlung an Dateien auch schnell unübersichtlich werden. Wenn Sie sich sicher sind, dass eine ältere Fassung sich durch die aktuelle Datei vollständig erledigt hat, sollte die alte Datei gelöscht werden. Wenn Sie die alte Datei behalten wollen, weil dort eine Textpassage enthalten ist, die sie zwar aus der aktuellen Fassung gestrichen, aber zur Sicherheit für eine mögliche Rück-Änderung behalten möchten, sollten Sie solche Altfassungen getrennt in einem anderen Dateiordner oder auf einer externen Festplatte abspeichern.

87c

Übersicht: Regeln für die Literaturverwaltung und Datensicherung

87d

- Legen Sie bereits zu Beginn der Arbeit an Ihrem Thema Regeln für die Verwaltung, Kategorisierung, Sortierung und Abheftung Ihrer Quellen, Dateien und Kopien fest.
- Nutzen Sie dazu entweder handschriftliche Karteien oder ein Literaturverwaltungsprogramm und notieren Sie in Ihrer Literaturliste zu jeder Quelle den Ablageort, idealerweise durch Signaturen oder Angabe einer Ordnernummer für den Datei- oder Aktenordner, in dem die Quelle abgelegt ist.

---

90 Ausführlicher *Klein*, Wissenschaftliche Arbeiten schreiben, S. 238 f.

- Werten Sie Quellen entweder mittels Notizen und Verschlagwortung innerhalb von Literaturverwaltungsprogrammen wie namentlich *Citavi* oder mithilfe von Quellenblättern aus.
- Legen Sie bereits zu Beginn der Arbeit eine Speicherroutine fest, die für ausreichende Datensicherheit sorgt.
- Nutzen Sie mindestens zwei räumlich getrennte Speicherorte. Bei Nutzung einer Cloud-Lösung sollte zusätzlich eine Datei auf einer Festplatte abgespeichert oder routinemäßig in festgelegten Abständen als Papierdatei ausgedruckt werden.

II. Systematische Auswertung der Literatur

88 Die größere Herausforderung besteht freilich nicht in der Archivierung und Sortierung der Literatur, sondern in ihrer Auswertung. Nachdem Ihre Recherche Sie möglichst scheuklappenfrei mit zahlreichen Stichworten mit einem ganzen Bündel an Recherchetools zu einer Vielzahl an Quellen geführt hat, wird es Ihnen nicht möglich sein, zeitnah alles Erhältliche von der ersten bis zur letzten Zeile zu lesen und den Inhalt zu erfassen. Ziel sollte es für Sie vielmehr in dieser Phase sein, sich einen Überblick über die vorhandene Literatur, die diskutierten Probleme und die dazu vertretenen Meinungen sowie die Art der bereits vorliegenden Quellen (bloße Kommentierung/deskriptiver Kommentar/Aufsatzliteratur/einschlägige Monografie?) zu verschaffen. Aus dieser Übersicht heraus konkretisieren Sie Ihr Thema, suchen nach den offenen Forschungsfragen, setzen Ihre Forschungsziele in Bezug zum Stand der Wissenschaft und erarbeiten Ihr Exposé – also den Arbeitsplan für den gesamten Prozess.

89 Das Exposé ist der Grundstock Ihrer Arbeit; es stellt den Ausgangspunkt des eigentlichen »Promovierens« und Ihres Zeitplans dar. Deshalb sollte es so durchdacht sein, dass es nicht mehr nur das ursprüngliche Brainstorming, sondern bereits die Gliederung der späteren Arbeit ist. Wichtige Meinungsstreitigkeiten, Standardwerke zum Thema und einschlägige Rechtsvorschriften, Reformpläne und Anwendungsfelder sind in ihm bereits berücksichtigt. Ist es gründlich genug verfasst, kann es tatsächlich der Arbeitsplan bis zum Abschluss der Dissertation sein und Ihrem Betreuer dazu dienen, Ihnen eine Rückmeldung darüber zu geben, ob Ihr Thema und Ihr inhaltlicher Zuschnitt als solche überzeugend sind. Dazu ist eine gründliche Literaturauswertung nötig, die jedoch auch nicht zu viel Zeit in Anspruch nehmen darf – denn der eigentliche Prozess beginnt nach der Erstellung des Exposés.

90 Damit Sie das Projekt in einem vernünftigen Zeitraum abschließen können, müssen Sie sich zwar ausreichend Zeit für die Erstellung des Exposés nehmen; denn ist es nicht gründlich durchdacht, werden sich während der Bearbeitung weitere Probleme auftun (möglicherweise haben Sie dann sogar ein Standardwerk nicht berücksichtigt oder fahrlässig dessen Konzept »plagiiert«[91]), die zu einer Änderung der Gliederung und damit zu einer Verzögerung im gewählten Zeitplan führen können. Allerdings sollte das Exposé nicht die Hälfte der gesamten Bearbeitungszeit in Anspruch nehmen, schließlich möchten Sie zügig mit dem Schreibprozess beginnen, den Zeitplan »ins Rollen bringen«. Erfahrungsgemäß ist es sogar innerhalb weniger Wochen bis zu

---

91 Näher dazu in den Bemerkungen zur Problematik rund um den schillernden Begriff des »Plagiats« unter § 5 E. (Rn. 526–535).

circa drei oder vier Monaten gut möglich, ein Exposé zu verfassen, das dem Betreuer eine Bewertung erlaubt und Ihnen einen realistischen Zeitplan vorgibt. Ein solches Konzept können Sie aber nicht innerhalb weniger Wochen bis Monate realisieren, wenn Sie jeden Buchstaben der kopierten oder gescannten Quellen lesen und vollständig analysieren. Gefragt ist deshalb eine effiziente, zügige und trotzdem für ein Exposé ausreichend tiefgehende Literaturanalyse.

Effizient wird die Analyse der recherchierten Quellen zunächst dann, wenn sie einem einheitlichen Schema folgt, Sie also eine gewisse Routine in der Auswertung der Fundstücke erlangen.[92] Das Brainstorming und die ersten Ideen, aus denen sich ein konkretes Thema einschließlich seines Exposés entwickeln soll, sollten Sie deshalb auch als Vorlage für ein Raster nehmen, mit dessen Hilfe Sie Quellen auswerten. Wichtig sind Fragen, die man bereits vor dem Lesen formuliert haben sollte.[93] Einige Fragen können allgemein Verwendung finden, andere sind wiederum von Ihrem speziellen Thema abhängig. Auch die allgemeinen Analyse-Fragen, die von jedermann bei seiner Dissertation verwendet werden können, stellen Sie nur mit Bezug zu Ihrem Thema. 91

Zu diesen themenunabhängigen Analysefragen gehören Fragen wie die folgenden: 92

- Warum benötige ich diese Quelle? In welchem Zusammenhang könnte sie in meiner Arbeit verwertet werden?
- Geht der Text von einer (relevanten) Hypothese oder Fragestellung aus?
- Werden in diesem Rahmen wichtige Elemente ausgeklammert oder bleiben die Voraussetzungen der Hypothese zweifelhaft?
- Ist der Autor vorgeprägt, geht er zum Beispiel von einer bestimmten »Schule« oder einem speziellen dogmatischen Vorverständnis aus?[94]
- Bleiben manche Fragen offen oder Antworten unklar?
- Ist die von dem Werk berücksichtigte Quellenlage aktuell und umfassend?
- Welche Erkenntnisse bringt der Text – allgemein und für meine Arbeit?

Mit diesen Fragen im Hinterkopf sollte die Quelle zunächst überflogen werden. Registrieren Sie zuerst ihre Gliederung, die Zwischenüberschriften, etwaige Zusammenfassungen am Ende sowie ins Auge fallende Stichworte. Auf dieses Überfliegen folgt ein kursorisches Lesen, bei dem bereits Markierungen vorgenommen werden können. Hiervon sollte jedoch nur spärlich Gebrauch gemacht werden. Schließlich werden Sie den Text, sollte er wichtig sein, noch einmal ausführlich und langsamer an der richtigen Stelle Ihrer Arbeit lesen. Sie werden es aus dem Studium und der Examensvorbereitung kennen: Viel zu häufig hat man bei der Lektüre endlose Passagen in bunte Neonfarben getaucht, um dadurch das eigene Gewissen zu beruhigen. Für die Zwecke der Promotion ist dieses Vorgehen noch weniger geeignet als bei der Examensvorbereitung. Denn hier gilt es, eine Vielzahl an Quellen auszuwerten und aus der 93

---

92 Ähnlich auch *Messing/Huber*, Die Doktorarbeit, S. 51 f.

93 *Franck*, Handbuch wissenschaftliches Arbeiten, S. 117 f.

94 *Stary*, (in: Franck/Stary, Die Technik wissenschaftlichen Arbeitens, S. 65 [87]) bezeichnet dies als »ideologiekritische Fragen«. *Theisen* (Wissenschaftliches Arbeiten, S. 92) weist in diesem Zusammenhang darauf hin, ein besonderes Augenmerk auf institutionelle Herausgeber des jeweiligen Werkes zu legen, also etwa ein Partei, eine parteinahe Stiftung, Arbeitgeber- oder Arbeitnehmerverbände etc., welche möglicherweise bei der inhaltlichen Bewertung durch ihre politische oder wirtschaftlichen Zielrichtung beeinflusst werden. Noch wichtiger ist eine in diese Richtung kritische Analyse bei Online-Quellen, vgl. *Basak/Schimmel*, ZJS 2008, 435 (436).

Masse an Informationen dasjenige herauszufiltern, das für die eigene Arbeit wichtig ist. Selten wird es Ihr Ziel sein, einen kompletten Text mit allen Einzelheiten zu erfassen, wie es beim Lernen der Fall ist, weil Sie zumeist nur einen Teil der Werke benötigen und zudem viele weitere Quellen verarbeiten müssen. Sie sollten also gezielt lesen.[95]

94 Das kursorische Lesen besteht darin, zunächst die leicht erschließbaren Informationen aus Titel, Zwischenüberschriften, Klappentexten, Inhaltsverzeichnis, Zusammenfassung und aus den gewählten Schwerpunkten zur Kenntnis zu nehmen. Insoweit analysiert man also die Gliederung des Textes und die vom Autor selbst angefertigten Zusammenfassungen. Daneben sollte man jedoch auch den groben Inhalt erfassen, also insbesondere die behandelten Rechtsfragen und die Meinung des konkreten Autors.[96] Das kann etwa durch »inhaltliches« und »logisches Gliedern«[97] geschehen, also eine stichworthafte Erfassung des Inhalts durch Verschlagwortung, die dem Text eine (zusätzliche) Struktur verleiht. Dazu kann man neben den Text oder auf einer gesonderten Seite zu jedem Absatz oder jeder Seite der Quelle ein Stichwort zum Inhalt oder zum logischen Gedankengang (Was untersucht der Autor? Wie argumentiert er?) notieren. Hierzu können auch die für die inhaltliche Erfassung nötigen Stichworte markiert werden.

95 Wichtig ist also eine kursorische, schnelle Prüfung und Auswertung der Texte. Sie sollten den Text beim ersten Durchgang »scannen«, indem Sie Schlagworte suchen und insbesondere von den einzelnen Absätzen den ersten Satz lesen, um den wesentlichen Inhalt schnell zu erfassen und beurteilen zu können, ob sich eine intensivere Lektüre lohnt.[98] Nach dem Querlesen/Überfliegen der Texte empfiehlt es sich, zu diesem Zweck Exzerpte anzufertigen,[99] in denen Sie (gegebenenfalls unter dem Text) in knapper Form notieren, warum Sie den Text gelesen haben (also insbesondere für welches Kapitel er als Quelle fungiert) und welche Erkenntnisse er mit welchen Argumenten gebracht hat (ohne dass diese freilich ausführlich in Ihren Exzerpten auftauchen sollten).[100]

96 Die Antworten auf Ihre Fragen können in einem Abstract zusammengefasst werden, welches die Quelle komprimiert und »archivierungsfähig« auswertet. Das Abstract kann in Papier- oder Karteiform verfasst werden, als eigene Datei oder als Datensatz im Rahmen eines Literaturverwaltungsprogramms abgespeichert werden. Es sollte

---

95 *Knigge-Illner*, Der Weg zum Doktortitel, S. 193 f.

96 Ein kursorisches Lesen allein durch die Gliederung und die Verzeichnisse zu leisten (in diese Richtung *Balzert/Schröder/Schäfer*, Wissenschaftliches Arbeiten, S. 229), dürfte häufig zu wenig sein, um wirklich eine Aussage über den voraussichtlichen Nutzen der Quelle für die eigene Arbeit zu erfassen.

97 S. zu dieser Methode *Stary*, in: Franck/Stary, Die Technik wissenschaftlichen Arbeitens, S. 65 (72–75).

98 Zu dieser Technik *Lange*, Fachtexte, S. 26–28.

99 A.A. *Kerschner*, Wissenschaftliche Arbeitstechnik und Methodenlehre für Juristen, S. 199, der Exzerpte erst für die Phase des intensiven Lesens empfiehlt. Dieser Einwand dürfte jedenfalls für umfangreiche Notizen, die das Werk bereits umfassend auswerten, seine Berechtigung haben.

100 Weniger hilfreich sind oft Unterstreichungen und Vermerke in Form von Satzzeichen (!, ?? etc.), insbesondere wenn Sie den Text nicht unmittelbar in einem Abstract verwerten. Sie sollten statt dieser Hervorhebungen lieber mit Kommentaren wie »Das Argument übersieht, dass der Gesetzgeber unionsrechtlich gebunden war« arbeiten. Vgl. dazu *Lange*, Fachtexte, S. 47.

stets gleich aufgebaut sein; damit es knapp genug abgefasst ist, um sich einen schnellen Überblick zu verschaffen, sollten die Analysefragen nochmals verdichtet werden. Hierzu können beispielsweise die Exzerpte umformuliert und gegebenenfalls verkürzt werden. Das um die bibliografischen Angaben ergänzte Abstract kann zum Beispiel folgendermaßen gegliedert werden:

- *Bibliografische Angaben* (Autor, Titel, Auflage, Erscheinungsort und -jahr), einschließlich Angaben dazu, welche Seiten als Kopie oder Scan vorliegen[101] und wo sie abgelegt wurden, sowie Hinweise auf mögliche Rezensionen.[102]   97
- *»Warum?«* → Für welche Kapitel/Zusammenhänge/Einzelfragen wird das Werk relevant?
- *»Was?«* → Welche Erkenntnisse können aus dem Text gezogen werden und welche Fragen bleiben offen? Was erscheint zweifelhaft, ist gegebenenfalls durch eine anfängliche dogmatische Annahme vorgeprägt?
- *Kritik?* → Wo ist Raum für eine Gegenposition oder einen eigenen Ansatz? Ist das Werk aktuell genug und berücksichtigt es die wesentlichen Quellen? Das kann anhand des Literaturverzeichnisses und der Fußnoten überprüft werden – die aber darüber hinaus grundsätzlich nichts über die Qualität des Werkes aussagen; auf sie sollte man sich also weder bei der ersten Bewertung noch bei der Frage, ob es sich um ein zitierwürdiges Werk handelt[103], verlassen.[104] Sie können nach Ihrer Kritik die Quelle auch vorsichtig mit Blick auf ihre Relevanz für die Dissertation bewerten, zum Beispiel mit einem Zeichensystem (1–5 Sterne oder ähnliche Systeme).[105]

Idealerweise gelingt es Ihnen, ein solches Abstract nicht nur schnell zu verfassen, sondern es auch auf eine Druckseite zu verdichten. Vermeiden sollten Sie nämlich insbesondere, Ihre Fundstücke doppelt auswerten zu müssen, mit der Verwertung des Abstracts also gleich lange beschäftigt zu sein wie mit seiner Abfassung – schließlich sollen Ihnen die Abstracts nicht nur dazu verhelfen, zügig Ihr Exposé fertigzustellen, sondern auch zu einem späteren Zeitpunkt schnell die anfänglich recherchierte Literatur wieder erfassen zu können. Gefragt ist vor diesem Hintergrund weniger nach einer Sammlung eloquent formulierter wörtlicher Fremdzitate – zumal diese ohnehin ihren eigenen Text verwässern und sogar wie ein Fremdkörper wirken können[106] –, sondern nach einer prägnanten Erfassung des Kerns der Quelle. Die detaillierte Analyse muss sich ohnehin bei der Arbeit am einschlägigen Kapitel anschließen, wenn der Text relevant ist.   98

Man sollte sich in dieser Phase der Literaturverarbeitung auch im Klaren über die Grenzen des kursorischen Lesens sein. Was nämlich zu diesem Zeitpunkt in der Re-   99

---

101 Gleichzeitig kann in der Literaturdatei bzw. -liste darauf verwiesen werden, zu welchen Quellen ein Abstract vorliegt. Vgl. auch die Archivierungshinweise bei *Sesink*, Einführung in das wissenschaftliche Arbeiten, 7. Kapitel (S. 163–196). Die dort ebenfalls empfohlene Verschlagwortung sowie das Anlegen einer Personendatei (vgl. a.a.O., S. 182–185) dürfte jedoch einen im Verhältnis zum Nutzen zu großen Zeitaufwand bedeuten.

102 Rezensionen können ein wertvolles Mittel zur schnellen Analyse von Texten sein, weil sie die komprimierte Analyse eines Dritten abbilden. Mit dieser können Sie Ihr eigenes Fazit abgleichen, um den Text besser einordnen zu können.

103 S. dazu noch unten unter § 5 B. II., III. (Rn. 386–399).

104 Etwas zu weit daher *Theisen*, Wissenschaftliches Arbeiten, S. 97.

105 So z.B. im Beispiel einer Literaturkarteikarte bei *Preißner*, Wissenschaftliches Arbeiten, S. 127.

106 Zu wörtlichen Zitaten noch unten, siehe § 5 C. II. 5. (Rn. 422–426).

gel noch fehlt, ist ein fundiertes Grundlagenwissen zum Themengebiet und ein Überblick über das »große Ganze«, durch dessen Blickwinkel man eine einzelne Quelle analysieren kann. Die erste Literaturanalyse läuft deshalb zum einen Gefahr, dass sie zu ausführlich wird, weil man zunächst alles relevant und interessant findet, auch wenn es sich um bloße Grundlagen oder »faktisches Allgemeingut« im jeweiligen Forschungsbereich handelt. Zum anderen können anfängliche Missverständnisse, fehlende Kenntnisse oder auch eine Voreingenommenheit dafür sorgen, dass man die Quellen aus dem falschen Blickwinkel oder durch die eigenen Scheuklappen betrachtet. Insoweit besteht das Risiko, eigene und fremde Gedanken in den Exzerpten zu vermischen.[107] Dieses Risiko sollte man deshalb stets beachten, wenn man das Fazit zu einer fremden Quelle in das Abstract schreibt oder die fremden Erkenntnisse (vorschnell?) in einen bestimmten Kontext stellt.

100 Archivierbar und damit später leichter auffindbar und verarbeitungsfähig wird ein Abstract dann, wenn Sie es zum Teil eines Quellenblatts werden lassen, einer Übersicht also, die zu dem einzelnen Fundstück angefertigt worden ist. Der ideale Umfang für diese Übersicht ist der einer DIN A4-Seite[108]; dann hat die »Übersicht« auch ihren Namen verdient (ist also nicht zu lang), kann leicht abgeheftet werden und bietet dennoch Raum für einige Notizen, geht also über eine bloße Karteikarte (wie etwa in den alten Bibliothekskarteien, die auf solchen Karteien die Daten zu den Werken einschließlich des Standortes innerhalb der Bibliothek auflisteten) hinaus. Ein Quellenblatt kann folgendermaßen gegliedert werden:[109]

101 **Musterangaben für ein Quellenblatt im Rahmen der Literaturverwaltung**

- Titelei (bibliografische Angaben): Autor, Titel, Auflage und Jahr, Erscheinungsort[110]
- Kopierte/gescannte Seiten (von-bis-Angaben)
- Wo abgelegt? → ggf. eigene Signatur, sonst Bezeichnung des (Datei-)Ordners
- Schlagworte oder Kapitel, in deren Rahmen die Quelle verwendet werden kann. Diese Angabe kann in der Folge dazu verwendet werden, in einer zweiten Datei die Quellen systematisch zu erfassen, damit kontextbezogen auf sie zugegriffen werden kann.
- Abstract:
  - Kurzzusammenfassung/Fazit zur Quelle
  - Verbleibende Kritik/Zweifelhaftes/offene Fragen
  - Ausnahmsweise: Prägnantes wörtliches Zitat oder Begriffsschöpfung, die zitiert werden soll (in diesem Fall Kapitel angeben, in welches das Zitat eingefügt werden könnte)

---

107 Zutreffender Hinweis bei *Theisen*, Wissenschaftliches Arbeiten, S. 138. Für die Rechtswissenschaft existieren auch keine (offiziell »anerkannten«) Zitierindices, weil hier das Zeitschriftenwesen nicht so internationalisiert und formalisiert ist wie z.B. in den Wirtschafts- oder Naturwissenschaften, wo diese Index-Systeme bei der Bewertung der Quelle behilflich sein können, vgl. etwa *Brink*, Anfertigung wissenschaftlicher Arbeiten, S. 119 f. und S. 121. S. zur Bewertung aber noch unten im Abschnitt § 5 B. III. (Rn. 390–399).

108 So auch der Ratschlag von *Theisen*, Wissenschaftliches Arbeiten, S. 140.

109 Ein praktisches Muster liefern auch *Kerschner*, Wissenschaftliche Arbeitstechnik und Methodenlehre für Juristen, S. 204 f. und *Wergen*, Promotionsplanung und Exposee, S. 92, die ihr Muster auch online zum freien Abruf bereithält: *coachingzonen-wissenschaft.de/downloads-fuer-promovierende* (dort unter »Lesehilfe«).

110 Ausführlicher zu den nötigen Angaben für die verschiedenen Quellen im Abschnitt § 5 D. (Rn. 487–525).

III. Effizientes Lesen lernen?

Den größten Beitrag zu einer schnellen und effizienten Analyse des Berges an Material, mit dem Sie – als Ergebnis Ihrer initialen Recherche – das Promotionsprojekt beginnen, leistet die eben beschriebene strukturierte, durch Fragen angeleitete Analyse der Texte. Mit ihrer Hilfe vermeiden Sie, die Texte wie einen Roman zu lesen, sondern fokussieren sich auf den Nutzen, den die Quelle für Ihre Arbeit bringen soll. Das allein bringt bereits eine erhebliche Geschwindigkeitssteigerung im Verhältnis zu Ihrer täglichen Zeitungslektüre oder dem abendlichen Konsum schöngeistiger Literatur, dem »genießenden Lesen«[111]. Erfahrungsgemäß reicht die durch das strukturierte Lesen gewonnene Effizienzsteigerung aus, um zu einem ausreichenden Arbeitsfortschritt zu gelangen. | 102

Möglicherweise haben Sie aber trotz dieser veränderten Herangehensweise das Gefühl, nicht schnell genug voranzukommen, weil Sie die Texte zu langsam erfassen. In diesem Fall kann es interessant sein zu versuchen, die Lesegeschwindigkeit und -effizienz zu erhöhen. Ansätze dazu gibt es viele; ihr Erfolg hängt nicht zuletzt auch davon ab, inwieweit Sie sich auf eine neue Methode einlassen und Ihr Leseverhalten tatsächlich an ihr ausrichten. Ein lesenswertes Konzept haben diesbezüglich *Bohlen* und *Forster* entwickelt.[112] Ihr Ansatz beruht unter anderem auf einer Umstellung der Lesetechnik, welche die »physikalischen« Unterstützungsmechanismen über die verschiedenen Sinne, die sich viele – häufig schon in der Grundschulzeit – zum vermeintlich besseren Lesen angewöhnt haben, weitgehend wieder abzutrainieren sucht. Diese gehen dann, wenn man einmal das flüssige Lesen auch schwieriger Texte erlernt hat (also spätestens im dritten oder vierten Schuljahr[113]), einher mit einer Verlangsamung des Lesens, das eigentlich rein kognitiv ohne »sinn-betonte« Unterstützung ablaufen könnte. | 103

Welches sind nun diese Unterstützungshandlungen, die den Lesefluss des Fortgeschrittenen unnötig bremsen?[114] Ein sehr häufiges Hindernis für schnelles (oder noch schnelleres) Lesen besteht beispielsweise im innerlichen Mitsprechen. Es wurde Ihnen möglicherweise beigebracht, weil beim Erlernen des Lesens Wert auf eine genaue Erfassung des einzelnen Wortes gelegt wurde und dessen Erfassung und Aussprache zu diesem Zeitpunkt auch noch schwierig erschien. Da Lehrer in dieser Phase den Schülern ein langsames, ordentliches Lesen beibringen – in diesem Stadium aus guten pädagogischen Gründen –, gewöhnen sich viele Schüler (auch unbewusst) ein inneres Mitsprechen an. Dieses Mitsprechen, gegebenenfalls sogar durch Lippenbewegungen unterstützt, bremst Ihren Leseprozess. Wenn Sie diese Eigenart bei sich feststellen, könnte dies ein Grund dafür sein, dass Sie denselben Text langsamer lesen als Kollegen oder Kommilitonen. Denn der Mensch denkt schneller, als er sprechen kann. | 104

Entsprechendes gilt für die sogenannte Fingerhilfe, die in noch stärkerem Maße auf das kindliche Lesen-Lernen zurückzuführen ist. So wurde manchen Kindern beigebracht, beim Lesen stets den Finger unter das Wort zu setzen, das sie gerade lesen, den Finger also langsam von links nach rechts mit dem Lesefluss mitzuführen. Dieses kindliche Disziplinierungsinstrument führt bei einigen in der fortentwickelten Variante | 105

---

111 *Knigge-Illner*, Der Weg zum Doktortitel, S. 193 f.
112 *Bohlen/Forster*, Effizient lesen. Eine systematische Hilfe für alle, die zu viel zu lesen haben, 7. Aufl. 2008.
113 Das eben zitierte Werk geht im Übrigen davon aus, dass bereits Kindern ab einem Alter von zehn Jahren das effiziente Lesen beigebracht werden kann.
114 Vgl. zu den »Lesebremsen« *Bohlen/Forster*, Effizient lesen, S. 86–89.

dazu, immer ein Blatt oder ein Lineal unter die Zeile zu legen, die gerade gelesen wird. Das bremst Ihre Geschwindigkeit ein und verhindert ein kursorisches, überfliegendes Lesen. Kursorisches Lesen ist nur möglich, wenn Sie die zu lesende Seite gut im Blick haben und sich auf die Schlagworte und Kernaussagen konzentrieren können. Überfliegend suchen Sie nach den Schlüsselbegriffen und erfassen auf diese Weise den Kerngehalt des Textes, nicht aber jedes Wort. Letzteres ist aber Ziel eines Lesens unter Zuhilfenahme von Finger oder Lineal; es steht also dem analysierenden Lesen eines Doktoranden entgegen.

106 Diese Hilfsmethoden kann man sich jedoch abgewöhnen.[115] Je nachdem, wie sehr Sie sich im Laufe der Jahre an die Leselernhilfen der Grundschulzeit gewöhnt haben, kann das Abgewöhnen jedoch einige Zeit in Anspruch nehmen. Für die »Übergangsphase« empfiehlt sich eine schleichende Umstellung auf unterstützungsfreies Lesen. Gegen das Mitsprechen als Lesebremse hilft es auch, nur noch die Schlagworte mitzusprechen. Insbesondere sollten nur noch Substantive mitgesprochen werden, weil sie für das Verständnis des Textes von zentraler Bedeutung sind, während Adjektive und Verben nur eine Hilfsfunktion haben. Dazu können Sie zu Übungszwecken im Text einzelne Begriffe oder Satzteile unterstreichen. Dann lesen Sie nur noch die unterstrichenen Begriffe und versuchen danach, den Text zusammenzufassen, das heißt seinen Inhalt allein über das Unterstrichene zu erfassen. Daneben können Sie auch gezielt einige Wörter pro Zeile beim Lesen auslassen; danach versuchen Sie dann erneut, den Text zusammenzufassen. Auf diese Weise konzentrieren Sie sich mehr auf ein analysierendes, verschlagwortendes Lesen als auf das Nachvollziehen jeder einzelnen Silbe.[116] Gegen das Mitführen des Fingers als Geschwindigkeitsbremse beim Lesen hilft, ihn nicht mehr während des *gesamten* Lesevorgangs mitzuführen, also den gesamten Text mit dem Finger zu verfolgen, sondern ihn nur noch für eine Übergangsphase an den Beginn der Zeile zu setzen, die Sie gerade lesen. Das wird nach einer Weile dazu führen, dass Sie den Finger als Hilfsmittel beim Lesen immer weniger wahrnehmen und in der Folge konsequenterweise auf ihn verzichten werden.

107 Neben dem Eliminieren von Lesebremsen können Sie durch ein weiteres spezielles Lesetraining Ihre Lesegeschwindigkeit bei gleichzeitiger voll erhaltener Aufnahmefähigkeit effizienter gestalten. Es sind nämlich nicht nur die überkommenen Lesehilfen der Grundschulzeit, die den Lesefluss bremsen können. Auch andere »physische Barrieren« stellen sich einem noch schnelleren Lesen in den Weg. So ist für das schnelle Erfassen möglichst vieler Inhalte und damit vieler gedruckter Wörter auch entscheidend, wie viel Text Sie – wörtlich genommen – in Ihrem Blickfeld haben und gleichzeitig wahrnehmen. Die Hilfsmittel der Grundschulzeit haben Sie möglicherweise zusätzlich zur Fixierung einzelner Silben und Wörter gezwungen und dadurch ein kursorisches Lesen verhindert. Daneben ist vielleicht aber auch Ihr Blickfeld auf den Text enger, als es sein könnte. Auch dieses rein physische Element der Lesekapazität kann beeinflusst werden. Es kann eine Steigerung der Lese- und damit Analysegeschwindigkeit von Texten bringen, wenn Sie Ihre Blickspanne erweitern. Dies setzt zum einen den richtigen Abstand Ihrer Augen vom Text voraus, kann zum anderen aber durch entsprechende Augen-Übungen erweitert werden. In dieser Hinsicht ungeübte, nicht effiziente Leser besitzen häufig nur eine Lese-Blickspanne von einem Grad. Wird diese auf zwölf Grad erweitert, ist das Lesen bereits wesentlich effizienter.

---

115 S. zum Folgenden die Hinweise bei *Bohlen/Forster*, Effizientes Lesen, insb. S. 89–95.
116 Beispieltexte finden Sie bei *Bohlen/Forster*, Effizientes Lesen, S. 91–95.

Diese Effizienzsteigerung können Sie zusätzlich unterstützen, wenn Sie durch spezielle Übungen die Zahl der Fixierungen verringern. Je mehr Punkte Sie pro Zeile fixieren, desto stärker ist Ihr Lesefluss gebremst. Ziel der Übungen kann es beispielsweise sein, mit einer Fixierung pro Zeile auszukommen – sofern der Text keine zu große Spaltenbreite aufweist.[117]

Die hier nur kurz angesprochenen Übungen können Ihnen möglicherweise helfen, sich eine ausreichende Lesegeschwindigkeit anzutrainieren, insbesondere aber bremsende Faktoren auszuschalten. Sofern Sie dadurch eine Geschwindigkeitssteigerung erreichen, wird Ihnen das nicht nur im Rahmen der Dissertation, sondern auch in Ihrer späteren beruflichen Tätigkeit, bei der Sie ebenfalls viel in kurzer Zeit lesen werden müssen, von Nutzen sein. Gleichwohl sind es meines Erachtens andere Faktoren, denen bei der Analyse wissenschaftlicher Texte eine wichtigere Rolle zukommt. Insbesondere die Umstellung des unstrukturierten Lesens kompletter Texte zum oben beschriebenen strukturiert-analysierenden und überfliegenden Lesen sorgt für eine erhöhte Leseeffizienz. | 108

Weitere »weiche« Faktoren treten hinzu: Wichtiger als die Blickspanne beim Lesen oder die Zahl der Fixierungen ist, wie fit Sie sich beim Lesen fühlen. Ausreichend Schlaf – ein häufiges Manko gestresster Doktoranden –, eine gute Ernährung, genügend Bewegung, aber auch ein ergonomisch korrekt organisierter (PC-)Arbeitsplatz frei von äußeren Störungen optischer und akustischer Art tragen zur allgemeinen Fitness und Konzentrationsfähigkeit bei.[118] Denken Sie daran, diese Bereiche nicht zu vernachlässigen! Wenn Sie müde und unkonzentriert Texte für die Dissertation lesen, ist die Zeit häufig sinnvoller mit schlafen, einkaufen oder Hausarbeit verbracht. Wenn Sie hingegen fit und konzentriert sind, kann es auch oft allein das subjektive Gefühl, zu ineffizient zu arbeiten sein, das Sie plagt. Häufig ist schlicht die Fülle an Material so groß, dass der Eindruck der eigenen Ineffizienz entsteht. Nicht immer deckt sich dies mit dem tatsächlichen Leistungsvermögen. Sollten Sie dennoch bei sich Optimierungspotenzial entdecken, lohnt es – zusammengefasst –, vor allem auf folgende Punkte zu achten: | 109

Überblick: Elemente des effizienten Lesens | 110

- Lesen Sie strukturiert und analysieren Sie Ihre Quellen nach einem einheitlichen System anhand von Fragen.
- Achten Sie darauf, nur in ausgeschlafenem, konzentriertem Zustand Literatur für Ihre Dissertation auszuwerten.
- Legen Sie Wert auf einen ergonomischen (PC-)Arbeitsplatz mit wenigen äußeren Störungen.
- Sofern Ihr Lesetempo dann immer noch zu gering ist, denken Sie an folgende Faktoren:
  - Vermeiden Sie angewöhnte Lesehilfen aus Grundschultagen wie Mitsprechen oder das Mitführen eines Fingers/Lineals beim Lesen.
  - Reduzieren Sie die Zahl der Blick-Fixierungen pro Zeile.
  - Trainieren Sie das Blickfeld Ihrer Augen mit dem Ziel, den in den Blick genommenen Umfang der Zeile zu vergrößern.

---

117 *Bohlen/Forster*, Effizientes Lesen, insb. S. 38–54. Zu mehrfachen Fixierungen bei »breiten Texten« siehe a.a.O., S. 120–123.

118 Bezeichnenderweise schließt das zitierte Werk von *Bohlen/Forster* auch mit Hinweisen auf diese körperlichen Grundbedürfnisse (vgl. a.a.O., S. 130 ff., insb. S. 146–149).

C. »Lückensuche«

111 Wie bereits eingangs dargelegt, ist es vor allem das Neue, das die Dissertation von einer studentischen Arbeit unterscheidet und einem wissenschaftlichen Text die Eignung verleiht, zum Grad eines Doktors zu führen. Die umfassende Auswertung der recherchierten Literatur sollte demnach vor allem auch zu »Lücken« im Rahmen der bisherigen Forschung führen. Kritik an Methoden oder Ergebnissen des veröffentlichten Materials und verbliebene Rechtsfragen[119] sollten Sie deshalb nochmals gesondert in einer Übersicht erfassen. Wenn die offen gebliebene oder bisher nicht überzeugend beantwortete Frage für Ihren Themenkomplex relevant ist, kann sie einen der entscheidenden Gliederungspunkte bilden. Denn hier ist der Ort, an dem Ihre Arbeit etwas zur Fortentwicklung der Rechtswissenschaft beitragen kann.

112 Diese Gliederungspunkte werden auch das größte Interesse bei den Lesern Ihrer Arbeit erwecken, können doch Experten – und für diese sind Arbeiten auf Dissertationsniveau geschrieben – hier etwas lesen, das sie in den sonstigen Monografien, Kommentaren und Aufsätzen noch nicht erfahren haben. Wird Ihrer Arbeit eine besondere Qualität bescheinigt, wird diese Würdigung an den neuen Erkenntnissen und Sichtweisen liegen, die Ihre Arbeit geliefert hat. Die Lücken in der Quellenlage, die Sie für solche Erkenntnisse benötigen, kommen in vielen Gestalten daher:

113 • So kann die Lücke in einer bisher nicht berücksichtigten Sichtweise auf eine spezielle Frage bestehen, etwa indem ökonomische Aspekte bisher ignoriert wurden. Auch die Übertragung des Ansatzes einer anderen Wissenschaftsdisziplin auf die Rechtswissenschaft kann sich mitunter anbieten: So kann etwa daran gedacht werden, unter dem Label der sogenannten ökonomischen Analyse des Rechts Kategorien und Sichtweisen der Wirtschaftswissenschaften auf die Bewertung rechtlicher Komplexe anzuwenden, um möglicherweise zu neuen Lösungen durch die veränderte Sichtweise zu gelangen oder einer Problematik zugrunde liegende tatsächliche (wirtschaftlich-empirische) Gegebenheiten zu erkennen.[120] Wenn Sie Ihre Recherche – wie oben empfohlen – nicht von vornherein auf ein Teilrechtsgebiet verengt haben, sondern auch politische und wirtschaftliche Fragen und Bezüge zu anderen Rechtsgebieten und Wissenschaftsdisziplinen im Auge behalten haben, werden Sie möglicherweise selbst auf mögliche Analogien oder eine Betrachtungsweise stoßen, die in Ihrem Themenfeld bisher ignoriert wurde. Es könnte dann Ergebnis Ihrer Arbeit sein, die Tauglichkeit einer Analogie für Ihr Teilrechtsgebiet zu untersuchen oder die Sichtweise einer anderen Disziplin zur Erklärung (oder sogar Lösung) eines juristischen Problems heranzuziehen. Trauen Sie sich, auch ungewöhnlichen Analogien und neuen Sichtweisen nachzugehen! Wie bei der Erstellung eines *Mindmaps* sind es auch bei der Literaturanalyse mitunter die ungewöhnlichen (und häufig spontanen) Gedanken, die wirklich etwas

---

119 S. dazu den Unterpunkt des Abstracts in der Übersicht zu einem Quellenblatt im Rahmen der Literaturverwaltung.

120 Einen solchen Themenkomplex kann man allgemein behandeln (s. z.B. *Assmann/Kirchner/Schanze*, Ökonomische Analyse des Rechts, 1993), aber auch mit Bezug zu einem speziellen Gebiet (s. z.B. *Janson*, Ökonomische Theorie im Recht, 2004 [angewendet auf das Arbeitsrecht]). Dies zeigt, dass eine allgemeine Frage nicht nur isoliert von Interesse sein kann – also gleichsam als Grundlagenforschung –, sondern auch mit Blick auf ein bestimmtes Anwendungsfeld oder inzident im Rahmen eines Spezialproblems untersucht werden kann.

Neues zur Diskussion beitragen können und damit Forschungsrelevanz[121] aufweisen.

- Das gilt auch für die vermeintlich weniger »riskante« Übertragung der Erkenntnisse zum ausländischen oder internationalen Recht, bei dessen Analyse Sie auf eine Paralleldiskussion zum selben Themenkomplex gestoßen sind. Zwar erscheinen rechtsvergleichende Arbeiten in relativ großer Zahl. Häufig ist aber zu beobachten, dass diese das eigentliche Ziel einer rechtsvergleichenden Dissertation verfehlen, nämlich Erkenntnisse gerade auch durch den Vergleich zu gewinnen. So scheinen manche Doktoranden eher aus verfahrensökonomischen Gesichtspunkten ein rechtsvergleichendes Thema zu wählen, um die Hälfte der Arbeit durch die bloße Übersetzung ihrer Masterarbeit zu »erschlagen«, die Sie bei Erwerb des LL.M. im Ausland geschrieben haben. Die andere Hälfte der Arbeit besteht dann aus der Abhandlung zum deutschen Recht, an welche sich ein 15seitiger »Vergleich« anschließt, der eher einem Fazit gleicht. 114

  Diese Art rechtsvergleichender Arbeiten ist indes nur sehr beschränkt geeignet, die deutsche Rechtswissenschaft durch neue Erkenntnisse zu bereichern. Es ist nämlich der vergleichende Teil, in dem Analogien begründet (oder auch abgelehnt) werden, in dem Gedanken zum ausländischen Recht auf das deutsche Recht übertragen werden oder der dazu dient, neue Argumente aus dem Ausland für die Lösung inländischer Probleme heranzuziehen.[122] Bei der Suche nach derartigen Forschungslücken sollten Sie die ausländischen Quellen gerade mit Blick auf die vergleichende Bewertung der Rechtsordnungen analysieren. Aufgrund der Besonderheiten und Eigengesetzlichkeiten jeder nationalen Rechtsordnung ist die Übertragung der Erkenntnisse zum fremden Recht auf das deutsche Recht eine zwar potenziell gewinnbringende, aber sehr anspruchsvolle Aufgabe.

- »Offene Lücken« fallen bei der Literaturauswertung freilich als erstes ins Auge. Wenn in der Quelle explizit darauf hingewiesen wird, dass eine bestimmte Frage »noch nicht abschließend geklärt« ist oder einem Gesichtspunkt noch »nachgegangen werden muss«, kann das zu weiteren Untersuchungen Anlass bieten. Hinweise dieser Art haben Sie deshalb schon bei der Lektüre des Textes notiert; sie sollten jetzt in die Liste möglicher Forschungsfragen aufgenommen werden. Bedenken Sie bei diesen offen gestellten Fragen nur, dass ein solcher wissenschaftlicher Wink mit dem Zaunpfahl nicht nur von Ihnen gelesen wird. Auch andere angehende Doktoranden greifen den Hinweis gerne auf, und Professoren nehmen die Andeutung gegebenenfalls zum Anlass, ihrem neuen Mitarbeiter einen Themenvorschlag für die Dissertation zu machen. Sprich: Es besteht die Gefahr, dass Sie nicht der Einzige sind, der in Deutschland dieser Forschungsfrage nachgeht. Das schließt die Annahmefähigkeit nicht aus; allerdings müssen Sie in diesem Fall darauf achten, dass Ihre Arbeit anders aufgebaut ist oder zu anderen Schlussfolgerungen kommt und dass Ihre Innovationen nicht denen des zuvor erschienenen Konkurrenzwerkes entsprechen. 115

- Manchmal sind es auch bereits bestehende Veröffentlichungen, die zu einer eingehenderen Untersuchung anregen. So können Sie durch die Lektüre eines Zeitschriftenbeitrags dazu angeregt werden, dessen Thema ausführlicher zu untersuchen. Naturgemäß kann der Autor auf einen solchen Beitrag nicht so viel Zeit 116

---

121 *Voss*, Wissenschaftliches Arbeiten, S. 79.
122 *Möllers* (Juristische Arbeitstechnik und wissenschaftliches Arbeiten, § 8 Rn. 23) schlägt als Obergrenze (!) für die Länderberichte einen Anteil von 50% vor.

verwenden, wie Ihnen als Doktorand zur Verfügung steht. Dadurch kann er nicht jeder Detailfrage umfassend nachgehen und muss bisweilen auch allgemeine dogmatische Fragen oder Vorverständnisse unkritisch seiner Untersuchung zugrunde legen. Würde man dies als Autor einer kurzen unselbstständigen Veröffentlichung anders handhaben, wäre es nicht möglich, mehr als eine Handvoll dieser Beiträge zu veröffentlichen; auch ist es häufig die Zeichenbegrenzung, welche in einem Zeitschriftenaufsatz zur Auslassung mancher Einzelfrage zwingt.

Die Erkenntnisse eines Aufsatzes können deshalb mitunter noch »unausgegoren« oder unvollständig wirken, sodass gerade kürzere Stellungnahmen eine gute Vorlage für ein Dissertationsthema sein können. In vielen Zeitschriften finden sich zudem sogenannte Editorials, in denen Praktiker oder Professoren zu einer aktuellen Diskussion in freier Form – das heißt nicht als Aufsatz und in der Regel ohne Nachweise und nähere wissenschaftliche Begründung – Stellung beziehen. Diese Interiecta mögen teilweise noch »unüberprüft« sein; sie stammen aber häufig von sehr prominenten Autoren und echten Insidern des Rechtsgebiets, die für ihren Themenkreis ein gutes Gespür entwickelt haben. Eine Äußerung dieser Autoren ist für Sie als Themensuchender deshalb ein Zeichen dafür, was aktuell in der Praxis oder einschlägigen Wissenschaft für eine relevante und damit auch untersuchenswerte Fragestellung erachtet wird.[123]

117 • Eine andere offensichtliche Lücke besteht dann, wenn Sie unter Verwendung verschiedener Schlag- und Stichworte nach Quellen zu einer Thematik gesucht, aber mit keinem der verschiedenen Recherchetools fündig geworden sind – was voraussetzt, dass Sie guten Gewissens behaupten können, alle Informationskanäle verwendet zu haben. In einer solchen Situation sind Sie geradezu verdammt dazu, Neues zu liefern, wenn Sie dieses Forschungsvakuum zu Ihrem Dissertationsthema machen. Wichtig ist dann, dass Sie tatsächlich gründlich genug nach Literatur zum Thema gesucht, also nichts übersehen haben[124], und dass Sie trotz Fehlens von Spezialliteratur genügend andere Rechtsfragen, analogiefähige Quellen und eigene Ideen haben, um zu echten Erkenntnissen zu gelangen. Denn alle Inhalte selbst zu generieren stellt eine große Herausforderung dar.

Lassen Sie sich aber keinesfalls von einem bisher unerforscht gebliebenen Gebiet abschrecken. Dieser Effekt tritt häufig bei »Anfängern« – welche Sie nach dem Examen sind, wenn Sie zum ersten Mal nach der Seminararbeit ein wissenschaftliches Projekt beginnen – auf. Mit dem Examen ist Ihnen jedoch das methodische Rüstzeug aus Problemlösungstechnik und Auslegungsmethoden, ergänzt durch die dogmatischen Grundlagen, mitgegeben, sodass Sie sich vor unerschlossenen Rechtsgebieten nicht zu fürchten brauchen. Möglicherweise entdecken Sie auch noch eine der soeben angesprochenen Analogien zu anderen Rechtsgebieten, mit deren Hilfe Sie eine erste Antwort auf eine bisher unbeantwortete Frage finden. Die Vernetzung der praktischen Falllösung mit der Wissenschaft durch Methodik und Dogmatik ist einer der Vorteile der deutschen Rechtswissenschaft gegenüber

---

123 Auch hier müssen Sie beachten, dass Sie nicht der Einzige sein werden, der auf diesen aktuellen Hinweis gestoßen ist. Die Wahrscheinlichkeit paralleler Promotionsprojekte ist bei aktuellen Stellungnahmen höher als bei älteren Diskussionen mit nach wie vor bestehendem Forschungsbedarf.

124 Sie müssen insbesondere darauf achten, die Suchbegriffe ausreichend zu variieren. Es kann nämlich vorkommen, dass ein Werk von der Bibliothek anders verschlagwortet wurde, als Sie es nach dessen Lektüre getan hätten, und dass es auch mit einem Titel versehen wurde, der nicht unmittelbar Rückschluss auf den tatsächlichen Inhalt zulässt.

anderen Rechts(ausbildungs)kulturen. Diesen Vorteil können Sie als wissenschaftlich noch unerfahrener Absolvent nutzen, indem Sie die Werkzeuge aus dem Studium nun für die wissenschaftliche Ergründung einer speziellen Frage nützen.

Sie sollten Ihr methodisches Instrumentarium jedoch nicht auf die aus dem Studium bekannten Auslegungsmethoden beschränken. Rechtswissenschaft ist mehr als teleologische, grammatische, systematische und historische Auslegung, gelegentlich ergänzt durch ein *argumentum e contrario* oder eine Analogie/teleologische Reduktion. Zur wissenschaftlichen Vorgehensweise eines Doktoranden gehört mehr, zum Beispiel auch eine Folgenanalyse[125], wo sie sich anbietet, und die angesprochene Vernetzung mit anderen Forschungsdisziplinen.

- Eine Forschungslücke kann sich vor diesem Hintergrund auch durch einen neuen **118** Sachverhalt oder eine wenig überzeugende, jedenfalls überraschende höchstrichterliche Entscheidung ergeben, die bisher nicht beantwortete Fragen zur bestehenden Rechtslage aufwirft. Nicht selten wird eine ursprünglich herrschende oder zunächst nicht kritisierte Meinung durch einen neu aufgetretenen Fall infrage gestellt. Eine aktuelle Entscheidung kann der Anlass zu Ihrem Projekt sein; möglicherweise haben Sie die Idee zu Ihrer Dissertation aber über einen anderen Kanal bekommen und sind dann bei Ihren Recherchen auf das Judikat gestoßen. Denkbar ist darüber hinaus aber auch, dass Sie bei der Analyse der Fundstücke auf einen Sachverhalt gestoßen sind, auf den das vorhandene Material keine überzeugende Antwort bietet. Entweder ein Autor weist auf die ungelöste Konstellation selbst hin – oder Ihnen kommt eine tatsächliche Begebenheit in den Sinn, auf welche das vorhandene Quellenmaterial nicht eingeht. Sollten Sie einen (vor allem wirtschaftlich relevanten) Sachverhalt finden, auf den die Rechtswissenschaft bisher keine vernünftige und dogmatisch tragfähige Antwort gefunden hat, ist Ihnen ein besonderes Interesse vonseiten der Praxis und der spezialisierten Wissenschaftler sicher. Dann nämlich bietet Ihre Arbeit echte, in der Praxis verwertbare Lösungen an, was gerade das Prädikat einer anwendungsbezogenen Wissenschaft ist. Von daher lohnt es sich, neben den abstrakten Rechtsfragen auch auf die Suche nach Lebenssachverhalten zu gehen, um der Arbeit den besonderen Anwendungsbezug zu geben.

Diese Aufzählung ist nicht abschließend und bleibt notwendigerweise an vielen Stellen **119** noch recht abstrakt. Denn es hängt von Ihrem konkreten Thema und den gewählten Quellen – ebenso wie Ihrer Kreativität – ab, in welche Richtung und aus welchem Blickwinkel sich Forschungslücken auftun. Entscheidend ist, dass Sie die Perspektive wechseln: Ist man in der Ausbildung noch darauf konzentriert, das von Dritten prüfungsgerecht in Skripten und Lehrbüchern aufbereitete Wissen zu lernen, um es dann auf – zwar neue, aber nicht bisher ungelöste – Sachverhalte (»Fälle«) zu übertragen, ist es für den Doktoranden das, was nicht in den Quellen steht, das sein Interesse weckt. Es ist gerade nicht Ziel des Doktoranden, fremde Erkenntnisse auswendig zu lernen, anzuwenden und – wenn man ein besonders mutiger Klausurenschreiber ist – gegebenenfalls noch zu kritisieren. Als Doktorand suchen Sie nach Fragen, deren Antwort Sie bisher nicht finden können. Diese Fragen sind so vielfältig wie die denkbaren Themen der Dissertation und hängen von der Person ab, die das Thema bearbeitet. Die obige Aufzählung mag Ihnen jedoch helfen, mit einem kritischen Blick in den recherchierten Quellen auf offene Fragen und zweifelhafte Lösungen, sprich: Kritikwürdiges, zu stoßen.

---

125 *Stein*, Die rechtswissenschaftliche Arbeit, S. 101.

120 Aus den offenen Fragen können Sie in einem nächsten Schritt Ihre wesentlichen Forschungsfragen und Arbeitshypothesen formulieren. In manchen Fällen müssen Sie dazu nur die festgestellte Lücke in Frageform formulieren (»Erfüllt der Sachverhalt X den Tatbestand Y?«), in anderen Fällen mag es schwieriger sein, eine Hypothese aufzustellen oder die Lücke in eine konkrete Frage zu verpacken. Sie sollten sich für diesen Zwischenschritt aber genug Zeit lassen und die Fragen gründlich überdenken. Denn diese Fragen sind der Knackpunkt jeder wissenschaftlichen Arbeit. In den empirischen Wissenschaften versteht sich das von selbst: Dort ist die korrekte Fragestellung, die empirische Vorgehensweise und die statistische Validität häufig das wichtigste Element der Dissertation. Entsprechend wird dort auf die angewandte Methodik und die Wissenschaftlichkeit der Hypothesen viel Wert gelegt.

121 Auf die normative Rechtswissenschaft passen die Kategorien der empirischen Wissenschaften zwar nicht.[126] Auch für normativ geprägte Forschungsfragen ist die Forschungshypothese indes von großer Relevanz: Auf eine falsch gestellte Frage wird auch dann keine zufriedenstellende Antwort gefunden werden können, wenn diese Antwort nicht empirisch überprüfbar ist. Maßstab für die Qualität der Forschungsfrage oder die Eignung einer Hypothese, zur Grundlage Ihrer Untersuchung zu werden, ist im Gegensatz zu den empirischen Maßstäben anderer Wissenschaftsbereiche, ob die Frage mit den gängigen juristischen Methoden in einer Weise beantwortet werden kann, dass die Antwort für Ihr Thema – und damit für die Rechtswissenschaft als Ganze – verwertbar ist. Anders als in den empirischen Wissenschaften ist es in der Rechtswissenschaft aber bisher nicht üblich, die methodische Vorgehensweise und die Dogmatik, auf der die Arbeit »aufsetzt«, in der Einleitung zur Untersuchung breit zu erläutern. Offenbar ist es unter Rechtswissenschaftlern unausgesprochener *Common Sense*, welche wissenschaftlichen Methoden angewendet werden. Es schadet aber gewiss nicht, das Vorgehen trotzdem ausführlicher zu erläutern, als das bisher zumeist gehandhabt wird, und die Problematik (die Lücken in der bisherigen Forschung) sowie die daraus destillierte Forschungsfrage vorzustellen. Die gründliche Entwicklung von Hypothesen und die Erläuterung Ihrer Forschungsfragen sowie des Weges, der zu ihrer Beantwortung führen soll, machen aus der diffusen Sammlung bloßer Forschungslücken einen echten Forschungsgegenstand. Die Hypothesen bilden ferner den Schwerpunkt Ihrer Arbeit, stellen also zugleich die wichtigsten Punkte der Gliederung dar.

D. Systematisierung der Forschungslücken

122 Allein mit den zu Hypothesen entwickelten Forschungslücken werden Sie jedoch Ihre Arbeit nicht gliedern können. Denn zu einer Dissertation gehört mehr als das »rein Neue«, also die Antwort auf Fragen, die bisher von der Forschung nicht hinreichend beantwortet wurden. Die Forschungsfragen müssen zunächst in den Gesamtkontext des Forschungsgebiets eingebettet sein. Das setzt voraus, dass Sie den Stand der Forschung darlegen, die offenen Fragen in diesen einordnen und so deut-

---

126 Eine Ausnahme bildet insoweit die Rechtstatsachenforschung/Rechtssoziologie, die z.B. nach der Akzeptanz von Normen oder deren Legitimität fragt, worauf *Kohler-Gehrig* (Diplom-, Seminar-, Bachelor- und Masterarbeiten in den Rechtswissenschaften, S. 86–89) zutreffend hinweist.

lich machen, wo Ihre Arbeit ansetzt und welche Lücken sie schließt. Außerdem müssen die Forschungsfragen einen inneren Bezug zu einander haben, damit Ihre Dissertation nicht in einer bloßen Aneinanderreihung offener Rechtsfragen besteht. Sie müssen also einen roten Faden entwickeln, der Ihre Arbeit durchzieht und Sie zu einem Gesamtkonzept macht. Ein roter Faden ist aber nur dann erkennbar, wenn die Hauptprobleme Ihrer Arbeit nicht in der Luft hängen, sondern auf sie hingeleitet wird, indem auf dem Weg zum Hauptproblem alle Fragen beantwortet werden, die für dessen Lösung – gleichsam als Vorarbeit oder dogmatisches Fundament – nötig sind.

Im nächsten Schritt suchen Sie also nach allen Vor- und Inzident-Fragen, die Sie beantworten müssen, damit der Leser Ihrer Arbeit Ihre zentralen Forschungsfragen versteht, einordnen kann und zugleich alle Zusatzinformationen bekommen hat, damit er die Validität Ihres Ergebnisses überprüfen kann. Alles, was zum Verständnis Ihrer Untersuchung, zur Begründung des Ergebnisses und zur Entkräftung von möglichen Gegenargumenten (die zu einem anderen Ergebnis als dem Ihrigen führen würden) erforderlich ist, muss in Ihrem Werk Niederschlag finden – und zwar in der richtigen Reihenfolge. **123**

Die Suche nach diesen Vor-, Erklärungs- und Inzidentfragen kann unter die Überschrift »Logisches« gestellt werden. Denn nach diesen zusätzlichen Aspekten fragen und forschen Sie nur deshalb, weil Sie sie zur Hinführung auf die zentralen Forschungsfragen benötigen, mithin aus argumentativ-methodischen Gründen. Solche Gründe sind wiederum ebenfalls von dem konkreten Thema abhängig; deshalb ist es schwer, themenunabhängig mehr als abstrakte Richtlinien zu präsentieren. Manche logischen Fragen stellen sich in jeder Arbeit, andere werden nicht bei jedem Thema akut. Bei der Vorsortierung und Ordnung Ihres Materials und der Analyseergebnisse sollten Sie unter anderem Folgendes beachten: **124**

- *Stehen die untersuchten Rechtsfragen/Rechtsnormen in einer hierarchischen Beziehung?* **125**
  Werden etwa in Ihrer Arbeit einfachrechtliche, verfassungsrechtliche, völkerrechtliche und unionsrechtliche Regelungen thematisiert? Dann muss die Gliederung auch das Verhältnis zwischen diesen Normen widerspiegeln: Ist nämlich die einfachgesetzliche Rechtslage eine Ausgestaltung verfassungsrechtlicher Vorgaben oder bewegt sich in einem *auch* verfassungsrechtlich geregelten Bereich, dann hat sich das einfache Recht an der Verfassung zu orientieren, muss mit ihr vereinbar sein. Sie müssen also beide Regelwerke zueinander in Bezug setzen und dies auch durch die Gliederung deutlich machen. So könnten Sie erst die Vorgaben der Verfassung erläutern, um dann zu kontrollieren, ob die Ausgestaltung durch den parlamentarischen Gesetzgeber mit diesen Vorgaben im Einklang steht. Es kann sich aber auch als übersichtlicher erweisen, von der einfachgesetzlichen Rechtslage auszugehen und nur vereinzelt die Vorgaben der Verfassung einzubauen – etwa dann, wenn die Verfassung nur für einen Bruchteil des vom Parlament gesetzten Rechts Vorgaben macht und Ihre Arbeit sich auf das einfache Recht konzentriert. Hat das Völker- oder Europarecht Einfluss auf Ihr Thema, dürfen die daraus abzuleitenden Anforderungen ebenfalls nicht unerwähnt bleiben. Wo und in welcher Reihenfolge Sie das nationale und das internationale Recht abhandeln, hängt ebenfalls von Ihrem Untersuchungsgegenstand und dem Zuschnitt Ihrer Arbeit ab: Ist die Rechtslage nur zu einem kleinen Teil durch das internationale Recht vorgeprägt oder spielt das internationale Recht nur für eine kleine Zahl der An-

wendungsfälle eine Rolle, so kann es ratsam sein, mit dem nationalen Recht zu beginnen und die internationalen Implikationen entweder inzident an den einzelnen betroffenen Stellen in die Untersuchung einzubinden oder am Ende der Untersuchung einen gesonderten Abschnitt zum Einfluss internationaler Regelungen zu platzieren.

126 • *Spielt die Entstehungsgeschichte für das Verständnis der aktuellen Rechtslage eine Rolle?*
Wenn Sie auf verschiedene Fassungen einzelner Normen eingehen, um die aktuelle Formulierung zu erklären, oder wenn Sie verschiedene Rechtslagen miteinander vergleichen, kann ein historischer Aufbau sinnvoll sein – insbesondere dann, wenn es sich um längere Ausführungen und eine kompliziertere Entstehungsgeschichte handelt.[127] Logisch zwingend ist eine historisch-chronologische Herangehensweise bei Dissertationen allerdings nicht. Anders mag dies mehrheitlich zum Beispiel für sachenrechtliche Fallbearbeitungen empfohlen werden, um Inzidentprüfungen zu vermeiden. In der Doktorarbeit können Sie demgegenüber die Schwerpunkte selbst setzen und folgen der Logik Ihrer eigenen Untersuchung. Ein historischer Aspekt kann im Rahmen Ihrer Arbeit eine Rolle spielen, in einem anderen Werk zum selben Themenfeld ausgeklammert bleiben. Auch verschiedene Schwerpunktsetzungen sind möglich. Wenn allerdings eine kontrovers diskutierte Rechtslage gerade darauf beruht, dass es schwer verständliche Übergangsregelungen oder verschiedene Reformvorschläge und außer Kraft getretene Fassungen gibt, so müssen Sie diese entstehungsgeschichtliche Aspekte logisch, das heißt an der richtigen und zu Ihrem Gedankengang passenden Stelle in Ihre Untersuchung einbauen.

127 • *Ist ein zentraler Begriff Ihres Themenkreises strittig oder jedenfalls auslegungsfähig?*
In diesem Fall ist es ein Gebot der Logik, nicht nur das Thema gleich zu Beginn der Untersuchung abzustecken und in der Einleitung zu erläutern, sondern auch Ihr Begriffsverständnis darzulegen. Anderenfalls kann es passieren, dass ein Leser den zentralen Begriff anders definiert als Sie und deshalb Ihre Erkenntnisse falsch einordnet oder Ihnen eine Aussage zu einem Teilbereich unterschiebt, die Sie gar nicht treffen wollten. Diese Gefahr besteht immer dann, wenn Sie den Begriff erst nach der rechtlichen Untersuchung klären oder eine Definition gänzlich unterlassen (was freilich der größere Makel wäre). Umstrittene, mehrdeutige Begriffe sollten demnach im Zweifel bereits am Beginn der Arbeit erläutert werden.
Anders kann jedoch der Fall liegen, wenn es gerade das Ziel Ihrer Arbeit ist, zu einer Begriffsdefinition zu gelangen. Dann kann es genügen, zu Beginn die denkbaren Deutungsvarianten vorzustellen, ihre Tragfähigkeit sodann »durchzuspielen«, um am Ende der Arbeit – gleichsam als Resümee – die »richtige« Definition zu präsentieren.

128 • *Sind Verweise nach unten erforderlich?*
In einem studentischen Gutachten sind diese Verweise verpönt, weil hier nur dasjenige geprüft werden soll, was man zur Lösung des Falles benötigt. Wird nach unten verwiesen, bringt man damit zum Ausdruck, dass man (insbesondere) ein Tatbestandsmerkmal erst nach seiner – dann gleichsam unausgesprochenen – Anwendung geprüft hat. Ist dies der Fall, stellt der Verweis nach unten einen methodischen Fehler dar.[128]

---

127 S. sogleich unter § 3 F. II. 1. [Rn. 160] zur Frage, ob ein historischer Teil sinnvoll ist.
128 Vgl. dazu *Beyerbach*, JA 2014, 813 (815).

In Dissertationen gilt indes kein striktes Verbot von Verweisen nach unten, denn hier wird nicht nach einem starren Anspruchsschema ein Sachverhalt gutachterlich gelöst. Vielmehr kann es bei komplexen Themen verschiedene Aufbauvarianten geben. Auch sind die Teilaspekte des Themas möglicherweise an unterschiedlichen Stellen innerlich miteinander vernetzt, weisen Bezüge zu verschiedenen Kapiteln derselben Arbeit auf. Dann kann ein Verweis nach unten sinnvoll sein, um dem Leser zu signalisieren, dass der Bezug, den er bei der Lektüre eines Abschnitts herstellt, an einer späteren Stelle tatsächlich aufgegriffen wird. Dennoch kann auch in Dissertationen ein Verweis nach unten auf einen mangelhaften Aufbau hindeuten.

Wenn diese Verweise nach unten aber in sehr großer Zahl auftauchen, dann könnte dies zunächst ein Zeichen dafür sein, dass Sie Ihren Aufbau nicht ausreichend erklärt haben, sondern die Erläuterungen und Verweise in die Fußnoten ausgelagert haben. In diesem Fall wären die Einleitung der Arbeit sowie die einleitenden Hinweise zu Beginn eines neuen Kapitels entsprechend auszuweiten. Bleiben dann immer noch viele Verweise nach unten übrig, spricht das für einen ungeschickten Aufbau. Denn »logisch« ist eine Gliederung dann, wenn man die Arbeit von »vorn bis hinten« lesen und dem Gedankengang ohne zusätzliche Erläuterungen und Verweise folgen kann. Von daher kann auch für die Dissertation der Ratschlag erteilt werden, Verweise nach unten sparsam einzusetzen.[129]

- *Bietet es sich an, die rechtlichen Probleme von den tatsächlichen Fragen/Sachverhalten zu trennen?*[130]   129

Im Zweiten Staatsexamen stellt es einen tödlichen Fehler dar, Rechtliches und Tatsächliches in Urteilen, Verfügungen und Schriftsätzen zu vermischen – ein Fehler, der ähnlich garstige Reaktionen hervorruft, wie es der Verstoß gegen das Trennungs- und Abstraktionsprinzip im Ersten Staatsexamen getan hatte. In der Dissertation sind Sie zwar nicht in ein strenges formales Korsett gebunden, sondern in der Form und Herangehensweise frei. Dennoch hilft es dem Leser, wenn er die Sachverhalte, die Ihrer Arbeit zugrunde liegen oder für welche Ihre Arbeit Lösungen anbietet, isoliert betrachten kann, um einen Blick für das Problem zu erlangen, ohne dass er gleichzeitig die rechtliche Bewertung lesen muss. Werden die Sachverhalte getrennt von den Rechtsfragen abgehandelt, sind beide erheblich leichter zugänglich als bei Umschreibung der tatsächlichen Konstellation in einem Exkurs oder gar einer Fußnote.

Auch politische Erwägungen sollten streng von den bestehenden Rechtsregeln unterschieden werden. Denn die Vermischung politischer und rechtlicher Erwägungen ist Kennzeichen einer unsauberen Argumentation und dementsprechend Merkmal schlechter Dissertationen.[131] Deshalb sollten Reformvorschläge und politische Argumente immer ausdrücklich als solche gekennzeichnet werden; größer angelegte Reformprojekte können dann sogar mit einem eigenen Gliederungspunkt versehen werden. Welche Reihenfolge von bestehender Rechtslage und Reformvorschlägen (die berühmte Rechtslage »de lege ferenda«) die Logik gebietet, hängt auch hier vom Einzelfall ab. So können politische Erwägungen bereits den Einstieg bilden, die rechtliche Zulässigkeit eines Vorschlags zu untersuchen; sie

---

129 So auch *Schimmel/Weinert/Basak*, Juristische Themenarbeiten, Rn. 241 f.

130 *Schimmel/Weinert/Basak* (Juristische Themenarbeiten, Rn. 262 f.) fassen diese Überlegung unter den von ihnen so bezeichneten »juristischen Ansatz«.

131 S. dazu bereits oben im Abschnitt § 1 C. und D. (Rn. 15–32).

können aber auch nach der Darstellung der bestehenden Rechtslage erläutert werden, wenn gerade die Änderungen durch die mögliche Reform diskutiert werden sollen.

130 • *Kann die Anwendung der allgemein-abstrakten Erkenntnisse auf einen bestimmten Sachverhalt getestet werden (»Stichprobe«)?*

Zeichen einer sowohl in der Wissenschaft als auch in der Praxis positiv aufgenommenen Dissertation ist es, wenn die Arbeit einen anspruchsvollen Beitrag zu allgemeinen dogmatischen, methodischen oder rechtspolitischen Fragen leistet, gleichzeitig aber auch für die Praxis unmittelbar verwertbare Antworten gibt. Wenn dies auf Ihre Arbeit zutrifft, bietet sich die logische Trennung dieser beiden Ebenen an – auch wenn sich die deutsche Rechtswissenschaft gerade durch ihren Anwendungsbezug auszeichnet.

Eine auch gliederungstechnische Trennung des allgemein-abstrakten Teils von der Anwendung auf konkrete Lebenssachverhalte macht Ihre Erkenntnisse für die unterschiedlichen Zielgruppen (Wissenschaftler werden sich möglicherweise eher für die abstrakten Erkenntnisse, Praktiker eher für die Ergebnisse zu einer Fallgruppe interessieren) nicht nur besser erschließ- und damit verwertbar. Die Trennung hilft Ihnen auch, den Fehler zu vermeiden, bei der Erörterung allgemeiner Fragen zu sehr vom Einzelfall ausgehend zu argumentieren, was die Gefahr einer tendenziösen, methodisch unsauberen Argumentation bergen kann.

131 Dies sind nur einige der zahlreichen Fragen, die bei der logischen Sortierung der Forschungslücken gestellt werden können. Logisch in Bezug zu einander gesetzt, können Sie die Liste der diskussionswürdigen Fragen in die Reihenfolge bringen, in der Sie den Fragen in einer umfassenden Untersuchung nachgehen würden. Wenn einzelne Probleme als Fremdkörper erscheinen, spricht dies dafür, diese Fragen nicht abzuhandeln. Denn die innere Logik Ihrer Arbeit, die Verknüpfung der Erkenntnisse zu einem Gesamtbild und die Relevanz eines Unterpunktes für die Arbeit als Ganze sind wichtige Bewertungsmaßstäbe. Fällt ein Punkt als Fremdkörper heraus, kann sich der Verdacht aufdrängen, dass dieser Aspekt für Ihr Thema nicht relevant ist oder dass Ihre Arbeit eher den Charakter einer enzyklopädischen Abhandlung aufweist, also einer Sammlung von Problemen unter dem gemeinsamen Dach eines Oberbegriffes. Solche Arbeiten sind nicht schlechterdings verboten; ihr Nutzen ist aber manchmal zweifelhaft. Wird zu einem Thema jeder Einzelfrage nachgegangen, macht dies die Arbeit manchmal nicht nur schwer lesbar, weil es dann schwierig ist, eine innere Struktur herzustellen. Darüber hinaus ist es im Rahmen einer solchen Arbeit aber auch kaum möglich, bei der konkreten Einzelfrage wirklich in die Tiefe zu gehen, wenn die vollständige Erörterung aller Probleme angestrebt wird. Wer solche Arbeiten also mit Blick auf ein Spezialproblem konsultiert, wird häufig enttäuscht, weil bei der einzelnen Frage nur an der Oberfläche gekratzt wird.

E. Themenfestlegung

132 Wenn Sie bei Weichenstellungen wie dieser angekommen sind – also einen Teilaspekt aus der Liste der Forschungslücken zu streichen oder sich zu fragen, ob Ihre Arbeit (ungewollt?) enzyklopädisch wird –, ist es Zeit, aus diesem sortierten Material heraus das Thema für Ihre Arbeit festzulegen. Ihre Überlegungen gehen dann über die rein »logischen« Aspekte hinaus und schließen auch taktische Erwägungen ein. So müssen

die Einzelaspekte, die Sie im Rahmen Ihrer Arbeit abhandeln möchten, einen Zusammenhang aufweisen. Das ist jedoch nicht nur eine Frage der Logik und Methodik, sondern auch des rein Tatsächlichen – etwa wenn danach gefragt wird, wie sich eine Norm auf die wirtschaftliche Betätigung auswirkt – oder des Gesellschaftlich-Politischen – etwa dann, wenn (rechts-)soziologische Aspekte in die Betrachtung eingezogen werden. Beim Themenzuschnitt sollten Sie neben dem logisch-methodisch Zwingenden ein Bündel vielfältiger Fragen vor Augen haben. Zunächst orientiert sich die Themenwahl daran, was eine gute Arbeit auszeichnet – denn eine solche möchten Sie schreiben. Das richtige Thema bietet demnach Raum für echte neue Erkenntnisse, löst praktische Probleme und hält Antworten für allgemeine dogmatische Fragen bereit.[132]

In zwingenden Erfordernissen der Logik und den Eigenschaften, die Ihre Arbeit haben sollte, erschöpfen sich die Überlegungen bei der Themenfindung jedoch nicht. So spielen auch strategische Faktoren eine Rolle, zuvörderst die Realisierbarkeit der Arbeit: Wie überschaubar ist die von Ihnen analysierte Forschungssituation?[133] Bei welchem thematischen Zuschnitt ist das Projekt in der anvisierten Zeit realisierbar? Droht es auszuufern oder, verstärkt durch den häufig bei Doktoranden zu beobachtenden Perfektionismus, zu einer Dauerbaustelle zu werden? Sie sollten die Liste der möglichen Forschungsfragen auch mit Blick darauf durchsehen, wie viele schwierige Fragen Sie innerhalb Ihres Zeitbudgets bewältigen können und wollen. Befürchten Sie bereits vor der Erstellung des Exposés, dass Sie sich mit Ihrem Thema zu viel zumuten, sollten Sie sich lieber auf wenige Fragen konzentrieren, diese aber dafür gründlich untersuchen, als vielmehr alle denkbaren Teilaspekte abzuhandeln und entweder die Dissertation nie fertigzustellen oder nicht mit der erforderlichen Sorgfalt vorzugehen. Droht diese Gefahr, sollten Sie es vorziehen, eine der Forschungsfragen mit Bezug zu allgemeinen Fragen des Rechtsgebiets isoliert zu Ihrem Forschungsgegenstand zu machen. Suchen Sie sich dazu eine allgemein interessierende Frage aus, die genügend methodisch-dogmatische Herausforderungen bietet, um eine Doktorarbeit »herzugeben«.[134]

Die Fokussierung auf eine allgemeine Frage bietet sich auch dann an, wenn andere Teilfragen, auf welche Sie im Rahmen Ihrer Recherche gestoßen sind, zu kurzlebig sind oder die Rechtsentwicklung sich in diesem Bereich als zu dynamisch herausstellt. Dann droht der berühmte Federstrich des Gesetzgebers, der ganze Regelwerke – und mit ihnen die zugehörigen Dissertationen – zunichtemachen kann. Um dies zu vermeiden, sollte Ihr Thema nicht zu sehr von einer bestimmten Norm des einfachen Rechts oder einer gesetzlich noch nicht geregelten Einzelfrage abhängig sein, wenn in dem jeweiligen Themenkreis die Diskussion im Fluss ist und eine schnelle Neuregelung deshalb eine reale Gefahr darstellt. Ihre Arbeit sollte sich durch eine solche Neuregelung nicht erledigen; sie sollte von der Gesetzesnorm unabhängige Lösungen anbieten. Dieses Ziel erreichen Sie entweder dadurch, dass die Arbeit eine allgemeine dogmatische Frage zum Gegenstand hat und somit Erkenntnisse gerade zur Metho-

---

132 S. dazu nochmals oben im Abschnitt § 3 C. (Rn. 111–121).

133 *Hauthal/Heinen*, in: Nünning/Sommer, Handbuch Promotion, S. 231. *Wergen* (Promotionsplanung und Exposee, S. 100) spricht von einer ausreichenden Eingrenzung des Themas, wenn Sie »ganz genau wissen, was zu tun ist und keine Alternativen mehr möglich sind«.

134 Ähnliche Erwägungen – nämlich der Überforderung vorzubeugen – führen jedoch teilweise auch zu dem Rat, lieber eine kompakte Themenstellung zu bearbeiten als ein zu allgemeines Thema (*Brandt*, Rationeller schreiben lernen, Rn. 104).

dik, dem Verfassungsrecht oder der Rechtsdogmatik gewinnen will, die dem einfachen Recht vorgelagert sind. Oder Sie nehmen eine spezielle Dogmatik oder Einzelnorm zum Anlass Ihrer Arbeit und handeln die allgemeine Frage »unter besonderer Berücksichtigung« der Einzelnorm ab. Dann dient die spezielle Regelung gleichsam als Testfall für Ihre allgemeinen Erkenntnisse. Wenn der Gesetzgeber diese Norm ändert, können aus Ihrer Arbeit immer noch Erkenntnisse allgemeiner Art gewonnen werden, die das einfache Recht überdauern. Bleibt die Norm bestehen, finden sich in der Arbeit anspruchsvolle dogmatische Abhandlungen, aber auch Antworten auf Einzelfragen der Praxis. Ihre Arbeit erreicht dann beide Qualitäten, die einem rechtswissenschaftlichen Werk zukommen können. In jedem Falle sollten Sie vermeiden, dass Ihre Arbeit zu einer bloßen Gesetzessubsumtion verkommt. Denn diese Aufgabe lösen Kommentare in einer für den Rechtsanwender leichter zugänglichen Form. Dissertationen sind keine Gesetzeskommentare!

135 Ziel jedes Themas sollte es sein, über Spezialfragen des einfachen Gesetzesrechts hinaus echte neue Erkenntnisse allgemeiner Art zu gewinnen, die einen Beitrag zur Rechtswissenschaft leisten. Das ist dann der Fall, wenn die Antworten auch für andere Fälle relevant werden können oder die Dogmatik oder Methodik um einen Diskussionsbeitrag bereichern. Ziel sind damit Antworten auf relevante Forschungsfragen. Wenn für diese Forschungsfragen ein bestimmter, konkret gefasster Sachverhalt oder eine Neuregelung im einfachen Recht den Ausgangspunkt bilden, sollten diese von den allgemeinen Fragen getrennt werden. Damit ist nicht nur der Aufbau logischer, da strukturierter. Darüber hinaus kann bei einer gesetzlichen Neuregelung jedenfalls der allgemeine Teil unberührt bleiben, weil er zeitlose und gesetzestextunabhängige Erkenntnisse allgemeiner Art liefert.

136 Weitere Überlegungen bei der Themenwahl sind eher durch die persönliche Motivation beeinflusst. Die Motivation für ein bestimmtes Thema kann extrinsisch erzeugt sein, wenn Ihr anvisierter Betreuer Ihnen bereits ein konkretes Thema vorschlägt. Das kommt bisweilen vor.[135] Ob es sich für Sie auch als der Glücksfall herausstellt, als welchen man einen solchen Vorschlag zunächst empfindet, sollten Sie kritisch hinterfragen. Ihr Betreuer hat zwar viele Erfahrungen in der Wissenschaft gesammelt und verfügt deshalb über ein gutes Judiz dafür, welche Themen »etwas hergeben« und in einem Verfahren als Dissertationsthema anerkannt werden. Gleichwohl kann auch er nicht jeden seiner Vorschläge umfassend vor-recherchieren, und so kann es Ihnen passieren, dass das Thema bereits umfassender untersucht wurde, als Ihr Betreuer angibt, oder – umgekehrt – nicht so viele Probleme bereithält, dass es für eine längere Abhandlung geeignet ist. Die Aufgabe, den Vorschlag gegen diese Gefahren abzusichern, kommt Ihnen zu. Sie als Doktorand tragen die Verantwortung dafür, dass Ihr Thema promotionsgeeignet ist und von Ihnen so bearbeitet wurde, dass etwas Neues herausgekommen ist. Neben den genannten Gefahren kann es in Einzelfällen auch vorkommen, dass der Betreuer den Vorschlag eher aus eigen- denn aus fremdnützigen Motiven unterbreitet hat, etwa dann, wenn er selbst Ihre Erkenntnisse zu eigenen

---

135 Häufig geben Betreuer bereits auf Ihrer Lehrstuhl-Website Angaben dazu, zu welchen Themen sie gerne (bzw. ausschließlich) Doktoranden betreuen möchten. Konkrete Themen werden dann manchmal im ersten Gespräch vorgeschlagen. Nur sehr selten findet man bereits im Internet konkrete Themenvorschläge, s. z.B. die Website des Öffentlich-Rechtlers *Germann* (Universität Halle-Wittenberg) unter *www.jura.uni-halle.de/lehrstuehle_dozenten/lehrstuhl_germann/ forschung/*.

Publikationen nutzen möchte. Auch über diese Motivation sollten Sie sich bewusst werden, nachdem Ihnen der Vorschlag unterbreitet wurde.[136]

Ein entscheidender Aspekt tritt hinzu: Die Promotionsphase ist durch ein hohes Arbeitspensum, langsames Vorankommen, immer wiederkehrende Frustrationen und damit durch ein hohes Maß an physischer wie psychischer Belastung geprägt. Wenn sich dazu noch ein Dissertationsthema gesellt, für das man sich nicht dauerhaft motivieren kann, ist Frustration vorprogrammiert. Sie sollten daher ein echtes Interesse an den Antworten haben, die Sie im Rahmen Ihrer Arbeit suchen – entweder weil Sie sich für das praktische Anwendungsfeld interessieren oder weil es sich um eine dogmatische Frage handelt, die Sie interessiert und zu deren Lösung Sie beitragen wollen.[137] Auch die geplante berufliche Tätigkeit in dem von Ihrem Thema betroffenen Teilrechtsgebiet kann motivierend wirken, zumal Sie über Ihr Dissertationsthema einen leichteren Zugang zu einschlägigen Arbeitgebern haben.[138] Freilich sollte sich auch Ihr Betreuer für das Thema Ihrer Wahl interessieren. Es wäre taktisch unklug, ein Thema zu wählen, das vom Betreuer für nicht dissertationsgeeignet angesehen wird oder bei dem er die Gefahr sieht, dass Sie es nicht (in der geplanten Zeit) bewältigen können. Daneben sollten Sie sich gerade mit Blick auf sehr praxisrelevante Themen auch die Frage stellen, ob Sie persönlich ausreichenden Einblick in die Praxis haben oder über Ansprechpartner und nötige Informationsquellen verfügen, um das Thema angemessen zu bewerten.[139] Erfordert eine Thematik viel praktische Erfahrung, zum Beispiel technischer oder wirtschaftlicher Art, sind Sie als Doktorand am Schreibtisch mit ihrer Bewältigung möglicherweise überfordert.

Das dissertationsgeeignete Thema befriedigt alle genannten Bedürfnisse:

> - Es liefert Forschungsfragen allgemeiner Art, durch deren Beantwortung Sie zur allgemeinen Methodik oder Dogmatik (also zur rechtswissenschaftlichen »Grundlagenforschung«) beitragen können.
> - Daneben können Sie die Erkenntnisse an einer speziellen Konstellation/Rechtsnorm exemplarisch darstellen und auf diese Weise Lösungen für die Praxis liefern. Diese Fragen sind jedoch so in Ihr Thema eingebaut, dass der »Federstrich des Gesetzgebers« es nicht obsolet werden lässt.
> - Es ist innerhalb der von Ihnen angesetzten Zeit zu bewältigen.
> - Sie können sich für die Bearbeitung des Themas motivieren und Ihr Betreuer ist ebenfalls an den Ergebnissen interessiert.

---

136 Kritisch auch *Eco*, Wie man eine wissenschaftliche Abschlußarbeit schreibt, S. 14, der von einem ausgesuchten Thema abrät, außer wenn sich die Mitwirkung des Betreuers eher als Beratung darstellt. Egoismus des Betreuers dürfte jedoch nur sehr selten eine Rolle bei der Vergabe von Themen spielen. Welchen Nutzen hat schließlich ein Betreuer, wenn er über ein nicht interessierendes Thema die Arbeit seines Doktoranden liest, für welche dieser möglicherweise Jahre benötigt? Wirklich egoistische Betreuer lassen sich – so traurig diese Einzelfälle auch sind – eher Aufsätze schreiben, die sie dann selbst unter ihrem Namen veröffentlichen. In diese Richtung gehen wohl auch die Befürchtungen *Ecos* (vgl. auch dens., a.a.O., S. 59–62), die jedoch eher auf sonst nicht veröffentlichte Diplom- und Bachelorarbeiten zutreffen werden.

137 Etwas pathetisch, aber gerade in der praxisorientierten Rechtswissenschaft zutreffend insoweit *Stein*, Die rechtswissenschaftliche Arbeit, S. 101: »Gerade die Rechtswissenschaft bietet die Möglichkeit, ein klein wenig bei der Lösung bedrückender Probleme und bei der Verbesserung der gesellschaftlichen Wirklichkeit zu helfen.«

138 Vgl. *Brauner/Vollmer*, Erfolgreiches wissenschaftliches Arbeiten, S. 30; *Hauthal/Heinen*, in: Nünning/Sommer, Handbuch Promotion, S. 232; *Voss*, Wissenschaftliches Arbeiten, S. 66.

139 Zutreffender Gedanke bei *Schimmel/Weinert/Basak*, Juristische Themenarbeiten, Rn. 708.

139 Wenn Sie diese Fragen positiv beantwortet haben, sollten Sie das Thema in Form eines Arbeitstitels formulieren. Dieser sollte nicht in der bloßen Benennung eines Teilrechtsgebiets bestehen, sondern idealerweise bereits den Buchtitel (Untertitel) zu Ihrem späteren Werk bilden. Dadurch motivieren Sie sich dazu, das Projekt unter eine prägnante Überschrift zu stellen und damit nicht nur zu konkretisieren, sondern zugleich präsentierbar zu machen. Der Betreuer Ihrer Arbeit und potenzielle Gesprächspartner – andere Wissenschaftler, spätere Arbeitgeber – lassen sich von Ihrer Arbeit besser überzeugen, wenn diese einen »schmissigen«, dem Niveau einer Dissertation angemessenen, aber zugleich leicht zugänglichen, aussagekräftigen Titel hat.[140]

140 Das gilt bereits zu Beginn des Projektes. Schließlich werden Sie es Ihrem Betreuer in einem Exposé präsentieren (dazu sogleich, Rn. 188–204) und auch mit anderen Wissenschaftlern darüber sprechen, wie etwa anderen wissenschaftlichen Mitarbeitern oder Anwälten, aber auch Professoren Ihrer Fakultät oder auf Tagungen. Kontakte und Gespräche kommen leichter zustande, wenn Sie Ihr Vorhaben professionell mit einem Arbeitstitel einführen können. Erfahrene Wissenschaftler werden oft bereits an Ihrem Titel erkennen, ob es sich um ein dissertationsgeeignetes, interessantes Thema handelt. Ein prägnanter Titel, idealerweise mit »key words« versehen[141], ist unverzichtbar für die wissenschaftliche Selbstvermarktung – die wiederum zu Input für Ihre Dissertation führen kann.[142]

F. Die Gliederung der Dissertation als Ergebnis der systematischen Lückensuche

141 Mit dem letzten Schritt – der Betitelung Ihres Projektes – haben Sie zugleich den letzten Schritt vor der Detailplanung erreicht. Sie haben inzwischen einen Überblick über die betroffenen Probleme, (Teil-)Rechtsgebiete sowie Wissenschaftsdisziplinen und die zu ihnen verfügbaren Quellen. Auch haben Sie bereits Ihr Themenfeld abgesteckt und die dazu vorhandenen Quellen in eine logische Reihenfolge gebracht. Manche Quelle haben Sie ausgesondert, weil entweder Ihr Themenzuschnitt ihre Bearbeitung nicht erlaubt oder weil Sie den jeweiligen Aspekt aus strategischen Gründen aus Ihrer Arbeit heraushalten möchten. Damit wissen Sie, was Ihre Arbeit beinhalten soll und unter welchem begrifflichen Dach die Probleme vereint sein sollen. Sobald dies der Fall ist, können Sie mit der strukturierten Arbeit beginnen, die auch ins Detail geht. Der Ausgangspunkt dafür ist die Gliederung Ihrer zukünftigen Dissertation.

142 Mit dem Begriff »Gliederung« haben Sie bisher möglicherweise eher ein Korsett verbunden, wurden doch Ihre Klausurlösungen in die starren Schemata und Formeln der Praxis gepresst. Diese Gliederungen konnten deshalb »richtig« oder »falsch« sein. Auch wenn mitunter andere Aufbauvarianten vertretbar gewesen wären, gewöhnt man sich als Student/in und Referendar/in bald an, gewisse allgemein anerkannte Schemata kritiklos hinzunehmen. Die gute Nachricht für die Dissertation ist, dass es

---

140 Etwas vorsichtiger *Franck*, in: Franck/Stary, Die Technik des wissenschaftlichen Schreibens, S. 111 (132): »Titel müssen nicht griffig sein, sondern aussagekräftig«.
141 *Esselborn-Krumbiegel*, Richtig wissenschaftlich schreiben, S. 76.
142 Vgl. auch die Tipps bei *Nünning/Sommer*, Handbuch Promotion, S. 345 (dort Nrn. 60 und 61 f.).

zu Ihrem Thema keinerlei vorgegebene Gliederung gibt. Genauso vielfältig wie die Themen und die Herangehensweise an sie sind nämlich auch die Aufbauvarianten. Ihr Betreuer hat weder eine Schablone, die er auf Ihre Arbeit legt, um zu sehen, was vergessen wurde, noch hat er sich so tief in das Thema eingearbeitet, dass er überhaupt konkrete Vorstellungen davon hat, wie er es aufbereiten würde. Zumeist wird er sich nur Gedanken über das Problem gemacht und ein paar einschlägige Publikationen zur Kenntnis genommen haben. Wenn Sie ihm das Thema präsentieren – und das wird zunächst im Rahmen des Exposés sein, das die Gliederung enthält –, sieht er durch Ihre Brille auf die Probleme. Die Korrektursituation ist damit eine völlig andere als bei Klausuren: Dort gab es eine offizielle Lösungsskizze, mit der Ihre Arbeit abgeglichen werden konnte. Zwar sind Professoren geistig so flexibel und fachlich so kompetent, dass sie vertretbare Lösungen auch dann gerecht würdigen können, wenn sie nicht auf der Lösungsskizze erwähnt werden. Einen Vergleich mit der Lösungsskizze werden sie dennoch immer anstellen, sodass das Augenmerk unverzüglich auf die Lücken und Mängel Ihrer Arbeit gelenkt wird, bevor diese mit einem »auch vertretbar« möglicherweise überwunden werden können.

Bei der Dissertation ist diese Situation umgekehrt: *Sie* liefern die Musterlösung zu Ihrem Thema, das heißt *Sie* bestimmen, wie es zugeschnitten ist, welche Probleme behandelt und welche nicht behandelt werden, wo die Schwerpunkte liegen und in welcher Reihenfolge den einzelnen Fragen nachgegangen wird. Wenn Ihr Betreuer oder ein sonstiger Leser der Dissertation Ihre Gliederung kritisieren möchte, muss er sich eigenständige Gedanken zu Ihrem Thema machen, selbst recherchieren und gedanklich eine eigene Gliederung entwerfen. Das fällt schwer, wenn Ihre Gliederung grundsätzlich überzeugt. Dann kann es vorkommen, dass einzelne Punkte nicht so dargestellt sind, wie der Rezipient sich das vorgestellt hat, oder dass die Argumentation nicht überzeugt. Dass die Gliederung insgesamt abgelehnt wird, ist nicht zuletzt aufgrund des durch die Umkehrung der Korrektursituation und die Individualität der Dissertation beim Leser entstehenden psychologischen Effektes selten.

143

Diese Erkenntnis mag Sie beruhigen, wenn Sie sich in Einzelfragen der Gliederung unsicher sind oder lange zögern, bevor Sie sich trauen, eine Gliederung festzulegen. Sie können jedenfalls weniger im engeren Sinne »falsch« machen, als Sie es von den Gliederungen der Klausuren gewöhnt sind. Zwingende Aufbauregeln gibt es für Dissertationen wenige; das Gliedern ist vielmehr bereits Teil der Eigenleistung, ein individueller Prozess mit vielen Varianten. Daher kann und will Ihnen auch dieses Büchlein kein Muster liefern, in das Sie Ihr Thema pressen können – jedenfalls soweit die inhaltliche Gliederung betroffen ist. Die folgenden Punkte sollen Ihnen deshalb im Wesentlichen nur Anregungen für die Gliederung der Arbeit geben.

144

I. Zwingende Gliederungsregeln

Auch wenn es keine zwingenden Vorgaben für den inhaltlichen Aufbau rechtswissenschaftlicher Dissertationen gibt, sie also nicht einem Schema wie beim Klausurenschreiben unterliegen, so gibt es doch einzelne zwingende Gliederungsvorgaben. Eine recht abstrakte Vorgabe an jede Gliederung – dies stellt freilich eine Selbstverständlichkeit dar – ist die Verständlichkeit. Die Gliederung muss wie Ihre gesamte Arbeit einer inneren Logik folgen. Diese Logik sollte sich nicht erst durch die Lektüre der Arbeit erschließen, sondern auch aus der Gliederung allein ersichtlich sein, indem die

145

Unterpunkte in Bezug zueinander stehen und durch entsprechende Überschriften bezeichnet werden, die den Gedankengang nachzeichnen. Die Gliederung ist ein »verkürztes Spiegelbild«[143] Ihrer Arbeit. Bedenken Sie außerdem stets, dass die Gliederung das erste ist, was Ihr Betreuer (ebenso wie andere Leser) von der Arbeit zu sehen bekommt. Er wird zunächst das Deckblatt mit dem Titel sehen und sodann einen Blick auf das Inhaltsverzeichnis mit den Überschriften Ihrer Gliederung werfen. Erst danach wird er die Arbeit, manchmal begonnen mit der Zusammenfassung, lesen. Die Gliederung muss schon deshalb sorgfältig bearbeitet sein und die innere Struktur und den Gedankengang Ihrer Arbeit erkennen lassen. Sie ist nicht nur das Spiegelbild, sondern auch die Visitenkarte des Werkes!

146 Außerdem muss Ihre Gliederung mit dem Titel Ihrer Arbeit korrespondieren. Wenn dieser beispielsweise ein Element wie »Risiken und Chancen« enthält, diese Begriffe aber in einzelnen Punkten und Zwischenüberschriften keine Entsprechung finden, passt Ihr Titel nicht zur Gliederung – oder umgekehrt. Häufig wird der Arbeitstitel bereits eine erste grobe Gliederung liefern. Der Untertitel meiner veröffentlichten Dissertation, der zugleich der im Exposé festgelegte Arbeitstitel war, ist: »Grundrechtlich geschützte Betriebs- und Geschäftsgeheimnisse als Schranke einfachrechtlicher Informationsansprüche«.[144] Entsprechend diesem Untertitel tauchen Unterpunkte in der Gliederung auf wie die Darstellung und Systematisierung der Informationsansprüche, die das einfache Recht kennt[145]; die Definition des Begriffes der Betriebs- und Geschäftsgeheimnisse[146]; die Untersuchung des Grundrechtsschutzes der Betriebs- und Geschäftsgeheimnisse[147] und schließlich die Frage, wie sich der Grundrechtsschutz auf die Informationsansprüche des einfachen Rechts auswirkt[148]. Kann zwischen Ihrem Ober- oder Untertitel und einzelnen Gliederungspunkten kein Bezug hergestellt werden, sollten Sie über eine Umformulierung des Titels, eine andere Gliederungsstruktur oder andere Überschriften nachdenken.

147 Im Übrigen beziehen sich die zwingenden Gliederungsvorgaben weniger auf die formelle Struktur der Gliederung als vielmehr auf das, was auf einer speziellen Ebene stehen darf. In diesem Zusammenhang wird häufig auf das sogenannte Pyramidenprinzip als Grundprinzip der Untergliederung verwiesen. Hiernach geht man von einem Oberbegriff aus – der also gleichsam an der Spitze der Pyramide steht – und untergliedert weiter, indem man den Begriff in seine einzelnen Unterbegriffe, Voraussetzungen oder Themenfelder unterteilt. In welche Einzelteile man einen Begriff zerlegt oder welche Voraussetzungen im Rahmen einer Fragestellung zur Beantwortung zu untersuchen sind, hängt zwar von der jeweils aufgestellten Hypothese ab. Stets sollte die Gliederung aber vollständig sein sowie »horizontal und vertikal eindeu-

---

143 *Preißer*, WiSt 1993, 593.

144 Für die Publikation habe ich dann einen Titel gewählt, der zum einen kürzer und zum anderen besser »vermarktungsfähig« ist, d.h. formell und sprachlich auf den Buchdeckel passt. Die Arbeit habe ich deshalb mit dem Arbeitstitel als Unterüberschrift unter dem Titel »Die geheime Unternehmensinformation« veröffentlicht (Tübingen 2012).

145 Diese Frage bildet das 1. Kapitel des 1. Teils (»Grundlagen«) unter der Überschrift »Informationsansprüche« (*Beyerbach*, Die geheime Unternehmensinformation, S. 5–66).

146 Vgl. das 2. Kapitel des 1. Teils (»Betriebs- und Geschäftsgeheimnisse«: *Beyerbach*, Die geheime Unternehmensinformation, S. 67–108).

147 Der 2. Teil trägt dementsprechend die Überschrift »Grundrechtsschutz der Betriebs- und Geschäftsgeheimnisse« (*Beyerbach*, Die geheime Unternehmensinformation, S. 109–311).

148 Vgl. den 3. Teil (»Auswirkungen auf die Anwendung des einfachen Rechts«: *Beyerbach*, Die geheime Unternehmensinformation, S. 313–350).

tig«[149]. Dies bedeutet, dass gleichrangige Begriffe auch gliederungstechnisch auf derselben Ebene stehen müssen und dass auf derselben Gliederungsebene keine Begriffe stehen dürfen, die in eine Unter- oder Oberkategorie zu den Begriffen der jeweiligen Ebene gehören.

Horizontale Eindeutigkeit verlangt, dass pro Gliederungsebene nur ein Kriterium verwendet wird, damit die einzelnen Ebenen logisch eingehalten werden können.[150] Hierzu gehört auch, dass es mindestens zwei Überschriften derselben Ebene geben muss, damit eine Unterteilung zulässig ist (»Wer A sagt, muss auch B sagen«). Schein-Überschriften gelten im Übrigen nicht als gesonderte Ebene, etwa wenn die Überschrift »Vorbemerkungen« eingezogen wird, um einen zusätzlichen Gliederungspunkt zum einzig echten Unterpunkt zu gewinnen. Die vertikale Eindeutigkeit ist daneben gegeben, wenn auf einer Ebene immer nur gleichrangige Begriffe stehen, sodass sich Über- und Unterordnungsbeziehungen in der Gliederungsstruktur widerspiegeln.[151]

    148

> Wenn Sie zum **Beispiel** im Strafrecht – wie so häufig dort zu beobachten – die zu einem Problem vertretenen Meinungen in »objektive Theorien« und »subjektive Theorien« unterteilt haben und diesen jeweils einen Gliederungspunkt zugewiesen haben (etwa I. und II.), dann darf auf derselben Ebene (dann also unter dem Punkt III.) nicht eine bestimmte Meinung isoliert besprochen werden, die eigentlich einer der Kategorien zugeordnet werden kann, die also subjektiv oder objektiv abgrenzt. Nur dann, wenn diese Ansicht entweder eine »gemischte« Theorie darstellt oder eine von den objektiven und subjektiven Theorien völlig unabhängige, eigene Kategorie bildet, darf sie auf derselben Ebene diskutiert werden.

    149

Die horizontale und vertikale Eindeutigkeit lässt sich damit ebenfalls unter den Aspekt des »Logischen« fassen, der Sie bereits bei der Sortierung der Ergebnisse Ihrer Recherche beschäftigt hat.[152] Haben Sie dort einzelne Begriffe gleichrangig einem Oberbegriff zugeordnet, so sind sie im Zweifel auch gliederungstechnisch in der Ebene unter dem Oberbegriff, aber jeweils auf derselben Gliederungsebene wie die anderen Unterbegriffe abzuhandeln. Darüber hinaus haben Sie bei der Sortierung der recherchierten Erkenntnisse auch danach gefragt, welche Fragen Sie beantworten müssen, bevor Sie zu einem anderen Teilproblem gelangen; welche Begriffe Sie erst definieren müssen, bevor Sie mit der Definition arbeiten; welche dogmatischen Weichen Sie zuerst stellen müssen, bevor Sie ein Spezialproblem in Angriff nehmen; welche Tatsachen Sie zugrunde legen, wenn Sie eine rechtliche Frage erörtern, und so weiter. Die logischen Fragen äußern sich in der Gliederung der Arbeit zumeist dadurch, dass die vorrangigen Fragen auch in der Struktur der Arbeit vor dem anderen Punkt stehen müssen. Diese Vorgaben sind deshalb ebenfalls zwingend, weil sie durch die Logik geboten werden.

    150

Damit ergeben sich im Wesentlichen folgende zwingenden Vorgaben für die Gliederung:

    151

- Auf derselben Gliederungsebene dürfen nur Fragen abgehandelt werden, die auch gleichrangig sind. Eine Unterebene darf nur eröffnet werden, wenn es zu ihr meh-

---

149 Begriff nach *Brink*, Anfertigung wissenschaftlicher Arbeiten, S. 146. *Haft* (Juristische Schreibschule, S. 156) spricht in diesem Zusammenhang vom »Äquivalenzprinzip«. S. auch *Klein*, Wissenschaftliche Arbeiten schreiben, S. 208–210 mit Beispielen.

150 *Brink*, Anfertigung wissenschaftlicher Arbeiten, S. 147.

151 *Brink*, Anfertigung wissenschaftlicher Arbeiten, S. 149.

152 S. nochmals oben im Abschnitt § 3 D. (Rn. 122–131).

rere Begriffe gibt; pro Unterebene darf nur ein Abgrenzungskriterium verwendet werden, um die Unterteilung nachvollziehbar zu machen [»Horizontale und vertikale Eindeutigkeit«].

- Ist ein Begriff oder Sachverhalt unklar, müssen das Begriffsverständnis (durch eine Definition) und die Tatsachenbasis geklärt werden, bevor sie rechtlich gewürdigt werden können.
- Methodische und dogmatische Vorfragen und Vorverständnisse, auf denen ein Spezialproblem Ihrer Arbeit aufbaut, müssen vor der Spezialfrage geklärt werden, um eine verschachtelte Inzidentprüfung im Rahmen der Einzelfrage zu vermeiden. Dazu gehören auch einleitende Festlegungen wie zum Beispiel: Eingrenzung des Themas und Fragestellung; Darstellung der Methodik und des Forschungsstandes; Rechtfertigung der Fragestellung; Darstellung des Gangs der Untersuchung.[153] Mitunter wird die Gliederung auch von dem Rechtsgebiet vorgegeben – wie die Trennung von Tatbestand, Rechtswidrigkeit und Schuld im Strafrecht[154] – oder von der besprochenen Norm, deren Tatbestand von der Rechtsfolge getrennt werden kann oder die ihrerseits die Voraussetzungen bereits in eine logische Reihenfolge gebracht hat. Insbesondere die Erörterung rein einfachrechtlicher Fragen ist deshalb oft an die Normstruktur gebunden.[155]
- Ist die aktuelle Rechtslage (ausnahmsweise) nur durch einen Vergleich mit der historischen Rechtslage verständlich, sollte die Entwicklung chronologisch nachvollzogen werden.
- Werden Fragen des Verfassungsrechts und des einfachen Rechts untersucht, müssen Sie in der Gliederung dem Schwerpunkt Ihrer Arbeit folgen. Steht das Verfassungsrecht im Zentrum und sollen verschiedene Normen des einfachen Rechts auf ihre Wirksamkeit untersucht werden, sollte das Verfassungsrecht – als allgemeine Basis der Bewertung – vor dem einfachen Recht abgehandelt werden. Steht dagegen eine einfachrechtliche Frage oder eine Einzelnorm im Vordergrund, so sollte diese auch im Zentrum der Gliederung stehen. Das Verfassungsrecht kann dann bei einem einzelnen Aspekt der Norm inzident oder im Anschluss an die einfachrechtliche Untersuchung geprüft werden.
- Allgemeine (dogmatische, methodische, philosophische) Fragen sollten mit einem eigenen Gliederungspunkt bedacht und von ihrem speziellen Anwendungsfeld getrennt werden. Hier gebietet die Logik oft eine Aufteilung in einen allgemeinen und einen besonderen Teil, wie Sie es auch von Kodifikationen wie dem BGB oder dem StGB kennen.

---

153 Diese Aspekte sind zumeist Teil einer »Einleitung«, s. zu ihnen *Theisen*, Wissenschaftliches Arbeiten, S. 152 und sogleich sub b) aa) [Rn. 157].

154 So der klassische dreistufige Deliktsaufbau. Die logische Trennung der drei Aspekte gilt jedoch auch dann, wenn man mit einer inzwischen seltener vertretenen Ansicht einem zweistufigen Deliktsaufbau folgt (so zuerst vertreten von *Adolf Merkel* Ende des 19. Jahrhunderts; ausführlicher zum Meinungsstand *Roxin*, Strafrecht AT, § 10 Rn. 16–32). Dann wird die fehlende Rechtfertigung der Tat als negatives Tatbestandsmerkmal geprüft, das man von den positiven Tatbestandsmerkmalen (also z.B. körperliche Misshandlung i.S.v. § 223 Abs. 1 StGB) trennt und logischerweise nach deren Bejahung prüfen muss. Denn die Rechtfertigung der Handlung – sei sie nun eine eigene Stufe des Deliktsaufbaus oder ein negatives Tatbestandsmerkmal – setzt voraus, dass überhaupt eine rechtfertigungsbedürftige Handlung vorliegt. Dieses Beispiel zeigt, dass manches »denklogisch« vorgegeben ist und nur in begrenztem Maße variiert werden kann. Das ist auch der Grund dafür, dass viele Aufbauschemata »halb-zwingend« sind.

155 *Haft* (Juristische Schreibschule, S. 158) spricht bei dieser logischen Gliederungsvorgabe vom »Von-links-nach-rechts-Prinzip«.

II. Empfehlungen zur Gliederung

Abseits dieser formal-logischen, zwingenden Vorgaben sind Sie jedoch völlig frei, 152
wie Sie Ihr Thema inhaltlich angehen und damit gliedern. Wenn Sie unsicher sind,
hilft Ihnen möglicherweise der Blick auf die Gliederungen anderer Dissertationen.
Sie werden schnell entdecken, dass die Gliederungen zwar so vielfältig sind wie
die Themen der Arbeiten, dass jedoch manche Strukturen häufiger zu beobachten
sind.

1. Dreiteilung

Dazu gehört zum Beispiel die klassische Dreiteilung der Arbeit in eine Einleitung, 153
einen Hauptteil und einen abschließenden Teil (»Schluss«), die bereits in der Schul-
zeit die Struktur von Aufsätzen vorgegeben hat. Eine solche Gliederung ist damit
wenig überraschend und innovativ. Wie so häufig bei Klassikern, so hat jedoch auch
hier die weite Verbreitung gute Gründe für sich. Denn die Dreiteilung entspringt
auch bei wissenschaftlichen Arbeiten einem praktischen Bedürfnis nach der Abhandlung bestimmter Punkte, die in fast allen Untersuchungen wichtig werden. So möchte
der Leser zu Beginn erfahren, worum es eigentlich geht, wie der Autor vorgehen
wird und von welchen Grundannahmen er dazu ausgeht. Am Ende wird der Leser
ein Fazit sinnvoll finden, mit dem es ihm leichter fällt, das Gelesene einzuordnen und
zu rekapitulieren; häufig wird er die Lektüre der umfassenden Untersuchung gar mit
diesem Fazit beginnen. Auch der Autor hat am Ende in der Regel das Bedürfnis, seine Ergebnisse noch einmal ausdrücklich festzuhalten. Das schließt das Werk förmlich
ab und kann zudem dazu beitragen, möglichen Missverständnissen vorzubeugen,
indem der Autor selbst ausdrücklich festlegt, welche Schlüsse aus seinen Erkenntnissen zu ziehen sind.

Die Einteilung der Arbeit in Einleitung – Hauptteil – Schluss hat deswegen viele Vor- 154
züge und wird häufig auch als grundsätzliches Gliederungsschema empfohlen.[156] Sie
können es deshalb als Ausgangspunkt für eine Gliederung verwenden. Den etwas
unkreativen Eindruck, den die Verwendung dieser klassischen Struktur vermitteln
könnte, vermeiden Sie, indem Sie nicht die Überschriften »Einleitung«, »Hauptteil«
und »Schluss« verwenden, sondern die Kapitel anders überschreiben, zum Beispiel
»Grundlagen« für den einleitenden Teil. Der Hauptteil wird ohnehin thematisch
durch Ihren Titel und den Themenzuschnitt vorgegeben. Er trägt deshalb eine Überschrift, die zum Titel der gesamten Arbeit passt, das heißt im Zweifel entweder den
Titel der gesamten Arbeit oder einen Ausschnitt aus dem Titel.

---

156 S. z.B. *Franck*, in: Franck/Stary, Die Technik wissenschaftlichen Arbeitens, S. 111 (136–148);
   Möllers, Juristische Arbeitstechnik und wissenschaftliches Arbeiten, Rn. § 7 Rn. 33; *Kerschner*,
   Juristische Arbeitstechnik und Methodenlehre für Juristen, S. 217; *Konrath*, in: Konrath,
   SchreibGuide Jus, S. 102; *Lahnsteiner*, Jura 2011, 580 (595 f.); *Schimmel/Basak/Weinert*, Juristische Themenarbeiten, Rn. 251; *Schorkopf*, Vademecum [vgl. die Internetfundstelle in Anhang 2],
   S. 4; *Stock/Schneider/Peper/Molitor*, Erfolgreich promovieren, S. 143; *Theisen*, Wissenschaftliches Arbeiten, S. 150–154. *Vollmer* (Die Doktorarbeit schreiben, S. 43) geht zwar grundsätzlich
   ebenfalls von der dreiteiligen Gliederung als Basis jeder wissenschaftlichen Arbeit aus, sieht aber
   bei Dissertationen einen Bedarf nach noch stärkerer Differenzierung, die dann zu einer vier-
   oder fünfteiligen Struktur führt. Ähnlich *Brinkmann*, Die rechtswissenschaftliche Seminar- und
   Doktorarbeit, S. 103–114.

155   Dies lässt sich am **Beispiel** meiner Doktorarbeit illustrieren: Der Untertitel meiner Dissertation (der seinerzeit der Arbeitstitel des Projektes war) war – wie bereits erwähnt – »Grundrechtlich geschützte Betriebs- und Geschäftsgeheimnisse als Schranke einfachrechtlicher Informationsansprüche«. Ziel der Arbeit war es, herauszufinden, inwiefern Betriebs- und Geschäftsgeheimnisse grundrechtlich geschützt sind und wie sich das auf die Anwendung von Informationsansprüchen aus dem einfachen Recht auswirkt. Als »Einleitung« habe ich deshalb in einem Teil, den ich »Grundlagen« genannt habe, erörtert, was ich untersuchen möchte, welche Informationsansprüche es im einfachen Recht gibt (worin also das Anwendungsfeld für die Erkenntnisse aus der Dissertation besteht), wie die Ansprüche systematisiert werden können (damit man unbekannte oder von mir noch nicht erwähnte Ansprüche besser einordnen kann), wie Betriebs- und Geschäftsgeheimnisse definiert werden und wie die Grundrechte auf das einfache Recht einwirken. Im Hauptteil ging es dann um die zentrale Frage der Arbeit, nämlich den grundrechtlichen Schutz der Unternehmensgeheimnisse. Dieser trägt deshalb den Titel: »Grundrechtsschutz der Betriebs- und Geschäftsgeheimnisse« (und nicht »Hauptteil«). Da es Ziel der Arbeit war, die Auswirkungen dieses grundrechtlichen Schutzes auf die einfachrechtlichen Ansprüche zu untersuchen, besteht der »Schluss« in der Anwendung der Ergebnisse des Hauptteils auf exemplarische Ansprüche. Der Schlussteil (an den sich dann noch eine Zusammenfassung anschloss) hat die Überschrift »Auswirkungen auf die Anwendung des einfachen Rechts«.

156   Dieses Beispiel zeigt, dass die klassische Dreiteilung auch für Dissertationen die passende Struktur liefern kann und nicht auf den ersten Blick als solche erkennbar sein muss, wenn man Überschriften wählt, die sich am Inhalt des Kapitels orientieren. Wenn Sie die Gliederungen anderer Dissertationen mit Blick auf deren Untersuchungsgegenstand analysieren, werden Sie auf viele verschiedene Überschriften stoßen; häufig wird es jedoch möglich sein, in der Struktur der Gliederung die klassische Dreiteilung zu identifizieren.

157   Das liegt daran, dass bestimmte Prüfungspunkte in jeder (rechts-)wissenschaftlichen Arbeit eine Rolle spielen. Dazu gehören unter anderem die folgenden:[157] Darstellung der Fragestellung und des Ziels der Arbeit, möglicherweise Rechtfertigung der (nochmaligen?) Behandlung des Themas; genaue Bezeichnung des Themas, Eingrenzung und Begriffsdefinitionen; Stand der Forschung (dieser Punkt spielt bei empirischen Arbeiten eine zentrale Rolle, ist aber auch bei normativen rechtswissenschaftlichen Arbeiten nicht irrelevant); Gang der Untersuchung; Methodik. Vereinzelt kann es einmal angezeigt sein, Aussagen zur Verfügbarkeit der Quellen und sonstige »Skrupel«[158] aufzunehmen. Das ist dann der Fall, wenn bestimmte Informationsquellen verschlossen sind oder die verfügbaren Informationen alle aus einer bestimmten Richtung kommen, sodass möglicherweise das vorhandene Material nicht repräsentativ, möglicherweise sogar tendenziös ist. Diese Punkte stehen – wenn sie anzutreffen sind – am Beginn der Arbeit, weil sie Vorfragen und Vorbedingungen darstellen, ohne welche die Forschungsfrage nicht beantwortet werden kann. Sie werden leider in der Rechtswissenschaft häufig zu ungenau oder gar nicht erläutert. Das erschwert manchmal den Zugang zum Erkenntniswert einer Dissertation, weil der Leser nicht genau weiß, was das Ziel der Arbeit ist und welche Argumentationsschritte zu seiner Erreichung nötig sind.

158   Auch in normativen Wissenschaftsdisziplinen wie der Rechtswissenschaft sollte in der Einleitung nicht nur das Thema präzise umrissen werden, sondern es sollte auch angedeutet werden, worin die Forschungslücke besteht und was die Idee hinter Ihrem Thema war. Wenn Sie verschiedene Methoden verwenden, sollten Sie in der Ein-

---

157   Aufzählung nach *Theisen*, Wissenschaftliches Arbeiten, S. 152.
158   *Schimmel/Weinert/Basak*, Juristische Themenarbeiten, Rn. 311.

leitung erläutern, welche dies sind, wie und in welcher Reihenfolge Sie vorgehen werden. Wenn zu Ihrem Themenfeld bereits viele Quellen existieren, sollten Sie erläutern, warum Ihre Arbeit dennoch nötig ist und in welchem Bezug die anderen Untersuchungen zu der Ihrigen stehen. Auch der Hinweis auf die Hypothese oder die Idee, die Anlass zur Dissertation gegeben hat, kann für den Leser eine wertvolle Information sein. Wenn sich die Hypothese nicht bestätigt, kann ein Verweis darauf, dass Sie ursprünglich von etwas anderem ausgegangen sind, eine Erklärung für das vermeintlich »unspektakuläre« Ergebnis sein. Mit einer erläuternden Einleitung können Sie sich gegen eine Kritik dieser Art absichern.

Nicht bei jedem Thema sind aber ausführliche Erläuterungen nötig. So kann die   159 methodische Herangehensweise klar sein, wenn im Wesentlichen die klassischen Auslegungsmethoden und die herkömmliche Rechtsanwendungstechnik verwendet werden. Dann erübrigen sich lange Ausführungen zur wissenschaftlichen Vorgehensweise.[159] Anders ist dies in den empirischen Wissenschaften: Dort sind stets umfassende Erläuterungen nötig, um die Aussagekraft der statistischen Methoden darzulegen.[160] Auch kann es in mancher Arbeit viel Raum und Begründung erfordern, die Forschungslücke darzulegen und die Relevanz des Untersuchungsgegenstands herauszustellen. In anderen Arbeiten mag sich die Relevanz bereits aus einer aktuellen Reformdiskussion ergeben. Wenn zu der aktuellen Frage noch keine Stellungnahmen publiziert wurden, benötigen Sie zur Feststellung einer Forschungslücke keine langen Ausführungen. Passen Sie also diese einführenden Erklärungen an Ihr Thema an und haben Sie bei der Einleitung Ihren Betreuer im Blick: Dieser möchte erklärt bekommen, was Sie vorhaben und warum dies zu wichtigen, relevanten Ergebnissen führen wird. Danach möchte er in der Dissertation gleich zu Beginn – ohne dass Sie freilich zu paternalistisch und oberlehrerhaft vorgehen sollten – durch den Text geführt werden. Er soll sich nicht fragen müssen, wozu Ihre Erkenntnisse am Ende verwendet werden können, warum Sie so vorgehen, wie Sie das tun, und warum manche Kapitel nötig sind, bevor Sie zum wirklich »Neuen« kommen.

Ebenfalls in einen einführenden Teil passen die historischen Grundlagen. Mit ihnen   160 kann in eine Problematik eingeführt oder eine aktuelle Entwicklung erklärt werden. Einige Betreuer regen einen solchen historischen Teil sogar ausdrücklich an. Ob ein Ausflug in die Rechtsgeschichte tatsächlich nötig ist, sollten Sie jedoch für Ihre Arbeit kritisch hinterfragen[161]: Echte rechtsgeschichtliche Arbeiten sind anspruchsvoll und zeitraubend, weil Sie durch eine quasi-empirische Vorgehensweise und eine intensive Arbeit mit den Quellen geprägt sind. Deshalb beschränken sie sich in der Regel auf einen eng umgrenzten Zeitraum oder eine bestimmte Region. Eine solche echte historische Arbeit können Sie im Rahmen eines bloßen Exkurses nicht leisten, sodass Sie sich dort auf die deskriptive Darstellung dessen beschränken müssen, was

---

159 Anders mag dies sein, wenn Sie eine Arbeit zu einem von *case-law* geprägten Rechtskreis schreiben. S. zur Herangehensweise insoweit sehr instruktiv *Calleros*, Legal Method and Writing, insb. Kapitel 5, 6 sowie 7–9.

160 Wenn in Ihrer Arbeit solche Elemente (wie z.B. Fragebögen, Auswertung von Datenbeständen etc.) eine Rolle spielen, finden Sie bei *Esselborn-Krumbiegel*, Richtig wissenschaftlich schreiben, S. 105–116 weitere Informationen zu den dann nötigen Ausführungen.

161 Ebenfalls kritisch *Schneider*, Die juristische Doktorarbeit, S. 50; *Mann*, Einführung in die juristische Arbeitstechnik, Rn. 379; *Thieme*, Die Anfertigung von rechtswissenschaftlichen Doktorarbeiten, S. 14 sowie *Nettesheim*, Hinweise für Doktorandinnen und Doktoranden (s. Anhang 2), VII.

bereits von anderen rechtshistorischen Arbeiten aufbereitet worden ist. Etwas Neues können Sie deshalb in einem solchen Teil in der Regel nicht liefern. Ist er zu lang, fällt er zudem gegenüber Ihrer eigentlichen, promotionswürdigen Eigenleistung zu sehr ins Gewicht. Es kann dann schnell der Verdacht aufkommen, Sie verwendeten den rechtsgeschichtlichen Exkurs allein dazu, eine zu kurz geratene Dissertation aufzubauschen und durch die bloße Seitenzahl Eindruck machen zu wollen. Damit soll nicht jeder geschichtlichen Ausführung der Sinn abgesprochen werden. Entscheiden Sie aber gut, ob ein historischer Abschnitt neben so wichtigen Fragen wie der Eingrenzung des Untersuchungsgegenstands und der Darstellung der Methodik tatsächlich einen Mehrwert für das Buch liefern kann.[162]

161 Allgemein dient die Einleitung auch dazu, das Interesse des Lesers am Weiterlesen zu wecken. Wenn Sie diese Motivation durch einen historischen Einstieg, einen interessanten Sachverhalt oder durch eine ungewöhnliche Fragestellung unterstützen können, sollten Sie damit die sonst recht technische Einleitung würzen. Sie können in diesem Zusammenhang auch daran denken, das Ergebnis der Untersuchung vorwegzunehmen, wenn dieses besonders spektakulär und überraschend ist. Davon dürfte aber im Regelfall abzuraten sein: Allzu leicht kann der Eindruck entstehen, das Ergebnis habe für Sie schon vor der wissenschaftlichen Untersuchung festgestanden, Sie wären also voreingenommen gewesen. Gleichzeitig dürfte es im Regelfall beim Leser eher die Spannung nehmen als sie erzeugen, wenn er schon in der Einleitung erfährt, wohin er auf mehreren Hundert Seiten geführt werden wird.[163]

162 Weil der Hauptteil fast ausschließlich von Ihrem konkreten Thema abhängt, lassen sich zu dessen Aufbau kaum abstrakt gültige Aussagen treffen. Neben den oben bereits dargestellten zwingenden, da aus den Gesetzen der Logik abgeleiteten Gliederungsvorgaben sollten Sie darauf achten, dass der Hauptteil auch was seinen Umfang betrifft der Hauptteil der Arbeit ist. So, wie bei der Lösung von Klausuren am Umfang der Bearbeitung die Schwerpunkte des Falles ersichtlich sein sollten, sollte auch bei der Dissertation die zentrale Frage den größten Raum einnehmen; tut sie das nicht, sollten Sie sich überlegen, ob das vermeintliche Hauptproblem möglicherweise doch nicht so facettenreich und damit dissertationswürdig ist wie angenommen. Der Leser wird es anderenfalls schon beim ersten Blick auf die Gliederung seltsam finden, wenn Ihre zentrale Frage, die wahrscheinlich sogar im Titel des Werkes Niederschlag gefunden hat, auf wenigen Seiten abgehandelt wird. Eine Dissertation kann, wie bereits eingangs erwähnt, zwar nicht nur Neues bringen, sondern muss zudem den Forschungsstand wiedergeben und die dogmatischen Grundlagen darstellen, die für die neue Erkenntnis benötigt werden. Wenn das Neue aber nur zehn Seiten einnimmt, der Hauptteil der Dissertation aber eine Länge von mehreren Hundert Seiten hat, passt die Gewichtung von neuen Erkenntnissen und nötigen Zusatzinformationen nicht mehr.

163 Zu einer ansprechenden Gewichtung gehört auch, dass die Länge der einzelnen Unterkapitel nicht extrem divergiert. Ist der Hauptteil in drei Teile unterteilt, von denen zwei wenige Seiten lang sind[164], der dritte hingegen mehrere Hundert Seiten in An-

---

162 Zu unkritisch insoweit *Brauner/Vollmer*, Erfolgreiches wissenschaftliches Arbeiten, S. 67 f.
163 So auch *Schimmel/Weinert/Basak*, Juristische Themenarbeiten, Rn. 326–329.
164 Außer es handelt sich um ein rein zusammenfassendes Kapitel. Dieses muss dann auf der gleichen Gliederungsebene wie die zusammengefassten Kapitel platziert werden (Stichwort: vertikale Eindeutigkeit, s.o.).

spruch nimmt, ist die Arbeit nicht mehr harmonisch untergliedert. Sie sollten allerdings nicht den Inhalt an die Form anpassen. Gefragt ist eine »gut proportionierte Form«[165], die jedoch dort, wo es mehr zu sagen gibt, auch Raum für ein herausstechendes, langes Kapitel bietet. Versuchen Sie jedoch, den Inhalt in harmonisch nebeneinanderstehenden Kapiteln darzustellen, soweit dies möglich ist. Sie werden nicht umhinkommen, Kapitel zu schreiben, in denen Sie besonders in die Tiefe gehen und die im Verhältnis zu den anderen Unterpunkten herausragen. Das sind dann die zentralen Passagen Ihrer Arbeit – und die dürfen und sollen auch als solche erkennbar sein.

Für verschiedene Kategorien wissenschaftlicher Untersuchungen gibt es passende systematische Gliederungen. Denn die Gliederung sollte auf die Art der Untersuchung Rücksicht nehmen, sie muss zielorientiert sein[166]. Sie können Ihre Arbeit einer der folgenden beispielhaften Kategorien zuordnen, zu denen jeweils unterschiedliche Herangehensweisen passen: Wissensthemen, Entscheidungsthemen, Vergleichsthemen, Strukturierungsthemen, Gestaltungsthemen und Interpretationsthemen.[167] Wenn Ihr Ziel eine Systematisierung ist, müssen Sie die Arbeit anders gliedern als bei einem Entscheidungsthema, bei dem Sie von verschiedenen Ansätzen den »richtigen« wählen, oder bei einem Vergleichsthema, bei dem Sie zwei vorgegebene Themen oder Systeme zuerst darstellen und sodann vergleichen. Die Systematik der Gliederung insbesondere auch Ihres Hauptteils[168] hängt also eng mit dem Ziel Ihrer Arbeit zusammen.

Ist das Ziel Ihrer Arbeit der Rechtsvergleich, drängt sich die Grobgliederung förmlich auf: Zuerst wird System A (etwa: die US-amerikanische Rechtslage in Bezug auf deliktische Schädigungen) dargelegt, dann System B (etwa: die korrespondierende deutsche Rechtslage), um dann in einem dritten Teil die Systeme zu vergleichen und durch den Vergleich Erkenntnisse zu gewinnen. Wenn das Ziel die Systematisierung eines Phänomens ist – Ihre Arbeit also als »Strukturierungsarbeit« bezeichnet werden kann –, muss ein unübersichtliches Thema definiert und nach Begriffen sortiert werden, um am Ende zu rechtlichen Wertungen (einer »Lösung«) zu gelangen.[169] Anders gehen Sie bei einer rechtsgestaltenden Arbeit vor: Hier hängt die Vorgehensweise davon ab, ob Sie bereits auf Vorarbeiten und existierende rechtliche Regelungen zurückgreifen können. Grob gesagt, lassen sich diese Themen auch in der Rechtswissenschaft nach Ist-Aufnahme (*lex lata*, Reformbemühungen), Ist-Kritik (Probleme in der aktuellen Rechtsanwendung, Kritik an der Rechtslage) und dem Soll-Zustand (Rechtslage *de lege ferenda*; [eigene] Reformvorschläge) unterteilen.[170] Überlegen Sie deshalb vor der Gliederung der Arbeit, welches Ziel Sie mit Ihrer Dissertation verfol-

164

165

---

165 *Theisen*, Wissenschaftliches Arbeiten, S. 153. *Brink* (Anfertigung wissenschaftlicher Arbeiten, S. 155) spricht davon, dass die Gliederung »themenadäquat detailliert und gewichtet« sein müsse und die Schwerpunkte der Arbeit ausdifferenzieren solle.
166 *Brink*, Anfertigung wissenschaftlicher Arbeiten, S. 154.
167 Aufzählung nach *Rahn*, Techniken geistiger Arbeit, S. 121 f. In der obigen Aufzählung nicht aufgeführt werden die prozessbezogenen Themen und die funktionsübergreifenden Themen (vgl. *Rahn*, a.a.O., S. 122), weil sie in der Rechtswissenschaft selten anzutreffen sind. Der Kategorisierung *Rahns* grundsätzlich folgend z.B. *Brink*, Anfertigung wissenschaftlicher Arbeiten, S. 160–166.
168 *Rahn*, dessen Kategorien ich übernommen habe, geht i.Ü. grundsätzlich ebenfalls von der klassischen Dreiteilung in Einleitung, Hauptteil und Zusammenfassung aus (vgl. *dens.*, Techniken geistiger Arbeit, S. 120).
169 Vgl. *Rahn*, Techniken geistiger Arbeit, S. 121.
170 Vgl. *Rahn*, Techniken geistiger Arbeit, S. 121.

gen. Soll eine unübersichtliche Rechtslage systematisiert werden, möchten Sie eine neue Norm methodisch-dogmatisch erschließen oder möchten Sie gar ein völlig neues Modell entwickeln? Mit den verschiedenen Zielen sind, wie gesehen, verschiedene Gliederungsstrukturen verbunden; jedenfalls empfehlen sich bestimmte Gliederungsstrukturen bei bestimmten Zielsetzungen. Sie sollten deshalb, wenn Sie ein konkretes Forschungsziel vor Augen haben, dieses Ziel auch in der Einleitung und insbesondere auch in Ihrem späteren Exposé darlegen. Dann erschließt sich dem Betreuer und den Lesern Ihres Werkes dessen Gliederung besser.

2. Aufbau von Meinungsstreitigkeiten

166 Eine immer wiederkehrende Herausforderung juristischer Arbeiten ist die Darstellung sogenannter »Meinungsstreite«. Bereits in der Klausur trägt die souveräne Darstellung und Bewertung der vertretenen Meinungen, inklusive einer eigenen Stellungnahme, erheblich zum Erfolg bei. Für einen Doktoranden ist es aber nicht mehr ausreichend, nur Meinungen darzustellen und sich sodann einer der bereits vertretenen Spielarten anzuschließen. Er soll vielmehr auf dem bestehenden Wissensstand aufbauen und ihn zu etwas Neuem verarbeiten – entweder durch eine neue, modifizierte Meinung oder durch den »Gegenbeweis« zu den bestehenden Ansichten. Auf die Darstellung des Meinungsstandes kann aber auch die Dissertation nicht verzichten, denn er stellt den Wissensstand dar, der in jeder wissenschaftlichen Arbeit zugrunde zu legen ist. Auch in Ihrer Dissertation kommen Sie deshalb um die Darstellung fremder Rechtsauffassungen nicht herum.

167 Keinesfalls sollten Sie jedoch in einer Doktorarbeit in das aus Klausuren hinlänglich bekannte »eine Ansicht – andere Ansicht – herrschende Meinung – Stellungnahme«-Schema verfallen, das bereits in studentischen Arbeiten etwas unakademisch und unelegant wirken kann. Allerdings kommen Sie nicht umhin, die einzelnen Meinungen zu diskutieren, wenn sie für Ihr Thema relevant sind, und auch kenntlich zu machen, ob es sich um die herrschende Auffassung handelt. Diese Information kann für den Leser interessant sein, um besser einordnen zu können, ob Ihre neuen Erkenntnisse sich gegen die bisherige Mehrheitsauffassung stellen oder möglicherweise nur ein bisher ohnehin wenig beleuchtetes Gebiet um einen zusätzlichen Ansatz bereichern. Sie müssen also in der Dissertation die Herausforderung meistern, alle Meinungen systematisch darzustellen und trotzdem nicht in einen klausurhaften Darstellungsstil zu verfallen.

168 Das erreichen Sie zunächst durch einen abwechslungsreichen Aufbau und Varianten in der sprachlichen Gestaltung. Ihre Arbeit sollte mehr leisten, als Meinungen aneinander zu reihen und der Reihe nach zu diskutieren, um am Ende selbst Stellung zu nehmen. Der Leser erwartet neben einer abwechslungsreichen Lektüre einen roten Faden auch in der Darstellung des Meinungsbildes und somit einen Mehrwert durch Ihre Arbeit. Ihre Dissertation sollte also nicht die »50 wichtigsten Probleme« zu Ihrem Thema abhandeln, sondern mehr sein als eine bloße enzyklopädische Sammlung. Dazu müssen Sie die Argumente zueinander in Bezug setzen, Übergänge von der einen zur anderen Ansicht deutlich machen – etwa dergestalt, dass eine Ansicht historisches Vorbild für eine andere war oder ein Merkmal im Laufe der Zeit weiterentwickelt wurde, Meinungen also nicht isoliert darstellen.

169 Damit der Meinungsstand vom Leser nachvollzogen werden kann, bietet sich dennoch häufig die klassische Untergliederung nach (a) Fragestellung/Problem, (b) Stand

der Forschung [mit den einzelnen vertretenen Ansichten] und (c) Stellungnahme/ eigenem Ansatz an. Dieser Aufbau führt dem Leser das Problem vor Augen, bevor es rechtlich erörtert wird, und trennt zugleich den referierenden/deskriptiven Teil von der eigenen Stellungnahme. Damit stellt er eine Rechtsfrage übersichtlich und leicht nachvollziehbar dar. Sie sollten aber keinesfalls der Versuchung unterliegen, unter dem Punkt »Stand der Forschung« jeder Einzelmeinung einen eigenen Punkt zu widmen und diese wiederum in die Unterpunkte »Meinung«, »Kritik«, »eigene Stellungnahme« zu unterteilen. Meines Erachtens ist gerade im Strafrecht viel zu häufig die Tendenz zu beobachten, dass Problemstellungen künstlich in Einzelmeinungen und vermeintlich divergierende Ansätze aufgespalten werden, anstatt das Gemeinsame verschiedener Stellungnahmen herauszustellen, um das Meinungsbild übersichtlich darzustellen.[171] Freilich lässt sich eine wissenschaftliche Arbeit auf diese Weise deutlich schneller schreiben: Sie müssen die verschiedenen Quellen nicht zueinander in Bezug setzen, sondern nehmen sich einfach tage- oder wochenweise jeweils ein einzelnes Werk vor, fassen dessen Inhalt und die Kritik der anderen an ihm zusammen, um dann allein zu diesem Werk selbst Stellung zu beziehen. Das erspart gedankliche Anstrengung – wie die Suche nach inneren Verbindungen zweier scheinbar verschiedener Ansätze – und produziert gleichzeitig viel mehr Seiten, als wenn ähnliche Ansichten auch zusammen dargestellt werden. Das mag in manchen Fällen der Grund für diese Vorgehensweise sein; der Leser hat von einer solchen Darstellung aber keinen Mehrwert: Er muss sich durch jede Einzelansicht kämpfen, bevor er am Ende feststellt, dass verschiedene Ansätze gar nicht so verschieden waren, wie es die Gliederung suggerierte; dass man etwa alle 15 Einzelquellen in drei verschiedene Kategorien hätte einteilen können (wiederum ein »Klassiker« namentlich des Strafrechts: »objektive«, »subjektive« und »gemischte« Theorien) und dass nur einzelne Ansichten sich nicht in diese Schubladen einsortieren lassen. Es ist ferner nicht nur unüblich, in Dissertationen nach »1.«, »2.« und »3.« Ansicht zu untergliedern, sondern auch, Ansichten nach Personen zu präsentieren.[172]

Beispiel: Als Überschrift wählen Sie demnach nicht »Die Konstruktion Roxins«, sondern »Die Lehre von der Tatherrschaft«.[173] Es werden Meinungen präsentiert und diskutiert; die bloße persönliche Autorität des Äußernden bleibt außen vor, ebenso wie stets die akademischen Grade und Professorentitel in den Zitaten weggelassen werden. · 170

Versuchen Sie, Struktur in den Meinungsstand zu bringen und ähnliche Ansätze auch in einem gemeinsamen Abschnitt zu diskutieren.[174] Wenn die einzelnen Autoren ih- · 171

---

171 Möglicherweise hängt dies nicht nur mit der universitären Ausbildung, sondern gerade im Strafrecht auch mit Werken wie den beliebten »Problem-Büchern« von *Hillenkamp* zusammen. Diese haben aber eine andere Zielsetzung als eine Dissertation: Sie sollen für Studenten das Meinungsbild so umfassend mit Fundstellen nachweisen, dass diese nachvollziehen können, ob die vermeintlich »herrschende« Ansicht auch zahlenmäßig die am meisten vertretene ist und ob ein Ansatz auch in neuerer Zeit und wenn ja, von wem vertreten wird. Diese Bücher stellen also Sammlungen für die Zwecke universitärer Klausuren und Hausarbeiten dar. Für Ihre Doktorarbeit mögen sie im Einzelfall auch als Fundgrube geeignet sein. In der Präsentationsform sollten sie jedoch für eine wissenschaftliche Arbeit nicht als Vorbild dienen.

172 Kritisch zur Darstellung von Argumenten nach Personen auch *Schulze-Fielitz*, JÖR n.F. 50 (2002), 1 (38 f.).

173 Für eine Ordnung nach Sachfragen auch *Kerschner*, Juristische Arbeitstechnik und Methodenlehre für Juristen, S. 219.

174 *Kerschner* (Juristische Arbeitstechnik und Methodenlehre für Juristen, S. 214 f.) empfiehlt dazu, Tabellen zu den einzelnen Problemen zu erstellen, in denen spaltenweise die Argumente gesammelt und sortiert werden.

rem Ansatz zwar einen speziellen Titel geben (also vermeintlich eine neue »Theorie« in die Welt setzen), im Kern jedoch nach denselben Kriterien unterscheiden – also zum Beispiel alle eine strittige Abgrenzung »subjektiv« vornehmen –, sollten sie unter dem gemeinsamen Kriterium diskutiert werden. Innerhalb des Gliederungspunktes können Sie dann immer noch darauf eingehen, dass sich die einzelnen Ansätze in Nuancen und der Terminologie unterscheiden. Der Leser bekommt die Meinungen aber vorsortiert präsentiert, muss also die verschiedenen Fundstellen nicht selbst und einzeln lesen. Durch eine gelungene Sortierung, Klassifizierung und Eingruppierung der vertretenen Meinungen, ergänzt durch eine Erläuterung dazu, wie sich bestimmte Argumente historisch herausgebildet haben, leisten Sie jedoch für den Leser mehr: Sie liefern ihm keine bloß referierende, deskriptive Darstellung der Meinungen, sondern zeichnen die Entwicklungen und Bezugspunkte nach, bevor Sie selbst Stellung beziehen.

172 Manchmal kann in der Systematisierung des Meinungsstandes bereits eine erhebliche wissenschaftliche Eigenleistung liegen. Es sind nicht nur die eigenen, neuen Erkenntnisse, die Ihren Betreuer interessieren werden. Auch gelungene Darstellungen der Rechtslage und des Meinungsstandes wird er gerne lesen, um sich selbst weiterzubilden. Sie können diesen Effekt bei sich selbst beobachten, wenn Sie selbst Monografien verarbeiten: Nicht immer sind es die eigenen Ansätze des Autors, die für Sie besonders nützlich sind. Häufig ist es für Sie als Fundgrube für die bestehende Rechts- und Quellenlage noch interessanter. Sie sind dem Autor dann besonders dankbar, wenn er es schafft, die Datenlage übersichtlich, leicht zugänglich und systematisch darzustellen. Das erleichtert Ihnen die Arbeit und Sie können auf dieser Bestandsaufnahme aufbauen, um Ihre eigenen Schlüsse zu ziehen; eventuell können Sie die Darstellung der bestehenden Quellenlage gar mit einem Verweis auf das Werk eines anderen »erschlagen«. Mit dieser Leserperspektive vor Augen vermeiden Sie drögen Klausurstil und bloße Aneinanderreihungen verschiedener Ansichten ohne echten Mehrwert, sondern versuchen auch in den deskripten Teilen Ihrer Arbeit, dem Leser einen Systematisierungs-Service zu bieten.[175]

173 Sie können die in verschiedenen Gruppen geordneten Meinungen auch noch etwas abwechslungsreicher präsentieren, wenn Sie die Diskussion dialektisch[176] aufbauen. Bei dieser Technik gehen Sie ähnlich vor wie in einem Erörterungsaufsatz im Deutschunterricht, indem Sie die »pro«- und die »contra«-Seite[177] abwechselnd darstellen oder zuerst die eine Seite darstellen, um ihr dann die andere gegenüberzustellen. Diese Vorgehensweise ist, souverän präsentiert, spannender zu lesen und lässt die widerstreitenden Interessen deutlicher werden als das »eine Ansicht-andere Ansicht«-Schema, bei dem die Ansichten nicht unmittelbar miteinander streiten. Allerdings eignet sie sich nicht für jede Diskussion. Wenn für die Darstellung einer Ansicht lange Erläuterungen nötig sind, dürfte es schwierig sein, den pro-und-contra-

---

175 Diese Darstellungsweise ist im Übrigen auch in Klausuren häufig eleganter und methodisch nachvollziehbarer, beweist sie doch auch dort, dass das juristische Handwerkszeug beherrscht wird (vgl. *Butzer/Epping*, Arbeitstechnik im Öffentlichen Recht, S. 62).

176 In seiner ursprünglichen Verwendung wurde der Begriff als Synonym für das gebraucht, was heute gemeinhin als »Logik« bezeichnet wird. Seit dem Ende des 18. Jahrhunderts wurde er – namentlich von *Kant* und *Hegel* – als Terminus für ein philosophisches Begründungsmuster verwendet, das, grob vereinfacht, Begriffe anhand ihrer inneren Gegensätze beschreibt.

177 Die Argumentation nach »pro et contra« bzw. »sic et non« wird auch als scholastische Methode bezeichnet.

Spannungsbogen über die gesamte Problemdarstellung aufrecht zu erhalten. Eine Doktorarbeit befasst sich in der Regel mit abstrakten, facettenreichen Rechtsfragen, die es Ihnen schwer machen werden, Ihre Arbeit wie eine Rede *Ciceros* in der Spannung erzeugenden Rhetorik des Für und Wider zu schreiben. Sie stellt auch keine Rede dar, die fesseln muss, sondern eine logische Untersuchung, die lediglich mit Interesse weitergelesen werden muss, deren Komplexität aber oft allzu große Spannungsbögen verhindert.

3. Überschriftentechniken

Wichtig ist, dass der rote Faden beim Lesen der Arbeit stets erkennbar bleibt und der Leser Ihrem Gedankengang folgen kann. Dazu sollte er aber nicht nur dann in der Lage sein, wenn er Ihre Arbeit Satz für Satz von ihrem Beginn bis zum Schluss gelesen hat, sondern auch dann, wenn er zunächst nur einen Blick auf das Inhaltsverzeichnis des späteren Buches geworfen hat. Gut gewählte, aussagekräftige Überschriften sind daher von ebenso großer Bedeutung wie ein flüssiger, logisch argumentierender Text. Denn der erste Blick gehört der Gliederung. Hier wird zuerst entschieden, ob Sie logisch vorgegangen sind.   174

Oberstes Gebot der Überschriften ist deshalb Eindeutigkeit und Vollständigkeit. Sie sollen den Inhalt präzise und genau wiedergeben. Das bedeutet zunächst, dass in den Überschriften nichts anderes stehen darf, als unter ihnen steht; missverständliche oder zu vage Begriffe, die andere Assoziationen wecken können, sollten Sie deshalb vermeiden. Es schadet nicht, wenn Sie in Ihrer Kapitelbetitelung kreativ und abwechslungsreich bleiben. Sobald diese Kreativität aber auf Kosten der Präzision und der Verständlichkeit geht, sollten Sie eine langweilige Überschrift stets der ungewöhnlichen vorziehen und auf Abwechslung durch Gebrauch verschiedener (vermeintlicher) Synonyme für denselben Aspekt verzichten.[178] Ihre Arbeit ist ein Werk der Wissenschaft und nicht der Belletristik! Unkreative Überschriftentechnik wird die Bewertung selten negativ beeinflussen. Überschriften, deren Sinn sich erst nach der Lektüre des Textes erschließt, hingegen durchaus. Überschriften wie »das Problem«, »eine lange Vorgeschichte« oder gar metaphorische und literarisch anmutende Titel sollten Sie generell meiden. Sie können im Übrigen schnell aufgesetzt wirken und den Eindruck aufkommen lassen, sie wollten bewusst mit Ihren sprachlichen Fähigkeiten beeindrucken. Nichts ist jedoch in der wissenschaftlichen Community gefährlicher, als für einen eingebildeten Schaumschläger gehalten zu werden.   175

Neben diesem allgemeinen Erfordernis gibt es keine allgemein anerkannten Maßstäbe für Überschriften, erst Recht nicht in Form zwingender Vorgaben. Vieles ist auch – wie die Sprache – dem Wandel der Zeit unterworfen. War es lange Zeit (bis vor einigen Jahrzehnten) noch weit verbreitet, Überschriften als ganze Sätze zu formulieren, dürfte diese Technik heute fast allgemein als antiquiert aufgenommen werden. Bevorzugt werden aussagekräftige Einzelbegriffe, die möglichst knapp dieselbe Aussage transportieren wie ein Halbsatz.[179] Fast alle Einzelfragen zur Formulierung dieser Kurzüberschriften sind jedoch Geschmackssache. So vermeiden es zahlreiche Autoren, ihre Überschriften mit einem Artikel zu beginnen, lassen also das   176

---

178 A.A. *Rau*, Der ›Writing Code‹, S. 25. »Ein wenig Spaß darf sein«. Hiervon rate ich jedoch in einer Dissertation ab.
179 Etwas antiquiert *Preißer*, WiSt 1993, 593 (594).

»der/die/das« am Anfang jeder Überschrift weg, während andere dies gerade als schöner empfinden (da der schöngeistigen Literatur ähnlicher?).

177 Der eine bevorzugt passiv formulierte Überschriften im Nominalstil, während andere versuchen, durch aktive Formulierungen eine eigene intensive Beschäftigung und kritische Reflexion auszudrücken. Ob man die Überschrift »Ableitung von Kriterien zur Make-or-buy Entscheidung aus dem Zielsystem der Unternehmung« dem passiven »Kriterien der Make-or-buy-Entscheidung« vorzieht, wie *Brink* dies tut[180], ist reine Geschmackssache. Auch ist nicht zwingend, dass die Hinzufügung aktiver Elemente wie *Ableitung, Bestimmung, Auswertung* tatsächlich eine eigenständige, reflektierte Prüfung zum Ausdruck bringt, während die passive Konstruktion für »in Stein gemeißelte Wahrheiten« steht.[181] Man könnte auf der anderen Seite diese Überschriftentechnik auch für etwas aufgeblasen halten, weil sie ohne Mühe knapper formuliert werden kann. Denn beachten sollten Sie ferner, dass eine lange Überschrift in der Regel zu einem unruhigeren Druckbild führt. So, wie sehr lange Buchtitel zu vermeiden sind, weil sie sich nicht nur schlecht vermarkten lassen, sondern auch auf dem Buchcover unprofessionell aussehen, können zu lang geratene Überschriften das Druckbild gerade des Inhaltsverzeichnisses stören.

Insgesamt sollten Sie die Überschrift so eng wie möglich am Inhalt des Kapitels orientieren und sie außerdem so knapp wie möglich formulieren. Verzichten Sie auf ganze Sätze in Überschriften. Viele Traditionalisten sehen zudem nicht nur Artikel in Überschriften ungern, sondern auch jegliche Art von Satzzeichen. Das betrifft also Aufzählungen, Querstriche (die auf eine im Idealfall unnötige Doppelüberschrift hindeuten), aber auch Paragrafen. Paragrafenzitate in Überschriften lassen die Doktorarbeit möglicherweise in einen klausurhaften Stil abdriften und werden deshalb von vielen Betreuern generell ungern gesehen. Versuchen Sie deshalb, auf Normzitate dort zu verzichten, wo sich der Inhalt auch durch ein Schlagwort knapp umschreiben lässt – erst Recht dann, wenn Sie von Ihrem Betreuer wissen, dass er sensibel auf solche vermeintlichen Störfaktoren in Überschriften reagiert.

178 Ob das der Fall ist, können Sie durch einen Blick insbesondere in die Dissertation und die Habilitationsschrift Ihres Betreuers herausfinden. Schauen Sie dort einmal nach, ob er Artikel, Satzzeichen und Normzitate in seinen Überschriften verwendet; ob er die Überschriften bewusst kurz hält oder kurze Sätze, die beinahe eine Zusammenfassung des Inhalts bilden, bevorzugt; und ob er seine Überschriften überwiegend kurz und passiv-nominal formuliert oder ob er aktive Formulierungen bevorzugt. Gerade dann, wenn Sie sich nicht bereits innerlich auf eine Überschriftentechnik festgelegt haben, können Sie sich an dem Stil Ihres Betreuers orientieren. Denn diese Technik wird ihn jedenfalls am wenigsten stören.[182]

---

180 So das Beispiel bei *Brink*, Anfertigung wissenschaftlicher Arbeiten, S. 170.

181 So aber *Brink*, Anfertigung wissenschaftlicher Arbeiten, S. 170.

182 Diese Art von Pragmatik würde ich Ihnen auch mit Blick auf die Formalien, insbesondere des Zitierens und der Verzeichnisse, empfehlen. Dazu ausführlicher unten in den gesonderten Abschnitten, wo Sie den Rat, einen Blick in die Habilitationsschrift Ihres Betreuers zu werfen, noch häufiger lesen werden.

4. Gliederungsebenen

Zu einer übersichtlichen, leicht zugänglichen Dissertation gehört auch eine angemessene Untergliederung. Sie sollte nicht zu grob-, aber auch nicht zu engmaschig sein. Wenn Sie stets 20 Seiten lesen müssen, bis Sie zur nächsten Überschrift gelangen, verlieren die Überschriften schnell ihre orientierende Funktion; sie können dann nur noch sehr allgemein und damit potenziell nichtssagend formuliert werden. Gleichzeitig sollte Ihre Arbeit aber auch nicht so fein untergliedert werden, dass hinter einer Überschrift keine echte Erkenntnis mehr steckt, weil sie nicht mehr als wenige Sätze überschreibt. Letzteres ist bei Doktoranden erfahrungsgemäß das häufigere Problem. Sie sind es vom Gliedern der Klausuren gewöhnt, möglichst fein zu unterteilen und sehr präzise zu arbeiten, jedes tatbestandliche Merkmal mit einem eigenen Gliederungspunkt zu bedenken. Auch das sehr häufige Verwenden sogenannter Zwischenergebnisse ist für Klausuren typisch. 179

Zwar sollen Sie in der Doktorarbeit auch sehr genau und nachvollziehbar vorgehen; oben wurde insoweit schließlich auch zur sogenannten horizontalen Eindeutigkeit geraten, also dazu, nur ein Unterscheidungskriterium pro Unterebene einzuführen. Allerdings wirkt eine zu feine Unterteilung irritierend. Sie durchbricht den Lesefluss durch ständige Überschriften, kann oberlehrerhaft erscheinen und macht insgesamt einen klausurhaften Eindruck – und wirkt damit in einer wissenschaftlichen Arbeit schnell unprofessionell. Sie sollten sprachlich in der Lage sein, den Leser ohne die Überschriften bruchlos und logisch verständlich durch Ihren Text zu führen. Wer Ihre Arbeit am Stück liest, braucht deshalb die Überschriften nicht, um den Inhalt zu erfassen. Die Überschriften sind vielmehr zur Orientierung innerhalb des Textes und für denjenigen gedacht, der Ihr Werk schnell verarbeiten möchte und es deshalb höchstens auszugsweise liest. Dieser eilige, fokussierte Leser benötigt wiederum nicht so viele Überschriften wie in einer juristischen Klausur, sondern nur so viele, dass er die Struktur der Arbeit nachvollziehen und genau das Kapitel lesen kann, das für ihn relevant wird. 180

Vermeiden Sie deshalb eine zu große Zahl an Unterebenen. Sie werden möglicherweise überrascht sein, dass Sie in vielen juristischen Klausuren tiefer in die Gliederungsstruktur eindringen als in einem wissenschaftlichen Text. In der Regel werden Sie mit 4–5 Unterebenen auskommen und nur an wenigen Stellen Ihres Textes bis in die sechste oder siebte Unterebene vordringen. Mehr Unterebenen werden allgemein nicht empfohlen.[183] 181

Die Untergrenze an Unterebenen wird durch die Nachvollziehbarkeit der Gliederung und durch den Umfang der Kapitel bestimmt. Wenn der Leser ständig mehr als zehn Seiten lesen muss, bevor er zur nächsten Überschrift gelangt, sollten Sie über 182

---

[183] So empfiehlt etwa *Brink* (Anfertigung wissenschaftlicher Arbeiten, S. 156) für Bachelorarbeiten mit einem Umfang von rund 60 Seiten nur drei, höchstens vier Ebenen. *Schack* empfiehlt in seinen Hinweisen (vgl. die Internetfundstelle in Anhang 2 sub 2.) »zur allergrößten Not noch« eine sechste Ebene; *Sosnitza* empfiehlt in seinen Hinweisen zu den formalen Anforderungen an Dissertationen (vgl. wiederum die Internetfundstelle in Anhang 2, dort sub 3.), keine tiefere Gliederung als bis zum Punkt aa) zu verwenden, was nach seiner Zählung der fünften Ebene entspricht. *Haft* (Juristische Schreibschule, S. 163) empfiehlt als Ideal drei Ebenen (was für eine Dissertation wohl kaum ausnahmslos durchzuhalten sein wird) und sieht als Obergrenze ebenfalls die »magische Sieben« an. Für diese Grenze auch *Franck*, in: Franck/Stary, Die Technik wissenschaftlichen Arbeitens, S. 111 (133).

eine etwas feinere Gliederung nachdenken. Möglicherweise ist Ihre Gliederung dann auch nicht mehr »horizontal eindeutig«, diskutiert also mehrere Merkmale unter einer Überschrift (und vermischt sie dadurch). Ein weiterer Vorteil kleinerer Kapitel liegt im Schreibprozess, auf den unten noch näher eingegangen wird: Das Schreiben wird wesentlich effizienter, wenn die Kapitel nicht zu lang sind, sondern zeitlich und inhaltlich gut handhabbar. Dann können Sie sich kürzere Fristen setzen und sind zugleich in der Lage, den Inhalt des gesamten Kurzkapitels zu durchblicken, wenn Sie anfangen, es zu schreiben. Das hilft Ihnen zu einer schnelleren Textproduktion als bei wenigen, sehr allgemein gehaltenen Überschriften.

183 Ansprechender wird die Gliederung ferner, wenn Sie sich wiederum von der sehr technischen Untergliederung, wie Sie sie aus Klausuren kennen, lösen und die ersten Ebenen mit allgemeineren Bezeichnungen versehen.

184 Sie können zum **Beispiel** Ihre Arbeit auf der ersten Überschriftenebene in »Teile« einteilen, auf diese dann »Kapitel« folgen lassen, denen sodann die Ebene »§« folgt. Erst danach können Sie in das klassische Schema nach A.I.1.a) etc. einsteigen. Das hat den Vorteil, dass Sie bei einer Obergrenze von sieben Ebenen als kleinste Einheit die Überschriftenebene »a)/b)/c)« einführen, was ansprechender aussieht als »aaa)« oder »(1)«. Auch hier gilt also: Klausurhaften Stil vermeiden![184]

185 Selbstverständlich können Sie auch die rein numerische Gliederung (auch Dezimalgliederung genannt) wählen, welche die anderen Wissenschaften, internationalen Standards folgend, bevorzugen. Diese Gliederungsstruktur führt jedoch zu Unterpunkten wie »1.3.1.1.4.1.2.« und ist dementsprechend unübersichtlich. Wenn Sie gliedern wie eben vorgeschlagen, dann ist eine Orientierung danach, auf welcher Ebene man sich befindet, wesentlich einfacher. Zudem ist die numerische Gliederung in juristischen Arbeiten immer noch unüblich. Gerade in den formalen Aspekten sollten Sie sich an das in der deutschen Rechtswissenschaft Übliche halten. Dann stören sich die Leser, allen voran Ihr Betreuer, am wenigsten an den Formalien Ihrer Arbeit. Das wiederum ist auch das oberste Gebot formaler Aspekte: Sie sollen korrekt und präzise eingehalten werden und gerade deshalb dem Leser überhaupt nicht auffallen. Alles, über das der Leser erst nachdenken muss, sollten Sie vermeiden, um seinen Lesefluss nicht zu unterbrechen.

5. Rezeption des Buches als Aufbauregel

186 Die Überlegungen zur Gliederung der Dissertation enden schließlich auch ein weiteres Mal mit der Perspektive des Lesers. Machen Sie sich vor dem Abfassen Ihrer vorläufigen Gliederung erneut bewusst, wozu die Gliederung dient. Sie versorgt nicht nur Ihre Kapitel mit Überschriften, sondern dient bereits im ersten Zugriff dazu, dass der Leser den roten Faden Ihrer Argumentation erkennt. Schon bei der Lektüre des Inhaltsverzeichnisses soll ersichtlich werden, was Sie prüfen, wo Ihre Schwerpunkte liegen und wie Sie die Prüfung logisch aufbauen. Haben Sie auch denjenigen bei der Gliederung im Blick, der Ihre Arbeit nicht komplett lesen möchte, sondern höchstens Auszüge – etwa weil er selbst ein anderes Thema bearbeitet, das nur geringe Überschneidungen mit Ihrem aufweist, oder weil er Ihre Arbeit als eine von vielen in eine

---

184 Dieses Buch habe ich beispielsweise nach dem Muster § 1 A. I. 1. a) gegliedert. Auf eine zusätzliche Aufnahme von »Kapiteln« oder »Teilen« habe ich verzichtet, um die teilweise recht speziellen Einzelfragen und sehr kurzen Abschnitte auf der fünften Ebene nicht gliederungstechnisch als Paragrafen zu überhöhen. Für die Dissertation empfehle ich aber die Einteilung Teil/ Abschnitt – Kapitel – §, gefolgt von der klassischen juristischen Gliederung nach A. I. 1. a).

Kommentierung oder ein anderes wissenschaftliches Werk einarbeiten möchte. Diesen eiligen Lesern sollten Sie durch eine präzise, leicht verständliche Gliederung mit aussagekräftigen Überschriften dazu verhelfen, dass sie schnell an die für sie relevanten Informationen gelangen und Ihr Werk deshalb schnell zitieren können. Das erhöht die Wahrscheinlichkeit, dass Ihre Arbeit nicht nur wahrgenommen, sondern tatsächlich auch in anderen Texten verarbeitet wird. Welche Aspekte hierzu beitragen können, sehen Sie nochmals in der folgenden Übersicht:

Übersicht: Regeln und Überlegungen zur Gliederung der Dissertation   187

Zwingende Gliederungsregeln:

- Die Gliederung muss den Gang der Arbeit widerspiegeln. Ein eiliger Leser muss allein mit der Gliederung Ihrer Arbeit in der Lage sein, die für ihn relevanten Kapitel sofort zu erkennen und damit Ihr Werk schnell zu »verarbeiten«.
- Sie muss mit dem Titel und Untertitel der Arbeit korrespondieren.
- Logische Aspekte – etwa hierarchische Verhältnisse zwischen zwei Unteraspekten – müssen sich in der Gliederungsreihenfolge widerspiegeln.
- Die Gliederung muss »horizontal eindeutig« sein, d.h. sie sollte nur ein Unterscheidungskriterium pro Gliederungsebene verwenden.
- Die Gliederung muss »vertikal eindeutig« sein, d.h. es dürfen nur gleichrangige Aspekte auf derselben Ebene stehen.
- Erforderliche begriffliche und inhaltliche Eingrenzungen und Definitionen müssen zu Beginn erfolgen.
- Verweise nach unten sollten nicht erforderlich sein und auch im Übrigen sparsam gehandhabt werden.
- Allgemeine (dogmatische oder methodische) Fragen sollten von Spezialproblemen getrennt werden. Fragen, die in verschiedenen Kapiteln der Arbeit relevant werden, sollten in der Regel zu Beginn in einem gesonderten Kapitel abgehandelt werden.

Empfohlene Gliederungsregeln:

- Orientieren Sie sich an der klassischen Dreiteilung in Einleitung – Hauptteil – Schluss, wählen Sie aber andere Bezeichnungen.
- Gewichten Sie die einzelnen Kapitel harmonisch, soweit inhaltlich möglich.
- Gruppieren, sortieren und systematisieren Sie die dargestellten Meinungen statt jede Position isoliert darzustellen.
- Bilden Sie möglichst kurze, aber aussagekräftige Überschriften, die Rückschlüsse auf den Inhalt zulassen.
- Vermeiden Sie weitestgehend Normzitate und Satzzeichen in den Überschriften.
- Verwenden Sie die alpha-numerische Gliederung und bilden Sie höchstens sieben Unterebenen. Fünf Ebenen sollten Ihnen für die meisten Teile der Arbeit genügen. Untergliedern Sie aber dennoch ausreichend feingliedrig, um die Arbeit effizient schreiben zu können.

G. Vorlage für die Erstellung eines Exposés

I. Die Rolle des Exposés

188   Wenn Sie die Quellenlage sondiert und die Fundstellen sortiert, eine Gliederung erstellt und die bereits recherchierte Literatur verwaltet haben, liefert dies die Basis für das Exposé zu Ihrem Projekt. Viele Betreuer verlangen nach einem solchen, um Ihr Dissertationsvorhaben bewerten zu können. Auch (fast) alle Promotionsstipendien werden auf der Grundlage eines Exposés vergeben. Das allein bietet Anlass genug, ein solches Exposé zu erstellen. Aufgrund der fortschreitenden Institutionalisierung und Formalisierung der Promotionsverfahren ist anzunehmen, dass das Exposé in Zukunft eine noch größere Bedeutung erlangen wird. In den empirischen Wissenschaften und in der Doktorandenbetreuung in anderen Ländern – etwa den USA – haben Exposés in Gestalt der sogenannten *research proposals* bereits jetzt eine wichtige, halb-verbindliche Rolle, indem sie zur Grundlage von Betreuungsvereinbarungen gemacht werden und nur bei Zustimmung aller Beteiligten wesentlich geändert werden dürfen. Da auch in Deutschland immer mehr Graduiertenzentren eingerichtet werden und vermehrt Betreuungsvereinbarungen abgeschlossen werden müssen, ist auch hierzulande mit einer entsprechenden Rolle des Exposés in der Zukunft zu rechnen.

189   Doch selbst dann, wenn Sie sich nicht um ein Stipendium bewerben möchten und Ihr Betreuer nicht nach einem Exposé fragt, ist dessen Anfertigung zu empfehlen. Sie können es Ihrem Betreuer vorlegen und damit eine Einschätzung zur Tauglichkeit Ihres Themas und der Herangehensweise erhalten. Auch kann Ihr Betreuer Ihnen dann gleich zu Beginn der Arbeit sagen, wenn Sie sich in unwichtigen Punkten »verrannt« haben oder seiner Ansicht nach die falschen Schwerpunkte setzen. Er beurteilt anhand des Exposés die Machbarkeit Ihres Vorhabens.[185] Diese Kritik erhalten Sie ohne Exposé erst nach der Abgabe der Arbeit zur Vorbegutachtung, also zu einem Zeitpunkt, zu dem Sie das Werk eigentlich abgeschlossen haben und zu dem Sie – zum Beispiel aufgrund des anstehenden Zweiten Staatsexamens oder des Berufseinstiegs als Anwalt oder Richter – erfahrungsgemäß nicht mehr so viel Zeit und Motivation zu fundierter Arbeit haben, wie dies zu Beginn des Verfahrens der Fall war. Auf diese frühe Rückmeldung sollten Sie deshalb nicht verzichten.

190   Daneben bildet das Exposé den Arbeitsplan für Ihre Dissertation. Es bestimmt, welche Themen Sie in welcher Reihenfolge behandeln, welche noch offenen Fragen Sie beantworten, welche Quellen Sie dazu verarbeiten und in welcher Zeit Sie dies tun. Letzteres erreichen Sie dadurch, dass das Exposé nicht nur die erläuterte Gliederung Ihrer Arbeit und einen Arbeitsplan enthält, sondern auch einen Zeitplan. Er rundet das Exposé als Grundlage für die Beurteilung Ihres Vorhabens ab und macht das Verfahren für Sie – bei allen Unwägbarkeiten und Widrigkeiten, die Ihnen im Laufe des »Promovierens« noch begegnen werden – planbar. Sie haben mit ihm nicht nur ein inhaltliches, sondern auch ein zeitliches Ziel vor Augen. Das ist gerade bei der Dissertation, die (abgesehen von bestimmten Förderzeiträumen oder auslaufenden Verträgen an der Universität) weder eine Begrenzung des Umfangs noch Fristen kennt, wichtig.

---

185   *Becker*, Das Einmaleins der Promotion, S. 58.

Diese Rolle des Exposés als Beurteilungsmaßstab für Ihren Betreuer und als Arbeits-   191
grundlage für Ihren Schreibprozess ist angesprochen, wenn im Folgenden einige
Empfehlungen für die Abfassung des Exposés gegeben werden. Im Wesentlichen decken sich die Anforderungen mit denen für Exposés, die Sie zu anderen Gelegenhei-
ten erstellen müssen, insbesondere bei der Bewerbung um Stipendien. Sollte eine
kürzere Fassung gefragt sein[186], etwa für eine kurze Vorstellung vor der Anmeldung
an der Fakultät – beispielsweise wenn eine Befreiung von den Promotionsvorausset-
zungen beantragt wird – oder im Rahmen einer mündlichen Kurzpräsentation, können Sie sich ebenfalls an den hier genannten Punkten orientieren. Sie sollten die Ausführungen dann nur etwas kürzer halten.

II. Der Aufbau des Exposés

Das Exposé antwortet auf verschiedene Fragen: Es grenzt Ihren Untersuchungs-   192
gegenstand ab; es legt fest, was Ihre Hypothesen und Forschungsfragen sind und warum Sie diesen nachgehen; warum die Fragen relevant und dass sie noch nicht untersucht sind; welche Quellen Sie zu Ihrer Beantwortung verwenden; in welcher
Reihenfolge Sie vorgehen und wie viel Zeit Sie dafür veranschlagen. Auf all diese Aspekte antworten die verschiedenen Teile eines jeden Exposés. Es muss demnach einen
Teil geben, in dem Sie Ihren Untersuchungsgegenstand darlegen, in die Problematik
einführen (zum Beispiel mit einem aktuellen Fall, einer Leitentscheidung, einem Ge-
setzesvorhaben) und in dem Sie erläutern, was Ihr Beitrag zur Diskussion sein soll.
Ferner müssen Sie sich gegen die Kritik Ihres Betreuers absichern, es gebe hierzu
schon Erkenntnisse oder Sie hätten Vorarbeiten nicht berücksichtigt. Das verlangt
nach einem Teil, in dem Sie die Quellenlage, die Sie bereits ermittelt und systematisiert haben, darlegen. Außerdem sollten Sie den Aufbau Ihrer Untersuchung – also
die Gliederung – präsentieren und erläutern. Um das Ganze nachprüfbar zu machen,
ergänzen Sie jeweils Fußnoten und Literaturlisten. Daneben sollten Sie Ihre Vorgehensweise erläutern, sofern es Erklärungsbedarf gibt. Dies gilt namentlich dann,
wenn Sie nicht nur die klassische Methodik mit ihren Auslegungs- und Rechtsan-
wendungsmethoden verwenden, sondern andere Mittel wählen, wie zum Beispiel die
Statistik oder die Quellenexegese der Rechtsgeschichte.

Daneben sollten Sie im Exposé die Relevanz Ihres Themas herausstellen. Zum einen   193
muss dazu die Forschungslücke dargelegt werden, also begründet werden, warum
Ihre Arbeit tatsächlich etwas Neues zur Rechtswissenschaft beitragen und somit als
Dissertation annahmefähig sein kann. Zum anderen gilt es an dieser Stelle auch, das
Interesse Ihres Betreuers am Thema zu wecken. Das Exposé soll ihn davon überzeugen, dass die von Ihnen zum Dissertationsthema gemachte Rechtsfrage nicht nur genügend Raum für neue Erkenntnisse bietet, sondern auch von allgemeinem (politi-
schem, gesellschaftlichem oder wirtschaftlichem) Interesse ist. Das wiederum ist *per
definitionem* immer dann der Fall, wenn es die Neugier Ihres Betreuers weckt. Die
kurze Vorstellung Ihres Themas sollte deshalb ansprechend und, wo möglich, origi-
nell formuliert sein.

---

186 Vgl. z.B. *Streinz*, Promotionsleitfaden, sub IV. (s. dazu die Internetfundstelle im Anhang 2), der
      die Zusage der Betreuung eines Themas von einem 3–5seitigen Exposé abhängig macht, das in-
      nerhalb von vier Wochen erstellt werden soll.

194 Nicht fehlen sollte deshalb auch ein Arbeitstitel für die Dissertation. Damit bringen Sie das Vorhaben auf den Punkt und machen es plastischer als wenn nur der Inhalt umschrieben wird. Auch das Deckblatt eines Exposés wirkt einladender und das gesamte Projekt durchdachter, wenn es unter einer Überschrift stattfindet als lediglich unter dem Titel »Exposé«. Der Arbeitstitel der Dissertation kann in einer Forschungsfrage bestehen oder in der Haupt-Hypothese; entsprechend lang ist er deshalb oft. So war etwa der Arbeitstitel meiner Dissertation (unter welchem ich die Arbeit auch offiziell eingereicht habe): »Grundrechtlich geschützte Betriebs- und Geschäftsgeheimnisse als Schranke einfachrechtlicher Informationsansprüche«. Dieser Titel brachte zum Ausdruck, was ich untersuchen wollte, nämlich inwiefern die Geheimnisse von Unternehmen durch die Grundrechte geschützt sind und wie sich das auf die Anwendung von Informationsansprüchen im einfachen Recht, insbesondere solche der Informationsfreiheitsgesetze, auswirkt. Für ein Buch-Cover ist ein solcher Titel freilich zu sperrig. Deshalb habe ich ihn für die gedruckte Fassung nur noch als Untertitel verwendet und dem Buch die Überschrift »Die geheime Unternehmensinformation« gegeben – damit sah der Titel drucktechnisch ansprechender aus als der Halbsatz, der nunmehr den Untertitel bildet.

195 Bei der Gliederung des Exposés können Sie sich an der Gliederung Ihrer Dissertation, die Sie bereits entwickelt haben, orientieren; schließlich stellt das Exposé eine erläuterte Kurzfassung des Themas dar. Sie können es also in seinem Hauptteil in Form einer erläuterten Gliederung gestalten. Zuvor sollte in der Einleitung des Exposés in das Problemfeld eingeführt und die zu beantwortende Forschungsfrage genannt werden. In dieser Einleitung finden Sie dann auch alle Elemente in Kurzform, die in der Einleitung einer Dissertation eine Rolle spielen können: Ausführliche Darlegung, worin die Forschungslücke besteht; welche Quellen vorhanden sind und worin diese kritikwürdig bleiben; Darlegung der Methoden, die Sie anwenden wollen; Antizipation der möglichen Ergebnisse der Arbeit und Erläuterung, wo die Erkenntnisse aus der Dissertation in der Praxis verwertet werden können. Wenn Sie diesen Teil abgeschlossen haben, können Sie sich in der Regel auf eine Wiedergabe der Gliederung beschränken und die einzelnen Punkte mit wenigen Sätzen erläutern. In diesen kurzen Passagen schildern Sie, worum es in dem geplanten Kapitel gehen wird, welche Fragen zu beantworten sind und zu welchen Ergebnissen Sie gelangen könnten. Der Konjunktiv ist dabei wichtig: Legen Sie sich im Exposé noch nicht auf ein bestimmtes Ergebnis fest. Das wäre voreingenommen und damit unwissenschaftlich.

196 Nach der Erläuterung der Vorgehensweise und des möglichen Inhalts der Dissertation präsentieren Sie nochmals die Gliederung ohne Erläuterungen und fügen einen Zeitplan für deren Bearbeitung hinzu. In Ihrem eigenen Interesse sollten Sie diesen Zeitplan möglichst präzise darlegen. Überlegen Sie sich also zunächst, wie viel Zeit Sie für das gesamte Projekt veranschlagen möchten und wie viel Zeit die gründliche Bearbeitung mindestens in Anspruch nehmen wird. Dann sollten Sie sich jedoch noch weiter aus dem Fenster lehnen und den gesamten Zeitraum auf die einzelnen Kapitel verteilen. Sie müssen an dieser Stelle noch nicht zu jedem Unterpunkt eine Bearbeitungsdauer festlegen. Eine Prognose über die Dauer für die oberen Gliederungsebenen (zumindest die ersten 2–3 Gliederungsebenen) hilft aber Ihnen und Ihrem Betreuer, die Machbarkeit des Vorhabens in der anvisierten Zeit abzuschätzen. Sie werden bei der Verteilung schnell merken, ob Sie mit der gesamten Dauer zu großzügig oder (was häufiger der Fall sein dürfte) zu ambitioniert gewesen sind.

Eine nicht nur inhaltliche, sondern auch zeitliche Planung mag Ihnen auf den ersten   197
Blick für ein wissenschaftliches Vorhaben ungeeignet erscheinen, ist dieses doch mit
zahlreichen Unwägbarkeiten verbunden. Wenn Sie den Promotionsprozess aber mit
Ihrer Examensvorbereitung vergleichen, werden Sie den Sinn einer etwas detaillierteren Planung schnell erkennen. Wer nämlich für die Vorbereitung auf das Staatsexamen nur eine Gesamtdauer festlegt (beispielsweise anderthalb Jahre), wird sich leicht
beim einzelnen Thema »verzetteln« oder zu wenig Zeit einplanen. Wer jedoch bereits
zu Beginn der Vorbereitung überlegt, wie viel Stoff tatsächlich in einen Monat gepackt werden kann, wird zu einem realistischeren Zeitplan gelangen. Nicht anders ist
dies bei der Planung einer Doktorarbeit – mit dem feinen Unterschied allerdings, dass
Sie sich beim Promovieren nicht mit einem »gesunden Mittelmaß« begnügen können,
das Ihnen bei manchem ungeliebten Teilrechtsgebiet genügt haben mag. Gleichzeitig
können Sie sich mit diesem ausführlicheren Plan von Beginn an zu effizienter(er) Arbeit und kontinuierlichem Schreiben motivieren, was entscheidend für den Fortschritt und den zügigen Abschluss ist. Der Zeitplan ist zugleich Ihr grober Arbeitsplan – den Sie dann während der Arbeit in einem persönlichen, nicht offiziellen Plan
weiter verfeinern können, um sich laufend zu kontrollieren.[187]

Sie können dem Zeit- und Arbeitsplan auch noch eine Beschreibung der Finanzie-   198
rung hinzufügen, indem Sie Ihre Nebenbeschäftigungen, Einkünfte und geplante Stipendien darlegen. Das dürfte aber nur dann erforderlich sein, wenn Sie nicht »klassisch« neben der Tätigkeit an einem Lehrstuhl promovieren, sondern »extern« und
Ihr Betreuer diese Angaben verlangt, um die Ernsthaftigkeit und Realisierbarkeit Ihres Vorhabens beurteilen zu können.[188] Die klassische Grob-Gliederung des Exposés
ist also eine vierteilige:

- In einem *ersten Teil* wird in die Thematik eingeführt, das Umfeld des Themas erläutert und sodann die Forschungsfrage aufgeworfen oder eine Hypothese aufgestellt. Daran anschließend sollten Sie zugleich Ihrem Projekt einen Arbeitstitel
  geben, der idealerweise die wichtigsten inhaltlichen Fragen oder die Haupt-Hypothese sprachlich zum Ausdruck bringt und trotzdem noch als »Titel« bezeichnet werden kann, also entsprechend kurz ist.
- Im sich daran anschließenden *zweiten Teil* wird erläutert, worin die Relevanz der
  Frage besteht, warum sie tatsächlich eine Forschungslücke darstellt und auf welche Vorarbeiten zurückgegriffen werden kann. Hier wird mithin der Forschungsstand dargestellt, den Sie insbesondere auch durch eine ausführliche Literaturliste
  darlegen. Diese Liste kann entweder am Ende dieses Teils präsentiert werden oder
  am Ende des gesamten Exposés.
- Der *dritte Teil* dient dazu, eine erste Gliederung Ihrer Arbeit vorzustellen. Da Sie
  bereits eine relativ detaillierte und aussagekräftige Gliederung erstellt haben, können Sie diese als Grundlage für diesen Teil nutzen. Er besteht dann aus dieser
  Gliederung, ergänzt um einige erläuternde Sätze zu jedem wichtigen Gliederungspunkt. In diesen Erläuterungen erklären Sie, wie Sie vorgehen werden (Methodik, Statistik) und was die möglichen Ergebnisse sind.

---

187 Das dient dem effizienten Schreiben. S. dazu im folgenden Kapitel sub § 4 B. III. (Rn. 244–261).
     Wie hier auch *Wergen*, Promotionsplanung und Exposee, S. 122–127.
188 So z.B. in den Hinweisen zur Anfertigung eines Exposés von *Leisner-Egensperger* (vgl. die Internetfundstelle im Anhang 2).

● Im letzten, *vierten Teil* des Exposés präsentieren Sie noch einmal die Grobfassung Ihrer Gliederung, ergänzt um einen Zeit- und Arbeitsplan. In diesem legen Sie eine vorläufige Gesamtdauer fest, innerhalb der Sie die Dissertation abschließen möchten, und wagen zugleich zeitliche Festlegungen für die Erstellung der einzelnen Unterkapitel.

199 Im Einzelnen sind Variationen des Aufbaus, insbesondere auch feinere Untergliederungen möglich. Auch kann es sein, dass Ihr Betreuer konkrete Vorgaben zum Aufbau des Exposés macht[189]; diese individuellen Vorgaben gehen immer den allgemein empfohlenen Hinweisen vor. Wurden Ihnen keine speziellen Vorgaben gemacht, können Sie sich jedoch an der eben genannten Vierteilung orientieren, weil sie allgemein anerkannt ist. Sie ähnelt im Übrigen auch den Vorgaben der Deutschen Forschungsgemeinschaft (DFG) für die Präsentation von Förderungsanträgen, was ein weiteres Argument für diesen Aufbau liefert. Denn Ihr Betreuer wird wahrscheinlich mit den Formalien eines Drittmittelantrages insbesondere der DFG als renommiertester Förderungsinstitution vertraut sein. Es handelt sich mithin um einen wissenschaftlichen Standard zur Begutachtung von Forschungsprojekten, der auch auf Dissertationen passt. Er kann Ihnen deshalb als Vorbild für die Gliederung des Exposés dienen.[190] Forschungsanträge an die DFG sind folgendermaßen aufgebaut:[191]

(1) Zusammenfassung und zentrale Fragestellung
(2) Stand der Forschung, eigene Vorarbeiten: Hier wird der Forschungsstand und das wiedergegeben, was die Antragsteller selbst schon im unmittelbaren Zusammenhang mit dem Forschungsprojekt erarbeitet haben.
(3) Arbeitsprogramm: Hier wird das wissenschaftliche Programm und seine Zielsetzung gestrafft dargestellt. Die Schilderung des Arbeitsprogramms soll den Schwerpunkt des Antrags bilden und darlegen, wie das Forschungsprojekt methodisch angegangen werden soll.
(4) Projektrelevante eigene Publikationen (dieser Punkt entfällt bei einem Dissertationsexposé in der Regel)
(5) Ausstattung des Projekts: Hier werden die – für ein Dissertationsexposé nicht relevanten – Angaben dazu gemacht, welche Mittel zur Realisation nötig sind und deshalb beantragt werden.

200 Der Aufbau ist also der soeben empfohlenen Gliederung nicht unähnlich. Das ist nicht überraschend, dient doch das Exposé in gleicher Weise wie ein Forschungsantrag dazu, die Realisierbarkeit und Qualität eines Forschungsvorhabens zu begutachten. Ein Gutachter der DFG stellt ähnliche Fragen wie der (zukünftige) Betreuer einer Dissertation: Worum geht es allgemein? Welche Ergebnisse sollen gewonnen werden und was sind die dazu nötigen Forschungsfragen? Sind die Erkenntnisse auch wirklich »neu«? Werden die wesentlichen Quellen ausgewertet? Ist das Vorhaben mit

---

189 So z.B. die veröffentlichten Hinweise für Doktoranden von *Butzer* (dort sub III.3.), *Epping* (dort sub 3.), *Leisner-Egensperger* (dort sub III.) und *Schneider*, S. 2–4, die jeweils einen Aufbau vorgeben. Vgl. dazu die Internetfundstellen zu den Leitfäden im Anhang 2.
190 Vgl. die Empfehlung bei *v. Alemann*, Das Exposé, S. 3–5, abrufbar unter: *www.phil-fak.uni-duesseldorf.de/politik/Mitarbeiter/Alemann/aufsatz/01_expose2001.pdf*, und *Sommer*, in: Nünning/Sommer, Handbuch Promotion, S. 247.
191 So z.B. die Gliederung der Beantragung eines Teilprojekts im Rahmen eines Sonderforschungsprogrammes (»Projektskizze«). Die FAQ und Formulare zu den verschiedenen Förderprogrammen der DFG finden Sie im Internet unter: *www.dfg.de/foerderung/index.html*.

den vorhandenen/anvisierten Mitteln realisierbar? Auf diese typischen Gutachter-Fragen sollten Sie also in Ihrem Exposé Antworten finden.

III. Formales und Sprachliches zum Exposé

Der Raum für die Präsentation Ihres Vorhabens ist begrenzt. Üblicherweise wird eine Länge von 10–15 Seiten für den Textteil, zuzüglich einiger Seiten für das Literaturverzeichnis, empfohlen.[192] Das Exposé sollte also ungefähr 15–20 Seiten lang sein. Das mag Ihnen vor der Abfassung möglicherweise lang erscheinen. Die Seiten füllen sich jedoch schnell, wenn Sie tatsächlich alle oben aufgeführten Fragen beantworten möchten. Das Exposé sollte knapp und präzise formuliert sein und die Probleme schnell »auf den Punkt bringen«. Fremde Erkenntnisse benennen Sie nur und deuten an, wie in dem vorhandenen Material argumentiert wurde. Eine ausführliche Darstellung fremder Arbeiten würde den Rahmen des Exposés sprengen und zudem den Fokus des Lesers von Ihrem Ansatz lenken. Konzentrieren Sie sich darauf, die Lücken und das fraglich Gebliebene zu benennen. 201

Auch wenn das Exposé eine Projektvorstellung sein soll, die idealerweise auch noch das Interesse des Betreuers weckt, so bleibt es doch ein wissenschaftlicher Text. Wie einen solchen sollten Sie es deshalb auch verfassen, das heißt Fachbegriffe (richtig) verwenden, nicht zu journalistisch schreiben, sondern im wissenschaftlichen Schreibstil verbleiben und dort Nachweise anführen, wo Sie etwas belegen müssen. Sie werden also nicht umhin kommen, Fußnoten zu setzen oder in Klammerzusätzen im Text auf andere Werke zu verweisen. Nur so kann Ihr Betreuer auch beurteilen, ob Ihre Herangehensweise wissenschaftlich fundiert und gründlich ist. Genauigkeit geht hier stets dem Ziel, mit einem »schmissigen« Text die Neugier des Betreuers zu wecken, vor. Die Regeln für die Sprache in der Dissertation[193] gelten uneingeschränkt auch für das Exposé.[194] 202

Sprechen Sie, wenn Sie die Textdatei zu Ihrem Exposé abgeschlossen haben, Ihren Betreuer darauf an, in welcher Form er es gern lesen möchte, sofern er dazu nicht bereits spezielle Vorgaben gemacht hat. Sofern er nicht ausdrücklich die rein digitale Form (insbesondere als pdf-Datei) bevorzugt, sollten Sie ihm einen Papierausdruck abgeben und diesen zuvor mit einer Ringbindung binden lassen. Schließlich schreiben Sie nur einmal in Ihrem Leben Exposé und Doktorarbeit; Sie sollten daher eine auch nach außen dem Anlass würdige Form wahren. Den Text können Sie formatieren wie die spätere Dissertation: Im Textteil bedeutet das im Zweifel einen Schriftgrad von 12pt (bei *Arial* reicht möglicherweise auch 11pt) bei 1,5-fachem Zeilenabstand. In den Fußnoten sollten Sie den Schriftgrad 10 bei einfachem Zeilenabstand wählen. Außerdem ist Ihr Betreuer im Zweifel für einen Korrekturrand von 5cm bis zu einem Drittel der Seite dankbar. Hier kann er seine spontanen Anmerkungen notieren. In der Regel wird sich seine Stellungnahme dann auf eine mündliche Äußerung und diese 203

---

192 S. etwa *Butzer* (Merkblatt, vgl. Fundstelle im Anhang 2), sub 3. (im Regelfall 10–15 Seiten); *Leisner-Egensperger* (vgl. Fundstelle im Anhang 2), sub I. (mind. 15, höchstens 20 Seiten); *Wergen*, Promotionsplanung und Exposee, S. 85 (10–15, ggf. 20–25 Seiten).

193 S. dazu noch unten § 4 D. (Rn. 295–351).

194 S. auch *Becker*, Das Einmaleins der Promotion, S. 58: »Die Leser Ihres Exposés sind gestandene Wissenschaftler, die nicht nur den forschungsrelevanten Gehalt des Projekts, sondern auch dessen Machbarkeit bewerten.«

spontan an den Rand markierten Gedanken beschränken. Abrunden sollten Sie Ihr Exposé wie eine Haus- oder Seminararbeit mit einem ansprechenden, aber zurückhaltend gestalteten Deckblatt, das neben dem Titel auch Ihre persönlichen Daten enthält (Name, in der Regel Adresse und E-Mail-Adresse, Datum der Erstellung des Exposés).

204 **Übersicht: Aufbau eines Exposés**

I. *Einführung*: Einführung in die Problematik, ggf. Einstieg mit Reformbestrebungen, neuer Vorschrift, Urteil oder einem speziellen Sachverhalt. Erläuterung des Umfeldes und Darstellung der Hypothesen und Forschungsfragen, denen nachgegangen werden soll. Außerdem: Vorstellung eines Arbeitstitels.

II. *Forschungsstand*: Darstellung des vorhandenen Materials und der behandelten Probleme, einschließlich der Rechtsauffassungen, die Sie kritisieren möchten. Erläuterung, dass und worin die Forschungslücke besteht, die Sie mit Ihrer Arbeit schließen möchten. Präsentation eines vorläufigen Literaturverzeichnisses oder einer Liste mit der Literatur, die für die Erstellung des Exposés recherchiert wurde.

III. *Gliederung*: Vorstellung der Gliederung Ihrer Dissertation, jeweils mit kurzer Erläuterung bei den einzelnen Gliederungspunkten, was dort untersucht werden soll und was die möglichen (!) Ergebnisse sein könnten (»erläuterte Gliederung«).

IV. *Zeit- und Arbeitsplan*: Angabe einer Gesamtdauer für die Erstellung der Dissertation sowie von Bearbeitungszeiten für die größeren Kapitel.

§ 4 Wissenschaftliches Schreiben

Inzwischen haben Sie Ihr Exposé verfasst, es mit Ihrem Betreuer abgesprochen und 205
im Exposé sogar einen Zeit- und Arbeitsplan entwickelt. Damit steht der Entstehung
Ihres Dissertationstextes nun kein äußeres Hindernis mehr im Wege. Wie aber
schreibt man eine Doktorarbeit? Sie werden bald feststellen, dass das Schreiben wissenschaftlicher ebenso individuell ist wie das belletristischer Texte. Auch wenn die
Promotion ein »berufliches« Projekt ist und Sie ein rational geprägtes Thema behandeln – anders als etwa der Verfasser eines Liebesgedichts –, so bleibt das Schreiben ein
höchstpersönlicher Prozess. Auch das Neue, das Ihre Dissertation zu einer annahme-
fähigen Arbeit macht, entsteht durch Kreativität, ebenso wie auch abwechslungsreich
formulierte wissenschaftliche Texte Kreativität verlangen. Jeder Doktorand ist dabei
anders: Der eine formuliert souverän in langen, metaphernreichen Sätzen, der andere
pflegt einen sachlichen, kurzen und präzisen Stil. Der eine nähert sich den allgemeinen Fragen mit praktischen Fällen zum Einstieg, der andere bevorzugt eine abstrakte
Darstellung, die dann nur stichprobenhaft für den Einzelfall überprüft wird. Auch
muss derjenige, der über sehr viel Material verfügt, mit anderen Herausforderungen
kämpfen als derjenige, der im Wesentlichen auf seine eigenen Gedanken und sein Judiz zurückgeworfen ist, weil es wenig Material zu seiner Frage gibt. Unterschiede in
der Quellenlage können so Unterschiede in der Textproduktion bedingen. Wer mehr
verarbeiten und fremde Informationen (inklusive der zugehörigen Fußnoten!) in seinen Sätzen unterbringen muss, wird den Text anders vorbereiten und formulieren als
derjenige, der im freien Raum allein seiner eigenen Kreativität eine Struktur geben
kann (und muss). Schließlich hat auch nicht jeder dieselbe Aufnahmekapazität. Wie
viel Text Sie am Stück schreiben können, hängt auch davon ab, wie viele fremde Inhalte Sie sich – unter Zuhilfenahme von Notizen – merken können.

Diese Variablen und Unwägbarkeiten lassen Ausführungen zum tatsächlichen 206
Schreibprozess, also zur unmittelbaren Entstehung des Dissertationstextes, schwer
fallen. Und so verwundert es nicht, wenn zum wissenschaftlichen Schreiben in Ratgebern für Doktoranden entweder wenig bis gar nichts gesagt wird oder wenn die
Ausführungen zu abstrakt bleiben. Letzteres ist mitunter darauf zurückzuführen,
dass die Ratgeber nicht (speziell) für Juristen geschrieben wurden. Auch wird in
Deutschland, verglichen etwa mit den USA[195], in der Ausbildung bisher sehr wenig
Wert auf die Vermittlung wissenschaftlicher Schreibtechniken gelegt.[196] Erst langsam
– häufig im Zuge der Entwicklung von Graduiertenkollegs[197] – entwickeln sich strukturierte Programme für Doktoranden, die auch Kurse zum wissenschaftlichen
Schreiben beinhalten.

---

195 Die US-amerikanische Tradition der Ausbildung zum wissenschaftlichen Schreiben wurde maßgeblich beeinflusst durch *D. M. Murray*. Vgl. zu ihm *v. Werder*, Lehrbuch des wissenschaftlichen Schreibens, S. 47–51. Sehr lesenswert: *Murray*, Write to Learn, 8. Aufl., Boston 2005.
196 Kritisch hat sich insbesondere *v. Werder* geäußert, vgl. u.a. *dens.*, Kreatives Schreiben von Dip-
lom- und Doktorarbeiten, S. 7.
197 Häufig bedingt dadurch, dass die Entwicklung von speziellen Angeboten für Postgraduierte zur
Auflage für eine Förderung des Graduiertenkollegs gemacht wird – ein stets erfolgreiches Sti-
mulans für universitäre Programme.

207 Eine Schwäche weisen solche Kurse, sogenannte Schreibzentren, aber auch viele Bücher zu diesem Thema jedoch auf: Sie konzentrieren sich in der Regel auf die Textproduktion als solche. So wird entweder abstrahiert oder anhand von nicht-juristischen Beispielen dargelegt, wie Texte entstehen[198] oder genauer: wie der Autor/Dozent Texte produziert. Die Schwierigkeit besteht für Sie darin, diese abstrakten Ausführungen für Ihre Doktorarbeit, welche den methodischen Regeln der Rechtswissenschaft genügen muss, fruchtbar zu machen. Häufig wird in entsprechenden Kursen und Büchern das Schreiben zu unabhängig von dem konkreten Thema dargestellt. Ihr Problem wird aber nicht darin bestehen, dass Sie einen Text schreiben müssen, sondern einen *wissenschaftlichen* Text zu Ihrem konkreten Thema. Man kennt diese Situation aus der Rhetorik: Auch hier können Sprachcoaches und Rhetoriktrainer das Auftreten und die Überzeugungskraft in Diskussionen verbessern. Ohne Inhalt lässt sich eine Diskussion aber nicht bestreiten; und je spezieller das Thema der Diskussion, umso mehr kommt es auf »harte« fachliche Kenntnisse an. Eine Hilfe beim freien Schreiben und der Textproduktion hilft Ihnen möglicherweise nicht weiter, wenn Ihr Problem die Produktion eines wissenschaftlichen Textes mit korrekt gesetzten Fußnoten ist.

A. Grundsätzliches zum wissenschaftlichen Schreiben

208 Damit sind freilich nur die Defizite angesprochen, die Ausführungen zum wissenschaftlichen Schreiben haben (müssen?). Daneben lassen sich jedoch viele fächerübergreifende Wahrheiten nicht nur zum wissenschaftlichen Arbeiten, sondern auch zum Schreibprozess finden. Genauso, wie Sie rhetorische Stil- und Hilfsmittel in jeder Art von Diskussion anwenden können, nützen Sie als Jurist dieselben sprachlichen Techniken wie andere Wissenschaften. Es lassen sich daher bei aller Individualität der Textproduktion einige grundsätzliche Aussagen zum wissenschaftlichen Schreiben machen.

209 Ansatzpunkt der allgemeinen Ratschläge sind die Eigenschaften, die eine Dissertation aufweisen muss. Neben einer abwechslungsreichen Sprache muss der Text stringent argumentieren, am Stück ohne inhaltliche und sprachliche Brüche lesbar sein und das Thema in logischer Reihenfolge und Darstellung aufbereiten. Da Sie im Rahmen der Arbeit alle wesentlichen Stimmen anderer Wissenschaftler berücksichtigen müssen, kommen Sie nicht umhin, fremde Gedanken in Ihrer Arbeit zu präsentieren. Auch diese Ausführungen – nicht nur Ihr eigener Gedankengang – müssen stringent, gut lesbar und ansprechend gegliedert sein. Anders als bei der Gliederung der Arbeit und bei der Abfassung des Exposés müssen Sie nun den Meinungsstand im Detail nachverfolgen und jeweils Stellung beziehen. Während Sie sich bei der Recherche zu Ihrem Thema und der Gliederung der Arbeit noch darauf beschränkt haben, die Fundstellen zu sammeln, zu katalogisieren und gegebenenfalls noch Notizen in einem Abstract niederzuschreiben, müssen Sie jetzt die Argumentation der verwerteten

---

198 S. exemplarisch (das im Übrigen methodisch und inhaltlich lesenswerte Werk von) *v. Werder*, Lehrbuch des wissenschaftlichen Schreibens, S. 55 ff. und passim, wo immer wieder kleine Listen oder Texte zu verschiedenen (Alltags-)Themen geschrieben werden sollen, z.B. zum Thema »Klischees« (S. 79 f.) oder in Form von Notizen über eine Person (S. 56).

Quellen nachvollziehbar, vollständig und wissenschaftlich korrekt darstellen – und das Ganze auch noch in einer möglichst abwechslungsreichen Sprache.

Anders als in den Klausuren ist Ihnen dazu jedoch kein Gerüst in Gestalt eines Aufbauschemas und keine Darstellungsweise in Gestalt des Gutachtenstils vorgegeben. Das Gerüst der Arbeit haben Sie sich mit der Gliederung selbst geschaffen. Wie Sie dann die einzelnen Punkte mit Leben erfüllen, ist Ihrem persönlichen Stil überlassen. Auch wenn Ihre Dissertation letzten Endes ebenfalls als Gutachten bezeichnet werden kann, sollte sie jedoch nicht (durchgängig) im auf die Dauer etwas drögen, konjunktivischen Gutachtenstil abgefasst sein.[199] Die Herausforderung einer gut geschriebenen juristischen Dissertation besteht darin, ein solides, methodisch »sauberes« Gutachten zu schreiben, die vertretenen Meinungen übersichtlich darzustellen und zu bewerten, dabei aber dennoch nicht in einen klausurhaften Stil zu verfallen, sondern ein wissenschaftliches Buch zu schreiben.

Damit geht eine andere Schreibtechnik einher als beim Verfassen einer Klausur. Während Sie in der Klausur mit dem Obersatz beginnen (»A könnte…«), in einem dann angeschlossenen, weiteren Obersatz Ihr Prüfprogramm festlegen (»Dazu müsste…«), um sodann die Voraussetzungen zu definieren und unter sie zu subsumieren, sind Sie in der Dissertation freier in der Gestaltung. Das ist auch der Grund, warum allgemeine Literatur zum wissenschaftlichen Schreiben beim Schreiben einer juristischen Dissertation herangezogen werden kann, während sie für die juristische Klausurtechnik keine Hilfe bieten kann. Die Aufgabe des wissenschaftlichen Schreibens ist es, die fremden und eigenen Gedanken in einen stimmigen, einheitlichen Text zu bringen. Dieser Text darf nicht sprunghaft oder übergangslos Literaturmeinungen und Rechtsprechung präsentieren, sondern sollte das Thema entlang einem roten Faden entwickeln, sodass der Leser auf Ihre Ergebnisse hingeführt wird.

Einen großen Teil haben Sie dazu bereits dadurch beigetragen, dass Sie Ihre Gliederung erstellt haben, bevor Sie mit dem Schreiben beginnen. Wenn die Gliederung sehr detailliert ist, liefert sie den roten Faden, an dem Sie dann automatisch Ihren Text entwickeln. Falls Sie zu Beginn des Schreibprozesses noch das Gefühl haben, dass Ihre Gliederung nur ein sehr grobes Gerüst darstellt und Sie im Text noch weitere Zwischenschritte benötigen, um einen roten Faden herstellen zu können, sollten Sie zunächst versuchen, Ihre Gliederung weiter zu verfeinern. Es ist sehr anspruchsvoll, alle Informationen in der richtigen Reihenfolge, aufeinander aufbauend und in einer einheitlichen, stimmigen Argumentation zu präsentieren, wenn Ihnen und dem Leser nicht durch (Zwischen-)Überschriften eine erste Orientierung geboten wird, die bereits beim Überfliegen des Textes seine Argumentationslinie offenlegt. Da Sie – nicht zuletzt um die Rezeption Ihres Werkes zu erleichtern – ohnehin eine detaillierte Gliederung benötigen, sollten Sie diese, soweit möglich, bereits vor dem Dissertationstext erstellen. Zusätzlich zu den »offiziellen« Überschriften, die später im Inhaltsverzeichnis auftauchen werden, können Sie weitere Unterüberschriften in das

210

211

212

---

199 Auch in den Klausuren selbst sollte darauf geachtet werden, nicht durchgängig im immer selben Gutachten-Dreischritt-Stakkato zu schreiben, sondern in einem abwechslungsreichen, gut lesbaren gemischten Stil aus Feststellungsstil und (echtem) Gutachtenstil, vgl. dazu *Beyerbach*, JA 2014, 813 (816 f.). Selbst Klausuren sollten für den Korrektor angenehm zu lesen sein, wenn sie auch methodisch nach anderen Darstellungsformen verlangen als Dissertationen. Die Bedeutung dieses häufig unterschwelligen Faktors der Klausurbewertung wird erfahrungsgemäß von den meisten Kandidaten unterschätzt.

Textgerüst einfügen, die Ihnen helfen, den roten Faden zu behalten und dem Text eine logische innere Struktur zu geben. Diese Überschriften können Sie später wieder entfernen, wenn sie als Gliederungspunkt ungeeignet sind oder durch die Behelfs-Überschriften eine zu feine Untergliederung entsteht.[200]

213 Einen logisch stimmigen, bruchlos zu lesenden Text werden Sie nur dann schreiben können, wenn Sie bereits beim ersten Satz eines neuen Abschnitts wissen, worauf Sie in diesem Teil hinaus wollen, welche Informationen Sie dazu geben müssen und was Ihr Ergebnis sein wird. Auch werden Sie nur dann knapp und präzise schreiben, wenn Sie den Inhalt Ihres Textes überblickt und bewertet haben, bevor Sie mit der Textproduktion beginnen. Der Dissertationstext dient also nicht dazu, sich schreibend ein Thema zu erschließen, sondern er soll das Ergebnis Ihrer Analyse für den Leser festhalten. Damit geht einher, dass Sie das, was Sie aufschreiben, wirklich gelesen, eingeordnet und verstanden haben müssen. Dabei können Ihnen Ihre Abstracts, Exzerpte und Zusammenfassungen und die Notiz prägnanter Zitate aus Ihren Quellen helfen. Mitunter wird auch empfohlen, die Struktur des Textes vor dem Schreiben grafisch darzustellen, um die innere Logik des Textes sicherzustellen.[201] Eine solche Grafik ist zum Beispiel in Form eines der bereits erwähnten Mindmaps, aber auch in Form einfacher Kästen oder Kreise denkbar, die durch Pfeile zu einander in Bezug gesetzt werden.[202]

214 Auch ohne solche grafischen Unterstützungen hilft es Ihnen, nach der Lektüre und Analyse der Quellen den Text durch Stichworte und Halbsätze vorzubereiten, die Sie bereits in die richtige Reihenfolge gebracht haben. Ähnlich wie bei der strukturierten Recherche[203] können Sie auch Fragen heranziehen, die in dem entsprechenden Abschnitt der Arbeit beantwortet werden sollen. Sie helfen Ihnen, den Text zielgerichtet und stringent zu schreiben. Fragen Sie also vor dem Schreiben[204]: Was soll in dem Kapitel stehen? In welcher Reihenfolge müssen die nötigen Informationen präsentiert werden? Welche Quellen müssen für die These herangezogen werden? Welche Gegenposition gibt es?

215 Solche Fragen können Sie nicht nur zu einem Kapitel stellen, sondern auch zu einzelnen Absätzen des Textes. Hilfreich für eine effiziente und zielgerichtete Textproduktion ist es, die Antwort auf diese Frage sogleich als ersten Satz des jeweiligen Absatzes zu formulieren, um nachfolgend diese Antwort zu erläutern. Diese Vorgehensweise hilft, dass Sie auf ein Ziel hinschreiben – den Leser von Ihrer Schlussfolgerung zu überzeugen – und sich selbst zum Fortgang Ihrer Arbeit anregen. Ist das Ergebnis einmal formuliert, schreibt sich die Argumentation einfacher, präziser und schneller als wenn die Schlussfolgerung beim Schreiben noch offen ist und wie in einem Klausurgutachten ans Ende gesetzt wird. Stellen Sie fest, dass diese vorangestellten Ergebnisse zu Ihrem Schreibstil passen und sich der Text mit Ihrer Hilfe gut lesen

---

200 Es sei nochmals darauf hingewiesen, dass im Allgemeinen eine Höchstzahl von sieben Unterebenen empfohlen wird, s. dazu bereits oben unter § 3 F. II. 4. (Rn. 181).

201 S. z.B. *Esselborn-Krumbiegel*, Richtig wissenschaftlich schreiben, S. 28 f. (dort wird etwa empfohlen, die grafische Darstellung nach dem Muster »Hypothese« – »Argument« – »Beispiel« – »Gegenargument« aufzubauen).

202 Zahlreiche Beispiele für »erklärende Grafiken« finden Sie bei *Preißner*, Wissenschaftliches Arbeiten, 139–153.

203 Die ebenfalls durch Fragen (nämlich Ihre Forschungs- und Analysefragen) angeleitet wird, s. oben unter § 3 B. II. (Rn. 88–101, insb. 91–93).

204 *Esselborn-Krumbiegel*, Richtig wissenschaftlich schreiben, S. 24.

lässt, können Sie diese Sätze stehen lassen. Möglich ist es aber auch, diese Sätze lediglich als Hilfsmittel zur Selbstdisziplin und zum zielgerichteten Schreiben zu nutzen und sie nach dem Ausformulieren eines Kapitels wieder zu löschen – ähnlich wie die eben erwähnten Zwischenüberschriften, die Ihnen bei der Beibehaltung des roten Fadens helfen können. Sind Sie zu Beginn eines neuen Abschnitts oder Absatzes nicht in der Lage, eine Zwischenüberschrift und einen einleitenden Satz mit dem »Ergebnis« des Absatzes/Kapitels zu formulieren, müssen Sie die Literatur weiter auswerten, gegebenenfalls gar nach zusätzlichen Quellen suchen und sich mithilfe von Exzerpten und Notizen Ihre eigene Meinung bilden.

Damit ist nicht gemeint, dass Sie erst schreiben dürfen, wenn Sie jeden Satz Ihrer Dissertation im Kopf haben und sicher sind, nichts mehr ändern oder hinzufügen zu werden. Es wird Ihnen wahrscheinlich häufig passieren, dass Sie einzelne Passagen streichen oder umschreiben, dass Sie zusätzliche Quellen oder eine neue Erkenntnis einfügen oder dass Sie einen Abschnitt kürzen, der Ihnen in der Rückschau zu lang geraten ist. Wichtig ist jedoch, das Ergebnis zu kennen, bevor Sie mit dem Ausformulieren beginnen, dass Sie sich also Ihre Meinung zu den verwendeten Quellen gebildet haben. Auch sollten Sie sich beim Ausformulieren sicher sein, dass die präsentierten Informationen tatsächlich für den Fortgang der Arbeit, als Hintergrundinformation oder als geschichtliche, methodische oder dogmatische Grundlage wichtig sind. Nicht jeder Satz einer Dissertation kann freilich unmittelbar auf das Ziel der Arbeit ausgerichtet werden und es wird in jeder Arbeit deskriptive Abschnitte geben, die informativ sind, aber nicht zwingend nötig, um die Kernthese zu untermauern. Sie sollten jedoch vermeiden, »Bildungserlebnisse zu referieren«, wie es mein akademischer Lehrer einmal formuliert hat.[205] Gemeint ist damit, dass Sie vieles nur lesen werden, um sich über das Forschungsumfeld zu informieren oder sich die Grundlagen eines für Sie möglicherweise noch neuen Rechtsgebietes zu erarbeiten. Solche Informationen sind für die Leser Ihrer Arbeit, insbesondere die beiden Gutachter nicht neu und können deshalb schnell ermüdend wirken. Diese Inhalte sollten Sie deshalb nur ausbreiten, wenn sie für eine gute Gesamtdarstellung nötig sind.

Angesprochen ist damit eine Gefahr, die mit der Fortentwicklung der technischen Hilfsmittel immer größer geworden ist. War es viele Jahrhunderte lang noch erforderlich, sich handschriftliche Exzerpte zu erstellen und den eigenen Text ebenfalls handschriftlich vorzubereiten, um ihn dann (ab dem Beginn des 20. Jahrhunderts) auf der Schreibmaschine abzutippen, ist die Textverarbeitung mit der Entwicklung von PC und Laptop wesentlich vereinfacht worden. Nun bereitet es keine Mühe mehr, Texte zu formatieren, Fußnoten zu setzen und Textpassagen zu verschieben oder zu kopieren. Die seit Jahren immer komfortabler werdenden Möglichkeiten der Online-Recherche mit der latenten Gefahr des »copy and paste« tragen weiter zur Vereinfachung der Textproduktion bei. Diese technischen Möglichkeiten sind einerseits ein Segen für die Wissenschaft: Informationsbeschaffung sowie das Schreiben und Formatieren von Texten – also die Hilfstätigkeiten der Wissenschaft – sind damit leichter geworden und helfen den Wissenschaftlern, auch wirklich alle Quellen in angemessener Zeit berücksichtigen zu können.

216

217

---

205 S. auch *Möllers*, Juristische Arbeitstechnik und wissenschaftliches Arbeiten, § 6 Rn. 31: »Zitate dienen nicht dazu, die eigene Belesenheit kundzutun«.

218 Andererseits besteht die Gefahr, dass zu schnell mit dem Schreiben begonnen wird und die Möglichkeit zur schnellen Textproduktion dazu führt, dass Ihrem Text die logische Struktur fehlt und dass er zudem unnötige Informationen enthält. Die Verfügbarkeit des Laptops, der Sie stetig in die Bibliothek begleitet, des PCs am Lehrstuhl oder am heimischen Arbeitsplatz verführt mitunter zu einer voreiligen Übernahme fremder Texte, sodass eher Textcollagen als ein eigener Gedankengang vorliegen. Der Laptop sorgt indes nur für die technisch-formale Seite des Schreibens. Einen stimmigen, bruchfrei und mit Genuss lesbaren Text werden Sie nur erreichen, wenn Sie das, was Sie schreiben, zuvor durchdacht haben und sich zunächst das Gerüst eines Textes zurechtlegen, bevor Sie unbesehen längere Passagen abschreiben.[206] Verhindern Sie durch grafische Unterstützung, mittels der einleitenden »Ergebnissätze« und durch Vorstrukturierung Ihres Textes, eine Collage zu erstellen. Fremde Texte sollten deshalb nie »unverarbeitet« übernommen werden; vielmehr sollten sie analysiert und auf das komprimiert werden, was für Ihre Arbeit wichtig ist.[207]

219 Stoßen Sie bei der Arbeit an einem Abschnitt auf ein prägnantes Zitat, einen Beispielsfall oder einen interessanten Gedankengang, den Sie in einem anderen Kapitel verwerten möchten, können Sie diesen unter die Zwischenüberschrift zu diesem Kapitel notieren, um später wieder an dieses Fundstück zu denken, wenn Sie an der einschlägigen Textpassage arbeiten. Allerdings sollten Sie dann nicht der Versuchung unterliegen, das Zitat oder den bereits rudimentär abgeschriebenen Text unmittelbar, womöglich gar wörtlich zu verarbeiten. Dann droht schnell der Eindruck einer bloßen Textcollage. Solche früheren Notizen sollten deshalb nur Gedankenstützen sein, die Sie bei Ihrer Analyse berücksichtigen, aber nicht sofort in Ihren Dissertationstext übertragen.

220 Insgesamt kann sich Ihr Text also aus einem »Textskelett«[208] entwickeln, in dem Sie bereits die wichtigsten Zwischenergebnisse und die dazu zu zitierenden Quellen notiert haben, einschließlich der Liste der Quellen und Argumente in der richtigen Reihenfolge – möglicherweise garniert mit einem prägnanten wörtlichen Zitat, das Sie sich vor dem Ausformulieren des Textes unter die einschlägige Zwischenüberschrift getippt haben. Dann (erst) ist der Zeitpunkt gekommen, die Erkenntnisse auszuformulieren. Auch wenn Sie die recherchierten Informationen zu diesem Zeitpunkt bereits in eine logische Reihenfolge gebracht haben, ist es nicht selbstverständlich, dass der Leser Ihrem Gedankengang an jeder Stelle folgen kann. Achten Sie deshalb stets auf die Überleitungen zwischen den Abschnitten, aber auch zwischen verschiedenen Quellen/Meinungen. Wenn Letztere aufeinander aufbauen, werden Sie typische

---

206 Kritisch daher zu Recht (wenn auch etwas zu kulturpessimistisch) *Hinske*, F&L 2011, 374 f. *Hinskes* etwas einseitiger Kritik an der modernen Datenverarbeitung darf ich anekdotisch entgegnen, was mir ein seit Längerem emeritierter Professor einmal erzählt hat: Nachdem er – noch nicht habilitiert – einen Ruf erhalten hatte, habe er »noch schnell« seine Habilitationsschrift vollendet, indem er Tag und Nacht geschrieben habe. Laut eigenen Aussagen hat er dabei eine zweistellige (!) Seitenzahl pro Tag produziert, und das vor dem Zeitalter der Laptops und der Internetrecherche. Nun mag es sich bei dem Betroffenen um einen besonders begabten Wissenschaftler handeln. Gleichwohl war es offenbar auch ohne diese technischen Hilfsmittel möglich, große Mengen Text zu produzieren. Weder dem effektiven Laptop-Schreiber noch dem produktiven Professor kann man allein wegen der fleißigen Textproduktion eine inhaltlich minderwertige Arbeit vorwerfen.

207 Treffend *Esselborn-Krumbiegel*, Richtig wissenschaftlich schreiben, S. 122: »komprimieren statt paraphrasieren«.

208 *Esselborn-Krumbiegel*, Richtig wissenschaftlich schreiben, S. 149.

Konjunktionen wie »deshalb«, »daraufhin«, »sodass«, »diese(r)« etc. verwenden.[209] Solche Verbindungswörter deuten darauf hin, dass Sie eine Quelle verwertet haben, um darauf aufbauend eine neuere oder modifizierte Ansicht oder die Gegenposition zu entwickeln, dass Sie also stets auf Erkenntnisse zurückgreifen, die Sie zuvor auch selbst in Ihrer Arbeit entwickelt haben.

Wenn die Reihenfolge stimmig ist, die Überleitungen für eine logische Verknüpfung der Quellen und einen einheitlichen, flüssig zu lesenden Text sorgen, ist es auch nicht mehr erforderlich, die Herangehensweise innerhalb der Arbeit häufiger zu erläutern. Bisweilen wird zwar empfohlen, mit Vorankündigungen (»advance organizers«) zu arbeiten, die bereits die Argumente oder gar Ergebnisse eines erst folgenden Abschnitts ankündigen und den Text für den Leser leicht zugänglich machen.[210] Sie sollten jedoch bedenken, dass Ihre Leser gebildete, teils in Ihrem Forschungsfeld spezialisierte Juristen sind. Als solche sind Sie wie jeder andere Leser dankbar für einen leicht zugänglichen Text, wollen jedoch nicht wie ein Schulkind an die Hand genommen werden. Vorankündigungen als Stilmittel können jedoch oberlehrerhaft wirken, wenn es sich nicht um einen sehr komplexen, umfassenden Text handelt, durch den auch ein kundiger Leser geführt werden möchte. Ebenso wie rhetorische Stilmittel sollten sie deshalb sparsam eingesetzt werden und auch nur dann, wenn sie sich in Ihren Schreibstil einpassen. Gleiches gilt für zu häufige Rückverweise. Sie können dazu dienen, eine zuvor gewonnene Erkenntnis noch einmal ausdrücklich ins Gedächtnis zu rufen und dem Leser eine erneute Lektüre dieser Passage zu ersparen. Auch sie können jedoch, werden sie zu häufig eingesetzt, penetrant und belehrend wirken. Ein gut vorbereiteter Text mit den passenden Überleitungen zwischen den verschiedenen Kapiteln und Einzelquellen sollte genügen, um Ihre Arbeit lesbar zu machen. 221

B. Tipps für effizientes Schreiben – Schreibtraining

Wenn Sie diese Ratschläge beachten, schreiben Sie bereits strukturiert, was für eine effizientere und zuverlässigere Produktion wissenschaftlicher Texte sorgen wird als freies Schreiben mit kurzer Vorarbeit. Um einen collagenhaften, sprunghaften Text zu verhindern, sollten Sie auch nicht mit zu großer Geschwindigkeit schreiben, schließlich leidet mit der Beschleunigung der Arbeit im Zweifel immer die Gründlichkeit. Andererseits läuft für die Erstellung der Dissertation – anders als für die Seminararbeit im Schwerpunkt oder für Hausarbeiten im Laufe des Studiums – keine Frist. Eine Abgabefrist wird Sie also nicht dazu disziplinieren können, das Projekt in einer angemessenen Zeit abzuschließen. Schon daraus erschließt sich die Notwendigkeit einer effizienten Arbeitsweise. 222

Häufig beklagen Doktoranden ihre eigene Ineffizienz, die oft freilich nur eine subjektive ist und auf übertriebene Erwartungen an die eigene Leistungsfähigkeit zurückzuführen ist. In der Regel wird Ineffizienz – sei dieser Eindruck nun berechtigt oder nicht – vor allem in Bezug auf die Textproduktion angeführt. Das ist wohl zunächst der Tatsache geschuldet, dass es schließlich der Dissertationstext ist, der später einzu- 223

---

209 Lesenswert zum Gebrauch von Konjunktionen: *Schnapp*, Jura 2002, 599–602.
210 Vgl. z.B. *Esselborn-Krumbiegel*, Richtig wissenschaftlich schreiben, S. 141 f.

reichen ist und anhand dessen sich der Fortgang der Arbeit am plastischsten nachvollziehen lässt. Schreitet die Arbeit nicht voran, wird die Ursache deshalb gern in Problemen beim Schreiben gesehen. Ob es tatsächlich auch in all diesen Fällen das Schreiben als solches ist, das zur Verzögerung führt, kann bezweifelt werden. Häufig blockiert eine gedankliche Hürde das Fortschreiten des Textes oder man kann noch nicht zum Ausformulieren schreiten, weil noch unklar ist, wie die vielen Quellen in eine sinnvolle Struktur gebracht werden können. In diesen Fällen sind es inhaltliche oder organisatorische Probleme, die hinter den Schwierigkeiten »beim Schreiben« liegen. Gleichwohl beobachten viele Doktoranden bei sich auch Probleme beim Formulieren ihrer Thesen oder Unsicherheiten, was den sprachlichen Stil und den Schreibprozess betrifft. Beide Aspekte sollen deshalb unter dem Dach des »effizienten Schreibens« angesprochen werden.

I. Detaillierte Binnenstruktur

224 Effizientes Schreiben bedeutet zunächst insbesondere strukturiertes Schreiben. Ein unstrukturiert und planlos geschriebener Text mag schnell zu schreiben sein. Die Wahrscheinlichkeit, dass dann nicht alle Informationen untergebracht wurden oder kein roter Faden erkennbar ist, dürfte jedoch recht hoch sein, sodass der Text nochmal bearbeitet werden muss. Umfassende Änderungen an einem bestehenden Text sollten Sie indes tunlichst zu vermeiden suchen, denn sie erweisen sich in der Regel als sehr zeitaufwändig und führen selten zu einem schönen Text »aus einem Guss«, weil man dazu tendiert, den alten Rahmen beizubehalten und ihm teilweise einen neuen Inhalt zu geben, der kein harmonisch zum Rahmen passendes Bild abgibt. Vermieden werden kann dies mit einer guten Planung des Dissertationstextes, wie sie oben beschrieben wurde.

225 Die Gliederung der Dissertation ist für ihre Struktur und deshalb auch für das strukturierte Schreiben entscheidend. Je mehr strukturelle Vorarbeit Sie bereits durch die Gliederung und zusätzliche Zwischenüberschriften geleistet haben, desto schneller können Sie sich auf die rein textliche Arbeit konzentrieren. Bereits die im Exposé vorgestellte und erläuterte Gliederung sollte so feingliedrig sein, dass sie Grundlage eines Arbeits- und Zeitplans sein kann und sich aus ihr bereits die Argumentationslogik erkennen lässt. Um wirklich effizient schreiben zu können, benötigen Sie jedoch in der Regel eine noch detailliertere Struktur als diejenige, mit der Sie im Exposé Ihr Programm grob umreißen. Das liegt daran, dass Sie – wie erwähnt – erst mit dem Schreiben beginnen, wenn Sie den betroffenen Abschnitt inhaltlich vollständig erfasst haben und genau wissen, was Sie in dem jeweiligen Teil der Arbeit mit welchem Ergebnis sagen möchten. Wenn jedoch Vorbedingung für das Schreiben ist, dass Sie die wesentlichen Quellen zum Text analysiert und sich dazu eine Meinung gebildet haben, sollten Sie jedenfalls versuchen, den Umfang der vor dem Schreiben zu bearbeitenden Quellen möglichst klein zu halten.

226 Ich habe von einem Professor erfahren, der zunächst alle Quellen seiner thematisch anspruchsvollen Habilitationsschrift gelesen und die Arbeit dann in einem halben Jahr geschrieben haben soll. Eine solche Vorgehensweise dürfte jedoch nur für die begabtesten Juristen mit einer über dem Durchschnitt liegenden Gedächtnisleistung geeignet sein. Der Durchschnittsdoktorand wird nicht in der Lage sein, das Ergebnis von mehreren Monaten Textlektüre in einem konsistenten, vollständigen Text zu prä-

sentieren, ohne erneut in die Analyse der Quellen einsteigen zu müssen. Die Menge an Quellen, die Sie vor dem Ausformulieren zu lesen haben, sollte deshalb so klein sein, dass Sie den Teilbereich noch überblicken und die Quellen, unterstützt durch Notizen und möglicherweise auch Abstracts zu den Büchern, verarbeiten und in eine sinnvolle Struktur bringen können.

Ratsam ist vor diesem Hintergrund ein Pensum von einigen Tagen bis wenigen Wochen Lektüre, sofern der jeweilige Unterpunkt (genauer: Zahl und Umfang der zu ihm vorhandenen Quellen) eine solch kurze Analysephase erlaubt. Zunächst wird es zwar gegebenenfalls erforderlich sein, sich einige Wochen oder gar Monate in die Grundlagen Ihres Forschungsumfeldes einzulesen. Allerdings sollten Sie wesentliche Teile dieser Arbeit schon vor dem Abschluss des Exposés erledigt haben, schließlich möchten Sie in selbigem Ihre Arbeit bereits in Bezug zu dem Teilrechtsgebiet setzen, dem sie angehört. Bei der Arbeit an einem kleineren Unterpunkt der Arbeit sollte es im Idealfall möglich sein, nach wenigen Wochen Analyse das vorhandene Material zusammenzufassen und eine eigene Stellungnahme dazu zu entwickeln. Ist das möglich, können Sie relativ zügig auch den Text zum jeweiligen Punkt verfassen. Zwei Aspekte treten hinzu. Zum einen der psychologische Faktor: Wenn Sie die Quellenlage gut überblicken können, arbeiten Sie motivierter an dem Teilaspekt als wenn Sie schon zu Beginn eines neuen Kapitels von der schieren Masse des Materials erschlagen werden. Die Folge ist oft eine Abwehrreaktion, die sich in typischem Dissertationsfluchtverhalten äußert, also in Auswüchsen der Prokrastination wie erneuter Recherche zu bestimmten Themen, formalen Arbeiten oder das Vorschieben vermeintlich dringender Arbeiten am Lehrstuhl oder in der Kanzlei. Damit Sie vom Umfang der Quellen nicht bereits vor deren Analyse demotiviert werden, sollten Sie die Abschnitte so klein halten, dass Ihre auf dem Schreibtisch aufgestapelten und in Tabellen verzeichneten Fundstücke keine Hemmschwelle für den nächsten Schritt darstellen.

Zum anderen erlaubt eine kleinteilige Untergliederung auch konkretere und deshalb realistischere Zeitpläne: Ein Zeitplan, der etwa »für den Hauptteil ein Jahr« veranschlagt, wird Ihnen bei der zeitlichen Planung nicht helfen, weil die Zahl angesichts der großen Menge an Inhalt, die hinter ihr steht, zu abstrakt ist. Vor Ablauf von 10–11 Monaten wird Sie ein solcher Zeitplan nicht zum Arbeiten anhalten. Wenn jedoch zu einem kleineren Unterpunkt zwei Monografien und vier Aufsätze vorhanden sind und der Punkt aus einer konkreten Detailfrage besteht, können Sie sich zu diesem einzelnen Punkt auch eine konkrete Zeitvorgabe machen. Weil diese dann auch realistisch ist, wird das Überschreiten dieser Zwischenfrist Sie eher ins Schwitzen bringen als das Überschreiten einer abstrakten Zahl. Die Ausrede, man habe den Umfang zu Beginn noch nicht umfassend abschätzen können oder es habe sich noch ein inhaltlicher Aspekt ergeben, den man zuvor nicht bedacht hatte, wird dann nämlich immer unwahrscheinlicher.

Wie sorgt man nun für eine noch detailliertere Binnenstruktur? Sie sollten zunächst einmal überlegen, ob Ihre erste Gliederung (das heißt im Zweifel die Gliederung aus Ihrem Exposé) so fein untergliedert ist, dass sie auch das endgültige Inhaltsverzeichnis der Dissertation bilden könnte. Davon können Sie dann ausgehen, wenn diese Gliederung bereits 5–7 Ebenen aufweist. Das dürfte jedoch selten der Fall sein, weil man das Exposé schließlich nach wenigen Monaten abgeschlossen haben und das Projekt zudem auf einem relativ knappen Raum vorstellen möchte, der es nicht erlaubt, bei den Erläuterungen zu sehr ins Detail zu gehen. Bevor man aber mit dem

227

228

229

Schreiben beginnt und sich einen (noch) konkreteren Zeitplan gibt, der so realistisch ist, dass er kontinuierlich Kopfschmerzen hervorrufen kann, sollte man deshalb eine kurze Vor-Analyse einschieben, die man zur Feinjustierung der Gliederung nutzen kann. Die Quellen, die Sie zu einem bestimmten Teil recherchiert haben, müssen zu diesem Zweck nochmals in verschiedene Gruppen oder in verschiedene inhaltliche Einzelaspekte unterteilt werden.

230 Relativ einfach lässt sich das bewerkstelligen, wenn beispielsweise der Ansatzpunkt ein normativer Begriff ist, zu dem es verschiedene Auslegungsvarianten gibt. Geht es in dem Unterpunkt zum Beispiel um das beigeführte »gefährliche Werkzeug« im Sinne von § 244 StGB[211], so lassen sich (wie so oft im Strafrecht) eine subjektive, eine objektive und eine gemischt subjektiv-objektive Auslegung unterscheiden.[212] Damit ergibt sich zugleich eine weitere Unterebene für die Überschrift »gefährliches Werkzeug«. Diese weitere Untergliederung erlaubt eine Sortierung der Quellen zu diesem Rechtsbegriff und damit zugleich eine Systematisierung der einzelnen Fundstellen. Für die Arbeit am Text bedeutet dies, dass Sie nicht alle Quellen zum »gefährlichen Werkzeug« lesen und dann Ihren Text verfassen, sondern dass Sie (zum Beispiel) nur die Quellen zur subjektiven Auslegung dieses Rechtsbegriffes lesen. Das reduziert den Leseaufwand für den aktuell bearbeiteten Unterpunkt erheblich und hilft Ihnen, relativ schnell zum Schreiben überzugehen, weil Sie zunächst nur eine Variante darstellen. Zugleich können Sie den Meinungsstand gut überblicken und deshalb tatsächlich »aus der Vogelperspektive« darstellen, was für eine knappe, auf das Wesentliche reduzierte und souveränere Darstellung sorgen kann.

231 Bei sehr komplexen Diskussionen kann es sich manchmal anbieten, vom empfohlenen Schema auszubrechen und eine Stellungnahme aus der Literatur gesondert darzustellen. Im Allgemeinen ist von einer solchen Herangehens- und Darstellungsweise abzuraten, weil sie ein Meinungsspektrum künstlich aufspaltet, den Umfang des Textes aufbläht und dem Leser die Systematisierungsarbeit überlässt, die er eigentlich von Ihrem Werk erwarten darf. Deshalb habe ich bereits oben in den Ausführungen zur Gliederung und Systematisierung des recherchierten Materials dazu geraten, verschiedene Meinungen in Gruppen darzustellen, wenn sie sich im Kern nicht unterscheiden.[213] Es sind jedoch auch Fälle denkbar, in denen eine bestimmte Meinung singulär geblieben ist oder sich nicht in eine der Gruppen einordnen lässt, weil sie einen ungewöhnlichen Ansatz verfolgt. Dann kann und sollte sie getrennt von den anderen dargestellt werden. In diesem Fall können Sie dieser Meinung auch einen gesonderten Gliederungspunkt oder jedenfalls eine gesonderte Zwischenüberschrift widmen, sodass sie auch gesondert bearbeitet werden kann. Wenn sich herausstellt, dass eine bestimmte Quelle zwar einen völlig eigenen, nicht in die gebildeten Gruppen einzupassenden Ansatz verfolgt, die Darstellung in einem eigenen Gliederungspunkt aber gleichwohl übertrieben ist, können Sie nach dem oben empfohlenen Muster zunächst eine »Arbeits-Zwischenüberschrift« bilden. Unter dieser stellen Sie die Ansicht dar und bearbeiten sie getrennt von dem restlichen Material, löschen danach jedoch die Überschrift aus dem Text. Dadurch wird die einzelne Quelle nicht mehr ausdrücklich hervorgehoben, aber dennoch isoliert dargestellt.

---

211 Ebenso: §§ 250 Abs. 1 Nr. 1a; 177 Abs. 3 Nr. 1 StGB.
212 Zum Streitstand *Fischer*, StGB, § 244 Rn. 13–24.
213 S. oben im Abschnitt § 3 F. II. 2. (Rn. 169–173).

Welche weiteren Unterteilungen und Feinjustierungen der Binnenstruktur Ihrer Arbeit sich anbieten, hängt von Ihrem Thema und der konkret betroffenen Einzelfrage ab, ebenso von dem vorhandenen Material. Als allgemeingültiger Rat kann jedoch festgehalten werden, nicht nur bei der Abfassung des Exposés, sondern auch in der Vorbereitung auf das eigentliche Schreiben möglichst detailliert und »kleinteilig« vorzugehen. Die Gliederung und die Vorbereitung des Textes, etwa in Form der grafischen Darstellung Ihrer Argumentationslinie oder in Form von zahlreichen Zwischenüberschriften, sollte so präzise und sorgfältig sein, wie es Ihnen vor der umfassenden Lektüre des gesamten Materials möglich ist. Nach dem Überfliegen, Exzerpieren und Sortieren der Quellen müssen Sie abschätzen können, ob ein Autor eine ähnliche Ansicht vertritt wie andere Ihrer Quellen und deshalb zusammen mit diesen bearbeitet und dargestellt werden kann, oder ob und inwiefern er von den anderen Ansichten abweicht.

232

Auch müssen Sie bereits bei dieser Vor-Analyse die Argumentationslinie der Quelle nachvollzogen und verstanden haben. Anderenfalls kann es sein, dass Sie erst bei der ausführlichen Auswertung bemerken, dass der Autor ein Problem aufwirft, dem Sie nachgehen müssen, oder dass er gar einen dogmatischen Aspekt übersieht, der seine Erkenntnisse fraglich macht und Sie zu einer noch tiefer gehenden Untersuchung zwingt. Wenn Sie einen inhaltlichen Aspekt innerhalb einer Quelle vermissen oder sich Zweifel an der Belastbarkeit einer Schlussfolgerung auftun, haben Sie solche Gedanken idealerweise bereits in Ihrem Exposé und in Ihren Notizen festgehalten. Diese Zweifel können dann möglicherweise sogar zu einem eigenen (inzidenten) Prüfungspunkt führen, Ihnen also auch bei der weiteren Untergliederung helfen. Auf diese Weise können sich auch aus Ihren spontan notierten Ideen und Assoziationen zu den überflogenen Quellen Ansatzpunkte für eine weitere Untergliederung geben. Nehmen Sie diese Notizen also auch zur Hand, wenn Sie die Gliederung verfeinern. Wie im Falle spontaner Einfälle bei der Analyse von Klausursachverhalten sollten Sie auch bei der Dissertation Ihre ersten Assoziationen ernst nehmen und zumindest ausdrücklich als abwegig verworfen haben, bevor die Skizzen in den Papierkorb wandern. Wenn Sie zum jeweiligen Teilaspekt noch keine Notizen gemacht haben, sollten Sie nun versuchen, der Quelle weitere Forschungsfragen zuzuordnen, welche Ihre zentralen Hypothesen und Forschungsfragen präzisieren. Stellen Sie sich vor einem neuen Abschnitt die Frage, was in diesem Teil der Arbeit herausgefunden werden soll: Worauf soll eine Antwort gegeben werden? Warum sollte Ihr Betreuer genau dieses Unterkapitel lesen?

233

Auch die Suche nach weiteren Schlagworten zu diesen Quellen lohnt sich. Unter welchen Stichwörtern würde man den kopierten Aufsatz suchen? Welche Suchbegriffe passen zu der Monografie, die Sie einem Unterpunkt zugeordnet haben? Häufig hilft die Verschlagwortung dazu, zusätzliche Rubriken zu entdecken, die dann zu einer präziseren Untergliederung führen können. Solche Schlagworte, spontane Gedanken, begriffliche Assoziationen, aber auch (Verständnis-)Fragen können sich selbstverständlich auch nach Fertigstellung des Exposés und der Gliederung Ihrer Arbeit ergeben. Diese Einfälle sollten Sie sofort notieren, idealerweise bereits in Ihre Dissertations-(*Word-*)Datei unter der passenden Überschrift. So geistreich ein Gedanke auch war – erfahrungsgemäß vergisst man selbst die zielführendsten Einfälle innerhalb weniger Tage, schließlich handelt es sich in der Regel nur um Lösungsfetzen. Damit solche möglicherweise entscheidenden Weichenstellungen und Innovationen nicht verlorengehen und dem richtigen Kapitel zugeordnet werden (häufig arbeiten Sie

234

gerade an einem anderen Teilaspekt, wenn Sie einen Einfall zu einem später zu bearbeitenden Abschnitt haben), sollten Sie diese immer festhalten.

II. Ordnung des Materials

235 Effizientes Schreiben heißt – wie gesehen – insbesondere strukturiertes Schreiben. Ohne gedankliche Vorarbeiten, ein Textskelett und/oder zahlreiche Notizen sowie Exzerpte wird es Ihnen schwerfallen, die wesentlichen Quellen in einem in sich stimmigen Text zu verarbeiten, der dennoch in einer angemessenen Zeit geschrieben wurde. Gleichzeitig ist auch davon abzuraten, vorschnell mit dem Schreiben zu beginnen. Wenn Sie das Meinungsbild in Literatur und Rechtsprechung noch nicht überblicken können, sollten Sie noch nicht am endgültigen Dissertationstext zu diesem Teilaspekt schreiben. Zu groß ist die Gefahr, dass Sie dann eine wesentliche Quelle übersehen oder sie später in einen eigentlich schon abgeschlossenen Text einarbeiten möchten und sich dies nicht ohne Brüche bewerkstelligen lässt. Alle wesentlichen Quellen zu dem Kapitel, an dem Sie schreiben, müssen Ihnen vorliegen und von Ihnen – jedenfalls kursorisch – verarbeitet werden, bevor das erste Wort geschrieben ist. Wie aber kann man diesen Rat befolgen, ohne in Material zu ertrinken, bevor man in der Lage ist, den Stift zum endgültigen Dissertationstext anzusetzen?

236 Die Antwort darauf liegt in der Zuordnung der Quellen zu konkreten Forschungsfragen, Unterabschnitten und Teilaspekten des Oberthemas. Zunächst hilft Ihnen die bereits empfohlene möglichst kleinteilige Gliederung der Arbeit. Je spezieller, konkreter der einzelne Abschnitt gefasst ist und je weniger Umfang er inhaltlich hat, desto weniger Material gilt es vor dem Schreiben auszuwerten. Die kleinteilige Vorbereitung der Arbeit am Text können Sie jedoch über die Gliederung hinaus noch weiter perfektionieren. So haben Sie bereits einzelne Quellen den einzelnen Gliederungspunkten zugeordnet. Allerdings handelt es sich häufig um ihrerseits sehr umfangreiche Werke, die in der Regel inhaltlich nicht deckungsgleich mit Ihrem Gliederungspunkt sind. Wenn Sie etwa eine Habilitationsschrift entdeckt haben, die sich mit einem Aspekt befasst, dem Sie einen eigenen Abschnitt in Ihrer Arbeit widmen möchten, so dürfte in der Regel nur ein Ausschnitt aus dieser Monografie für Ihre Zwecke relevant werden. Auch darauf können Sie bei der Zuordnung bereits achten, indem Sie die konkreten Seiten der Fundstelle (und nicht nur das Gesamtwerk) notieren, die für Ihren Unterabschnitt relevant werden. Bei der Vorbereitung auf das Schreiben lesen Sie dann nur die tatsächlich einschlägigen Seiten.

237 Diese selektive Lektüre können Sie sich erlauben, weil Sie bereits bei der Erstellung des Exposés und der weiteren Feingliederung die Fundstelle (grob) ausgewertet haben. Sie haben also schon festgestellt, ob die restlichen Passagen des Werkes für Ihre Arbeit (und sei es auch an einer späteren Stelle) noch relevant werden oder ob der Autor eine eigene, von Ihrer Konzeption oder der herrschenden Meinung abweichende Ansicht vertritt, die als dogmatische Grundlage zu der speziellen Passage berücksichtigt werden muss. Wenn dem so wäre, müssten Sie entweder diese spezielle Konzeption ebenfalls detailliert darstellen oder jedenfalls den Ausschnitt der Arbeit in diesem Licht lesen und verwerten. Da Sie sich solche Fragen aber bereits beim ersten Überfliegen der Quelle und bei der Erstellung von Abstracts und Exzerpten gestellt haben, können Sie nunmehr bei der Detailanalyse selektiv und kleinteilig vorgehen. Das beschleunigt die Verwertung der Fundstellen für einen Unterabschnitt, weil

Sie nichts für Ihr aktuelles Kapitel Irrelevantes lesen. Gleichzeitig können Sie sich dann besser auf die Aussage der Quelle zu Ihrer Detailfrage konzentrieren, weil Sie sich nicht mit Neben-Aussagen belasten, die Sie für den aktuell zu bearbeitenden Abschnitt nicht benötigen.

Diese Zuordnung konkreter Abschnitte einer Quelle zu einem Gliederungspunkt   238
können Sie auch »physisch« vornehmen. Nachdem Sie die relevanten Seiten ermittelt und notiert haben, können Sie vor der Arbeit an einem neuen Gliederungspunkt einen Stapel mit der für diesen zu berücksichtigenden Literatur bilden. Auf diesen Stapel legen Sie Kopien der tatsächlich relevanten Passagen. Im Fall von Aufsätzen oder sonstigen unselbstständigen Beiträgen (Handbuchbeiträge, Beiträge aus Festschriften) können Sie die Kopie mit einem Notizzettel bekleben, auf dem die relevanten Seiten notiert sind. Dadurch verhindern Sie, dass Sie erneut die gesamte Quelle auswerten, anstatt sich auf die aktuell einschlägigen Ausführungen zu konzentrieren. Wenn Sie eine Monografie beschafft haben, die für mehrere Abschnitte Ihrer Dissertation wertvolle Erkenntnisse liefert, lohnt sich gegebenenfalls eine doppelte Kopie einzelner Abschnitte des Werkes, damit Sie die Stapel für Ihre Gliederungspunkte nicht vermischen müssen und sich in den Kopien Notizen machen können, die nur für einen bestimmten Gliederungspunkt relevant sind. Wenn Sie eine Monografie zu einem großen Teil kopiert haben, sollten Sie aus dem Stapel kopierter Seiten die einschlägigen herausnehmen und in einer Klarsichthülle oder zusammengeheftet auf den Quellen-Stapel legen. Im Kapitel zur Recherche und der Sortierung des Materials habe ich bereits empfohlen, ein System von »Signaturen« zu entwickeln, mit dem Sie Ihre Fundstücke schnell einem Ablageort, beispielsweise einem mit einer Notation versehenen Aktenordner, zuordnen können.[214] Dieses System können Sie sich nun zunutze machen, indem Sie auf die entnommenen Seiten den Titel der Fundstelle und die Signatur notieren. Auf diese Weise können Sie den Ausschnitt nach der Fertigstellung des Einzelabschnitts, für welchen Sie ihn benötigt haben, schnell wieder den restlichen Kopien aus diesem Werk zuordnen.

Wenn Sie eine Monografie nicht kopiert, sondern lediglich entliehen haben, lohnt sich   239
die Kopie der Seiten, die für einzelne Kapitel relevant werden. Dann geraten Sie bei der Arbeit an einem Einzelaspekt nicht in Versuchung, das gesamte Werk zu analysieren, um am Ende der Analyse festzustellen, dass die Lektüre eines kleinen Ausschnitts genügt hätte. Zudem ist die psychologische Hemmschwelle niedriger, wenn der Stapel für das nächste Kapitel klein ist und Sie nicht bereits vor Beginn durch die schiere Masse an Papier erschlägt. Ein kleiner Stapel wirklich relevanter Passagen wird Sie stärker zur detailgenauen Arbeit motivieren als eine Literaturmenge, die Sie nicht in einer angemessenen Zeit bewältigen können. Auch wenn damit die Produktion großer Mengen an Altpapier verbunden ist, würde ich zur Erstellung zahlreicher ausschnittsweiser Kopien raten, um die Detailarbeit angenehmer und effizienter zu machen. Papier sollten Sie an anderer Stelle sparen.

Die Ordnung des Materials hört jedoch bei der Bildung dieser Literaturstapel nicht   240
auf. Zu jedem Stapel, das heißt zu jedem Gliederungspunkt, können Sie ferner eine Literaturliste erstellen, in der die zu berücksichtigenden Quellen mit den einschlägigen Seiten aufgelistet sind. In dieser Liste können Sie die einzelne Fundstelle über die bloße Auflistung hinaus bewerten. Denn nicht jede Quelle ist für Ihre Arbeit in gleicher

---

214 S.o. unter dem Punkt § 3 B. I. (Rn. 82–84).

Weise relevant wie die anderen. Manche Werke sind für Ihr Thema wichtiger, gehen mit mehr Überzeugungskraft auf einen bestimmten Punkt ein oder sind einfach aktueller. So ist denkbar, dass ein Teilaspekt in einer Monografie übersichtlich und aktuell dargestellt und die wesentliche Literatur ausgewertet wird. Dann können Sie diese Monografie verwenden, um Ihren eigenen Text vorzubereiten, und die übrigen Quellen lediglich in den Fußnoten berücksichtigen. Insbesondere ältere Werke sind in den gründlich vorgehenden neuen Quellen bereits verarbeitet; diese älteren Fundstellen brauchen Sie deshalb nicht mehr umfassend und detailgenau selbst zu lesen. Sie können sich dann, wenn Sie von der Qualität der aktuelleren Untersuchung überzeugt sind, auf deren Detailanalyse beschränken und die älteren Quellen nur kursorisch lesen oder in den Fußnoten berücksichtigen, sofern ihre Nennung aufgrund der Regeln zum unmittelbaren Zitieren[215] erforderlich ist.

241 In der Literaturliste, aber auch durch Notizzettel, die Sie auf die Kopien und Bücher heften, können Sie Hinweise auf die Relevanz der einzelnen Fundstelle schreiben. Werke, die bereits in einem anderen Werk soweit zusammengefasst und bewertet wurden, dass Sie sie nicht mehr selbst vollumfänglich analysieren müssen, können Sie mit einer Notiz wie »nur in den Fußnoten zu XYZ [hier kann das Unterkapitel oder eine bestimmte Aussage genannt werden] berücksichtigen« versehen. Nicht alles, was Sie später in den Fußnoten als Nachweis aufführen, müssen Sie bereits vor dem Schreiben *en détail* gelesen haben. Wenn ein anderer Autor Quellen bereits zuverlässig ausgewertet hat, können Sie dessen Werk als Basis für Ihren Text verwenden. Das gilt indes nur für diejenigen Aspekte, die nicht die zentrale Frage Ihrer Arbeit bilden. Bei der Beantwortung Ihrer Hauptforschungsfragen, also bei dem Kern Ihrer Untersuchung, sollten Sie nur in Ausnahmefällen fremde Autoren verwenden, um sich den Meinungsstand zu erschließen. Zu Ihren zentralen Thesen sollten Sie selbst alle Quellen – auch diejenigen älteren Datums – gelesen haben. Nur dann, wenn ein Werk offensichtlich überholt, seine Berücksichtigung also nur noch in einem rechtshistorischen Teil angezeigt ist, können Sie sich auf einen anderen Autor verlassen, der gleichsam als Sekundärliteratur dient.

242 In der Literaturliste oder auf den Notizzetteln, die Sie auf die Kopien heften, sollten Sie demnach die Quelle in ihrer Bedeutung für Ihre Dissertation bewerten. Handelt es sich um ein zentrales Werk für die Detailfrage? Ist die Ansicht bereits in der Literatur rezipiert und möglicherweise sogar weiterentwickelt worden? Hilft die Quelle zwar bei der Beantwortung der Forschungsfrage nicht weiter, sollte aber in den Fußnoten zu einer bestimmten Aussage berücksichtigt werden? Wird die Fundstelle von allen anderen Autoren ebenfalls zitiert (dann handelt es sich um eine Autorität für diese Spezialfrage) oder wurde das Werk nicht oder nur vereinzelt berücksichtigt? Wenn ja: Warum? Hat der Autor eine zu gewagte These vertreten? Ist sein Werk schlicht unentdeckt geblieben? Oder sind Sie der Erste, der die fremde Erkenntnis in einem anderen Kontext fruchtbar macht?

---

215 Damit ist gemeint, dass für eine Aussage stets derjenige zitiert werden muss, der die Aussage geprägt hat, nicht aber diejenigen, die später dieselbe Aussage übernommen haben. S. zu dieser Zitierregel noch unten im Abschnitt § 5 B. I. (Rn. 377–385). Die Regel, unmittelbar zu zitieren, zwingt Sie jedoch nicht, die unmittelbare Fundstelle auch tatsächlich als Erste zu lesen. Vielmehr können Sie Kommentare oder aktuelle Monografien für einen leichteren Zugang verwenden und sich die Analysearbeit Dritter zunutze machen.

Solche Fragen helfen Ihnen bei der Bewertung der einzelnen Fundstücke und führen   243
dazu, dass in dem Stapel zu einem Gliederungspunkt bereits eine Relevanz-Hierar-
chie entsteht, die Ihnen die Detailanalyse erleichtert. Sie können die Lektüre dann mit
der wichtigsten/hilfreichsten/aktuellsten Quelle beginnen und die anderen Werke
entweder erst später in den Fußnoten berücksichtigen oder jedenfalls nach dem hilf-
reicheren Text lesen. Wenn Sie eine Quelle gefunden haben, die den Meinungsstand
zuverlässig, umfassend und aktuell zusammenfasst, werden Sie die anderen Werke
nicht mehr so gründlich analysieren müssen, weil Ihnen diese Arbeit durch das aktuelle Werk abgenommen wurde. Nach der umfassenden, detailgenauen Lektüre der
wichtigsten Werke können Sie die anderen schneller lesen, als wenn Sie mit diesen
weniger einschlägigen Werken begonnen hätten. Die richtige Reihenfolge bei der
Auswertung Ihrer Fundstellen sorgt dadurch ebenfalls für effizienteres Schreiben.

III. Zeitplanung

1. Wissenschaftsplanung und Selbstdisziplinierung

Grundsätzlich ist damit der Weg für eine effiziente Textproduktion bereitet: Sie ha-   244
ben Ihr Thema so detailgenau gegliedert wie möglich. Außerdem haben Sie jedem
Gliederungspunkt nur die Textpassagen zugeordnet, die Sie für diesen Abschnitt be-
nötigen, und diese ferner nach ihrer Relevanz priorisiert, sodass Sie die Literatur in
der richtigen, da effektivsten Reihenfolge lesen. Die äußeren Bedingungen für das
Schreiben sind damit geschaffen. Ein äußerer Einfluss, an den Sie während des Studiums und im Referendariat gewöhnt waren, ist dem Promovieren aber fremd: der
Zeitfaktor. Während für Haus- und Seminararbeiten eine Abgabefrist galt und die
Examensvorbereitung durch den gewählten Termin bestimmt wurde, läuft für die
Abgabe der Dissertation als solche keine Frist. Außer bei auslaufenden Stipendien
– bei Drittmittelförderung, etwa im Rahmen eines DFG-Projekts – oder dem seltenen Fall, dass Ihr Betreuer Ihnen eine feste Frist setzt, haben Sie bei der Erstellung
Ihrer Arbeit keinen äußeren Zeitdruck. Gleichzeitig ist es gerade die Erfahrung, dass
die Zeit voranschreitet, der Text aber mit ihr nicht mithalten kann, die vielen Doktoranden schlaflose Nächte bereitet. Zurückzuführen ist dies zumeist entweder auf einen übertriebenen Perfektionismus – wenn der Zeitablauf schon keine Grenze setzt,
kann das Bedürfnis, zügig fertig zu werden, schließlich auch keine Qualitätsabstriche
rechtfertigen – oder auf das Gegenteil, nämlich eine zu große Lockerheit. Gerade in
der ersten Phase werden Sie es wahrscheinlich als Befreiung empfinden, nicht mehr in
das (auch in zeitlicher Hinsicht) starre Korsett der Examensvorbereitung geschnürt
zu sein, sondern erst dann ein Teilprojekt abschließen zu müssen, wenn man mit dem
Ergebnis zufrieden ist.

Diese Freiheit – die Sie zu Recht genießen dürfen, wird sie doch möglicherweise in   245
Ihrem Berufsleben singulär bleiben – ist jedoch eine tückische Freundin. Zwar zwingt
Sie niemand zur Abgabe. Ist jedoch einmal ein langer Zeitraum verstrichen, werden
Sie nicht nur bald selbst unruhig werden, sondern es werden sich auch die scheinbar
harmlosen Fragen Ihres Partners, des Betreuers, der Eltern oder auch von Freunden
häufen. Schon die einfache Frage danach, »wie es denn mit der Diss läuft«, wird nach
Ablauf einer gewissen Zeitspanne Ihre vormals freundliche Miene binnen Sekunden
versteinern. Viele Doktoranden bemerken erst zu diesem Zeitpunkt, dass die große
Freiheit auch eine Schattenseite haben kann und dass es auch für Doktoranden nicht

irrelevant ist, wie lange sie schon mit ihrem großen Projekt beschäftigt sind. Oft ist das Kind in solchen Momenten allerdings schon in den Brunnen gefallen, weil schon zu viel Zeit verstrichen ist.

246 Am Ende des Studiums wussten Sie, wie Sie von Beginn an hätten studieren sollen. Genauso würden Sie in der oben beschriebenen Lage feststellen, dass Sie sich lieber von Beginn an etwas mehr diszipliniert hätten als später eine solch unangenehme Phase durchzumachen. Am besten vermeiden Sie diese Erfahrung (jedenfalls als Extremsituation), indem Sie sich während der gesamten Promotionsphase Zeitvorgaben setzen. Machen Sie – so unwissenschaftlich und widersinnig Ihnen dies zunächst erscheinen mag – aus Ihrer freien Zeit einen starren Tagesablauf mit festen Fristen! Dass Fristen für die Dissertation nicht völlig abwegig sind, dürfte Ihnen spätestens dann einleuchten, wenn Sie sich in Erinnerung rufen, dass Sie schließlich auch eine Vorstellung von der gesamten Dauer Ihres Promotionsverfahrens hatten. Wenn Sie aber schon am Anfang der Arbeit sagen konnten, dass Sie innerhalb von zwei Jahren das Werk geschrieben haben möchten, warum können Sie sich dann nicht im Laufe dieser zwei Jahre Fristen für wesentlich kleinere Ziele setzen?

247 Die Erfahrung lehrt, dass sich durchaus zeitliche Vorgaben für einzelne Abschnitte der Arbeit machen lassen. Wenn Ihr Gesamtziel – zum Beispiel zwei Jahre für die Erstellung der Dissertation – realistisch ist, warum können Sie dann nicht eine Frist von anderthalb Jahren für die Erstellung des Hauptteils veranschlagen, wenn dieser laut Ihrem Exposé ungefähr zwei Drittel des Inhalts einnimmt? Auf die einzelnen Gliederungspunkte heruntergebrochen, wird die Planung dann wesentlich konkreter und auch einfacher. Das ist im Übrigen einer der Hauptgründe für eine möglichst kleinteilige Gliederung der Arbeit, bevor Sie mit dem Schreiben des Textes beginnen: die Möglichkeit zu einer genaueren Zeitplanung, das heißt die Möglichkeit, sich mit realistischen Vorgaben zu disziplinieren. Die Vorgabe »anderthalb Jahre für den Hauptteil« wird Ihnen im ersten Halbjahr wohl noch keine schlaflosen Nächte verursachen. Wenn Sie allerdings ein konkretes Programm für die Einleitung haben, einschließlich der dogmatischen Grundlagen und der zu definierenden Begriffe, und sich dafür eine Frist von zwei Monaten setzen, dann dürfte durchaus etwas Unruhe einkehren, wenn Sie nach anderthalb Monaten feststellen, dass bislang lediglich eine Seite geschrieben ist. Sie können dies vergleichen mit der kaum disziplinierenden Zeitvorgabe »anderthalb Jahre für die Vorbereitung auf das Erste Staatsexamen« – im Vergleich zur recht konkret überschaubaren Vorgabe »ein Monat für BGB AT und StGB AT«. Genau diesen Effekt sollten Sie mit Ihrer Zeitplanung erzielen.

248 Auf diese Weise bemerken Sie frühzeitig, ob Sie Ihre eigene Leistungsfähigkeit und die Komplexität der Aufgabe realistisch einschätzen, und können noch gegensteuern, bevor es zu spät ist. Ich will konzedieren, dass mit einer solchen Selbstdisziplinierung durch Mikro-Fristen auch eine gewisse Eintönigkeit und Freudlosigkeit einhergehen kann, erzeugen Fristen doch ein latent schlechtes Gewissen. Sie werden jedoch über gewisse Disziplinierungsmaßnahmen nicht hinwegkommen, wenn Sie sich ein zeitliches Ziel für das Gesamtprojekt gesetzt haben – und das wiederum dürften die meisten Doktoranden getan haben.

249 Die fristgerechte Produktion von Texten scheint zwar auf den ersten Blick unwissenschaftlich zu sein. In jedem Bereich juristischer Tätigkeit, auch in der Wissenschaft, muss jedoch ein vernünftiges Maß zwischen der Bedeutung der Aufgabe, dem Ertrag und dem nötigen Aufwand bestehen. Perfektionismus dürfte eine der wichtigsten

Eigenschaften von Wissenschaftlern sein, ist jedoch häufig auch ihr größter Feind. Auch für wissenschaftliche Texte, die idealerweise sämtliches Wissen der Welt zu einem Teilaspekt verarbeiten und zu allem Überfluss daraus sogar noch eine völlig neue Erkenntnis ziehen, gelten gewisse ökonomische Regeln. Sie müssen als Doktorand auch die Fähigkeit entwickeln, die gebotene, bei guten Doktoranden vorhandene »innere Gründlichkeit« so zu beherrschen, dass Sie nach angemessener Zeit zu einem gut begründeten, vernünftigen Ergebnis kommen können. Sie sollten sich erneut klarmachen, dass nicht jeder Teil Ihrer Dissertation vor Kreativität sprühen und völlig Neues bringen kann. Große Teile der Arbeit verlangen eher nach akkurater, methodisch sauberer Arbeit – despektierlich gesprochen: Wissenschaft ist zu großem Teil rechtsmethodisches und -dogmatisches Handwerk. Von daher ist es auch möglich, die Arbeit an der Dissertation als Arbeit im wörtlichen Sinne zu organisieren. Sie sind zwar zeitlich und inhaltlich als Doktorand völlig frei; erfahrungsgemäß wird es bei den meisten Doktoranden jedoch den größten Ertrag bringen, wenn Sie Ihre Promotionsphase wie einen Job angehen und dementsprechend zeitlich planen. Ich selbst habe mit einer solchen Planung gute Erfahrungen gemacht – gestehe jedoch, dass sie meinem Naturell entgegenkam.

2. Feste Tagesabläufe als Basis

Ähnlich wie für die Tätigkeit in einer Anwaltskanzlei, als Richter oder als wissenschaftlicher Mitarbeiter sollten Sie in zweierlei Hinsicht planen: Zum einen sollten Sie sich einen regelmäßigen Tagesablauf angewöhnen, damit Sie Schreibroutine entwickeln und Ihr Biorhythmus eine bestimmte Zeit des Tages als Arbeitszeit gespeichert hat. Erfahrungsgemäß ist derjenige am effizientesten, dessen Arbeit nach einer förderlichen Struktur abläuft, die der Betroffene so verinnerlicht hat, dass er sie sich nicht mehr aufzwingen muss. Dann sind Sie in der Lage, Ihre gesamte Energie auf die inhaltliche Arbeit an der Dissertation zu stecken, ohne sich ständig Gedanken über die Organisation dieses Marathons zu machen. Wenn Sie sich also einen bestimmten Tagesablauf angewöhnen, wird das wissenschaftliche Handwerk für Sie zu einem Automatismus. Diese Struktur hilft Ihnen, den Kopf für die erforderlichen kreativen Einfälle freizuhalten, mit denen Sie das wirklich Neue in Ihre Arbeit bringen.[216] Auch für das wissenschaftliche Schreiben ist es förderlich, wenn Sie die Produktion von Texten zu Ihrer täglichen Arbeit machen. Dementsprechend empfehlen einige Leitfäden für Doktoranden auch zu Recht, sich einen festen Tagesablauf zu schaffen, ergänzt um eine feste Umgebung für die Promotionstätigkeit.[217] Diese Fixpunkte halten Ihren Kopf frei. Das Beispiel *Immanuel Kants* ist berühmt geworden: Ihm wird ein starrer, immer gleicher Tagesablauf nachgesagt, der sogar den mittäglichen Spaziergang einbezog. Und mangelnde Wissenschaftlichkeit und Originalität kann man dieser Größe der deutschen Philosophie und Rechtswissenschaft wahrlich nicht vorwerfen.

Achten Sie darauf, die Zeiten Ihrer tatsächlichen Leistungsfähigkeit und Ihrem Biorhythmus anzupassen. Sie werden mit Ihrem Tagesplan keinen Erfolg haben, wenn

250

251

---

216 *Franck*, in: Franck/Stary, Die Technik des wissenschaftlichen Arbeitens, S. 111, formuliert treffend: »Handwerk ist ein goldener Boden für Kreativität.«

217 Vgl. etwa *Knigge-Illner*, Der Weg zum Doktortitel, S. 142 (»Führen Sie ›Geschäftszeiten‹ für Ihre Doktorarbeit ein«); *Riedenauer/Tschirf*, Zeitmanagement und Selbstorganisation in der Wissenschaft, S. 146; *v. Werder*, Lehrbuch des wissenschaftlichen Schreibens, S. 102.

Sie jeden Tag zwei Stunden mehr einplanen, als Ihr Körper zu konzentrierter Arbeit in der Lage ist. Gleiches gilt, wenn Sie von sich kreative Arbeit zu einer Tageszeit verlangen, zu der Sie nicht Ihr Leistungshoch haben. Seien Sie also ehrlich zu sich und legen Sie eine zwar ambitionierte, aber realistische Zeit für die tägliche Arbeit an der Dissertation fest und legen Sie diese auf die Tageszeit, zu der Sie üblicherweise die kreativsten Gedanken haben. Sie werden nicht zuletzt in Ihrer Vorbereitung auf die beiden Staatsexamen festgestellt haben, wie viele Arbeitsstunden am Tag realistisch sind und wann Sie diese verbringen sollten.[218] Erfahrungsgemäß werden Sie Ihr Tagespensum im Verhältnis zur Examensvorbereitung nicht steigern können – jedenfalls nicht für die gesamte Dauer des Promotionsverfahrens, weil Sie für die Arbeit an der Dissertation noch fitter, ausgeschlafener und kreativer sein müssen als für die Wiederholung des Examensstoffes. Planen Sie deshalb auch genügend Pufferzeiten ein, damit Sie Ihren Arbeitsplan auch dann einhalten können, wenn Sie einmal aus Versehen fünf Minuten unkonzentriert waren.[219] Denken Sie im Interesse Ihrer Gesundheit aber auch daran, nicht nur die Arbeitszeit, sondern auch den Feierabend ernst zu nehmen. Wer, wenn es einmal »gut läuft«, immer weiter arbeitet, bis ihn die Erschöpfung in den Feierabend zwingt, wird selten am nächsten Tag ebenso produktiv sein. In der Regel ergibt sich in der Wochenarbeitszeit kein großer Unterschied zu einem stur durchgehaltenen 8- oder 9-Stunden-Arbeitstag, wenn man den Verlust an Produktivität am Folgearbeitstag mit dem überobligatorisch Geleisteten eines »Power«-Arbeitstages verrechnet. Ein pünktlicher Feierabend kann auf die Dauer Ihre Produktivität sichern.

252 Achten Sie außerdem darauf, dass Sie während Ihrer Arbeitszeit im Allgemeinen auch wirklich ungestört sind. Zu der anvisierten Zeit sollte es also in der jeweiligen Umgebung – häusliches Arbeitszimmer, Büro, Bibliothek – nicht zu laut sein und Sie sollten darauf achten, externe Störfaktoren möglichst auszuschalten. Ständige Unterbrechungen durch Telefonanrufe, E-Mails, *WhatsApp*-Nachrichten, Messenger-Dienste, den kurzen Blick auf das *Facebook*-Profil oder den Nachrichtencheck reißen Sie immer wieder aus der Arbeit und zwingen Sie dazu, sich neu konzentrieren zu müssen. Idealerweise verbringen Sie die »Promotionsstunden« des Tages offline und nutzen das Internet nur zu festen Zeiten und Zwecken, etwa um einzelne Aufsätze online aufzurufen und auszudrucken. Ihr Freundes- und Bekanntenkreis wird es sicherlich auch verschmerzen können, wenn Sie »nur« zweimal am Tag kontrollieren, ob neue Nachrichten eingegangen sind. Auch hier sollten Sie realistisch sein: Überlegen Sie vor der konkreten Planung des Gesamtprojektes, aber auch der einzelnen Arbeitstage, welche laufenden Verpflichtungen Sie haben und wodurch Sie in Ihrer Arbeit üblicherweise unterbrochen werden. Machen Sie dazu am besten eine Liste, die alle Ablenkungen – auch die erfreulichen und nötigen – enthält.[220] Dazu zählen die oben genannten digitalen Ablenkungen ebenso wie regelmäßige Treffen mit Freunden, Aktivitäten mit dem Partner, Sport oder Nebenjobs. Für solche Aktivitäten lohnt es sich dann auch, die Arbeit pünktlich am Abend zu beenden.

---

218 Ausführlicher zum Zeitmanagement und zur Tagesplanung *Klaner*, Richtiges Lernen für Jurastudenten und Rechtsreferendare, insb. S. 45–108.

219 *Knigge-Illner* (Der Weg zum Doktortitel, S. 141) empfiehlt gar, die geschätzte Zeit mit dem Faktor 2,5 zu multiplizieren, um den realistischen Zeitbedarf zu ermitteln.

220 S. zur Zeitplanung auch *Theisen*, Wissenschaftliches Arbeiten, S. 36–39.

Rechnen Sie jedoch damit, dass Sie auf jeden Fall einige Aktivitäten zurückschrauben   253
müssen, wenn Sie eine gute Arbeit in angemessener Zeit schreiben möchten, und bitten Sie bereits im Voraus Ihre Umgebung um Verständnis für Ihre neue Haupttätigkeit, aber auch für den straffen Arbeits- und Tagesplan.[221] Nicht alle werden für Ihr
Projekt dieses Verständnis aufbringen, geschweige denn möchten sie auch noch aktiv
Unterstützung leisten. Sie sollten daher auch damit rechnen, einige Enttäuschungen
im privaten Bereich erleben zu müssen. Im Idealfall beschränken sich diese negativen
Erfahrungen auf enttäuschte Mitstreiter aus Sport-Gruppen, im schlimmsten – aber
keinesfalls seltenen – Fall kann die Arbeit an der Dissertation auch die Partnerschaft
schwer belasten. Seien Sie sich deshalb bewusst, welcher Herausforderung Sie sich
stellen, und planen Sie deshalb umso akribischer Ihre Tage, um das Maximum aus der
Ihnen zur Verfügung stehenden Zeit herauszuholen. Wenn Sie merken, dass bestimmte Tätigkeiten oder Menschen Sie nur negativ beeinflussen, sollten Sie in Ihrem eigenen Interesse auf Abstand gehen – seien Sie »selektiv antisozial«[222].

3. Ergebnisorientiertes Arbeiten durch Tages- und Wochenpläne

Mit dem strukturierten Tagesablauf allein ist es jedoch noch nicht getan. Sie haben es   254
schon während der Examensvorbereitung festgestellt: Durch reinen Zeitablauf wird
man nicht klüger und mancher Arbeitstag verstrich, ohne dass wirklich Informationen ins Langzeitgedächtnis gebrannt wurden. Leider war jedoch nur relevant, was
man während der Examenswoche noch wusste; wie lange man dafür gearbeitet hat
und wie viel man gelesen hatte, war irrelevant. Nicht anders ist es bei der Dissertation. Auch hier zählt letztlich nur, ob ein gehaltvoller Text produziert wurde – egal
wie lange man dafür gebraucht hat und wie fleißig man gewesen ist. »Das Promovieren« ist eben doch kein »Job«, wie man ihn sonst kennt. Denn jeder Arbeitnehmer
hat zumindest nach dem Absolvieren des Arbeitstages seine wesentliche »Leistung«
erbracht. Der Doktorand, der sich zu kontinuierlichem, strukturiertem Arbeiten
zwingt, aber dennoch keinen Text produziert, hat im Ergebnis nichts geleistet.

Zu einer festen Arbeitsumgebung und einem strukturierten Tagesablauf muss daher   255
noch ein zweites Element kommen, nämlich eine ergebnisorientierte Planung. Auch
wenn die Tagesplanung schon zu einer effizienten Arbeitsweise führen wird, müssen
Sie als Doktorand immer ergebnisorientiert arbeiten: Es zählt am Ende nur, was Sie in
Papierform abgeben. Auch darauf muss sich demnach Ihre Arbeitsplanung beziehen.
Setzen Sie sich Fristen, die realistisch sind und gleichzeitig so kurz, dass Sie die Einhaltung laufend kontrollieren können. Ideal sind Wochenfristen[223], sofern Sie in der
Arbeit ausreichend fortgeschritten sind, das heißt einen Überblick über die Gesamt-
problematik haben und über die nötigen Quellen verfügen. Einen Zeitraum von 1–
2 Wochen können Sie gut planen (zum Beispiel fünf volle Tage für das Einlesen, für
Notizen, Exzerpte und gegebenenfalls weitere Kopien, fünf weitere Tage für das Ausformulieren und die Kontrolle der Zitate) und nachhalten. Eine etwa monatliche Ergebniskontrolle lässt Ihnen genug Freiraum – etwa wenn ein oder zwei komplette
Tage unvorhergesehen durch Krankheit ausfallen –, ist aber dennoch so engmaschig,

---

221 Lesenswert dazu *Knigge-Illner*, Der Weg zum Doktortitel, S. 120–161. S. auch *v. Werder*, Lehr-
     buch des wissenschaftlichen Schreibens, S. 102.
222 *Bolker*, Writing Your Dissertation in Fifteen Minutes a Day, S. 67.
223 *Kruse* (Keine Angst vor dem leeren Blatt, S. 247) sieht in einer Woche die Obergrenze für einen
     überschaubaren Zeitraum.

dass Sie sich nicht verzetteln, sondern sich laufend über die Realisierbarkeit des Gesamtplans vergewissern.[224]

256 Sie können diese Ergebniskontrolle noch unterstützen, indem Sie Wochenprotokolle erstellen, in denen Sie festhalten, mit welchen Tätigkeiten Sie wie viel Zeit verbracht haben und welche Ergebnisse Sie bis zum Ende der Woche erreicht haben.[225] An dieser Stelle sehen Sie erneut den Sinn einer kleinteiligen Untergliederung der Arbeit vor der Arbeit am Text. Auf diese Weise können Sie den Fortschritt der Arbeit auch zeitlich planen und sich wochenweise Fristen setzen. Die Gliederungspunkte sind in ihrem Umfang klein genug, um sie innerhalb von wenigen Arbeitstagen bis zu einigen Wochen zu bewältigen. Damit sind sie auch zeitlich gut planbar. Dazu passt es, wenn zum Beispiel empfohlen wird, die Doktorarbeit als Zusammenfassung von zehn Seminararbeiten zu planen.[226]

257 Mit dieser dauerhaften Festlegung kleinerer Tages- und Wochenprojekte und den damit einhergehenden Fristsetzungen setzen Sie sich zwar laufend selbst unter Druck und plagen Ihr Gewissen – ähnlich einem Anwalt, der ständig den nächsten Fall erledigen muss. Allerdings schaffen Sie sich dadurch gleichzeitig auch laufend die Möglichkeit zu kleinen Erfolgserlebnissen. Jedes Mal, wenn Sie ein Unterkapitel in der vorgesehenen Zeit fertiggestellt haben, haben Sie ein kleines Ziel erreicht. Haben Sie sich erst einmal an diese Herangehensweise an die wissenschaftliche Arbeit gewöhnt, denken Sie nicht mehr in zu großen Dimensionen, die auch lähmend wirken können, sondern in kleinen, realistischen Etappen, deren Erreichung jeweils ein Ziel darstellt. Wenn Sie sich noch kleinere Belohnungen überlegen – freilich solche, die sich mit dem klassischerweise kleinen Geldbeutel eines Doktoranden vereinbaren lassen –, kann das laufende »Controlling«[227] durch Mikro-Fristen zu einem echten Motivationsfaktor werden.

258 In diese Evaluation können Sie neben der bloßen Ergebniskontrolle (Habe ich das Kapitel tatsächlich in der vorgesehenen Zeit fertiggestellt?) auch qualitative und emotionale Aspekte einfließen lassen.[228] Warum habe ich es in der Kalenderwoche X nicht geschafft, mich zum regelmäßigen Arbeiten zu motivieren? Warum hat gerade die Fertigstellung des Aspektes Y so viel Zeit in Anspruch genommen? Bin ich mit allen Teilen des Textes zufrieden? An welcher Stelle habe ich zwar das formale Ziel – den fertigen Text – erreicht, bin aber mit der Sprache und/oder der Argumentation nicht zufrieden? Notieren Sie sich auch solche Einschätzungen, zum Beispiel in einem gesonderten »Evaluationsheft«. Wenn Sie sich kritisch mit diesen Wertungen auseinandersetzen, werden sie Ihnen helfen, Störfaktoren in Ihrer täglichen Arbeit zu er-

---

224 Für regelmäßige Evaluation des eigenen Projekts auch *Riedenauer/Tschirf*, Zeitmanagement und Selbstorganisation in der Wissenschaft, S. 151.

225 *Knigge-Illner*, Der Weg zum Doktortitel, S. 148 f. (Wochenprotokolle als Einstieg in das Zeitmanagement).

226 *Möllers*, Juristische Arbeitstechnik und wissenschaftliches Arbeiten, § 8 Rn. 18. Sofern Ihnen ein solcher Zuschnitt möglich ist, ist dies jedenfalls eine zeitlich realistische Einschätzung, wenn man für eine Seminararbeit eine reine Arbeitszeit von 4–6 Wochen berechnet und auch noch Phasen der Erholung, Urlaube und Feiertage in die Planung mit einbezieht. Auf diese Weise käme man auf eine gesamte Promotionsdauer von ca. anderthalb Jahren – bei kontinuierlicher Arbeit. Das deckt sich im Wesentlichen mit meiner zeitlichen Einschätzung, s.o. unter § 2 B. (Rn. 57).

227 Vom »Promotionscontrolling« spricht auch *Knigge-Illner*, Der Weg zum Doktortitel, S. 152.

228 Ebenso (mit weiteren Beispielen) *Knigge-Illner*, Der Weg zum Doktortitel, S. 152 f.

kennen und festzustellen, ob Ihre Probleme eher organisatorischer oder inhaltlicher Art sind.

4. Schreiblimits

An einigen Stellen Ihrer Gliederung wird es Ihnen schwerfallen, vor dem Schreiben 259 den Zeitbedarf für den Gliederungspunkt einzuschätzen. Mitunter werden Sie auch einen wichtigen Punkt, insbesondere eine dogmatisch anspruchsvolle Frage, nicht in Einzelaspekte aufteilen können – entweder weil Sie das Problem noch nicht vollständig durchdrungen haben, also nicht wissen, welche logischen Einzelteile das dogmatische Puzzle vorhält; oder weil es sich um eine Frage handelt, die so komplex ist, dass man sie nicht in wochenweise abzuarbeitende Teile aufspalten kann. Für solche Abschnitte müssen Sie sich also ein großzügigeres Zeitlimit setzen, das bis zu einigen Monaten reichen kann. Eine Zeitvorgabe von mehreren Monaten ist indes schwierig zu überprüfen und wirkt nur wenig motivierend und diszilinierend. Für diese Gliederungspunkte benötigen Sie deshalb einen anderen, zusätzlichen Maßstab, um Ihren Arbeitsfortschritt zuverlässig kontrollieren zu können.

Es bietet sich hierzu an, sich ein »Schreiblimit« für einen bestimmten Zeitraum zu 260 setzen. Beobachten Sie sich dazu in der ersten Phase Ihrer Arbeit am Dissertationstext aufmerksam. Wie viel Literatur können Sie an einem Tag lesen? Wie viele Seiten produzieren Sie in einer Woche in einem Kapitel, dessen Quellen Sie zuvor recherchiert und kopiert haben? Sie werden relativ bald feststellen, wie schnell Sie eine Seite Dissertationstext schreiben können, die tatsächlich auch als endgültiger Text stehen bleiben kann. Dann sind Sie auch in der Lage, sich ein realistisches Tageslimit für die Textproduktion zu setzen. Damit ist nicht gemeint, sinnlos Inhalte aufzublasen und Text zu produzieren, der für den Fortgang Ihrer Arbeit nicht erforderlich ist. Vielmehr sollten Sie an dem Werk arbeiten, wie Sie es in der Gliederung und im Exposé festgelegt haben, und lediglich darauf achten, eine bestimmte Menge Dissertationstext in einer bestimmten Zeit »zu produzieren«. Erfahrungsgemäß führt eine solche Vorgabe automatisch dazu, dass auch die Arbeit an dem Unterpunkt in einer angemessenen Geschwindigkeit voranschreitet.

Hinweis: Meine persönliche Erfahrung war es, dass ich nicht mehr als 30 Seiten Dissertationstext in einem Monat schreiben konnte. Diese Zahl war aber erst realisierbar, als ich bereits einen guten Überblick über die Gesamtproblematik und die inhaltlich-dogmatischen Grundlagen zu dem jeweiligen Gliederungspunkt hatte, das Material besorgt war und der Monat auch tatsächlich – um es im Juristendeutsch zu sagen – vollumfänglich für das Promovieren zur Verfügung stand. Das war selbstverständlich nicht zu jedem Zeitpunkt der Fall, insbesondere brauchte es dazu auch eine gewisse Einarbeitungsphase. Je nach Schreibstil und Stadium in der Dissertation sowie abhängig von der Ihnen für den betroffenen Zeitraum zur Verfügung stehenden Zeit für die Doktorarbeit müssen Sie sich die für Sie realistische Vorgabe selbst ermitteln. Die Vorgabe sollte aber so ambitioniert sein, dass Sie auch tatsächlich eine Herausforderung darstellt, sonst wirkt ein Schreiblimit eher ent- als beschleunigend. 261

IV. Schreibtraining

1. Bewusstes Schreiben und stilistische Vorbilder

262 Der letzte Baustein zum effizienten Schreiben zeigt, dass wissenschaftliche Arbeit nicht nur aus reiner Kreativität, Begabung und genialen Einfällen besteht, sondern zu einem großen Teil auch aus solidem Handwerk. Bereits im Studium konnte Begabung für die Rechtswissenschaft allein Ihnen zwar einen schnellen Zugang und manchen Erfolg verschaffen, reichte aber noch nicht zu einem guten Klausurschnitt aus. Dazu war harte Arbeit und bisweilen recht stupide, handwerkliche Wiederholung nötig. Nicht anders verhält es sich mit der Dissertation. Mögen Sie auch eine Begabung für das wissenschaftliche Schreiben und für das Verfassen von Texten und das Ausformulieren eigener Gedanken haben. Mitentscheidend für die Fähigkeit, in angemessener Geschwindigkeit wissenschaftlichen Standards genügende, in korrekter Fachsprache formulierte Texte zu schreiben, ist die eigene Übung im Schreiben.

263 Übung erlangen Sie als aufmerksamer Leser zunächst rein passiv: nämlich durch die Lektüre fremder Texte. Manche Begriffe werden Ihnen in der Ausbildung »eingetrichtert«, andere Fachtermini übernehmen Sie, weil Sie ihnen beim Lesen so häufig begegnen, dass sie sich unterbewusst verfestigen. Auch Stilmittel und Darstellungstechniken, insbesondere bei der Präsentation der unvermeidlichen Meinungsstreitigkeiten, prägen sich Ihnen auf diese Weise ein. Selbst wenn Sie sich nicht aktiv darum bemühen, übernehmen Sie doch unterbewusst bestimmte Muster fremder Texte, die Sie selbst überzeugt haben. Es lohnt sich jedoch auch, fremde Texte bewusst auf ihre sprachliche Gestaltung hin zu untersuchen. Probieren Sie dies einmal mit ein paar Texten aus, die Sie entweder stilistisch oder inhaltlich besonders ansprechend fanden: Warum gefiel Ihnen die Argumentation(stechnik) besser als die anderer Autoren? Wie baut der Autor Meinungsstreitigkeiten auf? Welche Überleitungen zwischen Kapiteln, den Ansichten verschiedener Quellen, aber auch zwischen einzelnen Sätzen werden verwendet? Schreibt der Autor mehr aktiv oder passiv? Werden lange oder kurze Sätze verwendet? Wie sieht es mit sprachlichen Bildern aus? Auch Bücher zu Stilkunde oder Rhetorik können, als gelegentliche Feierabendlektüre genossen, Ihre Sprache verbessern.[229]

264 Notieren Sie sich das, was Ihnen ge- und missfallen hat.[230] Denn das, was Sie an einem Text stört, gefällt möglicherweise auch den Lesern Ihrer Arbeit nicht. Das, was Ihnen gefallen hat, lesen möglicherweise auch Ihre Gutachter gern. Zudem schult es Ihr Sprachvermögen, wenn Sie die Lektüre und das Schreiben von Texten nicht nur intuitiv betreiben, sondern Ihr natürliches Sprachgefühl, Ihre intuitive Eloquenz um rationale Sprachanalyse ergänzen. Wenn Sie sich über den Gebrauch eines Wortes unsicher sind, lohnt sich ein Blick in den Duden »Richtiges und gutes Deutsch« (»Das Wörterbuch der sprachlichen Zweifelsfälle«), der nicht nur ein Verzeichnis von erläuterten Wörtern enthält, sondern auch Regeln zur Rechtschreibung und Zeichen-

---

229 Empfehlenswert sind insbesondere folgende Werke: *Gast*, Juristische Rhetorik, 5. Aufl. 2015; *Reiners*, Stilfibel, 2. Aufl. 2009; *Walter*, Kleine Stilkunde für Juristen, 3. Aufl. 2017 und die Seiten 183–230 aus *Eco*, Wie man eine wissenschaftliche Abschlußarbeit schreibt, 13. Aufl. 2010.

230 *Knigge-Illner* (Von der Idee zum Text, S. 188) empfiehlt sogar, eine Liste mit Begriffen zu führen, die man in der eigenen Arbeit verwenden möchte. Im Gegenzug empfiehlt sie auch, zur Übung schlechte Texte zu verbessern (a.a.O., S. 190).

setzung.[231] Auf diese Weise verbessern Sie Ihre Texte kontinuierlich und bewusst. Sie werden bestimmte Muster entdecken, die von Autoren immer wieder verwendet werden. Sie werden feststellen, welche Stilmittel, Begriffsmünzen und Standard-Überleitungen sich besonders eignen, um einen Text lebendig und überzeugend auszugestalten, und sich diese Stilmittel nach und nach aneignen.

Haben Sie jedoch stets auch ein Auge darauf, dass diese in Ihren Texten keine   265
Fremdkörper bilden. Nicht jedes sprachliche Mittel wird zu Ihren Texten passen, manches wird gar gekünstelt wirken, wenn Sie es in Ihre intuitiv formulierten Sätze einfügen. Lesen Sie deshalb – mit einigem zeitlichen Abstand – auch Ihre eigenen Texte kritisch und analysieren Sie sich selbst, wie Sie es auch mit den fremden Texten getan haben. Eine zweite Warnung lässt sich anschließen: Die meisten wissenschaftlichen Texte werden schwerlich als stilistische Vorbilder taugen, ist doch ein weitschweifiger, unverständlicher, prätentiöser Stil häufiger anzutreffen als abwechslungsreich, präzise und verständliche wissenschaftliche Literatur. Hüten Sie sich also davor, fremde Texte zu schnell zu einem Vorbild zu machen[232], auch wenn sie von vermeintlichen Autoritäten stammen. Nicht immer haben diese Wissenschaftler ihre Meriten mit ihrer Formulierungskunst erworben. Sie sollen lernen, nicht nachahmen.[233]

2. Schreibübungen

Damit Sie Ihren eigenen Stil entwickeln und auch in der Lage sind, souverän und   266
flüssig in ihm zu schreiben, ist schließlich vor allem eines wichtig: Übung. Schreiben Sie so oft und so viel, wie Sie können. Solange Sie sich nur lesend und durch Notizen mit Ihrer Dissertation beschäftigen, wird die Ehrfurcht vor Ihrem Thema wachsen und Sie werden dadurch eine Scheu vor dem Schreiben entwickeln, weil Sie zum Ausformulieren Ihrer Gedanken eine immer größere Distanz entwickeln. Schreiben sollte für Sie aber eine natürliche Ausdrucksform, eine alltägliche Tätigkeit werden. In der Literatur zum wissenschaftlichen Schreiben wird denn auch häufig dazu geraten, unabhängig von Art und Inhalt des Geschriebenen regelmäßig zu schreiben.[234]

Die Rechtswissenschaft ist zwar durch lange schriftliche Prüfungen geprägt, sodass   267
Sie das Schreiben akademischer Texte gewöhnt sind. Allerdings können diese Prüfungen, die durch den auf die Dauer spröden Gutachtenstil[235] und stur angewandte Schemata geprägt sind, kaum Ihr volles sprachliches Können herausfordern. Zu starr ist das methodische Korsett, das auch die sprachlichen Varianten stark einschränkt. Nun sollen Sie sogar Ihr eigenes rechtswissenschaftliches Buch verfassen und – rufen wir uns erneut die Qualitäten einer guten Dissertation in Erinnerung[236] – zugleich

---

231 *Duden*, Das Wörterbuch der sprachlichen Zweifelsfälle. Richtiges und gutes Deutsch, 8. Aufl. 2016. S. dort z.B. die Regeln für Briefe (beim Stichwort »Brief«) oder Fragen wie solche zur Apposition, zur Kommasetzung oder zu Partizipien. S. auch *Eisenberg*, Deutsche Orthographie, 2017.

232 *Franck*, in: Franck/Stary, Die Technik des wissenschaftlichen Arbeitens, S. 111 (116 f.).

233 *Franck*, in: Franck/Stary, Die Technik des wissenschaftlichen Arbeitens, S. 111 (116).

234 Vgl. etwa – besonders nachdrücklich – *Bolker*, Writing Your Dissertation in Fifteen Minutes a Day, S. 38, die dazu rät, an jedem Arbeitstag »außer an Ihrem Geburtstag, an Weihnachten und im Urlaub« zu schreiben.

235 Den man jedoch auch abwechslungsreich gestalten kann, vgl. dazu erneut *Beyerbach*, JA 2014, 813 (817 f.).

236 S. dazu eingangs im Abschnitt § 1 C. (Rn. 15–26).

abwechslungsreich, wortgewandt, wissenschaftlich präzise und leicht zugänglich schreiben, also gerade nicht in einem klausurhaften Stil. Möglicherweise schreiben Sie auch bisher in Ihrem Privatleben nur wenig. Briefe sind heutzutage selten geworden und die elektronische Variante – die E-Mail – wird häufig nicht mit der ihr eigentlich zukommenden Gründlichkeit behandelt. Notizen, die beim Lernen entstanden sind, auf dem Handy verfasste Kurznachrichten oder »Messages« in sozialen Netzwerken können den damit einhergehenden Mangel an Schreibpraxis oft nicht ausgleichen.

268   Damit Sie als Doktorand effizient schreiben können, sollten Sie keine Schwierigkeit haben, Ihre Gedanken in einen schönen Text zu kleiden. In der bildhaften Sprache der Schreibschulen spricht man davon, die innere Sprache zur äußeren Sprache werden zu lassen.[237] Das ist mitunter nicht so einfach, wie es Ihnen möglicherweise erscheint. Gelegentlich werden Sie wissen, welches Ergebnis Sie feststellen, welche Begründung Sie geben möchten, aber nicht die richtigen oder lediglich dröge Worte dafür finden, wenn Sie den Stift ansetzen oder die Finger auf der Tastatur platzieren. In diesem Moment wird der Inhalt mitunter fürchterlich abstrakt, und das im wörtlichen Sinne: losgelöst von den Worten, die Sie sich zu schreiben anschicken. Das ist der Moment, in denen es Ihnen zugutekommen wird, wenn Sie keine innere Barriere überwinden müssen, um Ihre Gedanken schriftlich auszudrücken.

269   Um diese Fähigkeit zu trainieren, können Sie verschiedene Schreibübungen absolvieren. Die wichtigste und am häufigsten bemühte Technik ist die des »Freewriting«. Diese Technik (die mitunter auch anders bezeichnet wird[238]) stellt im Wesentlichen den Versuch dar, den kreativen, gleichsam instinktiven Schreibfluss zu aktivieren. Dazu soll zunächst die Konzentration auf die harten inhaltlichen Fragen des eigenen Dissertationsthemas ebenso ausgeblendet werden wie Sorgen darüber, man schreibe nur Unsinn, halte grammatikalische Regeln nicht ein oder der Text sei allgemein in einem schlechten Stil geschrieben. Das Freewriting dient nicht dazu, Ihre Doktorarbeit aus dem Unterbewussten zu entwickeln. Die instinktiv entstandenen Passagen werden im Zweifel nicht zu Dissertationstext führen, jedenfalls nicht zu einem Teil des Textes, der sich auch unverändert in der endgültigen Fassung befinden wird. Vielmehr dient diese Technik dazu, das Schreiben in Gang zu bringen und zu entdecken, was man sagen muss.[239] In der Sprache der Schreiblehrer finden Sie beim Freewriting also im Idealfall die »äußere Sprache«, indem Sie sich zunächst nur auf die innere konzentrieren. Im Grunde führen Sie bei dieser Übung also ein (wissenschaftliches) Selbstgespräch.[240]

270   Setzen Sie sich dazu eine Frist, etwa von zunächst 5 oder 10 Minuten, die Sie allmählich auf 15 Minuten steigern. Innerhalb dieses Zeitraums sollten Sie alles aufschreiben, was Ihnen in den Sinn kommt, und das so schnell, wie Sie können. Sie sollten möglichst nicht nachdenken, sondern einfach nur versuchen, den Stift/die Finger

---

237   v. *Werder*, Lehrbuch des wissenschaftlichen Schreibens, S. 123 (»die innere Sprache aufschreiben«) und S. 202–216 (»von innen nach außen schreiben«).

238   Entstanden sind die Techniken des kreativen Schreibens in den USA durch die Bewegung des »Writing Across the Curriculum«. Vgl. dazu v. *Werder*, Kreatives Schreiben in den Wissenschaften, S. 163–177.

239   Vgl. *Bolker*, Writing Your Dissertation in Fifteen Minutes a Day, S. 40–44.

240   v. *Werder*, Lehrbuch des wissenschaftlichen Schreibens, S. 111. Zusammenfassend zum Freewriting auch *ders.*, Kreatives Schreiben von Diplom- und Doktorarbeiten, S. 22–27 und *Elbow*, Writing Without Teachers, S. 3–11.

nicht abzusetzen, also wirklich 15 Minuten lang zu schreiben. Sie können sich zuvor ein Stichwort geben, über das Sie schreiben. Idealerweise schreiben Sie jedoch ohne zu starre thematische Vorgabe und bringen damit alles nach außen, worüber Sie in Ihrem Inneren in dieser kurzen Zeitspanne nachgedacht haben. Ergebnis dieser Schreibübung dürfte in der Regel ein wirrer und/oder selbstgespräch-artiger Text sein, der häufig Ausführungen enthält, die Sie nicht gemacht hätten, wenn Sie versucht hätten, einen »sinnvollen« Text zu schreiben oder mündlich darüber Auskunft zu geben, »woran Sie gerade denken«.

Das so entstandene Textfragment wird im Zweifel kein neues Kapitel Ihrer Dissertation darstellen.[241] Vielmehr enthält es eine chaotische Ansammlung von Ideen, die mehrere Zwecke erfüllt. Zum einen hilft sie Ihnen, das Schreiben zu Ihrer ersten Priorität zu machen (»write first!«[242]) und psychologische Hürden zu überwinden, die Sie davon abgehalten haben, einfach damit zu beginnen.[243] Andererseits können Sie durch diese Texte aber auch verborgene Ideen entdecken. Obwohl Sie beim Freewriting intuitiv, mit möglichst hoher Geschwindigkeit und ohne inhaltliche Vorgaben vorgehen, so wird es Ihnen auch mit dieser Methode nicht gelingen, Ihr Gehirn auszuschalten. Auch beim freien Schreiben denken Sie und bringen Assoziationen, Bilder, Einfälle und verborgene Haltungen zum Vorschein. Da Sie sich täglich mehrere Stunden mit Ihrem Dissertationsthema befassen, ist es nicht unwahrscheinlich, dass im Chaos der frei niedergeschriebenen Textfetzen auch ein interessanter Gedanke zu Ihrem Forschungsprojekt enthalten ist.

Sie können Freewriting also dazu nutzen, Schreibprobleme und Schreibwiderstände aufzulösen und Ihren Schreibprozess zu reflektieren, damit er bewusster und damit lernbarer wird.[244] Es kann darüber hinaus aber auch dazu dienen, durch die produzierten Assoziationen und sonstigen spontanen Gedanken eine andere Sicht auf Ihr aktuelles Problem zu erhalten, möglichweise gar einen neuen, zielführenden Ansatz. Wenn Sie das freie Schreiben zu diesem Zweck nutzen möchten, können Sie die 10–15 Minuten auch unter ein Schlagwort oder eine These stellen, das zu einer Forschungsfrage Ihrer Arbeit gehört. Oder Sie schreiben in Form eines Dialoges mit einer fiktiven Person, zum Beispiel Ihrem Doktorvater. Auch dieser Perspektivenwechsel kann gewinnbringend sein. Während Sie eine solche Forschungsfrage sonst rein rational angehen, indem Sie zunächst Ihre eigenen Gedanken in Stichworten, Notizen oder auch in Mindmaps sammeln, um sodann die recherchierte Literatur auszuwerten, gehen Sie beim Freewriting anders an die Frage heran. Hier ist allein entscheidend, was Sie mit Ihrer inneren Sprache zu dem Problem sagen. Wenn Sie sich Ihre

271

272

---

241 Anders und etwas zu optimistisch wohl *Bolker*, Writing Your Dissertation in Fifteen Minutes a Day, insb. S. 49–53. Sie rät in diesen Passagen dazu, durch das freie Schreiben zwar keinen ersten Entwurf (»first draft«) abzufassen, wohl aber einen »zero draft« (»nullter Entwurf«), also einen Rohentwurf, der nach mehreren Überarbeitungsschritten zu Dissertationstext werden kann. Mir scheint indes die Gefahr sehr groß, dass damit nur eine kreative Collage entsteht, die zwar als Text möglicherweise gut lesbar ist, allerdings nicht stringent argumentiert und wissenschaftliche Standards einhält. An dieser Stelle zeigt sich, dass die Literatur zum wissenschaftlichen Schreiben häufig daran leidet, dass sie das Schreiben zu losgelöst vom konkreten Thema behandelt. Der Doktorand muss aber nicht irgendeinen Text produzieren, sondern eine umfassende, stringente und am Stück lesbare Abhandlung zu seiner speziellen Forschungsfrage.
242 *Bolker*, Writing Your Dissertation in Fifteen Minutes a Day, S. 44–47.
243 Vgl. zum Freewriting und ähnlichen Methoden *Elbow*, Writing With Power, S. 13–19; *v. Werder*, Lehrbuch des wissenschaftlichen Schreibens, S. 112 m.w.N.
244 *v. Werder*, Lehrbuch des wissenschaftlichen Schreibens, S. 112 f.

chaotischen Ergüsse danach durchlesen, entdecken Sie innerhalb des vielen Unbrauchbaren, Unfertigen und Chaotischen möglicherweise einen Rohdiamanten, ein Produkt Ihrer Kreativität, das Sie zuvor mit der rationalen Methode nicht erzwingen konnten.

273 Wenn Sie bemerken, dass Ihnen das Freewriting zu solchen Gedanken verhelfen kann, können Sie es routinemäßig in bestimmten Abständen einsetzen. So könnte es Ihnen zu Beginn eines »Schreib-Tages« helfen, sprachlich und gedanklich locker zu werden und in den Schreibfluss zu gelangen. Dann lohnt es sich, solche Tage mit einer 15minütigen Phase chaotischen Schreibens zu beginnen. Sehen Sie also das freie Schreiben eher als die Fingerübung eines Pianisten an: Sie ist nicht dazu geeignet, als Konzert vorgetragen zu werden und ist auch nicht das eigentliche Ziel des Musikers. Sie hilft ihm jedoch, seine Technik zu verbessern, Elemente des sonst eher emotionalen Klavierspiels bewusst zu üben, dadurch Routine zu erlangen und lockerer zu werden, um ein anspruchsvolles Stück präsentieren zu können.

3. Zwei Warnungen: Wissenschaftliche Standards und Kapitelreihenfolge stets einhalten

274 Die Schreibübungen werden jedoch immer nur eine solche Fingerübung oder ein Hilfsmittel bei der Erstellung des eigentlichen Dissertationstextes und bei der Verbesserung Ihrer Schreibroutine sein. Auch wenn manchmal in Lehrbüchern zum wissenschaftlichen Schreiben der Eindruck erweckt wird, durch diese Technik könne gleichsam unterbewusst und instinktiv auf wundersame Weise ein druckreifer wissenschaftlicher Text entstehen, sollten Sie sich keine zu großen Hoffnungen machen. Oben habe ich bereits betont, dass zu einem wissenschaftlichen Text mehr gehört als eine zündende Idee, auch wenn sie noch so genial ist. Ein wissenschaftlicher Text muss als Gesamtwerk einen roten Faden aufweisen und das vorhandene Material verständlich, umfassend und mit zahlreichen Nachweisen verarbeiten. Ein langer Text aus einem Guss mit allen nötigen Nachweisen, vielen Fußnoten und einem einheitlichen Stil lässt sich aber nicht durch Freewriting erschaffen.

275 Daran kann ein weiterer Rat angeschlossen werden: Seien Sie niemals nachlässig mit dem Setzen von Fußnoten oder den dort befindlichen Angaben, um »den Schreibfluss nicht aufzuhalten«. Diesen Rat hört man freilich immer wieder: sich in produktiven Schreibphasen nicht selbst dadurch zu verlangsamen, dass man sich beim Schreiben zu sehr auf die Formalien und die Angaben in den Fußnoten konzentriert.[245] Die Erfahrung lehrt jedoch, dass unterlassene Fußnoten nicht nur gefährlich sein können – möglicherweise vergessen Sie später, die Fundstellen zu ergänzen –, sondern sich am Ende als Milchmädchenrechnung erweisen. Es kann nämlich sehr mühsam sein, zu einem feststehenden, bereits geschriebenen Satz einen Nachweis zu finden. Das gilt auch dann, wenn man sich sicher ist, das jeweilige Zitat einer der kopierten Quellen entnommen zu haben. Wenige Tage reichen manchmal aus, um die Erinnerung an den Fundort zu vernebeln. Und so suchen Sie verzweifelt alle Werke nach dem Satz ab, von dem Sie so sicher waren, ihn »auf jeden Fall im MüKo« gelesen zu haben.

276 Sie können selbstverständlich die Fußnoten auch noch zu einem späteren Zeitpunkt überarbeiten und an einem Text noch nach Abschluss des Kapitels feilen. Auch ist es, wenn der Text einmal steht und bereits Nachweise zu den verwendeten Quellen ent-

---

245 Exemplarisch *Knigge-Illner*, Von der Idee zum Text, S. 212. Wie hier dagegen *Herold/Müller*, JA 2013, 808 (813); *Putzke*, Juristische Arbeiten erfolgreich schreiben, Rn. 44.

hält, keine Kunst, weitere Fundstellen in den Fußnoten zu ergänzen. Allerdings wird es sich als sehr schwierig und zeitraubend erweisen, einem unwissenschaftlichen Text ohne die erforderlichen Nachweise zu wissenschaftlichem Standard zu verhelfen. Ich rate Ihnen deshalb ausdrücklich dazu, beim Schreiben des Dissertationstextes stets so viele Angaben in die Fußnoten aufzunehmen, dass Sie die Fundstelle ohne große Schwierigkeiten auffinden können. Seien Sie nie ungenau in der Zitierweise, um effizienter zu schreiben.

In ähnlicher Weise kann es sich als Bumerang erweisen, ein Kapitel, bei dem Sie nicht **277** vorankommen wollen, zunächst abzubrechen und es zugunsten eines der folgenden Kapitel »liegen zu lassen«. Häufig werden Sie von anderen Doktoranden hören, dass sie zunächst an einer anderen Stelle weitergemacht hätten, als sie in eine Krise gerieten oder sich nicht mehr sicher waren, ob ihre Lösung an einer bestimmten Stelle der Arbeit tatsächlich die richtige Antwort auf die Forschungsfrage darstellte. Irgendwann werden Sie zu diesem Kapitel zurückkehren müssen, bevor Sie die Arbeit abschließen. Sie müssen es also ohnehin schreiben. Ob es sich, nachdem Sie andere Teile der Arbeit dazwischengeschoben haben, dann tatsächlich schneller schreiben lässt, ist nicht garantiert. Möglicherweise sparen Sie also nicht einmal Zeit, wenn Sie das Kapitel zur Seite legen.

Im Gegenzug bringt diese Vorgehensweise zwei Nachteile. Zum einen ist die Gefahr **278** groß, dass sich Ihr Text nicht mehr so bruchfrei und konsistent lesen lässt, wenn Sie die Kapitel nicht in der Reihenfolge geschrieben haben, in der sie später stehen. Der rote Faden der Arbeit besteht schließlich darin, dass das Werk kontinuierlich fortschreitet und die Erkenntnisse jeweils auf einander aufbauen. Auch die Überleitungen und Querverweise sind an die Reihenfolge der Kapitel angepasst. Vielleicht benötigen Sie gar in einem Kapitel eine Erkenntnis aus einem ihm vorangegangenen Abschnitt; dann sollten Sie diesen auch geschrieben haben, bevor Sie auf seinem Inhalt aufbauen können. Wenn die Reihenfolge innerhalb Ihrer Dissertation in Bezug auf einen Teil irrelevant ist, sollten Sie die Notwendigkeit solcher Abschnitte kritisch hinterfragen. In jedem Falle lässt sich der rote Faden einer Arbeit besser aufrechterhalten, wenn die einzelnen Teile auch in der Reihenfolge geschrieben werden, in der sie später gelesen werden sollen.

Zum anderen macht es die Planung schwieriger, wenn Sie zwar gerade an einem Un- **279** terpunkt schreiben, der sich in der zweiten Hälfte der Gliederung befindet, die erste Hälfte aber noch teilweise unbearbeitet ist. Es ist dann schwierig einzuschätzen, wie lange Sie noch brauchen werden, um die Lücken zu füllen und aus den Fragmenten einen zusammenhängenden Text in druckreifer Fassung werden zu lassen. Wenn Sie ein neues Kapitel aber immer erst dann beginnen, wenn das ihm vorangehende inhaltlich, sprachlich und in Bezug auf die Fundstellennachweise publikationswürdig ist, können Sie gut abschätzen, ob Sie Ihren Zeitplan einhalten werden. Dann können Sie nach Abarbeiten der Hälfte Ihrer Gliederung auch tatsächlich behaupten, (erst) die Halbzeit überschritten zu haben. Auf diese Weise ist das gesamte Projekt besser planbar. Haben Sie die erste Hälfte in einem Jahr geschrieben, können Sie die vorsichtige Prognose wagen, nach einem weiteren Jahr eine abgabereife Fassung vorlegen zu können. Wenn Sie zwar die Hälfte aller Kapitel geschrieben haben, dazwischen aber Verbindungen fehlen und einzelne Abschnitte noch gar nicht geschrieben sind, während Sie schon Passagen der zweiten Hälfte Ihrer Gliederung abgeschlossen haben, dann dürfte eine Prognose schwieriger sein.

280 Daher sei dringend dazu geraten, den Arbeitsplan aus Ihrem Exposé tatsächlich in der Reihenfolge der dort vorgestellten Gliederung abzuarbeiten und schon bei der ersten Fassung des Textes auf korrekte Nachweise und vollständige Fußnoten zu achten. Letztere können Sie gegebenenfalls »gebündelt« nach einer gewissen Seitenzahl überprüfen, damit Sie nicht nach jeder hochgestellten Zahl zum Bücherschrank oder – noch zeitraubender – in die Bibliothek gehen müssen. Wesentlich mehr als 15–20 Seiten sollten Sie indes nicht abwarten, bevor Sie alle Nachweise nochmals kontrollieren. Die Erfahrung lehrt, dass man für diese Hilfstätigkeit zu wenig Zeit einplant: Mal ist ein Buch in der Bibliothek nicht mehr auffindbar, mal haben Sie einen Nachweis aus einem Kommentar übernommen, der ins Leere führt – sodass Sie einem Blindzitat hinterherrecherchieren müssen. Dann wiederum lässt auf einmal ein Buch über die Fernleihe drei Wochen auf sich warten – die Gründe für eine Verzögerung sind hier vielfältig. Sehr häufig werden Sie innerhalb eines Tages nicht alle Fundstellen in den Händen halten oder dort nicht alle Zitate in der Form wiederfinden, wie Sie sie zitiert haben. Bevor Sie dann aus Zeitnot oder Frustration beginnen, unsauber zu arbeiten, sollten Sie die Überprüfungsintervalle kurz halten. Je gründlicher Sie wiederum bereits beim Schreiben des Textes waren, desto weniger Zeit benötigen Sie für formale Korrekturen und die Kontrolle von Nachweisen. Es lohnt sich, schon beim ersten Entwurf des Dissertationstextes pedantisch zu sein, auch wenn dies auf Kosten der ungezügelten Kreativität geht.

4. Schreibjournals

281 Sie können Ihre kontinuierlichen Schreibübungen und Ihre bewusste Wahrnehmung des Schreibprozesses schließlich dadurch unterstützen, dass Sie ein Schreibtagebuch führen. In einem solchen Journal, als welches es in den Kursen zum wissenschaftlichen Schreiben oft bezeichnet wird, können Sie nicht nur spontane Gedanken festhalten – wie etwa eine Gliederungsidee für eines der folgenden Kapitel oder eine Wortschöpfung, die Ihnen in den Sinn gekommen ist –, sondern auch Ihre Erfahrungen beim Schreiben. Was hat Sie in einer unproduktiven Phase vom Schreiben abgehalten? Welche emotionalen Probleme hatten Sie bei einem bestimmten Kapitel? Sind Sie mit Ihren eigenen Texten zufrieden? Welche Begriffe oder Stilmittel häufen sich in Ihren Texten? Wo hatten Sie Schwierigkeiten, Ihre Gedanken in verständliche Worte zu kleiden?

282 Wenn Sie sich ab und zu selbst evaluieren und dazu jeweils eine kurze Notiz in einem Schreibtagebuch niederlegen, können Sie aus Ihren eigenen Fehlern lernen und möglicherweise auch schlechte Angewohnheiten und wiederkehrende Störfaktoren besser erkennen. In Anleitungen zum wissenschaftlichen Schreiben wird deshalb mitunter zu solchen Tagebüchern (»Schreibjournalen«) geraten.[246] Sie müssen ein solches Heft nicht planmäßig unterhalten oder sich wie ein Schulkind jeden Abend zwingen, die alltäglichen Belanglosigkeiten auf Papier zu verewigen. Wenn Sie jedoch alle ein bis zwei Wochen Ihr Schreibjournal zur Hand nehmen (und bei allen spontanen Einfällen, die Ihre Arbeit voranbringen können), kann es Ihnen eine wertvolle Hilfe beim Weg zu einem bewussteren, effizienteren Schreiben sein.

---

246 S. etwa *Esselborn-Krumbiegel*, Von der Idee zum Text, S. 36 f.; *Kruse*, Keine Angst vor dem leeren Blatt, S. 211–215; *v. Werder*, Lehrbuch des wissenschaftlichen Schreibens, S. 49 und 75.

C. Schreibblockade?

Trotz aller akribischen Vorbereitungen, Kreativitätsübungen und Bemühungen um effizienteres Schreiben werden Sie bisweilen vor einem weiß gefärbten Bildschirm sitzen und verzweifelt darauf warten, dass Ihre Finger einen wissenschaftlich anspruchsvollen Text auf die weiße Fläche zaubern mögen. Gerade am Anfang der Dissertation oder eines ihrer Kapitel kann schnell das Gefühl aufkommen, von der Stofffülle und dem wissenschaftlichen Anspruch, den Sie mit dem Werk erfüllen möchten, gelähmt zu werden. Und so scheuen Sie davor zurück, vorschnell einen scheinbar trivialen und minderwertigen Text zu produzieren. Jeder Doktorand kennt diese Momente, in denen Überforderung, Angst oder auch Unsicherheit ihm jede Energie und Motivation rauben, die für den eben propagierten natürlichen Schreibfluss sorgen könnten. Die Folge sind untätige Stunden und Dissertationsfluchtverhalten – das freilich schon manches Badezimmer blitzblank gezaubert, Schränke und Arbeitszimmer aufgeräumt hat. Meist wird dann von einer »Schreibblockade« gesprochen. Was aber tun in einer solchen Situation? 283

Zunächst sollte eine solche Lage nicht überbewertet werden. Nicht jede etwas unproduktive Phase muss gleich in dramatischer Weise als Schreibblockade denominiert werden. Nicht jede Schwierigkeit zu Beginn eines neuen Kapitels stellt gleich einen psychologisch-pathologischen Zustand dar. Es ist normal, wenn mancher Tag wenig bis keinen »Output« bietet oder das Tageswerk sogar umsonst war, weil man es unzufrieden am nächsten Tag wieder verwirft. Wissenschaftliches Schreiben kann man zwar üben; auch kann man sich zum Schreiben zwingen, wenn man sich bereits eine Meinung gebildet und alle wesentlichen Quellen gelesen hat. Über das Knie brechen kann man eine lange wissenschaftliche Arbeit aber nicht. Sie sollten also nicht vorschnell entmutigt reagieren, wenn Sie zu einer komplexen Frage zunächst keinen Zugang finden, Ihre Quellen beim Überfliegen nur Chaos in Ihrem Kopf anrichten oder wenn Sie das Gefühl haben, keine neuen, eigenen Ideen zu einer Forschungsfrage zu haben. Als vorübergehender Zustand gehören solche Erfahrungen zu einem anspruchsvollen Projekt dazu. »Blockaden« sind manchmal auch nur ein Zeichen dafür, dass man nachdenkt.[247] Was aber, wenn das Gefühl über einen langen Zeitraum anhält? Was, wenn aus dem langen Nachdenken tatsächlich eine lang andauernde Schreibhemmung wird? Die Ursachen für eine Schreibblockade sind vielfältig und von der Person des Schreibenden abhängig. Blockade ist auch nicht gleich Blockade. Die Lösung der Situation hängt davon ab, was die Ursache der Schreibprobleme ist: 284

- Die häufigste Ursache dürfte in einer zu hohen Erwartungshaltung liegen. Sie glauben, von Ihnen werde eine zweite Relativitätstheorie erwartet, womöglich noch in literaturnobelpreisverdächtiger Eloquenz vorgetragen. Perfektionismus ist ein Charakterzug, der für Doktoranden sehr hilfreich, aber auch sehr gefährlich sein kann. Leider lässt er sich nur schwer unterdrücken. Machen Sie sich bewusst, dass Sie eine fehlerfreie, wissenschaftlich redliche und interessante Arbeit schreiben müssen, die einen neuen Beitrag leistet. Voraussetzung für die Annahme als Dissertation ist aber nicht, dass das Buch von der ersten bis zur letzten Seite perfekt ist. Eine sprachliche Holprigkeit oder ein Kapitel, in dem man noch mehr 285

---

247 *Kruse*, Keine Angst vor dem leeren Blatt, S. 242.

in die Tiefe gehen könnte, wird die Annahmefähigkeit einer ordentlichen Arbeit nicht verhindern. Auch eine nicht perfekte Arbeit wird akzeptiert.[248]

Auch wenn es Ihnen schwerfällt: Für eine Doktorarbeit brauchen Sie auch ein gesundes Maß an Pragmatismus und Arbeitsökonomie. Dass Sie zu jeder Zeit wissenschaftlichen Standards genügen müssen und Sie nichts Triviales oder Unnötiges schreiben dürfen, ist selbstverständlich. Sie müssen aber nicht jeden Satz fünf Mal umgeschrieben haben und jedem Problem bis in die kleinste Verästelung gefolgt sein, jede abwegigste Eventualität bedacht haben. Es ist allemal besser, eine präzise umgrenzte Detailfrage ordentlich und vertretbar zu beantworten als über ein Jahrzehnt hinweg an einer vor Genialität sprühenden, hochabstrakten und gleichzeitig alle Fragen der Praxis beantwortenden Arbeit zu schreiben, die schließlich nicht fertig wird und Sie gar Ihre geistige und/oder körperliche Gesundheit kostet. Den inneren Drang zur vollständigen, fehlerfreien, gegen jede Kritik abgesicherten Arbeit werden Sie als Perfektionist nicht abschütteln können. Sie können sich aber ab und zu insbesondere in Phasen der Schreibhemmung fragen, ob Sie nicht für das konkrete Kapitel zu viel verlangen. Halten Sie sich ruhig Dissertationen vor Augen, auf die Sie bei Ihren Recherchen gestoßen sind und deren Sprache oder Inhalt Sie für dürftig gehalten haben. Auch diesen Autoren wurde für das Werk der Doktortitel verliehen. Das heißt nicht, dass Sie solchen »Schmalspur-Dissertationen« nacheifern sollten. Sich aber bewusst zu machen, dass man sich selbst mehr vornimmt, als andere Autoren in ihren Arbeiten geleistet haben, kann für ein realistischeres Selbstbild sorgen; ironisch formuliert: Nur »Mut zum Müll«.[249]

286 • Eng verwandt mit übertriebenem Perfektionismus ist die Sorge, man besitze nicht das nötige fachliche Niveau für eine große wissenschaftliche Arbeit oder die eigenen Texte hörten sich »unwissenschaftlich« an, stünden hinter fremden Texten, die man regelmäßig liest, zurück. Auch dieses Gefühl ist ganz natürlich und auch nicht grundsätzlich negativ. Wissenschaft ist stete Kritik: an bestehenden Lösungen, an einem Argument, an Begrifflichkeiten. Die Kritik an der eigenen Arbeit sollte ebenso selbstverständlich sein. Nur so wahrt man die angebrachte Bescheidenheit der eigenen Erkenntnis – denken Sie an *Sokrates'* berühmtes Diktum – und arbeitet reflektiert, mithin gründlich. Sie müssen sich selbst aber auch nicht unnötig klein machen. Aus Ehrfurcht vor einem großen Namen scheinen Ihnen manche Texte ein viel höheres Niveau, eine schönere Sprache und bessere Einfälle zu besitzen. Bei Lichte betrachtet unterscheiden sich diese Beiträge aber häufig nicht von den Werken »einfacher« Doktoranden – auch Ihrem. Auf die Gefahr hin, unwissenschaftlich zu schreiben, sollten Sie zunächst einfach alles zu Papier bringen, was Sie sagen möchten. Konzentrieren Sie sich darauf, Ihre Thesen anzubringen und schlüssige Argumente für sie zu finden.

Dann geben Sie den Text einem Freund oder Kollegen, der selbst Jurist, idealerweise examiniert ist, sich in Ihrem Rechtsgebiet ausreichend auskennt und bereit ist, Ihnen eine ehrliche Rückmeldung zu geben (wobei Sie von dieser Person auch eine ehrliche Rückmeldung akzeptieren sollten…). Die Wahrscheinlichkeit, dass Sie daraufhin die Rückmeldung erhalten, dass es sich um einen guten, »ganz nor-

---

248 Treffend *v. Werder*, Lehrbuch des wissenschaftlichen Schreibens, S. 102: »Die meisten Doktorarbeiten scheitern, weil der Autor glaubt, daß die Arbeit nur perfekt akzeptiert wird. Der Doktorand glaubt, ›seine Seele verkaufen zu müssen‹, damit er die Arbeit vollenden kann.«
249 *Knigge-Illner*, Von der Idee zum Text, S. 205.

malen, wissenschaftlichen« Text handelt, möglicherweise gar um einen besonders verständlich geschriebenen, ist erfahrungsgemäß recht hoch. Sie und Ihr Betreuer waren schließlich, unterstützt durch ein gutes Ergebnis im Staatsexamen, bei der Begründung des Betreuungsverhältnisses beide der Meinung, dass Sie in der Lage sind, eine annahmefähige Doktorarbeit zu verfassen. Warum sollten Sie dann keine wissenschaftlichen Texte schreiben können? Sie werden sehen, dass positive Rückmeldungen auf Ihre Texte Ihnen den übertriebenen Respekt vor dem wissenschaftlichen Schreiben nehmen können. Sie können sogar motivierend wirken, wenn Sie merken, dass die positive Kritik wirklich ernst gemeint war, weil Ihr Freund oder Kollege von Ihren Texten etwas gelernt hat.

Möglicherweise ist das auch der Anlass, solche Rückmeldungen zu institutionalisieren. In der US-amerikanischen Wissenschaftskultur schon lange verankert, sind auch in Deutschland Graduiertenkollegs in den letzten Jahren immer häufiger geworden. Sie müssen jedoch nicht darauf warten, dass Ihre Universität Angebote für Postgraduierte schafft, schließlich werden Sie nach kurzer Zeit genügend Doktoranden kennenlernen, die sich sogar im selben Rechtsgebiet bewegen. Machen Sie sich diese wertvollen Kontakte zunutze und profitieren Sie gegenseitig von der Expertise des anderen. Schon zu zweit können Sie eine Art privates Doktorandenkolleg bilden, indem Sie sich regelmäßig treffen, sich über die Fortschritte, Schwierigkeiten und Ziele bei der eigenen Arbeit unterhalten, Leseproben austauschen und sich Rückmeldungen zu Thesen, Gliederungen oder auch Textpassagen geben. Achten Sie lediglich darauf, dass solche Sitzungen nicht zu häufig stattfinden und somit von Ihnen bald nur noch als lästige Pflichttermine wahrgenommen werden, bei denen ohnehin noch nichts Neues berichtet werden kann, weil der letzte Termin noch nicht lange zurückliegt.

- Wenn nicht der Anspruch an das eigene Werk Ihr Problem ist, sondern Sie schon 287 vor der Reflexion über einen eigenen Text im Chaos versinken, sodass es gar nicht zu einem längen Text kommt, von dem Sie enttäuscht sein können, ist Ihr Problem ein organisatorisches. Sie sollten dann überlegen, ob Sie eventuell zu viele Quellen verarbeiten möchten; das spräche im Übrigen auch für eine feinere Gliederung. Möglicherweise müssen Sie sich auch ein anderes Ablagesystem überlegen, damit die Suche nach bereits recherchiertem Material Sie keine Zeit mehr kostet, wenn Sie ein neues Kapitel beginnen. Wenn Sie bereits ein Ablagesystem haben, aber immer noch Chaos Ihren Schreibtisch und Ihre Gedanken regiert, könnten Ihnen zusätzliche Abstracts zu den Quellen und weitere Systematisierungen, zum Beispiel über Stichwortkarteien, helfen.

Wo dies möglich ist, können Sie versuchen, sich auf zwei bis drei wesentliche Quellen zu konzentrieren, um zu einer speziellen Frage einen ersten Rohtext zu schreiben. Diesen können Sie dann mit dem restlichen Material zusätzlich verfeinern. Dadurch fokussieren Sie sich auf wenige Informationen, die Sie dafür gründlich lesen und bewerten, ohne durch zu viele Details verwirrt zu werden. Schreibblockaden entstehen häufig dann, wenn man zu viel weiß und deshalb zu viel in einem Text oder gar in einem Satz unterbringen möchte. Wenn Sie dazu neigen, alles Gelesene aufzunehmen und sofort in Ihrem Text unterbringen zu wollen, sollten Sie vor der ersten Fassung Ihres Textes die inhaltliche Komplexität reduzieren. Begutachten Sie Ihre Quellen sorgfältig und suchen Sie die wichtigsten, aktuellsten und anerkanntesten Texte heraus. Diese bilden die Vorlage für einen ersten Text, den Sie später noch mit den Informationen aus den weiteren Fundstücken ergänzen können.

288 • Vielleicht ist Ihre Schreibhemmung aber auch nicht auf einen dieser Gründe zurückzuführen, sondern äußert sich eher in einem diffusen Gefühl der Demotivation und Trägheit. Sie planen Ihre Tage, haben eine detaillierte Gliederung und das Material ist auch schon gesammelt und geordnet – und dennoch haben Sie die Schwelle zum Jetzt-geht's-los noch nicht überschreiten können. Kaum fangen Sie an, einen Satz zu formulieren, sind Sie blockiert. In einer solchen Situation können Ihnen möglicherweise äußere Veränderungen helfen.

So kann es sein, dass Sie sich einen falschen Arbeitsplatz ausgesucht haben. Zwingen Sie sich nicht, in der Bibliothek oder am Lehrstuhl zu arbeiten, wenn Sie sich dort wie ein Fremdkörper fühlen und keine kreativen Einfälle haben. Während der eine die Ruhe einer Bibliothek zu schätzen weiß und sich in einer Umgebung voller Bücher und anderer arbeitender Menschen voll auf seine Arbeit konzentrieren kann, ist der andere dort ständig abgelenkt, achtet auf jedes Geräusch und jeden, der auch nur in die Nähe seines Tisches kommt. Wenn Sie zum letztgenannten Typ gehören, sollten Sie über einen anderen Arbeitsplatz nachdenken. Zuhause haben Sie vielleicht weniger Ablenkung als in der Bibliothek.

Im Gegenzug mag es anderen zuhause schwerfallen, den zahlreichen Ablenkungen zu widerstehen. Manche Prokrastinationen stellen sogar sinnvolle Tätigkeiten dar, zum Beispiel putzen, aufräumen oder einen dringenden Anruf erledigen. Dennoch schaden sie auf die Dauer der Konzentration auf Ihr Dissertationsprojekt. Dieses braucht Ihre ungeteilte Aufmerksamkeit. Wenn es Ihnen zuhause nicht gelingt, einen festen Teil des Tages für die Doktorarbeit zu reservieren und sich von Ablenkungen fernzuhalten, lohnt es sich, über einen anderen Arbeitsplatz nachzudenken. Dies gilt insbesondere dann, wenn Sie es nicht schaffen, Freizeit und die Arbeit an der Doktorarbeit zu trennen. Nicht jeder kann den mit Material bepackten Schreibtisch ausblenden, um einfach nur vor dem Fernseher zu entspannen oder mit dem Partner einen ruhigen Abend zu verbringen. Wenn Sie eine sehr kleine Wohnung haben, in der sich kein eigener Arbeitsbereich einrichten lässt, ist dies noch schwieriger. Dann dürfte es ratsam sein, die Dissertation auszulagern. Probieren Sie gegebenenfalls auch einmal eine ungewohnte Umgebung aus. Schreiben Sie für eine kurze Phase an einem anderen Ort, beispielsweise während eines Kurzurlaubes bei den Eltern. Sollten Sie in der anderen Umgebung konzentrierter und produktiver arbeiten, könnte das ein Zeichen dafür sein, dass Sie bisher am falschen Ort »promoviert« haben. Notieren Sie sich, wo und wann Sie besonders produktiv waren.

289 • Trotz strukturierter Planung, festen Tagesabläufen und Arbeitsplänen kommen Sie möglicherweise immer noch nicht mit der inhaltlichen, räumlichen und zeitlichen Freiheit eines Doktoranden zurecht. Sie warten insgeheim darauf, dass doch noch eine Frist zu laufen beginnen möge oder Ihr Betreuer Fortschritte von Ihnen verlangt, sodass Sie keine andere Wahl haben, als endlich schneller und produktiver zu werden. Wenn Sie eine extrinsische Motivation benötigen, um eine natürliche Trägheit zu überwinden, werden Sie die Arbeit an der Dissertation zunächst erholsam frei, bald aber auf belastende Weise ungezwungen finden. Aller Wahrscheinlichkeit nach wird Sie niemand mit Vehemenz zu Fortschritten drängen oder gar eine Deadline setzen, die es für Doktorarbeiten eigentlich nicht gibt. Die entscheidende Motivation muss also stets von Ihnen selbst kommen. Sollte Ihnen diese intrinsische Motivierung nicht gelingen, können Sie darüber mit Kollegen und Ihrem Betreuer sprechen. Vielleicht hilft es Ihnen, wenn Sie diesen einzelne Kapitel zur Lektüre ankündigen und im Voraus einen Abgabetermin versprechen.

Das kann Sie dazu motivieren, Ihren Arbeitsplan auch tatsächlich einzuhalten, weil er nunmehr auch von außen wahrgenommen und nachgehalten wird.

Freilich drohen Ihnen keine ernsten Sanktionen, wenn Sie der Ankündigung schließlich nicht nachkommen werden. Ihr Kollege hat keine Handhabe außer ernsten Worten, wenn Sie ihm zum verabredeten Termin keinen Text übergeben können, und Ihr Betreuer wird das Betreuungsverhältnis kaum aufkündigen, weil er keine Leseprobe erhalten hat. Vielleicht ist er sogar froh, um die Lektüre herumgekommen zu sein, weil er selbst gerade einige laufende Publikationsprojekte noch nicht abgeschlossen hat. Wenn Ihr Betreuer jedoch zur Lektüre von Teilen der Dissertation bereit ist – nicht jeder Doktorvater wird die Kapitel bereitwillig und vor allem zeitnah lesen – und Ihnen die halb-ernsten Deadlines bei der Selbstdisziplinierung helfen, sollten Sie die Gelegenheit nutzen.

In dieser Liste dürften die häufigsten Ursachen für Schreibblockaden stehen. Immer hängt es jedoch von der konkreten Situation eines jeden Doktoranden ab, wie leicht und wodurch eine Schreibhemmung aufzulösen ist. Mitunter mag auch ein Ursachenbündel für die frustrierende Situation verantwortlich sein. Um die Ursachen zu erkennen, die in einem konkreten Fall für die Schreibhemmungen verantwortlich sind, hat *Keseling* einen Katalog von Fragen entwickelt. Diese Fragen helfen Ihnen, Ihre Probleme beim Schreiben zu analysieren, indem Sie Ihr Schreibverhalten überprüfen. *Keseling* selbst hat fünf Gruppen identifiziert, welche die fünf häufigsten Störungsformen abdecken: (1) Konzeptbildungsprobleme bei frühzeitigem Starten; (2) Probleme beim Zusammenfassen; (3) Unstimmige Konzepte, verbunden mit spätem Starten; (4) Probleme mit dem inneren Adressaten und (5) den nicht verfügbaren Adressaten.[250]

Schreiber aus der ersten Gruppe gehen zu ungeordnet und chaotisch vor; sie sollten deshalb die Ratschläge zum strukturierten Schreiben (noch stärker) beachten. Schreiber aus der zweiten Gruppe neigen dazu, zu sehr auf Autoritäten zu hören und kleben deshalb an ihren Argumenten und dem Wortlaut der Texte; so entstehen häufig collagenhafte, unstrukturierte Texte ohne eigene Ideen. Während die Schreiber der dritten Gruppe ebenfalls ein organisatorisches, strukturelles Problem haben, ist die Lage bei den Schreibern der vierten und fünften Gruppe eine andere. Sie werden vom Schreiben abgehalten, weil sie entweder glauben, niemand interessiere sich für ihre Texte (so die fünfte Gruppe) oder weil sie Angst haben, ein fiktiver Leser sei von ihren Texten enttäuscht (so die Personen, die der vierten Gruppe zuzuordnen sind). Diese Schreiber ändern möglicherweise ständig den Wortlaut ihrer Sätze, quälen sich bei den Formulierungen, haben den Eindruck, sie schrieben zu langsam und starten spät mit dem Schreiben.[251]

Schreiber der vierten und fünften Gruppe sollten Schreibübungen wie das Freewriting nutzen oder versuchen, Ihren Dissertationstext zunächst mündlich vorzutragen oder in Briefform zu verfassen. Auf diese Weise wird der Adressat entweder ausgeblendet oder ausgewechselt und man fokussiert sich mehr auf den Inhalt als ständig Gedanken daran zu verlieren, ob überhaupt jemand die Dissertation lesen wird oder ob der Doktorvater mit dem Text zufrieden sein wird. Schreiber der ersten und dritten Gruppe sollten dagegen versuchen, ihr Schreibverhalten noch besser zu

290

291

---

250 *Keseling*, in: Franck/Stary, Die Technik wissenschaftlichen Arbeitens, S. 191 (200–215). S. auch *dens.*, Die Einsamkeit des Schreibers, S. 54–131.

251 *Keseling*, in: Franck/Stary, Die Technik wissenschaftlichen Arbeitens, S. 191 (209 f.).

organisieren, also die bereits dargestellten Empfehlungen noch einmal in Betracht ziehen. Schreiber der zweiten Gruppe müssen versuchen, weniger an fremden Texten zu kleben und sich trauen, ihre eigenen Gedanken zu entwickeln. Diese Doktoranden müssen es üben, Texte sehr knapp und in eigenen Worten zusammenzufassen, aus ihnen also wirklich nur die Essenz herauszuziehen, die sie für den eigenen Text benötigen. Sie sollten wörtliche Zitate sehr sparsam einsetzen und sich im Zweifel vor dem Schreiben überhaupt keine Notizen machen – insbesondere keine Exzerpte –, um nicht in die Versuchung zu kommen, diese abzuschreiben. Sie sollten nie »herausschreiben«, sondern immer nur Inhaltsangaben machen.[252]

292 Um Ihre Schreibprobleme einer dieser Gruppen zuzuordnen, können Ihnen nach *Keseling*[253] Fragen wie die folgenden helfen:

- Was ist für Sie wichtiger oder befriedigender: das Forschen, Tüfteln, Nachdenken, Lesen von Literatur oder das Schreiben?
- Schreiben Sie im Allgemeinen eher flüssig oder eher stockend, mit vielen Pausen?
- Kommt es vor, dass Sie sich beim Notieren spontaner Einfälle entschließen, sofort einen zusammenhängenden Text zu schreiben, obwohl Ihr Konzept noch nicht steht?
- Haben Sie manchmal das Gefühl, zu früh mit dem Schreiben angefangen zu haben?
- Fangen Sie beim Schreiben normalerweise von vorn an und hören am Schluss auf, oder kommt es auch vor, dass Sie zum Beispiel mit einem mittleren Kapitel oder Abschnitt anfangen?
- Kommt es vor, dass Sie bei Schreibbeginn noch nicht oder nicht genau wissen, was Sie schreiben wollen?
- Lesen Sie während des Schreibens vorher produzierte Textteile oder schieben Sie diese Lektüre auf den Schluss der Schreibsitzung oder den nächsten Tag hinaus?
- Fällt Ihnen die Auseinandersetzung mit Literatur schwer?
- Enthalten Ihre Zusammenfassungen viele Zitate? Wie gehen Sie mit Büchern um, die Sie bald zurückgeben müssen? Exzerpieren Sie viel aus diesen Werken?
- Orientieren Sie sich beim Schreiben hauptsächlich an Ihren Exzerpten oder an der Literatur selbst?
- Planen Sie gerne vorab? Wenn ja: Fällt Ihnen die Erstellung eines Konzepts schwer?
- Fällt es Ihnen schwer, Ihre Fragestellung einzugrenzen?
- Wenn Sie später Ihren Text korrigieren: Um welche Art von Änderungen handelt es sich?
- Denken Sie beim Schreiben Ihrer wissenschaftlichen Texte an künftige Leser?
- Gibt es Zeiten, in denen Sie das Schreiben hinausschieben und dafür etwas anderes tun?

293 Wenn Sie diese Fragen ehrlich beantworten, erfahren Sie viel über Ihr Schreibverhalten und die Ursachen für Schreibhemmungen. Dann können Sie gezielt nach einer

---

252 *Keseling*, in: Franck/Stary, Die Technik wissenschaftlichen Arbeitens, S. 191 (206).
253 Verkürzte Darstellung; die meisten Fragen habe ich wörtlich übernommen. Die vollständigen Fragen finden Sie bei *Keseling*, in: Franck/Stary, Die Technik wissenschaftlichen Arbeitens, S. 191 (193–198). *Keseling* verwendet zur Auswertung ein Antwortmuster, bei dem die Zahl der Antworten eines Typs mit den Antwortmöglichkeiten a, b und c korrespondiert. Die Zahl der Antworten zu einer der Kategorien entscheidet dann über die Zuordnung zu einer der obigen Gruppen.

Lösung für die Schreibblockade suchen und Ihr Schreibverhalten dort verändern, wo es ineffizient ist.

Übersicht: Regeln für das wissenschaftliche Schreiben 294

- Schreiben Sie erst dann, wenn Sie wissen, was in dem jeweiligen Abschnitt stehen wird.
- Schreiben Sie strukturiert, indem Sie den Text durch Notizen und eine vorgegebene Reihenfolge für die zu verarbeitenden Quellen und Argumente vorbereiten. Erstellen Sie zunächst ein »Textskelett«, das diese Struktur vorgibt.
- Gliedern Sie Ihre Arbeit und die einzelnen Kapitel so fein wie möglich. Je detaillierter die Binnenstruktur Ihrer Arbeit ist, desto weniger Quellen müssen Sie auf einmal verarbeiten und desto besser können Sie sich zeitliche Vorgaben für den aktuellen Abschnitt machen.
- Ordnen Sie einem dieser kurzen Abschnitte nur die Literatur zu, die Sie wirklich für dieses Kapitel benötigen. Bilden Sie dazu Stapel mit Kopien, zu denen Sie bei längeren Beiträgen oder Monografien nur die relevanten Seiten geben.
- Halten Sie einen regelmäßigen Tagesablauf ein, damit Ihre Arbeit zur Routine wird. Sorgen Sie während der festgelegten Zeit dafür, dass Sie möglichst wenigen Ablenkungen und äußeren Störfaktoren ausgesetzt sind. Machen Sie jedoch auch pünktlich Feierabend und achten Sie darauf, sich nicht an einem einzelnen Tag auf Kosten der folgenden Tage zu viel vorzunehmen.
- Machen Sie Zeitpläne. Setzen Sie sich Fristen, innerhalb derer Sie einen kleineren Abschnitt abgeschlossen haben müssen. Versuchen Sie, diese Planung in Tagen und Wochen einzuteilen. Setzen Sie sich – wenn eine Woche als Frist für das einzelne Kapitel zu wenig ist – ein Schreiblimit für den einzelnen Tag (zum Beispiel eine Seite pro Tag).
- Halten Sie stets die Reihenfolge der Kapitel ein und zitieren Sie immer vollständig und wissenschaftlich korrekt, auch wenn dies einen vermeintlichen Schreibfluss abbremst.
- Schreiben Sie regelmäßig und absolvieren Sie Schreibübungen, wenn Ihnen das Ausformulieren Ihrer Gedanken Schwierigkeiten bereitet.
- Analysieren Sie Ihr Schreibverhalten, beispielsweise durch Wochenberichte oder ein Schreibjournal. Suchen Sie nach den konkreten Ursachen für Schreibblockaden und arbeiten Sie bewusst an Ihrem Schreibverhalten, um Schreibhemmungen abzubauen.

D. Sprachliches

I. Juristendeutsch

»Sein barbarischer Styl, seine bogenlangen Perioden, die unglückselige Fähigkeit, die 295 einfachste, deutlichste Sache zu verwickeln, zu verdunkeln, und unverständlich zu machen, erfüllt Jeden, der Geschmack und Sinn für Klarheit hat, mit Ekel und Ungeduld.« So urteilte *Knigge*[254] über die Sprache der Juristen. Kaum trennbar kommt damit auch eine Abneigung gegen den Juristen zum Ausdruck, die sich an der Beurteilung seiner Sprache entzündet. *Dölle* konstatiert dazu zutreffend, dass »man nicht zu sagen vermag, ob sie [die Abneigung gegen die Juristen] sich aus der Abneigung gegen Art und Form der juristischen Äußerungsweise nährt oder ob sie, aus anderen

---

254 *Knigge,* Über den Umgang mit Menschen, Bd. 3, Kapitel 6, S. 117 f.

Wurzeln erwachsen, das Ursprüngliche ist, von dem sich auch der Widerwille gegen die Sprache der Juristen herleitet«.[255] Wenn er jedoch im selben Werk später feststellt: »Die Forderung, richtig zu sprechen, kann von jedem, auch von jedem Juristen erfüllt werden. Die Forderung, schön zu sprechen, geht über das Erfüllbare hinaus«[256], dann scheint selbst er das (Vor?)Urteil zu bestätigen.[257]

296 Das beklagte Juristendeutsch werden Sie in keinem Werk zum Sprachstil als positives Beispiel finden. Zu berüchtigt ist der knöcherne, umständliche, amtsstubenhafte Stil, den wir Juristen in fast allen Publikationen pflegen; bei manchem ist er gar in die Alltagssprache übergegangen. Es ist ein Allgemeinplatz, dass die Rechtswissenschaft auch eine Sprachwissenschaft ist. Das Recht drückt sich vor allem durch Gesetze, Urteile und Bescheide, also Texte aus. Sprache ist deshalb ein wichtiges Instrument des Juristen.[258] Umso erstaunlicher ist es, dass gerade die Juristen derart verschrien sind für ihre vermeintliche Malträtierung der deutschen Sprache. Sprechen Juristen ein anderes Deutsch? Liegt es an unserer Wissenschaftsdisziplin, dass juristische Abhandlungen häufig spröde, langatmig und gestelzt formuliert sind?

297 Viele der nachfolgend aufgeführten[259] Sprachsünden sind jedenfalls besonders häufig in juristischen Texten aufzufinden, etwa passive Satzstrukturen statt aktiven und zahlreiche Substantivierungen. Das mag teilweise inhaltlich bedingt sein. Schließlich beschäftigt sich der Jurist oft mit zwei Parteien, von denen die eine der anderen etwas »angetan« hat: Täter und Opfer im Strafprozess, Kläger und Beklagter im Zivilprozess, Finanzamt und Steuerbehörde – die Liste ließe sich beliebig erweitern und bildet Konstellationen ab, in denen schnell zum Passiv gegriffen werden kann. Denn in der Regel hat hier eine Person etwas »erlitten«, das von einer Handlung der anderen ausging. Substantivierungen wiederum sind dort häufig, wo etwas abstrahiert wird; dort, wo es nicht um eine konkrete Person geht, die etwas getan hat, sondern um die Handlung als solche. Dementsprechend ist die Sprache des Gesetzes – das eine allgemeine, abstrakte Regel für eine Vielzahl von Fällen aufstellen möchte – oft eine solche Sprache im Nominalstil. Es lassen sich also durchaus inhaltliche Rechtfertigungen für bestimmte Stilmittel finden.

298 Daneben darf allerdings nicht übersehen werden: Sprache ist immer auch Ausdruck einer bestimmten Gruppenzugehörigkeit. Sprache bringt zum Ausdruck, woher der Sprechende kommt und an wen er sich wendet. Wenn Sie im Fitnessstudio den Trainer ansprechen, werden Sie mit ihm anders reden als mit dem Professor nach der Vor-

---

255 *Dölle*, Vom Stil der Rechtssprache, S. 7.

256 *Dölle*, Vom Stil der Rechtssprache, S. 64.

257 S. schließlich auch *Dölle*, Vom Stil der Rechtssprache, S. 67: »Es ist aber nichts dagegen einzuwenden, wenn der juristische Redner, der die Interessen einer Partei wahrzunehmen hat oder die Gerechtigkeit eines Anspruchs vertritt, seiner Sprache eine Form gibt, die dem Angesprochenen genehm ist, wenn er also für seine Partei oder für seine Sache mit den Mitteln des sprachlichen Ausdrucks wirbt. Das werden wir sogar dem wissenschaftlichen Schriftsteller zugestehen dürfen.« Diese Passage ist, fürchte ich, nicht so ironisch gemeint, wie sie sich anhört.

258 Deutlich auch das Gemeinsame Positionspapier des Allgemeinen Fakultätentages (AFT), der Fakultätentage und des Deutschen Hochschulverbands (DHV) vom 9. Juli 2012, S. 3: »Die Güte einer wissenschaftlichen Qualifikationsarbeit bemisst sich – insbesondere in den Geistes- und Sozialwissenschaften – aber auch nach der Fähigkeit des Autors, fremden Gedankengängen und Inhalten aus wissenschaftlichen Vorarbeiten vor dem Hintergrund eigener Erkenntnis einen sprachlichen Ausdruck zu verleihen.« Das Papier ist abrufbar unter: *www.hochschulverband.de/cms1/uploads/media/Gute_wiss._Praxis_Fakultaetentage_01.pdf*.

259 S. sogleich Rn. 309–344, insb. Rn. 323–341.

lesung oder mit dem Verkäufer in einem Antiquitätengeschäft. Sie passen also Ihre Sprache an die Situation an. Nichts anderes macht der Jurist bisweilen mit seinem Juristendeutsch. Seine Sprache dient ihm häufig (auch) als Abgrenzung, er verwendet das »schlechte« Deutsch als Jargon. Er bringt mit ihm Gruppenzugehörigkeit zur »Kaste« der Juristen zum Ausdruck[260], grenzt sich dadurch vom Laien ab und wählt die Sprache der Mächtigen. Wenn sein Stil gestelzt, abstrakt, kalt und unpersönlich wirkt, so kann genau diese Wirkung beabsichtigt sein: Ein Richter will durch das Urteil seine Autorität ausdrücken, die Behörde bringt in ihrem Bescheid zum Ausdruck, dass sie es ist, die einseitig Anordnungen treffen kann, und der Strafverteidiger gibt seinem Mandanten zu verstehen, dass er auf einer anderen Ebene steht als der Straftäter.[261]

Solche Prozesse laufen freilich nicht immer bewusst ab. Häufig merken es die Jargonsprechenden Juristen gar nicht, wenn sie die Sprache als Werkzeug der Mächtigen einsetzen. Die inhaltlichen Gründe für das berüchtigte Juristendeutsch setzen sich ebenfalls subtil durch: So ahmen Sie im Studium bereits unterbewusst den Falllösungsstil Ihrer Übungsleiter, Professoren und der Lehrbuchautoren nach.[262] Zudem zwingt man Sie zum Gutachtenstil und dazu, nah am Gesetz zu arbeiten. Wenn Subsumtion – also die Unterordnung eines konkreten Geschehens unter die abstrakte Regel des Gesetzes – Kern der Tätigkeit des Juristen ist[263], nimmt es nicht wunder, wenn ihre Texte der Sprache des Gesetzes nahekommen. Dass der »juristische« Stil sachliche Ursachen haben kann und häufig unterbewusst einstudiert wird, ist jedoch kein Blanko-Scheck für schlechtes Deutsch. Seien Sie sich bewusst, wie Sprache auf den Adressaten wirken kann und dass es häufig mehrere Formulierungsvarianten gibt. Hinterfragen Sie Ihren eigenen Stil kritisch und vermeiden Sie vermeintliche Fachsprache dort, wo es sich um bloßen Juristen-Dünkel oder eine gestelzte Kunstsprache handelt, die nicht durch die Methodik vorgegeben ist. Die Dissertation sollte in juristischer Fachsprache abgefasst sein, nicht im Juristen-Jargon. 299

Beispiele: Zum Jargon gehören einige Begriffe, die Sie nicht völlig streichen, aber doch jedenfalls sehr behutsam einsetzen sollen.[264] Folgende Wörter etwa (die Aufzählung ist nicht abschließend) sollten Sie in Ihrem Dokument suchen und nur dann im Text behalten, wenn sie tatsächlich notwendig sind: diesbezüglich; insoweit; insbesondere; dementsprechend; hinterfragen; hinsichtlich; respektive; beziehungsweise (noch unschöner: bzw.); hier; vorliegend; bewirken; verursachen; nach Maßgabe von; mit Ausnahme von; dahingehend; für die Dauer von XY Jahren (= XY Jahre); den Betrag von 1000 Euro (= 1000 Euro); unter Außerachtlassung; unbeschadet. 300
Ebenfalls dem Jargon zuzuordnen ist die unter Juristen verbreitete Unsitte, aus Adverbien Adjektive zu bilden und diese sodann noch für besonders präzise und professionell zu halten. Für das Adverb »teilweise« ist dies mittlerweile fast schon allgemein anerkannt, aber als Adjektiv gebrauchte Adverbien wie »schrittweise« (die »schrittweise« Aufhebung), »hilfsweise« oder »zwangsweise« dürften nach wie vor nicht für Begeisterung unter sprachsensiblen Menschen sorgen.[265]

Diese Begriffe sind nur harmlose Beispiele für Juristenjargon, und mitunter sind sie auch kaum zu umgehen, ohne gegen eine andere Stilregel zu verstoßen. Die größeren 301

---

260 Von »Kastenslang« spricht *Walter*, Kleine Stilkunde für Juristen, S. 265 f.
261 S. zu dieser Funktion des Juristendeutsch sehr instruktiv *Gast*, Juristische Rhetorik, Rn. 1223–1236. Ebenso *Wieduwilt*, JuS 2010, 288.
262 *Wieduwilt*, JuS 2010, 288.
263 *Bitter/Rauhut*, JuS 2009, 289 (291).
264 S. auch die Liste von Kennzeichen des Juristenjargons bei *Walter*, Kleine Stilkunde für Juristen, S. 216 f. und die Beispiele bei Schmuck, K&R 2015, 608
265 S. zum Ganzen die Glosse von *Kästle-Lamparter*, JZ 2016, 999 f.

Sünden werden von Juristen systematisch begangen, wie ich unten anhand der gängigsten stilistischen Mängel erläutern möchte.

II. Wissenschaftssprache

302 Schwülstiges, affektiertes Juristendeutsch gilt es also zu vermeiden. Allerdings schreiben Sie eine wissenschaftliche Arbeit und können deshalb auch nicht Ihre lebendige, unkomplizierte und bunte Alltagssprache verwenden. Denn wissenschaftliche Arbeiten sind auf einer anderen Sprachebene angesiedelt. Sie sind deshalb anders formuliert als private Briefe, aber auch anders als zum Beispiel Pressemitteilungen und Zeitungsartikel. Einerseits hat sich schlicht ein bestimmter wissenschaftlicher Stil eingebürgert; andererseits ist mit einem Text, der andere Texte verarbeitet, objektiv und neutral sein soll und nebenbei noch viele Fußnoten setzt, automatisch auch ein anderer Stil verbunden.

303 Eine wissenschaftliche Arbeit sucht nach der Wahrheit und berücksichtigt alle wesentlichen Meinungen, um selbst etwas Neues zur Diskussion beizutragen. Wahrheitssuche zwingt zur Neutralität und Objektivität, will der Wissenschaftler nicht vorschnell urteilen. Argumentiert er parteiisch, setzt er sich dem Verdacht aus, Vorurteile zu pflegen oder eine Meinung ohne Prüfung bereits im Vorhinein abzulehnen. Im Gegensatz zu einem Presseartikel darf ein wissenschaftlicher Artikel deshalb nicht tendenziös sein. Das wirkt sich auch auf die Sprache aus. Während ein Presseartikel übertreiben darf und eine blumige, metaphernreiche Sprache oder ungewöhnliche Satzkonstruktionen verwenden darf, um die Aufmerksamkeit des Lesers zu gewinnen, stehen dem Wissenschaftler solche Mittel nicht zur Verfügung. Er muss auf abwechslungsreiche Formulierungen zugunsten einer neutralen Sprache verzichten.[266] Er darf nichts Relevantes weglassen oder Vorhandenes überbetonen, weil er dann die Quellenlage nicht mehr zuverlässig wiedergibt.

304 Dem wissenschaftlichen Text sind deshalb beschreibende Adjektive grundsätzlich fremd, ebenso Komparative und noch mehr Superlative. Ungewöhnlichen Satzbau und Wortneuschöpfungen wird ein Wissenschaftler ebenfalls meiden. Sie können schnell einen unseriösen Eindruck vermitteln, mit der Folge, dass ihm nicht mehr geglaubt wird. Der Leser eines wissenschaftlichen Textes wird einem Autor misstrauen, der sich sprachlich aufplustert oder zu avantgardistisch schreibt. Ist er etwa auch inhaltlich ein Schaumschläger? Will er mit den sprachlichen Spielereien gar vom Inhalt ablenken? Es gibt allerdings auch Formulierungskünstler unter den Wissenschaftlern, die es schaffen, Texte auf höchstem sprachlichem Niveau zu schreiben und in diesen sogar neue Begriffe zu prägen, die von der Wissenschaftsgemeinschaft übernommen werden. Das Verfassungsrecht etwa haben Begriffe wie »Untermaßverbot«, »Institutsgarantie« oder »Schutzpflicht« inhaltlich geprägt und zugleich sprachlich bereichert. Sie stellten, als sie zum ersten Mal verwendet wurden, kreative Wortschöpfungen dar. Auch die sprachgewaltigen Rechtswissenschaftler – sie sind leider in der Minderzahl – versuchen jedoch nicht, einen Roman zu schreiben. Stilmittel aus Gedichten, Romanen, Zeitungsartikeln oder Werbetexten werden sie nicht verwen-

---

266 *Brinkmann*, Die rechtswissenschaftliche Seminar- und Doktorarbeit, S. 135: »So bleibt weitgehend nur die niedere ästhetisch werthafte Sprache, etwa die nette.« S. auch *Schulze-Fielitz*, JÖR n.F. 50 (2002), 1 (28).

den. Dort, wo Rechtswissenschaftler tatsächlich einen Roman schreiben, wird sich ein solches Werk nie wie ein Schriftsatz oder Lehrbuch desselben Autors anhören. Das werden Sie schnell bemerken, wenn Sie die Romane *Schlinks* oder *von Schirachs* lesen.

Mit der Dissertation schreiben Sie ein abstraktes, fachlich hoch spezialisiertes und einer bestimmten Methodik, da einem bestimmten Forschungsumfeld unterworfenes Gutachten. Deshalb muss sich die Arbeit auch sprachlich in dieses Forschungsumfeld einfügen. Insbesondere Fachbegriffe sind nicht beliebig durch Synonyme ersetzbar.[267] Wenn es für einen Begriff der Juristensprache eine Entsprechung in der Alltagssprache gibt, die jedoch in der Fachsprache kein Synonym ist, können Sie auf diesen Begriff nicht ausweichen. Auch haben sich manche Begriffe, die aus der Alltagssprache seit Jahrzehnten verschwunden sind, in der juristischen Umgangssprache erhalten. Anderen Wörtern wird wiederum in der Rechtswissenschaft nicht dieselbe Bedeutung beigemessen wie in der Alltagssprache. Wenn etwa der Jurist »grundsätzlich« sagt, so wartet der erfahrene Leser darauf, dass sogleich die Ausnahme präsentiert wird. In der Alltagssprache dagegen wird dieses Wort eher verstärkend verwendet (»Ich kaufe grundsätzlich nur Bio!«). Auch andere Begriffe der Alltagssprache wie »regelmäßig« werden von Juristen anders genutzt. 305

Nicht nur die Alltagssprache, sondern auch andere Wissenschaften messen den Begriffen manchmal eine andere Bedeutung zu als die Juristen. Die Wissenschaftssprache variiert deshalb von Disziplin zu Disziplin. Daran können Sie erkennen, dass die Methodik und der Inhalt des wissenschaftlichen Textes auch Weichen für die Sprache stellt. Manches, das in germanistischen Arbeiten als allgemein anerkannter sprachlicher Duktus gilt, würde in der Rechtswissenschaft als blumige Geschwätzigkeit aufgefasst. Das Schreiben in der ersten Person Singular oder Plural (ich/wir) in einer wissenschaftlichen Arbeit ist in manchen Disziplinen verpönt, in anderen geradezu üblich.[268] Achten Sie bei der Lektüre fremder Texte darauf, welche Begriffe und Stilmittel häufig verwendet werden. Einige werden Sie bereits aus dem Studium als Fachtermini kennengelernt haben, andere haben Sie möglicherweise bei der Recherche für die Dissertation häufig gelesen oder bereits unbewusst übernommen. Insbesondere auf unbekannte und ungewöhnliche Begriffe sollten Sie ein Auge haben. Schlagen Sie diese gegebenenfalls nach und führen Sie eine Liste mit den für Sie neuen Termini. Fragen Sie Kollegen, wenn Ihnen eine Formulierung komisch vorkommt. Diskutieren Sie mit ihnen darüber, ob der betroffene Autor sich nur einen sprachlichen Lapsus erlaubt hat oder ob es sich um eine wissenschaftssprachliche Formulierung handelt, die Ihnen bisher nicht geläufig war. 306

Wenn Sie auf die allgemein verwendete Wissenschaftssprache achten, werden Sie schnell feststellen, was in der Rechtswissenschaft »üblich« ist, sprich: was nicht beanstandet wird. Dies wird später bei den Formalien ein häufiger Rat sein, gilt jedoch auch für die Sprache der Dissertation: Halten Sie sich stets an das, was in Ihrem Wissenschaftsbereich üblich ist. Denn das wird Ihre Leser am wenigsten stören. Ihre Formalien und die Sprache der Arbeit sind dann gelungen, wenn der Leser Ihr Werk 307

---

267 Oft gibt es aber ein lateinisches Synonym, teilweise sogar einen anderen Fachbegriff, vgl. z.B. die an Studierende gerichtete Liste bei *Schmidt*, JuS 2003, 550 (554, Fn. 18). Ob es freilich besser ist, zur Abwechslung den leicht verständlichen deutschen Begriff durch das lateinische fachsprachliche Fremdwort zu ersetzen, darüber kann trefflich gestritten werden.

268 Zu dieser Einzelfrage sogleich sub 5. (Rn. 342–344).

schnell und bruchfrei lesen kann. Er soll sich nicht an erstaunlich eloquenten Passagen erfreuen wie an einem schönen Gedicht. Er soll sich vielmehr weder sprachlich noch formal an Ihrem Text stören, ihn also ohne Schwierigkeiten und Nachdenken lesen können. Das wird dann der Fall sein, wenn er dem nahekommt, was der Leser als richtig empfindet. Im Zweifel ist das die Sprache, die er gewöhnt ist und in welcher er selbst schreibt. Lesen Sie deshalb auch einige Texte Ihres Betreuers, insbesondere seine Habilitationsschrift. Welche Formulierungen verwendet er gerne? Wie leitet er Kapitel ein?

308 Darüber hinaus sollten Sie in einem wissenschaftlichen Text auch ein dem Inhalt würdiges Sprachniveau wahren. So, wie Sie eine honorige Persönlichkeit im Alltag anders ansprechen werden als die beste Freundin, der Sie beim Einkaufen in der Stadt begegnen, sollten Sie auch bei der Dissertation die Sprache an die Textgattung anpassen. Schreiben Sie die Dissertation auch sprachlich in einem gediegenen, dem wissenschaftlichen Text würdigen Ton. Gefragt ist eher ein präsidialer Stil denn das Poltern eines Generalsekretärs zur Tagespolitik. Vermeiden Sie Übertreibungen, allzu gewagte sprachliche Spielereien, Stilmittel des rein gesprochenen Wortes, belletristischen Stil, Journalistendeutsch und Alltagssprache. Mitunter genügt ein Wort, das nicht zur Sprachebene des wissenschaftlichen Textes gehört, um einen Satz »unrund« zu machen.

III. Stilregeln für die Dissertation

309 Das schlechte Juristendeutsch[269] sollen Sie also vermeiden, in Wissenschaftssprache jedoch schreiben. Diese Vorgabe ließe sich in einem ersten unbefriedigenden Fazit für den Stil der Dissertation machen. Aus der abstrakten Leitlinie konkrete und gleichzeitig allgemeingültige Regeln zu machen, fällt schwer. Zu unterschiedlich sind die Begriffe, die in einem bestimmten Rechtsbereich verwendet werden, und zu unterschiedlich ist auch der jeweilige persönliche Stil. Wenn Juristendeutsch nicht in jedem Text stört, so mag dies daran liegen, dass es nicht in jedem Text »auf die Spitze getrieben« wird. Denkbar ist aber auch, dass der eine Autor mit der Sprache der Juristen schlicht virtuoser oder zumindest weniger störend als ein anderer umgeht, obwohl er ähnliche Begriffe verwendet. Einzelne verbotene Wörter aufzuzählen wird deshalb nicht zu einem guten Stil verhelfen, denn Texte lassen sich nicht durch pauschale Ge- und Verbote zu einem Lesevergnügen verwandeln. Sprachstil ist immer auch Ausdruck der Persönlichkeit des Sprechenden und Schreibenden. Verbietet man ihm einzelne Wörter oder Stilmittel, nimmt man im Zweifel nur einzelne Mosaiksteine aus einem misslungenen Bild heraus. Das Gesamtwerk bleibt aber häufig dasselbe und lässt sich nur schwer durch Einsetzen anderer Steine in etwas Schöneres verwandeln. Arbeit am guten Stil ist zudem Arbeit am Inhalt des Textes. Verschnörkelungen verschleiern oder verwässern eine präzise Aussage. Wer sie vermeiden will, arbeitet

---

269 Gerade in den Geisteswissenschaften ist jedoch vor allem in den 1960er- und 70er-Jahren eine Tendenz zur bewussten sprachlichen Vernebelung der Inhalte durch Intellektuellendeutsch zu beobachten gewesen. Diese Entwicklung diente zur Überhöhung der eigenen Tätigkeit und war so einflussreich, dass es manche der ursprünglich seltsamen Wortneuschöpfungen inzwischen sogar in den Alltagswortschatz geschafft haben, etwa Begriffe wie »auf etwas abheben« oder »Zielfestlegung«. S. zum Ganzen *Kaehlbrandt*, Logbuch Deutsch, S. 85–90. Wissenschaftsjargon ist demnach nicht nur auf Juristen begrenzt. Juristen nutzen ihn tendenziell jedoch eher als gesellschaftliches Herrschaftsmittel, während die Geisteswissenschaften sich durch ihn intellektuell erhöhen und abgrenzen.

zugleich an seiner inhaltlichen Präzision, nicht nur an der Sprache.[270] Deshalb müssen Ratschläge abstrakt bleiben.

Nichtsdestoweniger können einzelne Stilregeln festgemacht werden, die bei den meisten Autoren zu einer besseren Sprache – das Attribut »schön« sei bewusst vermieden – führen werden. Über die meisten der nachfolgend aufgeführten Regeln besteht weitgehend Konsens. Verstehen Sie diese Punkte als vorsichtige Ermahnungen und Ratschläge. Zwingende Regeln stellt die geschriebene Sprache nur durch die Bedeutung eines Wortes, durch die Rechtschreibung und durch Interpunktionsregeln auf, außerdem durch den festgelegten Gebrauch bestimmter Zeichen (Anführungs- und Ausrufezeichen, Binde- und Gedankenstriche, Apostrophen). Diese zwingenden Regeln können Sie dem Rechtschreibungs-Duden und dem Grammatik-Duden entnehmen, ergänzt durch Fremdwörterbücher und fachsprachliche Wörterbücher.[271] Bei den Stilregeln ist indes ein rigider Ton unangebracht. Sie haben den Charakter von Empfehlungen; von daher stört bisweilen der erhobene Zeigefinger, das altväterliche Pathos und die Überhöhung literarischer Werke der deutschen Klassik, mit welchen Ratgeber zur »Stilkunst« – über diesen Begriff ließe sich im Übrigen auch streiten – aufwarten.[272] Auch wirken einige Beispiele in diesen Werken sehr gekünstelt. Wenn es jedoch Ratschläge gibt, die immer wieder auftauchen, lohnt es sich, über sie nachzudenken. Was viele »Stilpäpste« stört und zu leidenschaftlichen Belehrungen reizt, stört vielleicht auch andere Leser. §310

1. Knapp und klar

Als Jurist sind Sie, wenn es um »Regeln« geht, vor allem Verbote gewöhnt. Beginnen möchte ich die Stilregeln aber mit einem »positiven« Rat, einer Beschreibung des Textes, wie er sein sollte. *Walter* hat für den Stil juristischer Texte drei Grundsätze aufgestellt, die einen guten wissenschaftlichen Text treffend beschreiben: »Inhalt vor Schönheit, Klarheit vor Schönheit, Schönheit vor Schund«.[273] §311

Wichtig ist demnach zunächst der Inhalt Ihres Textes, schließlich schreiben Sie eine wissenschaftliche Arbeit und keinen rein unterhaltenden Text. Sie möchten mit ihm eine Botschaft vermitteln. Deshalb sollten Sie alles erläutern, was der Leser zum Verständnis Ihrer Botschaft benötigt. Die Erläuterungen sollten jedoch verständlich und so knapp wie möglich sein. Jedem Leser ist ein kurzer Text lieber als ein langer. Wenn der kurze Text alles Wichtige enthält, leicht verständlich und trotzdem überzeugend ist, haben Sie Ihr Ziel erreicht. So knapp wie möglich, aber so lang wie nötig, um Missverständnisse zu vermeiden, sollten Sie schreiben. Das erreichen Sie in erster Linie dadurch, dass Sie Ihren Text sorgfältig vorbereiten. Wenn Sie das, was Sie sagen möchten, tatsächlich verstanden und durchdacht haben, werden Sie in der Lage sein, Ihre Erkenntnisse knapp zu erläutern. Ausreichendes Vorverständnis und Vorbereitung sind für kurze Texte unabdingbar. Dissertationen, in denen der Doktorand laufend seine Bildungserlebnisse niederschreibt, werden lang und collagenhaft. Sie sind zudem oft unverständlich und enthalten viel Unnützes. §312

---

270 Vgl. auch *Reiners*, Stilkunst, S. 53.
271 S. etwa die Regeln für Abkürzungen und Zeichensetzungen in *Duden*, Die deutsche Rechtschreibung, K 1–K 46 sowie die Regeln für die Textverarbeitung (a.a.O., S. 98–118). Sehr hilfreich ist ferner das Regelwerk von *Eisenberg*, Deutsche Orthographie, 2017.
272 Zu Recht kritisch *Walter*, Kleine Stilkunde für Juristen, S. 18–22.
273 *Walter*, Jura 2006, 344.

313 Erste Stilregel ist es deshalb, Überflüssiges zu streichen. Das gilt für überflüssige Kapitel, unnötige Argumente und Nachweise für Allgemeingut, aber auch für Redundanzen. Schließlich kann man diese Regel ausweiten auf alle unnötigen Elemente eines Textes, etwa: überflüssige Attribute, unnötige Konjunktionen und sogar auf den Text aufblähende Stilmittel.

314 **Beispiel:** So kann es überflüssig sein, zwei Satzteile mit »sowohl... als auch« zu verbinden, wenn man doch einfach nur »und« sagen kann. Auch Füllwörter wie die folgenden sollten Sie vermeiden: »ja«, »eben«, »regelrecht«, »gewissermaßen«, denn sie wirken zudem relativierend.

315 Ob man tatsächlich alles, was nicht unersetzlich für das Verständnis eines Satzes ist, aus einem Text streichen sollte, darf jedoch bezweifelt werden. Ein paar »Schnörkel« gehören zu jedem Text dazu, möchten Sie dem Leser nicht eine Hand voll Staub als Mahlzeit vorsetzen. Stilmittel sind in wissenschaftlichen Texten nicht verboten. Gleichwohl sollten Sie bei der Lektüre Ihres Textes darauf achten, ob die Adjektive und Konjunktionen wirklich nötig sind oder jedenfalls den Text »schöner« machen. Wenn Sie beides verneinen, können die jeweiligen Wörter in der Regel ersatzlos gestrichen werden.[274]

316 **Hinweis:** Machen Sie den Test: Streichen Sie »verdächtige« Konjunktionen, Partizipien[275] und Adjektive mit dem Bleistift durch und kontrollieren Sie, ob der Text nach wie vor verständlich ist – oder gar durch die Streichungen präziser wird. Denken Sie auch darüber nach, ob es nicht ein passenderes Substantiv gibt als das Gewählte und mit Adjektiven verzierte. Kann man die »körperliche Misshandlung« nicht besser definieren als mit einer »üblen und [!] unangemessenen Behandlung«?[276]

317 Häufig werden Sie aufgeblähtes Juristensprech ersetzen können, wo es einen ebenso präzisen Ausdruck der Alltags- oder Fachsprache gibt. Muss man etwa »eine Untersuchung durchführen« statt »untersuchen« sagen? Texte werden allerdings auch durch Abwechslung und Stilmittel schön. Wenn Sie schon dutzendfach »untersuchen« geschrieben haben, kann es sogar für etwas Abwechslung sorgen, die vermeintlich gestelzte Nominalkonstruktion zu wählen. Ebenfalls unnötig sind zumeist Verstärkungswörter. Hier gilt dasselbe wie in einem Klausurtext: Ein Argument wird nicht überzeugender, weil Sie es mit »selbstverständlich«, »natürlich« oder »äußerst« garnieren. Das soll nicht bedeuten, dass solche Begriffe nie verwendet werden dürfen. So kann ein »wohl« durchaus berechtigte Zweifel ausdrücken oder auf höfliche Weise relativierend wirken. Im Zweifel sind diese Verstärkungen jedoch unnötig, und zu häufig eingesetzt verlieren sie ihre Wirkung völlig. Nicht alle etwas ausschweifender als unbedingt erforderlich geratenen Passagen müssen also gestrichen werden. Bewahren Sie Abwechslung in Ihrem Text, variieren Sie Formulierungen und Satzstrukturen. Aber versuchen Sie nicht, professioneller und vornehmer zu klingen, als es Ihrem authentischen Schreibstil entspricht. Aufgesetzte Sprache wird der Leser sofort erkennen; zudem gleiten Sie dann mit großer Wahrscheinlichkeit in den Stil der Amtsstube ab.

---

274 Etwas zu extrem, aber gerade durch die (gewollte) Überspitzung lehrreich *Schmuck*, Deutsch für Juristen, S. 9–21 (s. a.a.O. auch die Übungen, S. 65–85).
275 Die Kollegen aus der Bibliothek schickten mir folgende E-Mail: »Der von Ihnen erteilte Scanauftrag wurde ausgeführt. Sie erhalten im Anhang das gewünschte Dokument.« In diesem »verwaltungsdeutschen« Satz stören nicht zuletzt die beiden unnötigen Partizipien. Wohlgemerkt stammt diese Nachricht nicht von Juristen.
276 Treffendes Beispiel bei *Walter*, Kleine Stilkunde für Juristen, S. 64 f.

2. Lange Sätze vermeiden

Das Streichen von Überflüssigem macht Ihren Text bereits wesentlich knapper, präzi- 318
ser und damit verständlicher. Weiterhin erschweren jedoch oft umständliche Satzkonstruktionen den Zugang zu Ihren Argumenten. Vermeiden Sie Bandwurmsätze, (zu
viele) Nebensätze und ziehen Sie Verben nicht unnötig auseinander. Die deutsche
Sprache erlaubt mehr Variationen im Satzbau als die meisten anderen Sprachen und
lässt die Kombination von vielen Begriffen zu einem zusammengesetzten Substantiv
ebenso zu wie eine Vielzahl von Nebensätzen. Sie sollten versuchen, von dieser Möglichkeit nicht zu exzessiv Gebrauch zu machen. Fast nie ist es erforderlich, mehr als
zwei Nebensätze in einem Satz unterzubringen. Sie sind nicht dazu verpflichtet, einen Gedanken mit allen Verästelungen und Argumenten in einen einzigen Satz zu
packen. Sätze über mehr als fünf Zeilen sollten Sie zum Überlegen bringen.[277]

Es wäre jedoch auch übertrieben, auf Nebensätze komplett zu verzichten. Ein reiner 319
Hauptsatzstil ist stupides Informations-Stakkato und auf die Dauer nicht verständlich und klar, sondern uninspiriert und ermüdend. »Hauptsachen in Hauptsätze!«,
das ist eine bekannte und zutreffende Regel für klares Deutsch. Die Botschaft eines
Satzes sollte nicht verschleiert oder relativiert werden, was passieren kann, wenn man
das Wichtigste in den Nebensatz schreibt. Man kann jedoch ergänzen: »Nebensachen
in Nebensätze!«[278]. Die deutsche Sprache hält schließlich nicht umsonst den Nebensatz bereit. Enthält ein Nebensatz aber nichts Neben-, sondern etwas Hauptsäch-
liches und wird der Text durch den Nebensatz nicht eloquenter, sollte der Nebensatz
gestrichen werden. Übertreiben Sie die »Verhauptsatzung« des Textes aber nicht.

> **Beispiel:** Ist es wirklich erforderlich, den Satz: »Obwohl sie manche Enttäuschung erlebt hatte, 320
> versuchte sie es immer von Neuem« durch »Sie hatte zwar manche Enttäuschung erlebt, aber
> trotzdem versuchte es immer wieder von Neuem« zu ersetzen?[279]

Überschätzen Sie jedoch gleichzeitig die Aufnahmefähigkeit des menschlichen Ge- 321
hirns nicht. Nach einer gewissen Zahl an Silben ist der Speicher des Kurzzeitgedächt-
nisses erschöpft. Die Folge ist, dass der Satz erneut gelesen werden muss, wenn man
sich nicht mehr an den Anfang erinnert. Vermeiden Sie deshalb nicht zwanghaft jeden
Nebensatz, sondern achten Sie auf angemessen lange Sätze, die der Leser als ganze
behalten und beim ersten Lesen verarbeiten kann.

Kurz und nebensatzfrei muss ein Satz also nicht zwingend sein. Das Gebot sollte 322
vielmehr lauten, übersichtliche Sätze zu schreiben.[280] Übersichtliche Sätze können
auch Nebensätze enthalten. Und nicht immer muss das Wichtigste am Anfang stehen.
So kann eine Aussage betont werden, indem sie an den Schluss eines langen Satzes
gestellt wird. Für den Regelfall – wenn also die Hauptaussage nicht gezielt an den
Schluss gestellt wird – ist es jedoch eine vernünftige Empfehlung, nicht mehr als
einen Nebensatz vor einen Hauptsatz zu stellen.[281] Wichtig ist, dass die Leser Ihrer
Arbeit keinen Satz wegen seines Satzbaus zweimal lesen müssen. Sie haben dann alles
richtig gemacht, wenn dem Leser gar nicht auffällt, ob der Satz lang war, einen Nebensatz oder einen Fachbegriff enthielt. Wenn nichts den Lesefluss stört, kann die

---

277 *Schimmel*, Juristische Klausuren und Hausarbeiten richtig formulieren, Rn. 341.
278 Insoweit zutreffend *Reiners*, Stilfibel, S. 98.
279 Beispiel bei *Reiners*, Stilfibel, S. 95.
280 *Esselborn-Krumbiegel*, Von der Idee zum Text, S. 176; *Walter*, Jura 2006, 344 (345).
281 *Esselborn-Krumbiegel*, Richtig wissenschaftlich schreiben, S. 50.

Satzkonstruktion nicht falsch gewesen sein. Machen Sie also kein Dogma daraus, die Hauptsache immer in Hauptsätzen und am Anfang des Satzes zu sagen. Diese Regeln haben ihren Sinn, müssen aber nicht sklavisch befolgt werden, um einen stilistisch sauberen und zugleich verständlichen Text zu schreiben.

3. Nominalstil vermeiden

323 Exzessive Substantivierungen gehören zu den ersten Stilsünden, die einem in den Sinn kommen, wenn man das berüchtigte Juristendeutsch beklagt. Teilweise hängt er mit dem Bedürfnis nach Präzision und Abstraktion zusammen, das die juristische Fachsprache hat. Ein einzelnes Wort ist im Zweifel präziser als eine Umschreibung durch Verben, Adjektive und Nebensätze. Zudem müssen Gesetze abstrakt formuliert sein, um Raum für viele »Lebenssachverhalte« zu lassen. Sie werden deshalb, wollen Sie die Fachsprache korrekt verwenden, nicht um Substantivierungen herumkommen. Dort, wo es einen anerkannten Fachbegriff gibt, sollten Sie nicht versuchen, ihn durch einen lebendigen Hauptsatz zu ersetzen. Die Umschreibung wird länger und häufig unpräziser sein; Ihre Leser sind zudem bestimmte Fachtermini gewöhnt und warten geradezu auf die Schlagworte. Manchmal sorgt Nominalstil sogar für mehr Klarheit und prägnantere Formulierungen. So kann ein Nomen einen ganzen Nebensatz überflüssig machen.[282] Mancher Gesetzestext wäre deutlich länger, würde der Gesetzgeber auf die Substantivierung verzichten. Wenn der Gesetzgeber einen Begriff sogar legaldefiniert hat, ist er damit verbindlich; Variationen sind dann nur noch in sehr beschränktem Maße möglich.[283] Es ist jedoch ein Irrtum zu glauben, juristische Texte seien stets auf den Nominalstil angewiesen. Man muss dazu auch nicht die schon in den 50er-Jahren angestaubten und in der Regel wohl konstruierten Beispiele bemühen, die sich in den Ratgebern von *Reiners* häufig tummeln.

324 Er selbst gibt ein passenderes Beispiel, indem er die Gesetzgebungstechnik des deutschen Bürgerlichen Gesetzbuches mit dem Schweizer Zivilgesetzbuch in der damals gültigen Fassung vergleicht.[284]

325 So lautet § 1301 BGB: »Unterbleibt die Eheschließung, so kann jeder Verlobte von dem anderen die Herausgabe desjenigen, was er ihm geschenkt oder zum Zeichen des Verlöbnisses gegeben hat, nach den Vorschriften über die Herausgabe einer ungerechtfertigten Bereicherung fordern. Im Zweifel ist anzunehmen, dass die Rückforderung ausgeschlossen sein soll, wenn das Verlöbnis durch den Tod eines der Verlobten aufgelöst wird.«

326 Lesen Sie im Vergleich dazu Art. 94 des Schweizerischen Zivilgesetzbuches in seiner alten Fassung. Er lautete: »Geschenke, die Verlobte einander gemacht haben, können bei Aufhebung des Verlöbnisses zurückgefordert werden. Sind die Geschenke nicht mehr vorhanden, so erfolgt die Auseinandersetzung nach den Vorschriften über die ungerechtfertigte Bereicherung. Wird das Verlöbnis durch den Tod eines Verlobten aufgelöst, so ist jede Rückforderung ausgeschlossen.«

327 Die Neufassung des ZGB brachte eine Einschränkung (keine Rückforderung von Gelegenheitsgeschenken), ist aber immer noch ähnlich, wenn auch nicht mehr ganz so klar formuliert.

---

282 *Esselborn-Krumbiegel* (Richtig wissenschaftlich schreiben, S. 54 f.) rät sogar dazu, den »Nominalstil gezielt« zu diesem Zweck zu verwenden.
283 *Möllers*, Juristische Arbeitstechnik und wissenschaftliches Arbeiten, § 4 Rn. 34. S. auch *Schnapp*, Jura 2003, 173 (176).
284 *Reiners*, Stilkunst, S. 155 f.

Art. 91 ZGB lautet nunmehr: »Mit Ausnahme der gewöhnlichen Gelegenheitsgeschenke können 328 die Verlobten Geschenke, die sie einander gemacht haben, bei Auflösung des Verlöbnisses zurückfordern, es sei denn das Verlöbnis ist durch Tod aufgelöst worden. Sind die Geschenke nicht mehr vorhanden, so richtet sich die Rückerstattung nach den Bestimmungen über die ungerechtfertigte Bereicherung.«

Beide Normen haben denselben Anwendungsbereich und treffen ähnliche Regelungen. Beide verwenden – auch – Nominalstil (»unterbleibt die Eheschließung«; »zum Zeichen des Verlöbnisses«; »erfolgt die Auseinandersetzung«). Dennoch ist die schweizerische Vorschrift leichter zugänglich, obwohl auch sie in juristischer Fachsprache formuliert ist (der Laie wird freilich beide Paragrafen nicht verstehen). 329

Ist, um ein weiteres **Beispiel** zu bemühen, die Ankündigung »Schließung des Botanischen Gartens 330 um 18.00 Uhr« tatsächlich »einwandfrei«[285]? Oder sollte man nicht besser »Der Botanische Garten schließt um 18.00 Uhr« sagen?

Entscheiden Sie, welche Variante Ihnen besser gefällt. Manches Mal, das sollten diese 331 Beispiele zeigen, wird die Substantivierung verzichtbar sein.

4. Passivkonstruktionen und Verneinungen vermeiden

Auch eine gehäufte Verwendung des Passivs ist für das schlechte Juristendeutsch 332 typisch. Beispiele dafür finden sich in Gesetzestexten, amtlichen Schreiben, Schriftsätzen und sogar im gesprochen Wort vieler Juristen. Nun ist auch das Passiv nicht immer fehl am Platz. Manches wird – es gilt Dasselbe wie für den Nominalstil – durch das Passiv präziser und knapper ausgedrückt als in einer aktiven Formulierung. Manchmal kann das Passiv auch passender sein. Als »Leidensform« ist es dort geeignet, wo jemandem etwas widerfahren ist, ohne dass es auf die Tätigkeit eines anderen ankäme:

»A wurde von herabfallenden Dachziegeln verletzt« kann man treffender finden als »Herabfallen- 333 de Dachziegel verletzten A«, betont die passive Variante doch besser das »Opfer« A.

Im Übrigen sind auch nicht alle Formen des Passivs so auffällig wie die mit dem Hilfs- 334 verb »werden« gebildete Form. Das Zustandspassiv etwa unterscheidet sich weniger deutlich von der aktiven Form und ist häufig präziser als eine aktive Formulierung:

»Der Schutzbereich der Berufsfreiheit ist eröffnet« dürfte keine unschöne, kritikwürdige Formu- 335 lierung sein.[286]

Hierher gehören auch die Varianten mit »sich lassen« + Infinitiv. 336

Allerdings sollten Sie sich auch der negativen Effekte des Passivs bewusst sein: Passi- 337 ve Konstruktionen verschleiern den Handelnden. Der Gebrauch des Passivs deutet deshalb an, dass es auf den Handelnden nicht ankommt – sonst würde der Autor ihn explizit benennen. Bei Sätzen wie: »Die Klage wurde am 15.01.2015 zugestellt.« tritt der Akteur hinter das Geschehen zurück. Steht fest, wer gehandelt hat, oder ist – wie im Beispielsatz – der Handelnde unwichtig (oder weniger wichtig als das Ergebnis der Handlung), dann ist gegen die passive Form nichts einzuwenden.[287] Wenn dem nicht so ist, kann mit ihr jedoch eine gewisse Degradierung der handelnden Person einherkommen. Richter, die eine schlechte Begründung durch ihre Autorität ersetzen, kombinieren gern die »Macht des Substantivs« mit dem entpersonalisierenden, »ent-

---

285 *Schnapp*, Jura 2003, 173 (177). S. demgegenüber *Walter*, Kleine Stilkunde für Juristen, S. 114.
286 Vgl. auch die anderen Beispiele bei *Schnapp*, Jura 2004, 526 (527).
287 *Schnapp*, Jura 2004, 526 (530 f.).

lastenden« Passiv[288], hinter dem sie sich verstecken können. *Walter* zitiert dazu einen entlarvenden Satz: »Ein Staatsanwalt sah zu – wohl zwischen 1933 und 1945 –, ›wie in Z. etwa 150 Sterilisationen vorgenommen wurden‹.«[289] Formulieren Sie diesen Satz aktiv, und Sie werden merken, wie die Verantwortlichkeit zutage tritt.

338   Außerdem sind passiv formulierte Sätze schwerer zu lesen als aktive Konstruktionen. Aktive Sprache ist lebendig und bezieht den Leser ein. Deshalb ist beispielsweise für sicherheitsrelevante Texte, Anleitungen und Warnungen das Passiv tabu.[290] Das liegt unter anderem daran, dass die passive Formulierung auf ein zusätzliches Verb (werden) angewiesen ist und deshalb dazu verführt, den Satz auseinanderzuziehen, also das gebeugte »werden« vom Hauptverb zu trennen – eine Möglichkeit, welche die deutsche Sprache (leider?) bietet.

339   Ein weiteres Hindernis für das schnelle Verständnis des Textes sind Verneinungen – jedenfalls dann, wenn sie im Übermaß verwendet werden. Das menschliche Gehirn denkt aktiv und positiv. Lesen wir eine Verneinung, tendieren wir dazu, sie gedanklich in eine positive Fassung umzuformulieren. Das wiederum kostet Zeit und Energie, wenn auch bei einem einzelnen Satzteil nur in geringem Umfang. Durch diesen unbewussten Vorgang benötigt man für die Lektüre länger. Lässt sich auf die Verneinung, insbesondere die mit dem Hilfswort »nicht« gebildete, ein Ersatz finden, sollte dieser gewählt werden. »Nicht bevor« kann mit »erst« ersetzt werden; auf Verneinungen wie »nicht ohne« kann im Zweifel ebenfalls verzichtet werden. Achten Sie bei der Lektüre Ihrer eigenen Texte darauf, ob Sie solche vermeidbaren Negationen verwenden. Nicht jede Verneinung lässt sich jedoch vermeiden. Es gilt Dasselbe wie für den Gebrauch des Passivs. Manchmal ist eine Verneinung nötig, manchmal stört sie auch nicht. Im Gegenteil: Verneinungen können auch ein Stilmittel sein, gerade die scheinbar unnötige doppelte Verneinung.

340   **Beispiel:** Wer von einem »nicht unwesentlichen Faktor« spricht oder von einer »nicht unwesentlichen Summe«, möchte durch diese doppelte Verneinung das Wort auf besondere Weise betonen. Wenn man nun »nicht unwesentlich« durch »wesentlich« ersetzt, wird für sprachsensible Menschen der Unterschied deutlich erkennbar sein.

341   Für den Gebrauch des Passivs und der Verneinungen gilt demnach: Meiden Sie beide, wenn sich eine aktive, positive Formulierung anbietet. Wenn das Passiv präziser ist und der negative Begriff notwendig, wenn eine doppelte Verneinung als Stilmittel fungieren soll, sollten Sie beide nicht durch eine weniger präzise Fassung ersetzen. Ein Stilmittel sollte indes nicht den Sinn verschleiern. Wenn der Gesetzgeber des BGB mit der doppelten Verneinung in § 164 Abs. 2 stilistische Gründe verfolgt hat, so hat er damit dem Rechtsanwender nur ein kurzes Lesevergnügen bereitet, bevor ein langes Grübeln einsetzt.[291]

5. »Ich-Verbot«?

342   Nachdem so viel über verschleierndes Passiv, unpersönlichen Nominalstil, trockene Bandwurmsätze und sonstige Sprachsünden gesagt wurde, welche die bei wissen-

---

288 *Gast*, Juristische Rhetorik, Rn. 1234–1236.
289 *Walter*, Kleine Stilkunde für Juristen, S. 114 Rn. 42 mit Verweis auf *Grunau*, Spiegel der Rechtssprache, 1961, S. 39 f.
290 *Baumert*, Professionell texten, S. 70.
291 Ebenso zur doppelten Verneinung *Walter*, Kleine Stilkunde für Juristen, S. 269–272 mit weiteren Beispielen.

schaftlichen Werken ohnehin nur zögerlich aufkommende Lesefreude ersticken können, könnten Sie daran denken, mit einem persönlichen Stil den Text lebendiger zu gestalten. Warum also nicht nur aktiv, sondern sogar in der ersten Person schreiben?[292]
In Romanen ist der Ich-Erzähler ein beliebtes Stilmittel, das den Leser in die Erzäh-
lung einbezieht, Nähe zum Geschehen schafft. Außerdem wäre es ehrlich, selbstbe-
wusst »ich« zu sagen, wenn Sie andere Ansichten verwerfen und den Leser von Ihrer
Meinung überzeugen möchten. So rechthaberisch und wortklauberisch Juristen sein
können, in den Formulierungen verstecken sie sich doch gern im bereits beschriebenen
passiven Nominalstil. Da wird aus »ich« ein »man« oder eine gänzlich pronomenlose
passive Konstruktion. *Walter* rät um der Klarheit, Ehrlichkeit und Überzeugungskraft
willen deshalb dazu, Mut zum »Ich« in juristischen Texten zu haben.[293]

Germanisten und Linguisten würden dem wohl aus rein sprachlicher Sicht zustim-   343
men. Auch dieses Buch habe ich (teilweise) in der ersten Person geschrieben. Es ist
jedoch kein wissenschaftliches Werk. Und die Mehrheit in der Wissenschaft sieht diese Sache anders. Wissenschaftliche Texte sind neutral, rational, objektiv und emo-
tionslos. Deshalb wird in der Regel explizit davon abgeraten, in der ersten Person zu
schreiben.[294] Die Konventionen sind hier zwar durchaus unterschiedlich, je nachdem,
welche Wissenschaftsdisziplin betroffen ist. In der Rechtswissenschaft ist das »Ich« in
fachlichen Texten aber verpönt; es wird als subjektiv und egoistisch ausgelegt. Das
Gleiche gilt für die erste Person Plural. Das »Wir« wirkt auf die meisten entweder
belehrend (als spräche ein Lehrer mit seinen Schülern: »Nun wollen wir sehen, was
wir gelernt haben«) oder anmaßend (»Pluralis majestatis«). Beide Eindrücke wollen
Sie selbstverständlich vermeiden.

Dieses Tabu mag nur eine Konvention sein und keine sachliche Rechtfertigung ha-   344
ben, wie sich etwa durch einen Blick auf französische rechtswissenschaftliche Texte
ersehen lässt, in denen häufig in der ersten Person Plural geschrieben wird. Die Res-
sentiments sind jedoch so stark, dass vom Gebrauch des »Ich« und noch mehr vom
»Wir« abzuraten ist. Wenn Sie Ihre Texte zu einer Koryphäe gemacht haben, können
Sie sich dieses Stilmittel vielleicht erlauben. *Walter* führt etwa *Medicus* als Beispiel für
einen berühmten Juristen an, der mit gutem Effekt in der ersten Person schreibt. Ich
muss jedoch gestehen, dass ich das Stilmittel selbst bei diesem hochkarätigen Wissenschaftler als etwas »egoistisch« empfand.[295] Sie sehen also, welches Risiko Sie eingehen. Nicht jeder wird den Gebrauch erfrischend finden. Von einem Doktoranden
möchten aber weder die Gutachter noch sonstige Leser gern belehrt werden. Deshalb
rate ich vom Gebrauch in der Dissertation dringend ab.

---

292 Vielfach werden im Übrigen direkte Fragen in wissenschaftlichen Arbeiten für unangebracht
     gehalten. Dieser Ansicht bin ich nicht und habe sie – freilich nicht im Übermaß – deshalb auch
     in meiner Dissertation eingesetzt, um das Interesse des Lesers zu wecken.
293 *Walter*, Kleine Stilkunde für Juristen, S. 226–228. So auch *Theisen*, Wissenschaftliches Arbeiten,
     S. 158. Vorsichtiger (aber gegen das »Wir«) *Kruse*, Keine Angst vor dem leeren Blatt, S. 107–109.
294 S. z.B. *Bungenberg/Arndt* (vgl. Anhang 2), S. 12 f.; *Kreutz*, Propädeutik Rechtswissenschaften,
     S. 24; *Lahnsteiner*, Jura 2011, 580 (587); *Preißner*, Wissenschaftliches Arbeiten, S. 130 f. *Balzert/
     Schröder/Schäfer*, Wissenschaftliches Arbeiten, S. 19 halten es für eine »Fehlerquelle«, die Ob-
     jektivität behindern kann, wenn sich »der Autor (…) immer wieder selbst ins Spiel« bringe.
295 Ein positives Beispiel ist meines Erachtens jedoch der Beitrag von *Schulze-Fielitz* zur Qualität
     öffentlich-rechtlicher Forschung (JÖR n.F. 50 [2002], 1–68), in dem er häufiger in die erste Person
     wechselt. Der hier positive Effekt ist freilich auch dem Thema geschuldet ist: In diesem Beitrag äu-
     ßert sich ein namhafter öffentlich-rechtlicher Wissenschaftler zu seinen Vorstellungen qualitätvoller
     Forschung unter teils unterhaltsamer Kommentierung zahlreicher Beispiele aus seiner Zunft.

IV. Überarbeitung des Textes

345   Auch wenn Sie bereits beim Schreiben ein wachsames Auge auf die Stilregeln haben, erfordert ein guter Text weitere Überarbeitung. Wenn alles geschrieben ist und Sie nicht mehr über Inhaltliches nachdenken müssen, können Sie sich auf die äußere Form, die sprachliche Gestaltung, das Layout und die Lesbarkeit des Textes konzentrieren. Ein gutes Buch liest sich schnell und flüssig. Das ist dann möglich, wenn es nicht nur inhaltlich, sondern auch sprachlich »aus einem Guss« ist. Achten Sie bei der Redaktion des Textes darauf, ob der sprachliche Stil einheitlich ist – haben Sie etwa ein bestimmtes Stilmittel häufiger im ersten Teil eingesetzt, danach aber nicht mehr? – und ob die Übergänge zwischen den einzelnen Kapiteln gelungen sind. Der Leser sollte die Überschriften nur als grobe Orientierung in Ihrem Werk benötigen, nicht dazu, einen abrupten Übergang zwischen zwei Abschnitten nachvollziehen zu können. Ganz selbstverständlich sollte er weiterlesen, ohne einen Bruch zu bemerken.

346   Deshalb sollten Sie nicht nur sprachliche Hindernisse aus dem Weg geräumt haben. Alles, was den Lesefluss bremsen oder die Ästhetik des Textes beeinträchtigen könnte, sollten Sie bei der Überarbeitung beachten. Achten Sie etwa darauf, genügend Absätze im Text zu setzen. Blickt der Leser auf einen ununterbrochenen Textblock, der die gesamte Seite einnimmt, vergeht ihm schnell die Lust, mit der Lektüre anzufangen. Absätze sollten überall dort gesetzt werden, wo ein neuer Gedanke beginnt. Wo kein völlig neuer Gedankengang beginnt, beim Lesen aber eine Pause eingelegt würde, kann ebenfalls ein Absatz eingefügt werden. Das lockert das Schriftbild auf und sorgt für eine angenehmere Lektüre. Als grobe Richtlinie können Sie mit ungefähr drei Absätzen pro Manuskriptseite (bei normalem Seitenrand) rechnen. Sie müssen sich nicht sklavisch an diese Zahl halten; achten Sie jedoch auch auf ein einheitliches Schriftbild für Ihre Arbeit.

347   Abkürzungen stellen ebenfalls Lesebremsen dar – mögen die Kürzel auch noch so anerkannt sein. Stets muss der Leser die Buchstaben gedanklich entschlüsseln. Im Übrigen möchten Sie mit der Dissertation nicht in den wohlbekannten Stil des *Palandt* oder einer Klausur verfallen. Grundsätzlich sollten sich in Ihrem Text deshalb überhaupt keine Abkürzungen befinden. Kürzel wie »h.M.«, »h.L.«, »a.A.«, »i.d.R.« sollten ebenso ausgeschrieben werden wie »zum Beispiel«, »gegebenenfalls«, »beziehungsweise« (sofern Sie es nicht für entbehrlich halten) oder wenig bekannte Gesetzesbezeichnungen. Derlei Abkürzungen sind einer Dissertation nicht angemessen. Eine Ausnahme können Sie für die obersten Bundesgerichte machen und für allgemein bekannte Gesetzesbezeichnungen wie GG, BGB, StGB, StPO und ZPO. Die anderen Gesetze sollten Sie zumindest beim ersten Gebrauch ausschreiben und die Abkürzung in Klammern dahinter setzen. Damit ist die Abkürzung »eingeführt«. Anders stellt sich die Lage für die Fußnoten dar. Dort können und sollten Sie die gängigen Abkürzungen[296] verwenden, um die Fußnoten nicht zu sehr aufzublähen. Unschön ist es im Haupttext auch, Absätze bei Normzitaten wie in einer Klausur mit römischen Zahlen abzukürzen, die Sätze sodann mit arabischen Zahlen. Schreiben Sie

---

296   Gängig sind die Abkürzungen des Verzeichnisses von *Kirchner* (*Kirchner*, Abkürzungsverzeichnis der Rechtssprache). Für Österreich gilt *Dax/Hopf*, AZR als Standardwerk. S. auch die Zitier- und Abkürzungsregeln bei *Konrath*, SchreibGuide Jus, S. 175–192. Für die Schweiz s. *Forstmoser/Ogorek/Schindler*, Juristisches Arbeiten, Anhang 1 (S. 397–428) [dort Abkürzungen in drei Sprachen].

»Art. 2 Abs. 2 S. 1 GG« und nicht »Art. 2 II 1 GG«. Die erste Fassung ist in einer wissenschaftlichen Arbeit angemessener.

Mitunter wird in Ratgebern zum wissenschaftlichen Schreiben der Eindruck erweckt, der erste Entwurf müsse mehrfach gründlich überarbeitet, immer wieder geändert und gekürzt werden. Daran ist richtig, dass ein Blick auf den Text aus der Vogelperspektive und eine nur auf die Sprache fokussierte Überarbeitung unerlässlich ist. Keinesfalls ist aber jeder Text so überarbeitungsbedürftig, dass Sie mehrere Durchgänge benötigen, um ihn in eine publikationswürdige Form zu bringen. Wer behauptet, drei oder vier Überarbeitungen eines Textes würden ihn erst zu einer guten Dissertation machen, gaukelt etwas vor. Zunächst die Tatsache, dass für so viele Überarbeitungen überhaupt Zeit zur Verfügung steht. Nun ist das zwar kein gutes Argument. Allerdings kenne ich keinen Doktoranden, der es sich erlauben konnte, ein Jahr lang allein an der Sprache seines Werkes zu feilen. Ferner dürfen Sie nicht übersehen, dass Sie bereits Fußnoten gesetzt haben. Sätze zusammenzufassen oder Satzteile zu streichen bedeutet, dass Sie auch an den Fußnoten arbeiten müssen. Passt der Nachweis noch auf die verkürzte Aussage? Welche Nachweise verliere ich, wenn ich eine bestimmte Fußnote streiche? Das Kürzen nimmt bereits sehr viel Zeit in Anspruch (wesentlich mehr, als man sich zuvor vorstellt). Wenn dann noch Arbeit an den Nachweisen hinzukommt, bedeutet das weiteren zeitlichen Aufwand. Schließlich sollte man sich auch nicht der Illusion hingeben, die eigene unbeholfene und schlampige Sprache durch mehrere Korrekturdurchgänge auf ein anderes Niveau heben zu können. Mein akademischer Lehrer hat mir einmal über eine seiner Doktorandinnen erzählt, er habe bei jedem ihrer Texte das Bedürfnis, alle Sätze umzuformulieren. Das lag jedoch an ihrem Schreibstil. Diesen konnte sie auch in einem Korrekturdurchgang nicht abstreifen. Versprechen Sie sich also nicht zu viel von der Überarbeitung des Textes und vertrauen Sie Ihrem eigenen Stil.

Sinnvoll sind aber jedenfalls zwei Korrekturen: In einem ersten Durchgang lesen Sie den Text zügig danach durch, ob er zusammenhängend lesbar ist, die Übergänge zwischen den Kapiteln stimmen und die Argumentation in der richtigen Reihenfolge entfaltet wird. Im zweiten Durchgang lesen Sie dann langsam jedes Wort. In diesem Durchgang achten Sie auf Sprache, Grammatik, Rechtschreibung und Layout. Fehler korrigieren Sie sofort; unschön zu lesende Passagen können Sie markieren, um dann näher an diesen Stellen zu arbeiten. Je bewusster Sie zuvor geschrieben haben und je mehr Sie bereits beim Abfassen des Textes auf Formalien geachtet haben, desto schneller geht die Korrektur. Ich empfehle Ihnen eine gründliche Korrektur der Sprache und Formalien nach Abschluss jedes einzelnen Abschnitts. Dann ist die Endredaktion zügiger zu bewerkstelligen. Hilfreich kann es auch sein, den eigenen Text laut vorzulesen, um sprachliche Unebenheiten aufzuspüren. Fragen Sie sich dabei kritisch: »Kenne ich die Bedeutung der Fremdwörter, die ich gebraucht habe? Würde ich so sprechen?«[297] Drucken Sie den Text zur Bearbeitung auch stets aus.[298]

Einen letzten Rat zur neutralen Sprache darf ich noch anschließen: Überprüfen Sie in Ihrer Endredaktion noch einmal gründlich, ob Sie Ihre Kritik an anderen Meinungen auch neutral formuliert haben. Dies ist nicht nur eine Frage der objektiven Wissenschaftssprache. Mit der Kritik an einer Ansicht ist immer auch die Kritik an einer

---

297 *Schnapp*, Stilfibel für Juristen, S. 167.
298 *Theisen*, Wissenschaftliches Arbeiten, S. 157 und 251.

Person verbunden – jedenfalls kann dieser Eindruck beim Betroffenen entstehen. Auch wenn Kritik, Falsifizierung und Weiterentwicklung Wesensmerkmale wissenschaftlicher Texte sind – niemand wird gern kritisiert. Wenn die Kritik dann auch noch in einem scharfen, angreifenden oder gar beleidigenden Ton formuliert ist, werden sich die meisten persönlich angegriffen fühlen. Wenn die Kritik zudem von einem Doktoranden gegenüber einem arrivierten Wissenschaftler geäußert wird, wird dies oft als noch anmaßender wahrgenommen. Es macht Ihre Kritik auch nicht überzeugender, wenn Sie in einem kämpferischen Ton schreiben. Vermeiden Sie unangemessene Formulierungen wie »abwegig«, »nicht haltbar« oder »verfehlt«. Ein Wissenschaftler überzeugt durch Argumente, nicht durch eine übertriebene Rhetorik. »Fortiter in re, suaviter in modo« (»hart in der Sache, sanft im Ton«) lautet daher die Vorgabe.[299]

351 **Übersicht: Wichtige Regeln für die Sprache der Dissertation**

- Schreiben Sie wissenschaftlich, also objektiv, neutral, ohne Übertreibungen und unnötige Ausschmückungen. Wahren Sie ein angemessenes Sprachniveau und bringen Sie Kritik höflich und bescheiden an (»fortiter in re, suaviter in modo«).
- Vermeiden Sie beschreibende Adjektive und zu bildhafte Sprache.
- Schreiben Sie so knapp und klar wie möglich in verständlichen, nicht zu langen Sätzen.
- Streichen Sie Überflüssiges: überflüssige Passagen, Redundanzen, Adjektive, Partizipien, aufblähende Adverbien und unnötige Füllwörter wie »dabei« und »nun«.
- Vermeiden Sie wertende und relativierende Begriffe (wie etwa: selbstverständlich, natürlich, wohl, kaum, gerade, ja, eben).
- Suchen Sie in Ihrem Text vor allem nach folgenden Begriffen und fragen Sie kritisch danach, ob sie ersatzlos gestrichen oder durch eine passendere Formulierung ersetzt werden können: bewirken; beziehungsweise; dabei; hier; hinsichtlich; insbesondere; insofern; insoweit; mit Ausnahme von; nach Maßgabe; respektive; sowohl... als auch; unbeschadet; unter Außerachtlassung; verursachen; vorliegend.
- Vermeiden Sie Juristenjargon: Ersetzen Sie den Nominalstil überall, wo er nicht zur Präzision (Fachsprache!) oder Verkürzung (Ersatz für einen Nebensatz) nötig ist. Ersetzen Sie passive Formulierungen durch aktive, wenn das Passiv nicht treffender ist.
- Vermeiden Sie (doppelte) Verneinungen.
- Verwenden Sie im Text (nicht in den Fußnoten) keine Abkürzungen und setzen Sie genügend Absätze, um den Lesefluss zu fördern.

---

[299] S. auch *Forstmoser/Ogorek/Schindler*, Juristisches Arbeiten, S. 16 f., die auch vor dem (unbeholfenen) Einsatz von Ironie warnen.

§ 5 Richtiges Zitieren

Bereits bei der ersten Recherche zu Ihrem zukünftigen Dissertationsthema haben Sie 352
bemerkt, dass es kaum eine Einzelfrage der Rechtswissenschaft gibt, zu der sich nicht
bereits viele Autoren ausgelassen hätten. So wird aus der Suche nach der Forschungslücke, in der Sie Ihre Arbeit ansiedeln möchten, bereits die erste Herausforderung.
Monografien, Aufsätze, Festschriftenbeiträge, Kommentare – überall haben sich bereits andere Gedanken gemacht, die sich mit Ihren Überlegungen decken oder die Sie
für Ihre Zwecke verwenden können. Wenn Sie nicht eine gänzlich aktuelle, hochspe-
zielle Frage, vorzugsweise aus einem erst kürzlich erlassenen Gesetz, behandeln,
werden Sie auf zahlreiche Vorarbeiten und Paralleldiskussionen stoßen. Und selbst
bei scheinbar reinen Spezialfragen werden Sie allgemeine methodische und dogmatische Probleme lösen müssen, wenn Sie spezielle Fragen zuverlässig beantworten
müssen. Kurzum: Sie kommen nicht umhin, fremde Erkenntnisse zu berücksichtigen.
Schließlich ist es auch ein großer Teil der Wissenschaft, auf dem bestehenden Wissen
aufzubauen, es zu verfeinern, zu falsifizieren oder auf einen anderen Bereich zu
transponieren. Die Verwertung fremder Erkenntnisse ist wesentlicher Teil der zuver-
lässigen »Suche nach der Wahrheit«. Überall dort, wo Sie fremde Begriffe, Ideen, Erkenntnisse, empirische Untersuchungen und Stellungnahmen verarbeiten, werden Sie
in Ihrer Arbeit zitieren müssen. Wenn die Verwertung fremder Erkenntnisse für eine
wissenschaftliche Arbeit wesentlich ist, so ist richtiges Zitieren essenziell.

Rechtswissenschaftliche Arbeiten haben nur selten Gelegenheit zu empirischer For- 353
schung. Als normative Wissenschaft, die sich mit der Schaffung neuer und Auslegung
bestehender Rechtsregeln befasst, greift sie vor allem auf Texte aller Art zurück. Damit geht im Allgemeinen eine hohe Zahl an Zitaten einher, die wiederum eine hohe
Zahl an Fußnoten bedingt. »Erfolgreich mit 8.000 Fußnoten?« ist etwa ein Beitrag
über die – falsche – Vorstellung von juristischen Dissertationen betitelt[300]; er könnte
jedoch auch einen Artikel über geisteswissenschaftliche Arbeiten überschreiben.
Auch wenn diese Überschrift eher als Warnung gedacht war: Die wenigsten Doktorarbeiten dürften weniger als eine vierstellige Zahl an Fußnoten aufweisen. Zu groß ist
die Menge an Quellen, die es zu den vielen Einzelfragen einer monografischen Untersuchung gibt.

Freilich lässt sich auch ein gewisser Fußnotenfetischismus unserer Wissenschaft nicht 354
bestreiten. Da wird bisweilen das Zitat als Begründungsersatz eingesetzt, um Belesenheit zu demonstrieren oder um der Arbeit ein wissenschaftliches Antlitz zu verleihen – wohl im Glauben, der Leser würde eine Seite ohne Fußnoten für minderwertig halten (ein Vorurteil über den Leser, das bisweilen sogar zutreffen mag). So sehr
prägt die Fußnote rechtswissenschaftliche Texte, dass bereits Untersuchungen über
die Technik des Fußnotensetzens angestellt wurden – teils ironischer Art[301], teils als

---

300 *Lent,* Beck'scher Referendarführer 2007, 21–25.
301 Über die verschiedenen Typen der Fußnotensetzer: *Vormbaum,* in: Jahrbuch für Marginalistik,
     S. 21 (28–43). Ironisch über den Fußnotengebrauch *Rieß,* in: Rieß/Strohschneider, Prolegomena
     zu einer Theorie der Fußnote, S. 1–28.

eher wissenschaftstheoretische Analyse[302] oder als Beitrag zur empirischen Bewertung von Quellen durch eine Art von »citation index«[303].

355 Dies soll nicht bedeuten, dass das Setzen von Fußnoten eine bloße Konvention darstellt. Die Rechtswissenschaft ist in den letzten Jahren durch einige, teilweise beschämende Plagiatsskandale erschüttert worden. Die Fälle spielten sich in der Politik, aber auch im Wissenschaftsbetrieb selbst ab und mahnen uns zu gründlicher Arbeit und zur Einhaltung wissenschaftlicher Standards. Wissenschaftliche Redlichkeit wiederum zeigt sich vor allem darin, ob und auf welche Weise die Übernahme fremden Gedankenguts kenntlich gemacht wird. Zitiertechniken sind nicht nur bloße Formalitäten, sondern Ausdruck der Arbeitsweise des Autors. Wann eine Fußnote zu setzen ist, wie sie eingeleitet wird, wie einzelne Werke zitiert werden und wer zitiert werden muss/darf, ist von maßgeblicher Bedeutung für die Wissenschaftlichkeit Ihrer Arbeit.

A. Warum zitieren? Die Funktion der Fußnoten

356 Um richtig zu zitieren, sollten Sie sich bewusst machen, warum Sie zitieren sollten. Zitate, also die Fußnoten Ihrer Arbeit, sind kein Selbstzweck. Sie werden dort gesetzt, wo sie erforderlich sind. Ist keine Fußnote erforderlich, unterbleibt jeglicher Nachweis. Im Kern geht es beim Zitieren darum, auf einen anderen und sein Werk hinzuweisen. Es muss aus der wissenschaftlichen Arbeit erkennbar sein, wo der Inhalt des Textes vom Autor selbst kommt und welche Inhalte er – und sei es zum Teil – von anderen übernommen hat. Wenn kein Nachweis erfolgt, ist davon auszugehen, dass der entsprechende Teil des Textes vom Autor selbst stammt und nicht auf fremden Vorarbeiten beruht, keine wörtlichen oder sinngemäßen Zitate enthält und dass der Autor keine Hilfe beim Erstellen des Textes hatte. Ein Zitat erfolgt in der Rechtswissenschaft (anders als in manchen anderen Wissenschaften) stets durch Fußnoten; daher können im Folgenden »Zitat« und »Fußnote« weitgehend synonym verwendet werden. Eine Fußnote wiederum erfüllt verschiedene Funktionen. Die nachfolgend aufgeführten Funktionen führen dazu, dass ein Zitat erforderlich wird.

I. Kennzeichnung fehlender Eigenleistung

357 Die wichtigste und offensichtlichste Funktion ist die Kennzeichnung einer fehlenden Eigenleistung. Ein Zitat ist immer dann erforderlich, wenn der Inhalt nicht von Ihnen stammt. Wenn Sie fremde Gedanken wiedergeben, einen fremden Text zusammenfassen, einen prägnanten Satz zitieren oder einen Begriff übernehmen, den ein anderer geprägt hat, ist stets eine Fußnote erforderlich. Der Nachweis dient zunächst dem Schutz des Urhebers. Seine geistige Leistung wird ihm zugerechnet und so muss er auch in der Arbeit genannt werden. Auch wenn der Urheber die Verwertungsrechte an seinem Werk an einen Verlag abgetreten hat, bleibt sein Urheberpersönlichkeitsrecht bestehen. Er hat Anspruch darauf, als geistiger Vater der Erkenntnis genannt zu

---

302 *Häberle/Blankenagel*, Rechtstheorie 19 (1988), 116 (117–121) zu den verschiedenen Arten von Fußnoten.
303 S. dazu *Hamann*, RW 2014, 501–534.

werden, auch wenn ihm die wirtschaftlichen Früchte nicht mehr zustehen. Die fehlende Nennung des Urhebers kann sogar strafbar sein.[304]

Es geht beim Zitieren in wissenschaftlichen Arbeiten aber um mehr als die bloße   358 Durchsetzung des Urheberrechtsgesetzes – auch wenn bei Fragen um den Entzug des Doktorgrades häufig ein vorsätzlicher, urheberrechtlich relevanter Verstoß gefordert wird.[305] Sie müssen jede fremde Geistesleistung kenntlich machen, nicht nur persönliche geistige Schöpfungen, die den Schutz des Urheberrechtsgesetzes genießen. Und nicht jeder Verstoß gegen Vorgaben der wissenschaftlichen Redlichkeit stellt zugleich einen Verstoß gegen das Urheberrecht dar. Eine fremde Leistung kann zum Beispiel in einem bestimmten Aufbau bestehen; in der Systematisierung einer Streitfrage; in einem kreativen Gedanken, aber auch in der Unterstützung bei einem einzelnen Kapitel. Jede geistige Leistung, die nicht von Ihnen stammt, müssen Sie als fremde kennzeichnen. Das bedeutet, alle »externen Faktoren offen [zu legen], die aus der Sicht eines objektiven Dritten dazu geeignet sind, Zweifel am Zustandekommen eines vollständig unabhängigen wissenschaftlichen Urteils zu nähren«[306]. Der Deutsche Juristen-Fakultätentag geht in seinen Empfehlungen sogar bei mündlich geäußerten Ideen anderer, etwa im Rahmen eines Graduiertenkollegs, von einer Zitierpflicht aus.[307] Anhand der Fußnoten kann der Leser Ihrer Arbeit demnach schnell erkennen, welche Teile der Arbeit Ihre Eigenleistung sind, also »Neues« bringen, und wo Sie auf fremde Erkenntnisse zurückgreifen. Die saubere Trennung dieser beiden Arten von Inhalten ist das wichtigste Gebot wissenschaftlicher Redlichkeit. Der wissenschaftlichen Redlichkeit wiederum ist nicht erst dann Genüge getan, wenn ein Text umformuliert wird. Man mag dadurch zwar manche Anti-Plagiats-Software täuschen können; die gedankliche Leistung wird jedoch auch dann gestohlen, wenn die fremde Idee in eigene Worte verpackt und dann als eigene ausgegeben wird.[308]

II. Nachweis über die verwerteten Quellen und den Meinungsstand

Dass Sie fremde Inhalte präsentieren und viele Fußnoten setzen, stigmatisiert diese   359 Teile Ihrer Arbeit aber nicht als minderwertig oder gar unnötig. Ihre Eigenleistung ist es zwar, die entscheidend ist für die Qualität der Untersuchung. Ohne echte neue

---

304 Zu den rechtlichen Folgen der urheberrechtlichen Verstöße *Möllers*, Juristische Arbeitstechnik und wissenschaftliches Arbeiten, § 6 Rn. 18–23. Instruktiv zu den urheberrechtlichen Aspekten des Plagiierens *Schack*, in: Dreier/Ohly, Plagiate, S. 81 (82–93).

305 Vgl. dazu m.w.N. zur Rechtsprechung *Frenz*, ZUM 2016, 13 (18); *Stahn/Naumann*, WissR 48 (2015), 295–316. Überzeugend dagegen jedoch *Peukert*, WissR 48 (2015), 14 (20–27), der aufgrund der Unterschiede zwischen Urheber- und Wissenschaftsrecht eher für eine Orientierung an Kategorien des Lauterkeitsrechts plädiert. Näher zur Frage, ob eine Ergänzung des Strafrechts zur Sanktionierung von Plagiatsfällen nötig ist und inwiefern die eidesstaatliche Versicherung hierzu einen Beitrag leisten kann, *Linke*, NVwZ 2015, 327–333.

306 Gemeinsames Positionspapier »Gute wissenschaftliche Praxis für das Verfassen wissenschaftlicher Qualifikationsarbeiten« des AJT, der Fakultätentage und des DHV, S. 3 f. Die Vereinigung der Deutschen Staatsrechtslehrer geht davon aus, dass die unterstützende Mitwirkung anderer an einem Text, die sich nicht lediglich in bloßen Hilfstätigkeiten erschöpft, zur (Mit-)Autorschaft führt (vgl. Leitsätze »Gute wissenschaftliche Praxis«, Nrn. 4–6). In der Praxis dürfte gegen diese strengen Vorgaben häufig verstoßen werden.

307 Empfehlungen zur wissenschaftlichen Redlichkeit bei der Erstellung rechtswissenschaftlicher Texte, Grundregel 1 (S. 1 f.).

308 *Weber-Wulff* (False Feathers, S. 8) spricht insoweit von »disguised plagiarism«.

Erkenntnis ist Ihre Arbeit, streng genommen, nicht einmal als Dissertation zur Erlangung des Doktorgrades annahmefähig. Neues baut aber stets auf vorhandenem Wissen auf. Sie suchen die Wahrheit nicht allein im Chaos Ihrer Kreativität, sondern – wie Sie es von der Definition des Begriffes »Wissenschaft« kennen – planmäßig, also unter Berücksichtigung der Erkenntnisse anderer. Eine Dissertation muss dazu alle wesentlichen Quellen zu den für das Thema relevanten Fragen verarbeiten. Daher müssen sich in den Fußnoten diese Quellen auch wiederfinden. Wenn die Ansichten zu einer Rechtsfrage referiert werden, muss überall, wo etwas nur berichtet wird und nicht selbst gedacht wurde, eine Fußnote gesetzt werden. Die Fußnote macht nicht nur kenntlich, von wem der Gedanke stammt und dass es sich um einen referierenden Teil Ihrer Arbeit handelt. Der Fußnotenapparat teilt dem Leser zudem mit, wie der Meinungsstand zu den einzelnen Fragen ist.[309] Sie geben einen Nachweis darüber, ob Literatur und Rechtsprechung der jeweiligen Ansicht gefolgt sind oder ob es sich um eine vereinzelt gebliebene Ansicht handelt. Dies gilt für jede Ansicht, die Sie darstellen. Eine gründliche Untersuchung hört beim ersten Fundstück nicht auf, sondern recherchiert weiter.

360 Der Leser möchte wissen, ob er eine »exotische« Meinung präsentiert bekommt oder eine konsensfähige Ansicht. Hat sich die juristische Community mit der Meinung auseinandergesetzt oder wurde sie bisher ignoriert? Hat die Meinung nicht nur in der Literatur, sondern auch in der Rechtsprechungspraxis Gehör gefunden? Hat die Rechtsprechung sie gar ausdrücklich angewendet oder abgelehnt? Diese Nachweise müssen Sie geben, wenn Sie wissenschaftlich gründlich – und redlich – sein wollen.[310] Nur so kann der Leser Ihre Ausführungen einordnen und bewerten. In den Fußnoten wiederum findet er die dazu nötigen Zitate. Dort führen Sie alle wesentlichen Autoren und Gerichte auf, die sich ebenfalls mit dieser Ansicht befasst haben.

361 Augenfällig ist das dann, wenn Sie von der berüchtigten »herrschenden« Meinung sprechen. Die Qualifikation als »herrschend« setzt voraus, dass die Mehrheit dem Urheber der Meinung gefolgt ist. Auch für diese Behauptung benötigen Sie Nachweise. Der Leser muss nachvollziehen können, dass tatsächlich die Mehrheit im Schrifttum oder in der Rechtsprechung derselben Ansicht ist. Sie können selbstverständlich nicht alle existierenden Fundstellen in Ihre Fußnoten aufnehmen, ohne dass der Umfang Ihres Werkes explodiert und die Länge der Fußnoten in grobem Missverhältnis zur Aussage steht, für die Sie einen Beleg suchen. Vollständigkeit im Sinne der Berücksichtigung aller Fundstellen, die sich zu Ihrem Thema auch nur am Rand beschäftigt haben, kann heutzutage nicht mehr verlangt werden. Zumindest jedoch sollten Sie bei der Behauptung einer herrschenden Meinung namhafte Autoren und mehrere Gerichtsurteile anführen – jedenfalls so viele, dass der Leser Ihnen die Behauptung schon aufgrund Ihrer Auswahl glauben kann.

362 Wenn es eine Gegenposition zu einer Ansicht gibt, die Sie in Ihrer Arbeit darstellen, sollten Sie diese ebenfalls nennen. Denn zur wissenschaftlichen Redlichkeit gehört auch, stets die Gegenseite zu berücksichtigen. Vorrangig tun Sie das bereits in Ihrem Dissertationstext. Dort entkräften Sie alle Gegenargumente und gehen auf die Beweggründe ein, die andere zu einem abweichenden Ergebnis kommen ließen. Da es sich jeweils um fremde Geistesleistungen handelt, setzen Sie Fußnoten und geben die

---

309 Vgl. auch *Byrd/Lehmann*, Zitierfibel für Juristen, S. 106 f.
310 *Möllers*, Juristische Arbeitstechnik und wissenschaftliches Arbeiten, § 6 Rn. 3 f., 10.

Fundstellen an. Wenn Sie sich – ausnahmsweise – nicht im Text selbst mit der Gegenansicht auseinandersetzen, sollten Sie jedenfalls in der Fußnote durch das bekannte »a.A.« unter Nennung des Autors kenntlich machen, dass die referierten Erkenntnisse nicht unwidersprochen geblieben sind. Auf diesen bescheidenen Hinweis dürfen Sie sich jedoch nur dann zurückziehen, wenn es sich nicht um eine zentrale Frage Ihrer Arbeit handelt. Alle Diskussionen, deren Ergebnisse auch Ihre Thesen und Forschungsfragen beeinflussen – sich also auf das Ergebnis Ihrer Arbeit auswirken –, müssen Sie im Dissertationstext anführen. Sie dürfen diese Stimmen nicht in die Fußnoten verbannen.

III. Hinweis auf andere Arbeiten und nicht behandelte Fragen?

Neben der Darstellung des Meinungsstandes zu den für Ihr Thema relevanten Fragen werden Fußnoten häufig auch dazu genutzt, auf andere Arbeiten hinzuweisen. Das kann etwa in der Weise geschehen, dass einer Frage explizit nicht nachgegangen wird. Dann finden Sie in den Fußnoten entsprechende Formulierungen wie »dem kann hier nicht nachgegangen werden«, »muss aus Platzgründen unterbleiben«, »ist nicht Gegenstand der vorliegenden Untersuchung«, »spielt für die Frage, ob (…) keine Rolle«. Ob solche Hinweise opportun sind, ist Geschmackssache. Man kann Ihnen vorwerfen, Sie gingen einer Diskussion aus dem Weg, obwohl sie in Ihrem Thema angelegt war. Wenn die in die Fußnoten verbannte Frage nicht in Ihrem Thema angelegt war, wäre wiederum der Hinweis fehl am Platz. Warum sollten Sie einen Lesehinweis geben, wenn er keinen Zusammenhang mit Ihrem Thema hat? Zudem besteht die Gefahr, dass die Gutachter Ihrer Arbeit erst durch den entschuldigenden Hinweis überhaupt auf den nicht behandelten Aspekt aufmerksam werden. Halten sie ihn dann für relevant, werden sie Ihnen das sofort zum Vorwurf machen. Schließlich gibt es auch Nachweis-Puristen, die in den Fußnoten grundsätzlich nur Nachweise zu den Thesen aus dem Text selbst, aber keine Lesehinweise sehen möchten. Diese Leser reagieren allergisch auf »siehe dazu«-Verweise und Hinweise auf Fragen, die man bewusst nicht beantwortet hat.[311]

363

Andererseits können Sie sich mit diesen Hinweisen auch gegen Kritik absichern. Wenn der Leser eine bestimmte Assoziation zu einem Teil Ihrer Arbeit hat, in Ihrem Text an der betroffenen Stelle aber dazu nichts findet, wird er Ihnen entweder Faulheit oder fehlende Durchdringung des Themas unterstellen. Mit einem Hinweis im Text oder der Fußnote, verbunden mit dem Verweis auf weiterführende Werke, können Sie andeuten, dass Sie das Problem jedenfalls gesehen haben. Dann kann Ihnen immer noch vorgeworfen werden, Sie hätten eine wichtige Frage nicht als solche behandelt. Sie haben aber immerhin eine Erklärung gegeben und signalisiert, dass Sie sich der Problematik bewusst waren.

364

Mit diesen Hinweisen gehen Sie also ein gewisses Risiko ein. Sie sollten sie deshalb – wenn überhaupt – nur sparsam einsetzen und zuvor sicher sein, dass es sich wirklich nicht lohnt, dem Aspekt in Ihrer Arbeit nachzugehen. Wenn Sie Ihre Gliederung,

365

---

311 S. etwa *Brandt*, Rationeller schreiben lernen, Rn. 283: »Die Fußnoten stellen schließlich auch keine Serviceeinrichtungen dar, mit deren Hilfe die Leserin auf benachbarte Themenstellungen, auf Parallelentwicklungen oder überhaupt auf sie möglicherweise interessierende Sachverhalte hingewiesen wird. Sie schreiben an einer monographischen Abhandlung, nicht an einem Lehrbuch!«

den Zuschnitt des Themas und die Vorgehensweise erläutert haben, das Thema im Exposé von Ihrem Betreuer »abgesegnet« wurde und Sie keine Frage im Text offenlassen, die zu einem anderen Ergebnis in Ihrer Arbeit führen würde, ist die Gefahr gering. Achten Sie jedoch auch darauf, ob Ihr Betreuer solche Verweise in den Fußnoten seinen eigenen Werken setzt. Wenn die Fußnoten in seinen Werken – namentlich in seiner Habilitationsschrift, in der er keine formellen Vorgaben und keine Seitenbegrenzung einzuhalten hatte – sehr knapp gehalten sind, selten Text enthalten und selten mit »siehe« oder »s.« eingeleitet sind, dürfte er den beschriebenen Hinweisen kritisch gegenüberstehen. Selbst wenn Ihr Betreuer solche Verweise nutzt, besteht allerdings nach wie vor das Risiko, dass er die ausgeklammerte Frage für wichtig hält. In diesem Fall wird auch ihn der Hinweis stören. Denn einer für Ihr Thema relevanten Diskussion dürfen Sie nicht aus dem Weg gehen.

366 Umgekehrt sind die Fußnoten auch nicht dazu da, Belesenheit zu demonstrieren. Fußnoten geben die Fundstellen zu den Quellen an, die Sie verarbeitet haben. Sie erläutern das, was nicht im Text erklärt wird, um den Lesefluss nicht zu unterbrechen. Sie geben dort einen Vertiefungshinweis, wo Ihnen ein zusammenfassender Hinweis mit Fundstelle genügt hat. Wo der Fußnotentext nichts mehr mit dem Zitat zu tun hat, ist er überflüssig. Das gilt etwa für Zitate zu einem bestimmten Begriff, wenn Sie diesen Terminus nicht für Ihre Arbeit benötigen. Solche Zitate sind hin und wieder zu beobachten. Da wartet der Autor gleichsam auf »sein« Stichwort (vorzugsweise abstrakte Begriffe wie »System«, »Diskurs«, »Dogmatik«) und setzt zu ihm eine Fußnote. In dieser steht dann ein Text wie »siehe zum Systembegriff…«. Solche Fußnoten sollten Sie jedenfalls nicht zu häufig einsetzen.[312] Wenn Sie Ausführungen für zu unwichtig halten, um sie im Dissertationstext unterzubringen, sollten Sie diese komplett aus Ihrer Arbeit heraushalten. Ergänzende Erläuterungen und Vertiefungshinweise können sinnvoll sein. Wichtiges gehört aber in den Text; gänzlich Unwichtiges gehört weder in den Text noch in die Fußnoten, sondern in den Papierkorb.[313]

IV. Fußnoten für Anmerkungen nutzen?

367 Es ist in diesem Zusammenhang auch Geschmackssache, ob Sie die Fußnoten nur für den Nachweis nutzen oder gleichzeitig auch noch für zusätzliche Anmerkungen, Verweise und Kommentare. Viele Betreuer mögen lange Fußnoten nicht. Manche verbieten gar alles Unnötige, einschließlich Verweisen und kommentierenden Einleitungen zu den Fundstellen. Andere neigen zum anderen Extrem und eröffnen in den Fußnoten eine Parallelwelt mit eigenen Randnotizen und kurzen Texten.

368 Die zweite Variante ist die weniger erstrebenswerte. Was wichtig ist, muss im Text stehen. In den Fußnoten sollte nur Nützliches stehen, das jedoch den Textfluss des Haupttextes unterbrechen würde; deshalb schreibt man es in die Fußnoten. Verweise um ihrer selbst willen sollten Sie unterlassen, ebenso wie ständige Kommentare zu Ihren Quellen. Fußnoten müssen einen Bezug zum Text aufweisen.[314] Hin und wieder kann es jedoch angebracht sein, einen Kommentar in die Fußnote zu schreiben oder auf eine abweichende Ansicht zu verweisen, ohne dass dies in den Text gehörte

---

312 Kritisch gerade zu dieser Technik *Putzke*, Juristische Arbeiten erfolgreich schreiben, Rn. 192.
313 Treffend *Franck*, in: Franck/Stary, Die Technik wissenschaftlichen Arbeitens, S. 111 (147).
314 *Putzke*, Juristische Arbeiten erfolgreich schreiben, Rn. 191 f.

– schließlich wollen Sie dort einen Gedankengang stringent präsentieren und Schachtelsätze vermeiden. Der Fußnotenapparat sollte aber Ihre Arbeit nicht dominieren.[315] Ein Drittel Fußnotentext pro Seite sollte als Obergrenze in den meisten Fällen genügen[316]; abhängig ist das Ganze auch davon, wie viel Literatur es zu dem jeweiligen Punkt gibt und wie abstrakt die konkrete Frage ist. Achten Sie auch in diesem Punkt auf die Gepflogenheiten Ihres Betreuers. Wie lang sind die Fußnoten in seinen Veröffentlichungen? Sieht er von Text in Fußnoten ab oder macht er viele Anmerkungen? Wie eng ist jeweils der Bezug zum Text?

V. Kein Zitat für die eigene Meinung und Subsumtionsergebnisse

Unterbleiben muss ein Zitat immer dann, wenn Sie Ihre eigene Meinung darlegen. Diese kennt schließlich nur einen Urheber: Sie selbst. Wenn hinter jedem Satz einer Textseite eine Fußnote gesetzt wurde und in der Fußnote nicht lediglich ein Lesehinweis steht, sondern ein echtes Zitat, dann findet sich auf dieser Seite keine eigene Leistung. Schon deshalb ist es ein Irrglaube, dass eine möglichst hohe Zahl an Fußnoten anzustreben ist. Wie viel Wissen Sie verarbeiten müssen, hängt von Ihrem Thema ab. Mancher Aspekt wurde in der Literatur und Rechtsprechung vielleicht noch nie bedacht. Dann können Sie Ihrer Kreativität freien Lauf lassen, ohne Gegenstimmen und Vordenker zu berücksichtigen, sodass Fußnoten nicht erforderlich werden. Aber auch in bereits beackerten Gefilden dürfen Sie für Ihre eigene, persönliche Stellungnahme kein Zitat anführen. Aus welchem Werk soll sich ergeben, dass Sie zu einer bestimmten Ansicht gelangt sind? Der Autor kennt Sie und ihre Gedanken schließlich nicht. | 369

Entsprechendes gilt für Subsumtionsergebnisse. Wenn Sie einen konkreten Lebenssachverhalt unter einen Tatbestand subsumieren, bewerten Sie das tatsächliche Geschehen. Sie treffen damit keine abstrakte Aussage. Dementsprechend können Sie auch keine Kommentarstelle und kein Urteil für Ihre Subsumtion anführen. Denn das Urteil hat einen anderen Fall behandelt und der Kommentar befasst sich abstrakt mit dem Tatbestand. Er trifft keine Aussage zu Ihrem spezifischen Fall. Es ist erstaunlich, wie häufig dieser Fehler in studentischen Hausarbeiten gemacht wird. Teils geschieht dies aus Unsicherheit; da sichert man lieber das eigene Denkergebnis durch das Zitat einer Autorität ab, um sich gegen Kritik zu wappnen. Teils wird damit auch versucht, die Qualität der eigenen Arbeit darzulegen, indem möglichst viele Quellen aufgeführt werden (sogenanntes *Name-dropping*). Statt Wissenschaftlichkeit beweist eine solche Arbeit aber eher Unbeholfenheit und fehlendes Verständnis für wissenschaftliches Arbeiten. | 370

Auch gesetzliche Rechtsfolgen dürfen nicht mehr mit einem Zitat belegt werden. Wenn das Ergebnis aus dem Gesetz folgt, reicht das Normzitat aus. Eine Kommentarstelle zu zitieren, erübrigt sich, weil das Gesetz nicht auf die Zustimmung durch die Wissenschaft angewiesen ist, um seine Rechtsfolge zu verwirklichen. Der Kommentar kann sich nur mit Zweifelsfragen in der Auslegung des Gesetzes befassen, möglicherweise auch die Verfassungskonformität – also die Wirksamkeit – der gesetz- | 371

---

315 Ähnlich auch *Forstmoser/Ogorek/Schindler*, Juristisches Arbeiten, S. 52 f.
316 *Häberle/Blankenagel*, Rechtstheorie 19 (1988), 116 (123). Siehe aber dieselben a.a.O. auf S. 125 f., Fn. 25.

lichen Anordnung anzuzweifeln. Er kann aber nicht dafür angeführt werden, dass ein bestimmter Sachverhalt zu der gesetzlich geregelten Folge führt. Diese Aussage hat der Gesetzgeber abstrakt getroffen und Sie treffen sie konkret für den Einzelfall in Ihrer Arbeit. Für die abstrakte Aussage gibt es aber keinen anderen Urheber als den Gesetzgeber. Seine unechte Urheberschaft ist durch das Normzitat nachgewiesen.

VI. Kein Zitat bei Allgemeinwissen

372 Kein Zitat ist schließlich erforderlich, wenn Sie Allgemeinwissen präsentieren. Darunter wird das Wissen verstanden, das in einer bestimmten, kontextabhängigen Community allgemein anerkannt und jeder Argumentation zugrundegelegt wird.[317] Außerhalb des Allgemeinwissens der gesamten Bevölkerung und reiner Fakten (wie etwa Geburtsdaten bekannter Persönlichkeiten)[318] kommt es für die Frage, ob dessen Inhalte allgemein bekannt sind, bei fachspezifischen Inhalten auf die Art des Textes und seinen Adressatenkreis an. Juristische Laien würden manche Trivialität für erwähnenswert halten, während Experten eines Teilrechtsgebiets auch schwierige dogmatische Fragen und Spezialprobleme Ihres Forschungsschwerpunktes nur mit einem gelangweilten Nicken kommentieren dürften.

373 Die Wahrheit liegt dazwischen. Sie schreiben einen rechtswissenschaftlichen Fachtext für Experten. Deshalb können Sie juristische Allgemeinbildung voraussetzen. So können Sie etwa Gesetzesbezeichnungen wie GG, StGB, BGB und ZPO verwenden, ohne in einer Fußnote die Abkürzung aufzuschlüsseln oder die Fundstelle im Bundes- beziehungsweise Reichsgesetzblatt anzuführen.[319] Letzteres würde in einer Dissertation sogar seltsam anmuten und den Eindruck aufkommen lassen, Sie wollten Fußnoten um ihrer selbst Willen kreieren. Daneben gibt es auch Fachbegriffe und methodische Standards, die Sie voraussetzen können. Die historische Auslegung, die teleologische Reduktion, das *argumentum e contrario* – das sind alles Termini, die Ihnen im Laufe der Ausbildung in Fleisch und Blut übergegangen sind. Für einen Fachmann ist hier keine Fußnote erforderlich. Ihm würde ein Zitat möglicherweise an einer solchen Stelle eher negativ auffallen.[320]

374 Gilt das aber auch für die Dreistufentheorie zur Berufsfreiheit? Und die mittelbare Drittwirkung der Grundrechte? Muss der Begriff »culpa in contrahendo«, der inzwischen den Anspruch aus den §§ 280 Abs. 1, 311 Abs. 2, 241 Abs. 2 BGB bezeichnet, noch erläutert werden? In solchen Fällen würde man sich wohl keinen Vorwurf des Betreuers einhandeln, wenn man dies als Wissen voraussetzt. Umgekehrt würde es aber auch nicht stören, wenn man – was etwa die Empfehlungen des Deutschen Juristen-Fakultätentages für den Fall der Dreistufentheorie vorschlagen[321] – eine »Standardfußnote« zu einem Grundwerk wie dem Grundgesetzkommentar von *Sachs*

---

317 Empfehlungen des Deutschen Juristen-Fakultätentages zur wissenschaftlichen Redlichkeit bei der Erstellung rechtswissenschaftlicher Texte, Grundregel 6 (S. 4).

318 Das gilt jedoch nur für allgemein bekannte Fakten wie z.B. Geburtsdaten. Nicht bekannte Fakten sind ebenfalls zu belegen, vgl. *Augenhofer*, Merkblatt zum wissenschaftlichen Arbeiten (s. Anhang 2), S. 1.

319 Anders sollten Sie dies bei unbekannten Gesetzen handhaben. Zu diesen sollte die Abkürzung erläutert und die Stelle aus dem jeweiligen Gesetzblatt angeführt werden.

320 *Rieble* (in: Dreier/Ohly, Plagiate, S. 31 [46]) spricht von »fachspezifische[n] Binsenwahrheiten«.

321 Grundregel 6 (S. 4).

setzt. Andere sehen für eine Fußnote keinen Bedarf, wenn es sich um Standardwissen handelt, das von Studierenden im Examen als auswendig gelernt verlangt werden kann.[322] Maßstab kann auch sein, ob die Erkenntnis bereits Eingang in Lexika gefunden hat und ob sie in Lehrbüchern nur noch vereinzelt belegt wird.[323] Als Variante zu einer Standardfußnote und als Alternative dazu, überhaupt nicht zu zitieren, sieht man in den Geisteswissenschaften häufig die bloße Namensnennung hinter einem Begriff, etwa folgendermaßen: »Nähe hat dies zu den bekannten Prinzipien (*Alexy*)« oder »der kategorische Imperativ (*Kant*)«. Diese Art der Referenz ist in der Rechtswissenschaft allerdings nicht üblich – jedenfalls nicht, wenn sie eine Fußnote ersetzen soll. Setzen Sie entweder eine Standardfußnote oder unterlassen Sie jegliches Zitat. Sie müssen immer von Fall zu Fall entscheiden, ob eine Information zum Allgemeinwissen gehört oder nicht. Als Kontrollfrage mag fungieren, ob eine Fußnote als übertriebenes »Posing« oder unnötige Pedanterie erscheint. In diesem Fall sollten Sie auf einen Nachweis verzichten.

Pauschale Regeln für bestimmte Inhalte können mithin nicht gegeben werden. So kann es – um das obige Beispiel aufzugreifen – in gewissen Kontexten erforderlich sein, sich näher zum Begriff der *culpa in contrahendo* zu äußern und ihre Herleitung zu erläutern – etwa wenn Sie die Begründung auf eine andere Konstruktion übertragen möchten oder sie als Abgrenzung zu anderen Fallvarianten benötigen. Dann kann es sogar interessanter (oder sogar geboten) sein, die alten Entscheidungen wie zum Beispiel den Linoleumrollenfall des Reichsgerichts[324] zu konsultieren und zu zitieren als einen der aktuellen Standardkommentare, während dieses Urteil in anderen Fällen als Nachweis für den Anspruch aus § 280 Abs.1 BGB deplatziert wirken kann. Nur wenige Informationen können daher kontextunabhängig als Allgemeinwissen etikettiert werden.

B. Wen zitieren?

Wenn ein Zitat erforderlich ist, wird Ihnen nur an den wenigsten Stellen Ihrer Arbeit gelingen, alle Quellen anzuführen, die sich in eine bestimmte Richtung geäußert haben. Es würde häufig sogar lächerlich wirken, jedes Urteil anzuführen, das die Aussage stützt, und jeden Aufsatz, der einen Begriff auch nur erwähnt hat. Selbst bei einem Hinweis auf die »herrschende« oder gar die »allgemeine« Auffassung können Sie nicht hunderte Fundstellen anführen, die einer Meinung im Laufe der Zeit gefolgt sind. Selbst alle Kommentare zu einer Norm anzuführen kann übertrieben sein, bestünde doch bei Arbeiten zum BGB eine Seite Ihrer Dissertation bald nur noch aus einer oder zwei Zeilen, während der Rest durch den Fußnotentext bedeckt wäre. Wissenschaft ist auch keine reine Fleißarbeit. Weder werden Sie in der Lage sein noch ist es erforderlich, alle verfügbaren Quellen zu verarbeiten. Erforderlich ist vielmehr die Verwertung und Zitierung der *wesentlichen* Arbeiten; dann ist die Arbeit vollständig im wissenschaftlichen Sinn. Schließlich besteht Ihre Leistung nicht darin, alle auffindbaren Quellen unsortiert und ungefiltert auf den Leser herabregnen zu lassen,

375

376

---

322 So *Gärditz*, WissR 46 (2013), 3 (6), der als Beispiel die Dreistufentheorie und die Definition der Wegnahme i.S.v. § 242 StGB nennt.
323 *Prexl*, Mit digitalen Quellen arbeiten, S. 125 f.
324 RGZ 78, 239 ff.

ohne sie zu bewerten. Eine gute wissenschaftliche Arbeit nimmt dem Leser diese Arbeit ab, indem sie Irrelevantes weglässt, die wichtigsten Quellen ausführlich darstellt und bewertet sowie in den Fußnoten zugleich Auskunft über andere Fundstücke gibt, die sich – möglicherweise ohne Begründung – einer Ansicht lediglich angeschlossen haben, ohne selbst etwas Neues zur Diskussion beizutragen. Welches sind aber die wesentlichen Fundstücke aus Ihren Recherchen, die es zu verarbeiten und zitieren gilt? Und wen sollten Sie lieber ignorieren?

I. Unmittelbares Zitieren

377 Die wissenschaftliche Redlichkeit verlangt nach der Nennung desjenigen, der den Gedanken, den Ausspruch oder die Theorie geprägt hat. Seine geistige Leistung soll anerkannt werden. Eine der wichtigsten Zitierregeln ist daher, unmittelbar zu zitieren, nämlich im ganz wörtlichen Sinn den »Ur-Heber« der Erkenntnis[325]. Sie müssen also immer überprüfen, ob die Äußerung in einer Monografie, einem Aufsatz oder in einem Urteil auch tatsächlich von diesem Autor oder dem Gericht geprägt worden ist. Gehen Sie dabei gründlich vor: Ihr Betreuer wird sich in vielen Teilbereichen Ihres Themas gut auskennen. Ihm fällt es dann schnell auf, wenn Sie nicht den tatsächlichen Urheber zu einer Theorie anführen; auch wird er die Leitentscheidungen seines Forschungsgebietes gut kennen.

378 Wenn Sie beispielsweise in einem Kommentar eine Definition zu einem Tatbestandsmerkmal finden, kann dies die Definition des Bundesgerichtshofs sein; in diesem Fall ist der Bundesgerichtshof (hoffentlich) in dem Kommentar als Quelle genannt und Sie müssen zunächst diesen zitieren, weil er die Definition entwickelt hat.

379 Skripten oder Lehrbücher sammeln im Wesentlichen prüfungsrelevante Literatur und Rechtsprechung, ohne selbst etwas Neues zur Diskussion beizutragen. Auch diese Werke können Sie deshalb für eine Meinung häufig nicht als Urheber anführen. Dies gilt jedenfalls für die Passagen, in denen die Lehrbücher rein deskriptiv bleiben. Wenn der Autor selbst Stellung bezieht und eine eigene Ansicht ausführt, können Sie ihn zusätzlich als Urheber dieser Äußerung zitieren. Im Übrigen leistet er als Lehrbuchautor für Sie lediglich einen Dienst, indem er eine Fundgrube mit aktuellem Material zu einem Rechtsgebiet liefert.

380 Sie nutzen Lehrbücher und Kommentare daher weitestgehend als gedruckte Datenbank, die Sie zu den wichtigsten Quellen führt. Das hinterlässt manchmal einen schalen Beigeschmack, wären Sie doch auf manche Werke ohne die Hilfe des Lehrbuchautors nicht gestoßen. Wenn Sie allerdings keine geistige Eigenleistung dieses Autors verwerten – also zum Beispiel eine bestimmte Systematisierung, die Neubezeichnung einer von einem Dritten vertretenen Ansicht oder die Gliederung einer Streitfrage –, können und dürfen Sie ihn nicht zitieren. Grenzwertig wird dies dann, wenn Sie eine Reihe von Literaturfundstellen oder Urteilen aus einem Kommentar oder Lehrbuch übernehmen und sogar die Reihenfolge beibehalten. Wenn es sich um eine besondere Zusammenstellung oder um eine besonders lange Reihe handelt, sodass die Kompilation bereits eine beachtliche Leistung ist, ist es ein Gebot der Redlichkeit, den Autor zu nennen. Anderenfalls ist es das Schicksal eines Lehrbuchs und

---

325 *Löwer*, in: Dreier/Ohly, Plagiate, S. 51 (52).

des Gesetzeskommentars, dass sie vor allem als papierne Datenbank und als Lern-
werkzeug genutzt werden.

Unmittelbares Zitieren führt zu demjenigen, der als Erster den zitierten Inhalt entwickelt hat. Wenn Ihr Zitat mit »zitiert nach« eingeleitet ist, geben Sie damit zugleich
zu, dass Sie nicht an den Ursprung der Quelle[326] gegangen sind, sondern ein anderes
Werk als Zugang genutzt haben und den eigentlichen Urheber »blind« zitieren. Das
ist nur dann zulässig, wenn Sie alle Möglichkeiten erfolglos versucht haben, an dieses
Werk heranzukommen. Sofern das Ursprungswerk über Fernleihe[327], Fernkopiebe-
stellung oder über die Einsicht in einer Bibliothek erhältlich ist, dürfen Sie nicht
»nach« einem anderen Autor zitieren, sondern müssen sich die Mühe machen, diese
Mittel einzusetzen. »Zitiert nach«-Zitate sind deshalb in der Regel nur bei sehr alten
Werken denkbar, die nicht mehr verliehen werden und zu denen Sie auch nicht ohne
Weiteres in der besitzenden Bibliothek Zugang erhalten.

381

Unmittelbares Zitieren bedeutet aber nicht, dass Sie *nur* die ursprüngliche Quelle
zitieren dürfen. Sie müssen den Ersten als Autor des Gedankens kenntlich machen,
können aber danach durchaus auch andere, insbesondere namhafte(re) und aktuelle
Stellungnahmen ergänzen. Dazu können Sie in der Fußnote entweder auf die herrschende Meinung abstellen (mit entsprechend zahlreichen und namhaften Quellen)
oder, eingeleitet durch ein »dem folgend« oder ähnliche Überleitungen, die Autoren
und Urteile zitieren, die dem Urheber gefolgt sind. Auf diese Weise können Sie auch
Lehrbücher anführen, die Ihnen sonst nur als Fundgrube dienen. Wichtig ist jedoch
stets, dass Sie die geistige Leistung auch ihrem wirklichen Urheber zuordnen, das
heißt man kann die »Zitierketten (…) vertikal in der Vergangenheit irgendwann ab-
brechen (…), sollte (…) aber dann beim Originalzitat enden«[328]. Dies wird umso
wichtiger, je mehr Quellen zwischen Sie und den geistigen Urheber geschaltet sind.
Denn je öfter paraphrasiert wird, desto größer ist die Gefahr, dass der ursprüngliche
Autor zugunsten desjenigen, der – zumeist korrekt – paraphrasiert hat, unter den
Tisch fällt.[329]

382

Wenn Sie eine Ansicht nicht als solche präsentieren, sondern ihr zugleich das Etikett
»herrschende Meinung«, »verbreitete Ansicht« oder »herrschende Meinung in der
Rechtsprechung« verleihen, müssen Sie diese Qualifikation auch durch Ihr Zitat
rechtfertigen. Dann reicht es nicht aus, lediglich auf eine Leitentscheidung des Bundesgerichtshofs oder einen anerkannten Großkommentar zu rekurrieren. Vielmehr
muss aus der Fußnote erkennbar sein, dass man tatsächlich von der herrschenden
Ansicht, das heißt von der Meinung der Mehrheit ausgehen kann. Das ist nur dann
der Fall, wenn Sie mehrere, namhafte Quellen anführen können.[330] Von der »herr-

383

---

326 *Klein* (Wissenschaftliche Arbeiten schreiben, S. 273) spricht in Bezug auf das unmittelbare Zitieren treffend vom »›ad fontes‹-Prinzip«.

327 Das schließt auch Formen der »besonderen Fernleihe« ein. Diese müssen Sie nutzen, wenn das
Werk eigentlich vor Ort vorhanden wäre, aber für lange Zeit entliehen oder nicht mehr auffindbar ist. Die Funktionsweise richtet sich nach der jeweiligen Bibliothekssoftware und erfordert
i.d.R. eine Begründung dazu, warum das Werk – obwohl vorhanden – per Fernleihe bestellt
werden soll.

328 *Schulze-Fielitz*, JÖR n.F. 50 (2002), 1 (32).

329 Von dieser frustrierenden Erfahrung des »wissenschaftlichen Fading«, die durch eine umfassende – wenn auch korrekte – Paraphrase verursachen kann, berichtet *Trabant*, in: Lahusen/
Markschies, Zitat, Paraphrase, Plagiat, S. 181–188.

330 Vgl. etwa *Byrd/Lehmann*, Zitierfibel für Juristen, S. 112: mindestens drei.

schenden Meinung« im Gegensatz zur »herrschenden Lehre« dürfen Sie zudem nur sprechen, wenn Sie sowohl mehrere Urteile (höchstrichterliche oder jedenfalls obergerichtliche, sofern keine höchstrichterliche Entscheidung verfügbar ist) als auch namhafte Literaturquellen anführen können. Sie müssen indes, das sei noch einmal betont, selbstverständlich nicht alle Autoren anführen, die sich der Mehrheit angeschlossen haben. Wie viele Quellen Sie anführen, hängt zudem auch von der Bedeutung der Frage für Ihre Arbeit ab und davon, um welche Autoren es sich handelt. Wenn Sie alle Standardkommentare auf Ihrer Seite haben, müssen Sie häufig keine weiteren Quellen – etwa in Form von Aufsätzen und Festschriftbeiträgen – anführen.

384 Freilich ist es im Grunde bereits unwissenschaftlich, da zu pauschalisierend, von einer »herrschenden« Meinung zu sprechen. Meinungsführerschaft lässt sich auch nicht nur in Zahlen ausdrücken. Wenn das Bundesverfassungsgericht eine Streitfrage mit Gesetzeskraft (vgl. § 31 BVerfGG) beantwortet, mag dies zum Zeitpunkt des Urteils noch gegen die bisherige fachgerichtliche Rechtsprechung und die Mehrheit der Autoren in der rechtswissenschaftlichen Literatur erfolgen. Die Autorität des Gerichts kann aber recht schnell für eine neue Mehrheitsmeinung sorgen. Auch sorgen Zitierkartelle und bloße Übernahmen fremder Gedanken in Gruppenfußnoten sowie gegenseitiges Abschreiben – gerade in der Kommentarliteratur – dafür, dass manche Werke häufiger zitiert werden als andere. Die Stellungnahmen zu zählen, wird der wirklichen Stimmung in der Rechtswissenschaft deshalb häufig nicht gerecht. Auch sprachlich ist es etwas holprig, von einer »herrschenden« Ansicht zu sprechen, von dem degradierenden Terminus der »Mindermeinung« ganz zu schweigen. Jedenfalls Letzterer hat in einer Dissertation nichts zu suchen. Doch auch ein zu häufiger Verweis auf herrschende Meinungen kann den Eindruck erwecken, Sie zählten nur die Quellen und schlössen sich der Mehrheit an. Vermeiden Sie deshalb, allzu oft penetrant auf die »h.M.« hinzuweisen. Formulieren Sie vorsichtiger mit Begriffen wie »weit verbreitet«, »Mehrzahl der Kommentatoren«, »zumeist«, »(wohl) mehrheitlich«.[331]

385 Manchmal beobachtet man in diesem Kontext das Zitat eines einzelnen Autors, das um den Zusatz »m.w.N.« (für: mit weiteren Nachweisen) ergänzt oder das mit »statt vieler« oder »statt aller« eingeleitet wird. Solche Verweise verletzen nicht zwangsläufig die Grundsätze zum wissenschaftlichen Zitieren. Häufen sie sich, kann aber der Eindruck aufkommen, Sie hätten nur einen Kommentar konsultiert und gingen der Meinung nicht bis zu ihrem ursprünglichen Autor nach. Sie sollten diese Art des Zitierens deshalb dann vermeiden, wenn es sich um eine für Ihre Arbeit wesentliche Frage oder einen Aspekt handelt, den Sie ausführlicher darstellen. Für diese Teile müssen Sie die wesentlichen Quellen nicht nur gelesen haben, sondern sie auch in Ihrer Arbeit verwerten. Wenn diese Quellen verwertet sind, müssen sie auch zitiert werden. Ein »statt vieler«-Zitat ist dann zulässig, wenn es sich um eine als selbstverständlich vorausgesetzte Vorannahme oder um eine Randbemerkung handelt und auch nur dann, wenn die Frage nicht kontrovers diskutiert wird. Wenn von »vielen« jeder etwas anderes sagt, können Sie schwerlich »statt vieler« eine einzelne Stellungnahme zitieren. Das Zitat eines einzelnen Autors »m.w.N.« ist dann opportun, wenn Sie auf eine Streitfrage lediglich hingewiesen haben, weil deren Lösung für Ihre Arbeit keine Rolle spielt – etwa dann, wenn sich Ihr Ergebnis durch die Antwort auf die

---

331 Kritisch auch *Byrd/Lehmann*, Zitierfibel für Juristen, S. 111–113.

Streitfrage nicht ändert. In jedem Fall sollten Sie diese Zitiertechnik sehr sparsam einsetzen.

II. Zitierfähige Quellen

In der Wahl Ihrer Nachweise sind Sie jedoch nicht nur durch das unmittelbare Zitieren zu bestimmten Zitaten verpflichtet. Nicht alle Fundstellen stellen ferner auch zitierfähige Quellen dar. In einer wissenschaftlichen Arbeit dürfen Sie nur zitieren, was auch nachprüfbar ist. Wenn eine Quelle Ihnen weder zur Überprüfung vorliegt noch sonst öffentlich zugänglich ist (also insbesondere über eine Bibliothek – und sei es eine einzige auf der Welt – aufgetrieben werden kann), dürfen Sie dieses Werk nicht zitieren. Ein nicht veröffentlichtes Manuskript sollten Sie deshalb im Zweifel überhaupt nicht zitieren. Wenn Sie es zitieren, weil es als einziges zu einer bestimmten Frage Stellung bezieht, die für Ihre Arbeit von wesentlicher Bedeutung ist, dann muss Ihnen das Manuskript vorliegen und für Interessierte einsehbar sein. Wenn das nicht der Fall ist, dürfen Sie in den Fußnoten lediglich darauf verweisen, dass Autor XY sich in einem unveröffentlichten Skript in einer bestimmten Weise geäußert hat. Seitenzahlen erübrigen sich dann, denn diese Angaben kann der Leser nicht überprüfen. Letztlich behandeln Sie eine solche Quelle wie eine mündliche Stellungnahme – und solche Äußerungen sollten Sie im Zweifel überhaupt nicht zitieren, weil sie nicht überprüfbar sind. Wenn Sie sich dennoch für ein Zitat entscheiden, müssen Sie in diesem hinreichend kenntlich machen, dass der Leser keine Möglichkeit haben wird, das Zitat zu überprüfen. Er muss Ihnen also die Information glauben.

Außerdem dürfen Sie nur wissenschaftliche Quellen zitieren In einer wissenschaftlichen Arbeit werden grundsätzlich nur solche Stellungnahmen berücksichtigt, die selbst wissenschaftlichen Maßstäben genügen; häufig werden diese Quellen auch unter dem Begriff der »Zitierwürdigkeit« erfasst.[332] Das ist der Fall, wenn Sie neutral und objektiv abgefasst sind, nachprüfbare Zitate enthalten und das vorhandene Material jedenfalls zum Teil auswerten. Damit scheiden zum Beispiel populärwissenschaftliche Zeitschriften oder die meisten Zeitungsartikel oder Blog-Einträge im Internet als Nachweise aus.[333] Eine Ausnahme gilt nur dann, wenn Sie diese Äußerungen als nicht-wissenschaftliche Äußerungen zitieren. Das wäre der Fall, wenn Sie Medienberichterstattung in Publikumszeitschriften zitieren, um über Gefährdungen des allgemeinen Persönlichkeitsrechts zu berichten. Oder wenn ein Zeitungsartikel in der Einleitung als Aufhänger und aktueller Anlass für Ihre – dann folgende – wissenschaftliche Untersuchung genannt wird. Als Nachweis für eine Behauptung in Ihrer Arbeit sind diese Quellen aber ungeeignet.

Das gilt auch für die meisten Skripten. Denn diese Werke argumentieren in der Regel nicht selbstständig und werten Literatur und Rechtsprechung nicht nach wissenschaftlichen Maßstäben aus. Häufig fehlt es bereits an Nachweisen in dem Skript für eine bestimmte Ansicht. Der Verweis auf ein anderes Skript desselben Repetitors (wie häufig in der Skriptenreihe eines großen bayerischen Repetitoriums zu beobachten)

386

387

388

---

332 So etwa *Prexl*, Mit digitalen Quellen arbeiten, S. 33; *Träger*, Zitieren 2.0, S. 9.
333 Anders *Möllers*, Juristische Arbeitstechnik und wissenschaftliches Arbeiten, § 6 Rn. 24: »Zitierfähig sind alle Quellen, die veröffentlicht worden sind« (so auch *Stüber*, Zitieren in juristischen Arbeiten, S. 2). S. aber *Möllers*, a.a.O., § 6 Rn. 90: »Auch sind nur solche Texte zu zitieren, welche wissenschaftlichen Ansprüchen genügen.«

ersetzt die wissenschaftlichen Nachweise selbstverständlich nicht. Auch ein Literaturverzeichnis am Anfang eines Skripts kann ihm nicht zur Wissenschaftlichkeit verhelfen, wenn innerhalb des Skripts nicht kenntlich gemacht wird, ob und wo die Werke tatsächlich verarbeitet wurden.[334] Schon diese semi-formalen Gründe machen Skripten fast ausnahmslos zitierunfähig. Im Übrigen dürfte es Ihre Gutachter nicht von der Qualität Ihrer Arbeit überzeugen, wenn Sie ein zur Vorbereitung auf das Staatsexamen gedachtes Skript dazu nutzen wollen, etwas zur Rechtswissenschaft beizutragen. Man kann bereits darüber streiten, ob das juristische Staatsexamen eine akademische Ausbildung abschließt. Ganz sicher ist es aber keine wissenschaftliche Prüfung.

389   Sofern diese Gründe nicht gegen die Zitierfähigkeit sprechen, werden Skripten, aber auch viele Lehrbücher trotzdem als zitierfähige Quelle ausscheiden. Denn sie argumentieren häufig nicht eigenständig, sondern stellen die Streitstände in Rechtsprechung und Literatur dar und beschränken sich bei methodischen und dogmatischen Fragen auf eine weitgehend deskriptive Aufbereitung des Materials. Somit stellen sie eher eine Wissens- oder Datenquelle dar.[335] Nur dann, wenn der Autor wirklich selbst argumentiert und Stellung bezieht, können Sie Lehrbücher zitieren. Wenn Sie bekannte Lehrbücher nicht als Teil der herrschenden Meinung anführen (dann ist allein entscheidend, ob der Autor einer bestimmten Ansicht folgt), scheiden sie also in der Regel als Zitat aus.[336] Sie werden zudem feststellen, dass selbst große Lehrbücher zu Ihrer Spezialfrage nur sehr wenig sagen werden. Dissertationen, die an vielen Stellen ausschließlich Lehrbücher zitieren, werden kaum wissenschaftlichen Tiefgang aufweisen.

III. Qualitätsbewertung von Quellen

390   Damit bleiben als zitierfähige Quellen der unmittelbare Autor und das sonstige, wissenschaftlichen Maßstäben genügende Material übrig. Das reduziert den Umfang Ihrer Recherchen jedoch nur unwesentlich. Bereits beim effektiven Schreiben haben Sie sich gefragt, welche der vielen Fundstücke zu einem neuen Kapitel Sie zunächst exemplarisch dazu nützen können, Ihren eigenen Text zu schreiben, um dann die restlichen Quellen später einzuarbeiten.[337] Es versteht sich von selbst, dass Sie in Ihren Fußnoten später nur Material aufführen, das Sie selbst in der Hand (oder auf dem Bildschirm) hatten und selbst gelesen haben. Blindzitate oder nur durch Dritte überprüfte Zitate sind (nicht nur) in der Dissertation tabu.

391   Für die Frage, welche Werke Sie zunächst als Grundlage nehmen und wen Sie überhaupt zitieren sollten, ist unter anderem die Qualität der Quelle entscheidend. Wenn Sie selektiv vorgehen – und das müssen Sie in weiten Teilen der Arbeit, wenn Sie den Text in einer angemessenen Zeit ohne überbordenden Fußnotenapparat fertigstellen möchten –, möchten Sie selbstverständlich nicht die hochwertigsten Quellen zugunsten zweifelhafter Qualität ignorieren. Außerdem möchten Sie die einflussreichsten

---

334 Zutreffend *Kreutz*, Propädeutik Rechtswissenschaften, S. 12.

335 Hierzu in Abgrenzung zu zitierwürdigen Quellen *Träger*, Zitieren 2.0, S. 13, der jedoch darauf hinweist, dass die Zitierwürdigkeit von Lehrbüchern unterschiedlich beurteilt wird (a.a.O., S. 15 f.).

336 So auch *Thieme*, Die Anfertigung von rechtswissenschaftlichen Doktorarbeiten, S. 39.

337 S. dazu oben im Abschnitt § 4 B. II. (Rn. 235–243).

und wichtigsten Texte berücksichtigen und vereinzelt gebliebenen Stimmen weniger Platz einräumen, wenn Sie nicht durch besondere Qualität überzeugen. Wie aber stellt man fest, was die wichtigsten Quellen sind und welche Texte besonders anerkannt sind?

Andere Wissenschaften haben dazu teilweise Bewertungssysteme entwickelt, die insbesondere für Zeitschriftenbeiträge als Qualitätsmaßstab verwendet werden. Diese beruhen darauf, dass Zeitschriften einem speziellen Grundsätzen folgenden Review-Verfahren unterliegen, nach dem die Artikel ausgesucht werden. Ferner werden die Beiträge und Zeitschriften danach bewertet, wie oft sie zitiert werden. Auf diese Weise werden zum Beispiel in der Medizin und in den Wirtschaftswissenschaften häufig »Qualitätskontrollen« vorgenommen. Ein Artikel in einer Zeitschrift mit hohem Ranking ist dann – zum Beispiel bei Berufungsverfahren in Universitäten – mehr wert als ein Beitrag in einer weniger bekannten Zeitschrift oder gar in einer Zeitschrift ohne Review-Verfahren. Solche Maßstäbe existieren für die deutschsprachige Rechtswissenschaft (noch) nicht.[338] Es gibt zwar vereinzelt Versuche, die Zeitschriften und Einzelbeiträge zu ermitteln, die besonders oft zitiert werden und die (häufig als Folge davon) einen hohen diskursiven Einfluss haben, das heißt in der Wissenschaft stärker wahrgenommen werden als andere.[339] Diese Untersuchungen stecken allerdings noch in den Kinderschuhen und sind naturgemäß Schwächen unterworfen. So versteht es sich von selbst, dass eine allgemeine juristische Zeitschrift, die sich zudem um Praxisnähe bemüht, sehr viel häufiger – auch von Gerichten und Anwälten – zitiert wird als ein hochspezialisiertes Publikationsorgan mit wissenschaftlichem Anspruch. Auch ist zu beachten, dass viele wissenschaftliche Beiträge nicht in Zeitschriften erscheinen, allen voran die monografischen Werke wie Dissertationen und Habilitationsschriften. Auch Festschriften und Handbücher sind schwieriger zu messen, zumal sie sehr viel seltener online zugänglich sind als Zeitschriften. Bereits die Auffindbarkeit bei *Juris* oder *beck-online* kann für eine Vervielfachung der Zitierungen sorgen. Aktuelle Beiträge sind häufiger online vertreten, sind also ebenfalls gegenüber älteren Quellen aus denselben Publikationen bevorzugt.

Zudem ist mit der Zitierung noch keine Zustimmung verbunden. Ein Aufsatz zu einer Leitentscheidung mag von allen anderen Beiträgen zitiert werden. Wenn jeder der anderen Autoren das Zitat aber mit einem »abwegig« oder »zweifelhaft« einleitet, dürfte der Einfluss des Beitrags im Ergebnis gering sein. Da zur wissenschaftlichen Redlichkeit aber auch die Berücksichtigung von Gegenstimmen gehört, ist häufig den abstrusesten Thesen ein Zitat garantiert. Dass ein Beitrag zitiert wird, heißt im Übrigen auch nicht, dass er tatsächlich vollständig gelesen und verarbeitet wurde. Dass ein Beitrag nicht zitiert wird, heißt im Gegenzug auch nicht, dass er nicht beachtet wurde. Vielleicht hat er sogar mehr Autoren beeinflusst als mancher zitierte Beitrag.[340] Manche »Mindermeinung« mag sich auch dadurch erledigt haben, dass das Bundesverfassungsgericht sich in einer Leitentscheidung anders entschieden hat – oder gerade nicht. Im ersten Fall ist die Gegenansicht für viele Praktiker »gestorben«, im zweiten Fall kann es sein, dass viele Autoren nur noch das Urteil zitieren, nicht aber einen

392

393

---

338 Für die US-amerikanische Rechtswissenschaft existieren etwa die Law Reviews von *Shapiro* und das Rankingsystem der Washington & Lee University (*lawlib.wlu.edu/LJ*).

339 Vgl. dazu zuletzt die Untersuchung von *Hamann*, RW 2014, 501–534 (insb. S. 518–529).

340 S. zu den Schwierigkeit auch *Hamann*, RW 2014, 510 (insb. 529–532).

einzelnen Aufsatz älteren Datums, der die Entscheidung beeinflusst hat. Das macht es schwer, einen objektiven »impact factor« zu ermitteln.[341]

394 Auch sind leider bisweilen »Zitierkartelle« zu beobachten. Da zitiert der eine den anderen, weil er dessen Meinung teilt, und dieser revanchiert sich mit einem Gegenzitat in seiner nächsten Veröffentlichung. Gegenstimmen werden von solchen Autoren manchmal ignoriert, um ihre Erkenntnisse noch unzweifelhafter und unbestrittener erscheinen zu lassen. Hat sich der nicht zitierte Autor in der *Scientific Community* zudem noch unbeliebt gemacht – namentlich dadurch, dass er Systemkritik erhoben hat –, wird es noch unwahrscheinlicher, dass seine Werke Eingang in die Fußnoten der eben beschriebenen Art von selektiv wissenschaftlichen Kollegen finden.[342] All diese Probleme und Unwägbarkeiten machen eine mathematisch exakte Bewertung von Quellen schwierig.[343] Rankings sollten deshalb nie zum (alleinigen) Maßstab zur Beurteilung einer Publikation gemacht werden.

395 Der Publikationsort als solcher ist weder Garantie für Qualität noch lassen sich bestimmte Veröffentlichungsformen finden, die stets zu minderer Qualität führen. Gleichwohl ist die Zeitschrift oder der Verlag, in denen ein Beitrag erschienen ist, nicht irrelevant für die Bewertung einer Quelle. Als erster Ansatz kann der Publikationsort durchaus eine Aussage treffen. So sind für Dissertationen und Habilitationsschriften die Verlage *Duncker & Humblot* (Berlin), *Mohr Siebeck* (Tübingen), *Nomos* (Baden-Baden) und für das Wirtschaftsrecht *De Gruyter* (Berlin u.a.) besonders renommiert. Für viele ihrer Reihen verlangen diese Verlage auch eine Mindestnote[344], für manche gar die Höchstnote (*summa cum laude*). Nun mag die Note in Einzelfällen zu Unrecht vergeben worden sein – man denke nur an den bekanntesten Plagiator, dessen Dissertation mit dem höchsten Prädikat geadelt wurde und bei *Duncker & Humblot* erschien. Häufig wird sich jedoch hinter der guten Note auch eine gute Arbeit verbergen; die Publikation in einer anerkannten Schriftenreihe kann also durchaus eine Aussage über die Qualität treffen.

396 Wenn ein Werk als Habilitationsschrift anerkannt wurde, kann dies ein weiteres Zeichen für eine besondere Qualität sein. Denn habilitiert werden im Zweifel nur diejenigen, deren Dissertation bereits von den Gutachtern für gut befunden wurde und die ein echtes Interesse daran haben, ein häufig abstraktes Thema über lange Jahre gründlich zu bearbeiten. Reihen wie *Jus Publicum, Jus Privatum* und seit kurzem auch *Jus Poenale* im Verlag *Mohr Siebeck* beherbergen häufig besonders anerkannte Werke der Rechtswissenschaft. Eine Garantie für herausragende Leistungen und spektakuläre Neuerungen bieten sie jedoch nicht. Die Habilitationsschrift ist letztlich

---

341 Vgl. zum Vorstehenden auch *Thieme*, Die Anfertigung von rechtswissenschaftlichen Doktorarbeiten, S. 51.

342 Dazu und zu weiteren wissenschaftssoziologischen Fragen instruktiv *Häberle/Blankenagel*, Rechtstheorie 19 (1988), 116 (124–133).

343 Das hat auch die DFG erkannt, vgl. deren Denkschrift »Sicherung guter wissenschaftlicher Praxis«, S. 45 f.

344 Mitunter kann es jedoch auch vorkommen, dass der Verlag einen Vertrag mit (z.B.) einem Doktorandenkolleg hat, der ihn zur Aufnahme aller Dissertationen dieses Kollegs in eine bestimmte Schriftenreihe verpflichtet, auch wenn sie nicht mit *summa* oder *magna cum laude* bewertet wurden. Jedoch sind diese Kollegs ihrerseits in der Regel nur sorgfältig ausgesuchten Stipendiaten zugänglich, was einen gewissen Schutz vor schlechten Arbeiten bietet (beileibe aber keine Garantie).

auch nur eine Prüfungsleistung. Wenn sie als Nachweis zur wissenschaftlichen Befähigung ausreicht, wird sie anerkannt.

Auch bestimmte Zeitschriften sind besonders renommiert, so etwa die vierteljährlich erscheinenden Archivzeitschriften. Es können als besonders bedeutsame und renommierte Zeitschriften genannt werden: das *Archiv des öffentlichen Rechts* (AöR), das *Archiv für die civilistische Praxis* (AcP), die *Zeitschrift für das gesamte Handelsrecht und Wirtschaftsrecht* (ZHR), die *Zeitschrift für Unternehmens- und Gesellschaftsrecht* (ZGR), *Goldtammer's Archiv für Strafrecht* (GA), *Der Staat, Die Verwaltung* oder die *Zeitschrift für die Gesamte Strafrechtswissenschaft* (ZStW). Auch die *JuristenZeitung* (JZ) genießt als allgemeine, rechtsgebietsübergreifende Zeitschrift einen guten Ruf.[345] Diese Zeitschriften sind zwar nicht davor gefeit, im Einzelfall auch wenig erhellende Artikel zu beherbergen. Im Allgemeinen weisen ihre Beiträge aber ein gutes Niveau auf und sind unter Wissenschaftlern besonders anerkannt, zumal sie aufgrund ihrer Länge auch Raum für eine gründliche Untersuchung bieten – was sogenannte Praktikerzeitschriften ob ihres Zuschnitts und der Zeichenbegrenzung für Einzelbeiträge nicht leisten können.[346] Unter den Kommentaren gibt es ebenfalls solche, die über einen besonders hohen (wissenschaftlichen) Anspruch verfügen, und solche, die eher eine komprimierte Darstellung aller Fundstücke für Praktiker darstellen. Anspruchsvolle Kommentare sind etwa die *Münchener Kommentare*, der BGB-Kommentar von *Staudinger*, für das Grundgesetz der *Bonner Kommentar* und der Großkommentar von *Maunz/Dürig*, aber auch Standardwerke wie die Kommentare von *Sachs*, *Dreier* und *v. Mangoldt/Klein/Starck*. Für das Strafrecht kann zum Beispiel der Prozessrechtskommentar von *Löwe-Rosenberg*, aber auch die *Systematischen Kommentare* genannt werden. Entsprechendes gilt für einige Handbücher mit wissenschaftlichem Anspruch wie zum Beispiel das Handbuch des Staatsrechts von *Isensee/Kirchhof* oder das Handbuch des Schuldrechts von *Gernhuber*.[347] Die Liste ist jeweils natürlich nicht abschließend.

Der Publikationsort kann also durchaus einen ersten Aufschluss über die Qualität einer Quelle geben. Weder gute noch schlechte Qualität lassen sich jedoch allein am Publikationsort festmachen. Auch in renommierten Schriftenreihen und Zeitschriften erscheinen mitunter Beiträge von zweifelhafter Qualität. Umgekehrt ist auch bei Ver-

397

398

---

345 In seiner Zitationsanalyse kommt *Hamann* zum Ergebnis, dass die JZ unter den allgemeinen Zeitschriften (nach der RRa; ob damit wirklich die Zeitschrift »Reiserecht aktuell« als Spitzenreiter der allgemeinen Zeitschriften gemeint ist?) den höchsten diskursiven Einfluss hat, d.h. ihre Artikel werden im Verhältnis zu ihrem Anteil an der Gesamtliteratur prozentual am häufigsten zitiert (nämlich 15mal häufiger als der bloße Anteil an allen Artikeln wäre), vgl. *Hamann*, RW 2014, 501 (523). Die absolut am häufigsten zitierte Zeitschrift ist – nicht überraschend – die NJW, was an ihrer weiten Verbreitung, dem Adressatenkreis und den Inhalten liegt (Praxisprobleme, aktuelle Rechtsprechung, viel Zivilrecht).

346 Die Leitmedien der Zeitschriftenlandschaft erscheinen im *Beck*-Verlag und beginnen mehrheitlich mit einem »N«. Sie sind insbesondere auch an Praktiker gerichtet, enthalten viel aktuelle Rechtsprechung, aber bisweilen auch sehr gute Aufsätze mit wissenschaftlichem Anspruch – häufig jedoch eher zu praktischen, »kleinteiligeren« Fragen als zu abstrakten dogmatischen Themen. Folgende Zeitschriften sind in diese Richtung ausgerichtet und besonders verbreitet: NJW (allgemein), NZA (Arbeitsrecht), NVwZ (Verwaltungsrecht/sonstiges öffentliches Recht), NStZ (Strafrecht), FamRZ (Familienrecht), NZG (Gesellschaftsrecht). Beiträge in diesen Zeitschriften werden jedenfalls aufgrund der hohen Auflagen stärker wahrgenommen als Aufsätze aus anderen Zeitschriften.

347 Lesenswert in diesem Zusammenhang die Überlegungen von *Schulze-Fielitz*, JÖR n.F. 50 (2002), 1 (19–23) zu Beispielen der öffentlich-rechtlichen Handbuch- und Lehrbuchkultur.

lagen ohne Qualitätsstandards wie dem *Verlag Dr. Kovač* manche hervorragende Dissertation erschienen. Sie kommen nicht umhin, jede Quelle selbst zu bewerten – nicht nur danach, ob sie für Ihre Arbeit relevant ist, sondern auch danach, ob sie ein besonders zitierwürdiges Werk darstellt.

399   Das gilt auch bei Fundstellen aus dem Internet. Auch wenn dieses mehrheitlich Unwissenschaftliches enthält, finden sich mittlerweile nicht nur Zeitschriften im Netz, sondern auch viele Veröffentlichungen von Wissenschaftlern. Ein Blogeintrag oder ein Artikel auf einer Nachrichtenseite scheidet als Quelle jedoch regelmäßig aus; es gilt Dasselbe wie für die klassische Zeitung. Wenn jedoch die online verfügbare Quelle wissenschaftlich vorgeht, einem konkreten Autor zuordenbar ist und eine zitierfähige Form hat, ist sie ohne Weiteres in der Dissertation verwertbar. Dies können Sie dann annehmen, wenn es sich um ein geschlossenes Dokument handelt, das einem Autor zugeordnet ist und das Sie auch zitieren könnten, wenn es nicht im Internet stünde.[348] Immer häufiger werden zum Beispiel Abschlussberichte von Drittmittelprojekten und Gutachten im Internet veröffentlicht. Mit Zeitschriften wie JurPC, NJOZ, ZJS und (seit 2006) ZIS existieren inzwischen auch reine Online-Zeitschriften. Im Ergebnis behandeln Sie also das Internet wie Zeitungen und Zeitschriften. Diese enthalten Flüchtiges und Unwissenschaftliches, aber auch Artikel, die objektiv und unpolitisch geschrieben sind, andere Quellen auswerten und diese auch zitieren. Solche Beiträge können Sie zitieren – ob sie nun online oder in Papierform vorliegen. Entscheidend ist stets, ob Sie die konkrete einzelne Quelle für zitierfähig halten, weil sie wissenschaftlichen Maßstäben genügt.[349]

C. Wie zitieren?

400   In Ihrer Arbeit werden Sie Quellen ganz unterschiedlicher Art zitieren: Urteile, Bonmots, vielleicht einen Zeitungsartikel, Aufsätze aus Fachzeitschriften, online verfügbare Gutachten, Monografien, Festschriftenbeiträge, Sammelbände. Die Liste ließe sich um weitere Gattungen fortsetzen, die jeweils ihre eigenen Zitierweisen kennen. Wie Sie zitieren müssen, hängt aber auch davon ab, was Sie mit Ihrem Zitat belegen möchten, wozu Sie die Fußnote nutzen möchten und ob Sie die Quelle unverarbeitet übernehmen oder in Ihren eigenen Text inkorporieren, namentlich umformulieren. Es können in einem kleinen Büchlein über die juristische Doktorarbeit unmöglich alle Einzelfragen abgedeckt werden, die sich bei der Übernahme fremder Gedanken stellen. Manche Quellen werden indes – häufig durch das Thema bedingt – so selten zitiert, dass eine Aufnahme in allgemeine Ratschläge zum Zitieren nicht lohnt. Gleichzeitig sind viele Ratschläge, die Sie aus Ratgebern zum wissenschaftlichen Schreiben und Zitieren kennen, nicht zwingend. Manches ist, da Gebot wissenschaftlicher Redlichkeit, zwingend; manches ist nicht zwingend, hat sich aber so sehr eingebürgert, dass aus der Konvention eine zwingende Regel geworden zu sein scheint. Wieder anderes wird sehr unterschiedlich gehandhabt. Ich werde in meinen kurzen Hinweisen versuchen, diese Gruppen auseinanderzuhalten. Wo etwas nicht zwingend ist, wage ich jeweils eine Empfehlung. Entscheiden Sie in diesen Fällen selbst, ob Sie dem Vorschlag folgen möchten. Ein guter Rat ist außerdem – erneut –,

---

348 *Willamowski*, JurPC Web-Dok. 78/2000, Abs. 3.
349 *Bergmann/Schröder/Sturm*, Richtiges Zitieren, Rn. 144.

auf den Usus Ihres Betreuers zu achten. Er hat bereits viele Erfahrungen mit wissenschaftlichen Texten gemacht und sich methodisch und formal eine bestimmte Arbeitsweise angewöhnt. Wenn Sie sich an seine Usancen halten, wird ihn nichts stören – und das ist das größte Lob für formale Aspekte. Macht Ihr Betreuer sogar bestimmte Vorgaben, gehen diese selbstverständlich jedem der nachfolgenden Ratschläge vor.

I. Zitate in Fußnoten

Nicht zwingend, aber in der Rechtswissenschaft einhellig anerkannt ist das Zitat in Fußnoten, das heißt unter dem Text auf jeder Seite, verbunden durch eine hochgestellte Zahl im Text. In der aktuellen Fassung von *Microsoft Word* fügen Sie eine solche Fußnote in der Menüzeile »Verweise« durch »Fußnote einfügen« ein. Die Fußnoten werden dann in der Standardeinstellung in arabischen Zahlen laufend durchgezählt, wobei sich die Nummerierung für alle Fußnoten automatisch ändert, wenn Sie eine Fußnote zwischen zwei bestehende einfügen. Jedenfalls für die Vorabgabe und die offizielle Einreichung müssen Sie die Fußnotennummerierung nicht zwingend bei jedem Kapitel neu beginnen. Für die Veröffentlichung als Buch ist es jedoch in der Regel ratsam, die Fußnoten kapitelweise neu zu zählen, damit insbesondere vierstellige Fußnotenziffern vermieden werden.[350] Dazu gehen Sie im Feld »Fußnoten« unter dem Menüpunkt »Verweise« auf den Pfeil rechts unten und klicken ihn an. Dann erscheint ein Fenster mit dem Titel »Fuß- und Endnote«, in dem Sie die Einstellungen ändern können. Dort können Sie unter »Nummerierung« die fortlaufende Nummerierung durch eine abschnittsweise Zählung ersetzen und auch die Zahl, bei der begonnen werden soll, ändern (unter »beginnen bei«). | 401

Die Fußnotenziffer steht im Text direkt nach der Stelle, zu der das Zitat passt. Wenn es sich um einen Satzteil oder einen einzelnen Begriff handelt, steht die hochgestellte Zahl direkt hinter diesem Teil des Satzes. Wenn die Aussage sich auf den gesamten Satz bezieht, wird die Ziffer zumeist am Satzende hinter (nicht vor) dem Punkt platziert.[351] | 402

Unüblich sind in der Rechtswissenschaft Endnoten, also Nachweise, die nicht am Ende der Seite stehen (dann wären es Fußnoten), sondern am Ende eines Kapitels oder des gesamten Textes. Für Endnoten müssten Sie bei *Word* wiederum auf den Pfeil rechts unten im Feld »Fußnoten« klicken und dort die Einstellung von »Fußnoten« auf »Endnoten« umstellen. Wählen Sie diese Variante aber nur, wenn Ihr | 403

---

350 Zu Zeiten schreibmaschinengeschriebener Manuskripte war es üblich, die Fußnotenzählung auf jeder Seite neu zu beginnen. Das war indes weniger der Übersichtlichkeit als der Tatsache geschuldet, dass sonst bei Einschüben und Korrekturen das gesamte Dokument neu getippt oder die Fußnotenziffern durchgestrichen hätten werden müssen.

351 So auch *Bergmann/Schröder/Sturm*, Richtiges Zitieren, Rn. 235; *Garcia-Scholz*, JA 2000, 956 (960); *Keiler/Bezemek*, leg cit³, Rn. 5; *Möllers*, Juristische Arbeitstechnik und wissenschaftliches Arbeiten, § 6 Rn. 37; *Putzke*, Juristische Arbeiten erfolgreich schreiben, Rn. 204 und nun auch *Byrd/Lehmann*, Zitierfibel für Juristen, S. 117 f. Auch die meisten Zeitschriften geben diese Zitierweise in den Formalien für Aufsatzmanuskripte vor, ebenso der *Duden* (Deutsche Rechtschreibung, S. 106). Ich habe dies im Einklang mit der a.A. (s. z.B. *Stüber*, Zitieren in juristischen Arbeiten, S. 17) in meiner Dissertation noch anders gehandhabt, meine Meinung dazu aber inzwischen geändert. Sie sehen: Nicht alle Formalien sind alternativlos und Sie werden im Laufe der Jahre vielleicht auch in manchen Aspekten des wissenschaftlichen Arbeitens Ihre Gewohnheiten ändern.

Betreuer sie ausdrücklich wünscht. Sie ist nicht so leserfreundlich wie das Zitat mittels Fußnoten.[352]

404 Ebenfalls unüblich sind Zitate im Text, die durch Klammern unmittelbar hinter der Passage stehen, zu welcher der Nachweis gehört. In diesem sog. *Harvard Style* (im Gegensatz zum »Chicago Style«, der auch Anmerkungen in Fußnoten erlaubt[353]) oder in einer weitverbreiteten Spielart, dem *APA-Stil*[354], zitieren viele geisteswissenschaftliche Fachrichtungen und ein Großteil der ausländischen, insbesondere der englischsprachigen Literatur. Der Nachteil dieser Zitierweise liegt auf der Hand: Sie durchbricht den Lesefluss.[355] Der Leser wird gezwungen, das komplette Zitat zu lesen oder jedenfalls das Ende der Klammer zu suchen – und hat inzwischen vielleicht den Satzanfang vergessen. Aus diesem Grund wird diese Zitierweise in der deutschen Rechtswissenschaft nicht gewählt. Ich rate Ihnen auch ausdrücklich davon ab, auf diese Weise zu zitieren – außer Ihr Betreuer verlangt danach. Warum, werden Sie vielleicht fragen, wählen insbesondere die angelsächsischen Publikationen dann diese Variante? In diesen Ländern herrscht eine andere Art des wissenschaftlichen Schreibens vor. Dort wird mehr problemorientiert als quellenorientiert geschrieben, sodass traditionell auch weniger Nachweise gesetzt werden und in den Nachweisen nur die Zitate stehen, nicht aber weitere Kommentare und Verweise auf sonstige Literaturstellen, wie dies in Deutschland üblich ist. Daher sind die Klammerzitate dort nicht so lang, wie sie in deutschen rechtswissenschaftlichen Publikationen wären, würde man den Inhalt der Fußnoten vollständig in die Klammern transponieren.

405 Würde die deutsche Rechtswissenschaft auf die *Harvard-Style*-Zitierweise umstellen, wären die Nachweise, Verweise und Randkommentare wohl sehr bald kürzer. Das könnte zu knapperen, präziseren Texten führen, die sich auf das Wesentliche konzentrieren.[356] Ich persönlich stehe Texten in Fußnoten aber nicht grundsätzlich kritisch gegenüber, wenn sie keine übertriebenen Ausmaße annehmen. Eine Erläuterung in der Fußnote, ein Verweis auf ein Parallelproblem oder eine andere Stelle in der Arbeit oder eine Definition/Abgrenzung können für den Leser wertvolle Zusatzinformationen bieten, mit denen er den Dissertationstext besser verstehen und einordnen kann. Häufig würden diese Zusatzinformationen aber im Text den Lesefluss stören; sie passen daher am besten in Fußnoten.[357] Klammerzusätze können diesen Service nicht bieten, ohne die Lesbarkeit des Textes erheblich zu beeinträchtigen. Fußnoten werden daher zu Recht allgemein den Klammerzusätzen vorgezogen.

---

352 *Bergmann/Schröder/Sturm*, Richtiges Zitieren, Rn. 208 weisen darauf hin, dass nach der Norm DIN 5008, die Vorgaben für Fußnoten macht, Endnoten nicht zulässig sind.

353 Ausführlicher zu den Unterschieden und zur Frage, wann welcher der beiden Stile verwendet werden soll, *Träger*, Zitieren 2.0, S. 32–35 (allerdings nicht aus der Perspektive der Rechtswissenschaft).

354 Dieser Stil wurde ursprünglich von der *American Psychological Association* (APA) entwickelt, deren Namen er trägt. Er ist weitverbreitet in den Sozialwissenschaften. Zu diesem Stil s. *Träger*, Zitieren 2.0, S. 41.

355 Möglicherweise ist das Ganze aber auch nur eine Sache der Gewohnheit. Für »besonders leserfreundlich« hält diesen Stil *Prexl*, Mit digitalen Quellen arbeiten, S. 104.

356 Vgl. *Theisen*, Wissenschaftliches Arbeiten, S. 166.

357 S. dazu bereits Rn. 367 f.

II. Grundregeln des Zitierens

Die Zitiervorgaben können eingeteilt werden in allgemeine Vorgaben und spezielle Fragen. Die allgemeinen Vorgaben bilden Grundregeln, die weitgehend zwingend sind, weil sie aus wissenschaftlichen oder wissenschaftsethischen Gründen abgeleitet werden. Deshalb sind Verstöße gegen diese Grundlagen des Zitierens schwerwiegender als Ungenauigkeiten bei den Spezialproblemen, die wiederum häufig eher Formfragen darstellen.

406

1. Unmittelbares Zitieren

Eine der wichtigsten Vorgaben ist die des unmittelbaren Zitierens. Da sie Kern der wissenschaftlichen Redlichkeit bei der Abfassung von Texten ist, handelt es sich genaugenommen nicht um eine Frage des »Wie zitieren?«, sondern um eine inhaltliche Frage. Deshalb wurde sie bereits dargestellt (Rn. 377–385) und dem Kapitel »Wen zitieren?« zugeordnet.

407

2. Überprüfbarkeit

Durch das Zitat geben Sie dem Leser zu erkennen, dass die Aussage, die Idee, der Begriff oder auch eine gesamte Argumentationskette nicht von Ihnen stammt. Sie nennen den Urheber und respektieren dadurch nicht nur dessen geistige Leistung, sondern geben Ihren Lesern zugleich die Möglichkeit, die Aussage nachzuprüfen und Näheres zu erfahren, wenn Ihre Schilderungen unverständlich oder unvollständig gewesen sein sollten. Das Zitat muss den Leser also in die Lage versetzen, die zitierte Stelle nachlesen zu können. Sie müssen deshalb aus Werken zitieren, die dem Leser mit den üblichen Mitteln auch zugänglich sind. Wenn weder Bibliotheken (einschließlich der Möglichkeit zur Fernleihe) noch der Buchhandel noch juristische Datenbanken oder Internetseiten zu der Quelle führen, ist Ihr Zitat unzureichend – oder die Quelle nicht zitierfähig. Nicht veröffentlichte Manuskripte dürfen Sie deshalb nur ausnahmsweise zitieren; auch dann muss das Dokument aber potenziell zur Verfügung stehen. Sie müssen also einen Ausdruck vorhalten. Internetfundstellen müssen zumindest zu einem gewissen Zeitpunkt allgemein zugänglich gewesen sein. Diesen Zeitpunkt geben Sie deshalb in der Fußnote und/oder dem Literaturverzeichnis an (sog. Abrufdatum).

408

Das Zitat in der Fußnote muss zudem unmittelbar zu einem Eintrag im Literaturverzeichnis zuordenbar sein. Die Angaben aus der Fußnote müssen ausreichen, um – ohne das gesamte Verzeichnis durchsuchen zu müssen – zu den vollständigen Daten der Quelle im Literaturverzeichnis zu kommen. Wenn Sie eine Kommentierung zitieren, aber die Herausgeber des Kommentars nicht nennen, wird der Leser diese Daten schwer finden. Die Herausgeber des Gesamtwerks müssen deshalb ebenfalls in der Fußnote stehen, wenn die Quelle unter diesen Namen im Literaturverzeichnis aufgeführt ist.[358]

409

---

358 Das wird häufig nicht so gehandhabt im Fall der mit bestimmten Städtenamen oder ihren Titeln bekannten Kommentare wie namentlich die *Münchener Kommentare*, der *Bonner Kommentar*, der *Leipziger Kommentar* und die *Systematischen Kommentare*. Ich würde diese Kommentare deshalb unter »M« wie »*Münchener Kommentar*« aufführen und nicht unter dem Namen der Herausgeber, denn diese werden in der Fußnote praktisch nie zitiert. Dort steht in aller Regel: *Autor*, in: MüKo-BGB oder MüKo-BGB/*Autor* o.ä.

3. Genaues Zitat

410   Das Zitat muss ferner so genau wie möglich sein, und zwar in verschiedener Hinsicht. Zunächst ist es in rechtswissenschaftlichen Texten üblich, die Stelle möglichst exakt zu bezeichnen, welcher der Text entnommen wurde. Globale Verweise auf das Werk eines Autors sind deshalb – anders als in manch anderem Wissenschaftsbereich – unzulässig. Selbst innerhalb des Werkes reicht es aber nicht aus, nur ein bestimmtes Kapitel zu bezeichnen, wenn Sie eine bestimmte Stelle herangezogen haben. Es ist deshalb nach Seiten zu zitieren. Wenn das Werk in Randnummern aufgeteilt ist, ist nach diesen und nicht nach Seiten zu zitieren. Das ist zum einen genauer, weil eine Seite in der Regel mehrere Randnummern umfasst. Außerdem erleichtert es den Vergleich mit verschiedenen Auflagen. Oft werden nämlich in Folgeauflagen die Randnummern im Wesentlichen beibehalten und Neuerungen in a-/b-/c-Randnummern eingefügt. Wenn Ihr Leser dann eine andere Auflage desselben Werkes besitzt, kann er leichter die zitierte Stelle finden. Aufsätze und Beiträge aus Sammelwerken (Handbücher, Festschriften) sind nicht in solche Randnummern eingeteilt. Hier zitieren Sie in der Fußnote neben der Anfangsseite auch die Seite, auf der die zitierte Passage steht, und zwar entweder in Klammern dahinter oder durch ein Komma abgetrennt. Gleiches gilt für Urteile.

411   Ich empfehle Ihnen zudem, auf die Angabe »ff.« zu verzichten und stattdessen den genauen Abschnitt zu zitieren, zum Beispiel Rn. 3–6 statt Rn. 3 ff. Dadurch erkennt der Leser, wie lang die Passage ist; dementsprechend kann er einschätzen, wie gründlich die zitierte Quelle die Frage untersucht hat. Achten Sie bei diesen von-bis-Zitaten darauf, dass der Strich ein Gedankenstrich ist (wie in Parenthesen) und kein kurzer Bindestrich, wobei kein Leerzeichen vor und nach dem Strich gesetzt wird. Die Tastenkombination für diesen langen Strich (zu dem Word bei einer Parenthese auch automatisch den Gedankenstrich formatiert) ist »Strg« und das »-« (Minuszeichen) auf dem Nummernblock.

412   Nicht nur beim Verweis auf den Fundort innerhalb einer Quelle sind Sie genau. Sie dürfen auch nicht verschweigen, welchen Autor mit welchem Beitrag Sie aus einem Sammelband oder Gemeinschaftswerk zitieren. Ein Kommentar, der zwei Herausgeber hat, wird deshalb nicht nur mit diesen zitiert, sondern immer auch mit dem Kommentator zur jeweiligen Randnummer. Bei Festschriften werden nicht nur die Herausgeber der Festschrift genannt, sondern auch der Autor des Einzelbeitrags. Dies macht das Zitat nicht nur genauer. Es ist auch aus Gründen der wissenschaftlichen Redlichkeit geboten. Denn die geistige Leistung, die Sie zitieren, wurde von dem einzelnen Kommentator erbracht. Die Herausgeber haben dazu nur das Gesamtwerk und die redaktionelle Begleitung geliefert.[359]

413   Genau sollte auch die Bezeichnung des Werkes sein. Anders als in den meisten anderen Wissenschaften und in vielen ausländischen rechtswissenschaftlichen Quellen ist in Deutschland nach wie vor das Vollzitat üblich. Man zitiert weder in Klammerzusätzen noch bezeichnet man das Werk in der Fußnote im Harvard Style, indem lediglich Autor und Jahr genannt werden (also etwa: »*Canaris* (2001), S. 3«). Statt der Jahreszahl wird der Titel oder eine Kurzfassung des Titels aufgeführt. Das ist zunächst passender, wenn viele Quellen desselben Autors zitiert werden, sodass mitunter

---

359 Dass dies nicht immer selbstverständlich zu sein scheint (oder schien), zeigt die Glosse von *Geck*, JZ 1987, 870.

auch mehrere im selben Jahr erschienene Werke vorliegen. Dann kommt es nach der Harvard-Zitierweise zu Zitaten wie »*Canaris* (2001b), S. 3«. Außerdem ist für den Leser bei einem Vollzitat schon beim Blick in die Fußnote ersichtlich, um was für eine Art von Quelle es sich handelt. Steht nach dem Namen ein Zeitschriftenkürzel mit Jahr (etwa: *Canaris*, NJW 2011, 488), dann weiß der Leser, dass es sich um einen Aufsatz handelt. Steht ein Titel wie »Handelsrecht« oder »Vertrauenshaftung« hinter dem Namen, ist erkennbar, dass es sich um eine Monografie handelt. Die Fußnote lässt dadurch die Art und zugleich den »Rang« der Quelle erkennen. Wenn der Leser sich in dem jeweiligen Forschungsbereich gut auskennt, wird er bei vielen Titeln sofort wissen, um welches Werk es sich handelt. Eine bekannte Habilitationsschrift wird er selbstverständlich beim Namen kennen. Ob »*Canaris* (1973)« aber eine Habilitationsschrift ist oder ein kurzer Aufsatz, ist nicht sofort ersichtlich.[360]

Sie müssen jedoch nicht den vollständigen Titel in die Fußnote aufnehmen. Für Monografien können Sie eine abgekürzte Fassung wählen, um die in einer Doktorarbeit ohnehin langen Fußnoten nicht noch länger werden zu lassen. Statt »*Beyerbach*, Die geheime Unternehmensinformation, S. 10« zitieren Sie dann »*Beyerbach*, Unternehmensinformation, S. 10«. Der kundige Leser wird die bekannteren Monografien trotzdem identifizieren können (mein Beispiel gehört freilich nicht zwingend zu diesen Werken). In meiner Dissertation habe ich dies etwa so gehandhabt, während ich im vorliegenden Buch, das ohnehin weniger Fußnoten und zudem kürzere enthält, den vollen Titel aufführe. | 414

Vermeiden sollten Sie auch die Angabe »a.a.O.« für »am angegebenen Ort« anstelle des Titels eines bereits zitierten Werkes. Für den Leser ist es sehr unkomfortabel, die vorangegangenen Fußnoten nach einem Werk zu durchsuchen, das Sie bereits zitiert haben. Womöglich liest er Ihre Dissertation nur selektiv zu einer bestimmten Frage und steigt an der Stelle ein, an der Sie auf den »angegebenen Ort« verweisen. Gebrauchen Sie dieses Kürzel also höchstens dann, wenn der Titel in derselben Fußnote bereits genannt wurde (und Sie auf einen weiteren dort behandelten Aspekt hinweisen möchten) oder in der unmittelbar vorausgehenden Fußnote steht.[361] | 415

Genauigkeit ist auch in Bezug auf Hervorhebungen gefragt. Wenn in Ihrem Dissertationstext ein bestimmtes Wort besonders hervorgehoben ist – das Mittel dazu ist die Kursivsetzung –, dann müssen Sie in der Fußnote angeben, ob die Hervorhebung von Ihnen stammt (um Ihre These zu untermauern) oder bereits vom zitierten Autor vorgenommen wurde. In der Fußnote schreiben Sie dann nach der Fundstelle in Klammern »Hervorhebung nur hier«, »Hervorhebung nicht/auch im Original« oder »Hervorhebung d. Verf.«. Dann weiß der Leser, ob Sie das Zitat möglicherweise nur zurechtgebogen haben oder der Originalautor dieselbe Betonung vornehmen wollte. | 416

Bei wörtlichen Zitaten übernehmen Sie außerdem die Rechtschreibung des Originals. Ist es in veralteter Rechtschreibung abgefasst, bleibt diese bestehen. Auch Fehler im Text übernehmen Sie grundsätzlich, seien Sie grammatikalisch, orthografisch oder | 417

---

360 Für die klassisch-juristische Zitierweise mit einer Kurzfassung des Titels gegenüber der angelsächsischen aus Gründen der Lesefreundlichkeit auch *Brandt*, Rationeller schreiben lernen, Rn. 286.

361 So auch *Putzke*, Juristische Arbeiten erfolgreich schreiben, Rn. 220. Ähnlich *Mann*, Einführung in die juristische Arbeitstechnik, Rn. 406 (a.a.O. nur dann, wenn die Fundstelle auf derselben Seite zu finden ist).

inhaltlich. Damit der Leser erkennt, dass sich der Fehler nur wegen Ihrer vorbildlichen Zitierweise in Ihrer Arbeit wiederfindet, können Sie hinter der fehlerhaften Stelle in eckigen Klammern ein »sic« oder – noch etwas penetranter – ein »sic!« setzen. Das ist der lateinische Begriff für »so« und hat sich eingebürgert, um auf die Übernahme bemerkenswerter (insbesondere fehlerhafter) Stellen in Zitaten hinzuweisen (im Sinne von »tatsächlich so!«).

4. Einheitlichkeit und rechtswissenschaftliche Konventionen

418 Für die meisten Einzelfragen des Zitierens gibt es mehrere denkbare Varianten, die häufig alle vertretbar sind und gebraucht werden. Innerhalb Ihrer Arbeit müssen Sie jedoch einheitlich zitieren. Dieselbe Quellenart muss also immer auf die gleiche Art zitiert werden.

419 Schreiben Sie also nicht an der einen Stelle »*Musielak*, in: MüKo-ZPO, § 253 Rdnr. 1« (zulässig), um an anderer Stelle »MünchKomm-ZPO/*Musielak*, § 253 Rn. 1« (ebenfalls zulässig) zu zitieren. Solche Ungenauigkeiten werden pedantischen Lesern – und fast alle Gutachter sind in diesen Fragen penibel – sofort auffallen. Sie werden dann möglicherweise denken, dass Sie bei den inhaltlichen Fragen ebenso unaufmerksam gearbeitet haben.

420 Achten Sie außerdem darauf, die Konventionen der deutschen Rechtswissenschaft einzuhalten. Vieles mag vertretbar sein. Sie wollen jedoch mit Ihren Formalien nicht negativ auffallen. Das erreichen Sie am besten dadurch, dass dem Leser an den Formalien überhaupt nichts auffällt, weil er alle Ihre Zitate »gewöhnt« ist. Es gilt Dasselbe wie bereits beim Klausurenschreiben: Halten Sie sich an das Übliche. Dann ist der Gutachter beim Lesen nicht gestört und kann sich auf den Inhalt konzentrieren. Wenn er an den Formalien nichts zu bemängeln hat, wird Ihr Werk auf ihn *prima facie* einen professionellen Eindruck machen. Halten Sie also allgemein anerkannte Standards wie das Vollzitat, das Zitat in Randnummern und Seiten, das Zitat in Fußnoten, die Angabe der zitierten Seite bei Aufsätzen und des Kommentators ein.

421 Daneben – es sei nochmals erwähnt – lohnt sich ein Blick auf die Gewohnheiten Ihres Betreuers. Schauen Sie sich insbesondere seine Habilitationsschrift genau an. Diese hat er nach langen Jahren der Forschung, nachdem er bereits eine Dissertation geschrieben hat, verfasst, sich also bereits viele Gedanken über Formales gemacht. Anders als bei seinen Aufsätzen, Kommentierungen, Lehrbüchern und Handbuchbeiträgen war er dabei auch nicht an formale Vorgaben des Verlages gebunden. Diese sind bei Reihen Dissertationen und Habilitationsschriften unüblich. Wenn er selbst entscheiden könnte, wie zu zitieren ist, würde er es also höchstwahrscheinlich so tun wie in seiner Habilitationsschrift.

5. Direkte oder indirekte Rede?

422 Beim Begriff »zitieren« denken viele sofort an Anführungszeichen oder Plagiate, die ganze Passagen ohne diese Zeichen abschreiben. Tatsächlich ist es jedoch in den seltensten Fällen erforderlich, seine Quellen wörtlich zu zitieren. Das ist nur dann nötig, wenn es wirklich auf den Wortlaut und nicht nur auf den Inhalt der Quelle ankommt.[362] Das kann der Fall sein, wenn ein Autor einen neuen Begriff entwickelt hat, den Sie übernehmen möchten. Der Wortlaut einer kompletten Textpassage ist

---

362 *Bergmann/Schröder/Sturm*, Richtiges Zitieren, Rn. 237 m.w.N. Ebenso *Träger*, Zitieren 2.0, S. 20.

jedoch in aller Regel weniger relevant. Sie sollen Ihren eigenen Text in Ihrer eigenen Sprache schreiben. Wörtlich übernommene Sätze inmitten der selbstständig formulierten Texte wirken jedoch wie Fremdkörper, weil der Text dann weniger flüssig abgefasst ist. Der Leser fragt sich bei solchen wörtlichen Einwürfen, warum genau das Zitat erforderlich wurde. Hätte der Autor nicht einfach zusammenfassen können, was der Zitierte zu sagen hatte?

Um nicht Gefahr zu laufen, eine Textcollage statt einer stringent argumentierenden Abhandlung zu schreiben, die zudem sprachliche Brüche aufweist, sollten Sie auf wörtliche Zitate weitgehend verzichten. Wenn sie dennoch erforderlich werden – und sei es auch nur für einen einzelnen Begriff oder Halbsatz – müssen Sie den jeweils wörtlich übernommenen Inhalt in Anführungszeichen setzen, damit der Leser erkennt, dass Sie Inhalt und Formulierung übernommen haben. Lediglich bei trivialen Kurzsätzen wie »Die Schranken des Absatzes 1 gelten für beide Grundrechte«, die nur wenige andere Formulierungen zulassen und keine besondere Eloquenz zu ihrer Schöpfung erforderten, kann man auf die Anführungszeichen verzichten. Das ist jedoch der Ausnahmefall.[363] Auch wenn der Wortlaut nicht besonders gelungen ist: Wenn Sie ihn unverändert übernehmen, werden Anführungszeichen erforderlich. Es sollte Ihnen als examiniertem Juristen allerdings auch nicht schwerfallen, fremde Inhalte in eigenen Worten zusammenzufassen. 423

Wenn Sie die fremde Formulierung zwar schön fanden, aber dennoch aus den eben genannten Gründen auf (zu viele) wörtliche Zitate in Ihrem Dissertationstext selbst verzichten möchten, können Sie auch eine Kombination aus Umschreibung und Wortlautübernahme wählen. Dazu fassen Sie die Argumentation des Autors im Text zusammen, setzen eine Fußnote und fügen dann in der Fußnote nach einem Doppelpunkt oder in einem Klammerzusatz eine prägnante Formulierung aus dem zitierten Abschnitt hinzu. 424

Das könnte etwa folgendermaßen aussehen: »Teils wird diese Auslegung unter Berufung auf das Demokratieprinzip[1] erreicht.« In der Fußnote 1 zu diesem Satz stünde dann zum Beispiel: »*Wegener*, Der geheime Staat, S. 480 (›von Art. 20 Abs. 1 GG angeleitet‹)«. Auf diese Weise werden Stilbrüche durch wörtliche Zitate im Text vermieden, ohne auf eine prägnante oder bemerkenswerte Formulierung verzichten zu müssen. 425

Achten Sie bei der wörtlichen Zitierung aber wiederum auf ein genaues Zitat: Fehler müssen übernommen werden (und können – s.o. [Rn. 417]) – mit einem »sic« gekennzeichnet werden), ebenso die Reihenfolge der Wörter. Dort, wo Sie etwas auslassen, müssen Sie in eckigen Klammern drei Punkte anfügen (»[…]«), um dem Leser zu signalisieren, dass der wörtlich zitierte Satz nicht vollständig übernommen wurde. Wo Sie die Grammatik verändern, müssen Sie die neue Endung ebenfalls in eckige Klammern setzen (zum Beispiel so: »Zitat[s]«). In der Regel sollten Sie jedoch einheitlich in Ihrer Sprache schreiben und die fremden Inhalte zusammenfassen. Wenn es auf die Argumentation des zitierten Autors im Detail ankommt oder wenn Sie eine Quelle sehr intensiv besprechen, ist daher die indirekte Rede zu verwenden. Achten Sie dabei insbesondere auf den richtigen Gebrauch des Konjunktivs. 426

---

363 Der Deutsche Juristen-Fakultätentag spricht in seinen Empfehlungen zur wissenschaftlichen Redlichkeit bei der Erstellung rechtswissenschaftlicher Texte (Grundregel 2, S. 3) von »nicht sinntragende[n] (Allerwelts-)Formulierungen«. Als Beispiel für einen ohne Anführungszeichen zitierfähigen Satz in diesem Sinne nennt *Prexl* (Mit digitalen Quellen arbeiten, S. 123) den folgenden: »Die Stichprobe dieser Untersuchung setzte sich aus 25 Teilnehmern zusammen.«

6. Die Einleitung des Zitats

427 Viele Doktoranden sind sich unsicher, wie sie das Zitat einleiten sollen. Zusätzlich irritiert durch zahlreiche Plagiatsskandale, haben sie Angst, sich durch falsche Zitierweise und missverständliche Fußnoteneinleitungen ebenfalls des Ideenraubs schuldig zu machen. Vorweg sei dazu jedoch festgehalten, dass diese Skandale nicht durch die Einleitung der Fußnoten entstanden sind, sondern durch komplett fehlende oder täuschende Fußnoten. Ihre Dissertation wird nicht zum Plagiat werden, weil Sie ein »siehe« statt »vgl.« gewählt haben. Zudem besteht über die Bedeutung der verschiedenen Einleitungsformeln bei Weitem keine Einigkeit.

428 Das beliebte »vgl.« (für: vergleiche) wird etwa oft verwendet, um eine sinngemäße Übernahme zu kennzeichnen.[364] Andere sehen in ihm eine aussagelose Floskel, die vermieden werden sollte.[365] In den Empfehlungen des Deutschen Juristen-Fakultätentags wird ausdrücklich vom »vgl.« bei bloßen Paraphrasierungen abgeraten.[366] Daneben könnte ein »s.« (für: siehe) auf eine Quelle hinweisen, die Sie sich nicht zu eigen machen.[367] Andere verwenden »siehe« eher für einen Lese- oder Vertiefungshinweis, also für Fundstellen, die im Text nicht wiedergegeben werden. Wer solche Lesehinweise in Fußnoten grundsätzlich ablehnt, dürfte die Einleitung mit »siehe« vermeiden.

429 Am sichersten fahren Sie wohl, wenn Sie Fußnoten zu Paraphrasierungen und zu Passagen, die Sie in indirekter Rede formulieren, nicht mit »vgl.« einleiten. Hier sollten Sie lediglich den Autor ohne Einleitung nennen. Wenn Sie solche Einleitungen mögen – das ist Geschmackssache –, können Sie die Fußnote stattdessen mit einem Partizip oder Adverb wie »zustimmend«, »so zu Recht«, »treffend« oder ähnlichen Formulierungen einleiten. Viele mögen diese Qualifizierungen, zumindest im Übermaß gebraucht, jedoch nicht. Das »vgl.« verwenden Sie dann, wenn Sie auf einen Autor verweisen, den Sie sinngemäß übernehmen, der also ähnlich argumentiert. »Siehe« sollten Sie als Einleitung gebrauchen, wenn Sie auf weiterführende oder ähnliche Ausführungen hinweisen wollen. Noch deutlicher wird dieser Unterschied zum »vgl.« beim verstärkten »siehe dazu« und »siehe auch«. Sowohl »vgl.« als auch »siehe« bringen insgesamt eine gewisse Distanz zur Quelle zum Ausdruck, die bei einer Fußnote ohne Einleitung nicht formuliert wird.[368] Bei bloßer Paraphrasierung besteht diese Distanz gerade nicht.

7. Längere Passagen aus derselben Quelle

430 Eine weitere Unsicherheit besteht oft, wenn längere Passagen inhaltlich von einem einzelnen Autor stammen. Wenn Sie eine singulär gebliebene Ansicht darstellen, kann es Ihnen passieren, in mehreren Absätzen die Argumentation einer Person nachvollziehen zu müssen, bevor Sie selbst Stellung beziehen. Wenn es keine anderen Autoren gibt, die ähnlich argumentieren, können Sie dabei auch nur diese vereinzelte Fund-

---

364 So etwa *Byrd/Lehmann*, Zitierfibel für Juristen, S. 119 f.
365 *Möllers*, Juristische Arbeitstechnik und wissenschaftliches Arbeiten, § 6 Rn. 37.
366 Empfehlungen des Deutschen Juristen-Fakultätentages zur wissenschaftlichen Redlichkeit bei der Erstellung rechtswissenschaftlicher Texte, Grundregel 3 (S. 3).
367 *Byrd/Lehmann*, Zitierfibel für Juristen, S. 120.
368 *Gärditz*, WissR 46 (2013), 3 (6).

stelle angeben. Das kann dazu führen, dass unter einem Text die immer gleiche Fußnote steht, wobei sich nur die Seitenzahl ändert.

Der Text macht mit der Vielzahl an fast deckungsgleichen Fußnoten schnell einen   431
unkreativen, unschönen, bisweilen penetrant-pedantischen Eindruck. Sie stecken dabei jedoch in einem Dilemma: Aus Ihrem Text muss nicht nur hervorgehen, dass Sie
überhaupt die Erkenntnisse fremder Autoren nutzen. Dazu wäre schließlich auch ein
bloßer Eintrag im Literaturverzeichnis ausreichend. Vielmehr muss aus dem Text
selbst ersichtlich sein, welche seiner Teile fremde geistige Leistungen sind und welche
Teile von Ihnen selbst stammen. Dies wiederum hat schon zu einigen Plagiatsfällen
geführt, die sogar in einem Fall aus Münster zum Entzug des Doktortitels geführt
haben.[369] Konkret geht es zum Beispiel um die Gefahr einer sogenannten »Bauernopfer«-Fußnote, das heißt eines unzulässigen Sammelzitats.[370] Bei dieser Technik
wird die Erkenntnis eines anderen Autors übernommen, seine Argumentation in
mehreren Sätzen oder gar Absätzen zusammengefasst, um ihn dann am Ende des
letzten Satzes als Teil einer Reihe von Nachweisen zu zitieren. Oder er wird zwar
allein zitiert, aber eben nur nach dem letzten Satz. Dadurch kommt beim Leser möglicherweise der Eindruck auf, man hätte nur den letzten Satz, nicht aber die ganze
Seite oder den ganzen Absatz übernommen. Das stellt – um es unmissverständlich zu
sagen – eine Täuschung dar. Es reicht nicht aus, dass der Autor überhaupt genannt
wird; aus der Lektüre des Textes einschließlich der Fußnoten muss ersichtlich sein,
wo Ihr Eigenanteil liegt und wo etwas vom Zitierten übernommen wird.

Es muss jedoch nicht jeder Satz mit einer Fußnote beendet werden, die auf den im-   432
mer selben Autor verweist, eventuell sogar mit der jeweils selben Seite desselben
Werkes. Sie können eine Täuschung auch durch eine entsprechende sprachliche Gestaltung oder eine Einleitung der Fußnote vermeiden.

> Wenn Sie eine längere Passage zur Argumentation eines Autors mit dem Satz einleiten: »*Müller*   433
> leitet dieses Ergebnis aus der objektiven Funktion der Grundrechte ab.«, um danach in indirekter
> Rede ausführlich die Argumentation zusammenzufassen und nach dem letzten Satz eine Fußnote
> mit dem Text »zum Ganzen *Müller*, Der Schutz des Menschen, S. 120–128« zu platzieren, ist die-
> ses Zitat ausreichend. Der Leser weiß, dass die gesamte Argumentation auf den zitierten Autor
> zurückzuführen ist (also nicht von Ihnen stammt) und dass sie auf den Seiten 120–128 des Werkes
> nachgelesen werden kann.

Wenn die Darstellung sprachlich eindeutig ist – also insbesondere in korrekter, indi-   434
rekter Rede gehalten wird –, kann bereits eine einzige Fußnote genügen. Erkennt der
Leser, dass sie sich auf den gesamten Abschnitt bezieht und nicht nur auf den Satz,
nach dem sie angebracht wurde, ist der Nachweispflicht genüge getan.[371]

> Denselben Effekt können Sie auch mit einer Fußnote nach dem ersten Satz erreichen, in der Sie   435
> zum Beispiel »dort auch zum folgenden Text« vermerken.[372]

Entscheidend ist also, wie Sie Ihre referierenden Textpassagen formulieren. Geschick-   436
te sprachliche Gestaltung und die richtigen Einleitungen oder Kommentare in den
Fußnoten können zahlreiche Fußnoten entbehrlich machen. Allerdings sollten Sie es

---

369 Für Interessierte: Diesen und andere Fälle finden Sie – einschließlich der Fundstellen der Plagiats-
     jäger – dokumentiert bei *Basak/Reiß/Schimmel*, RW 2014, 277 (283–289, insb. Fn. 32, 54). Beim
     dortigen Fall lag jedoch eine verschleiernde, täuschende Zitiertechnik vor.
370 *Möllers*, Juristische Arbeitstechnik und wissenschaftliches Arbeiten, § 6 Rn. 27.
371 Vgl. auch *Prexl*, Mit digitalen Quellen arbeiten, S. 127.
372 So der Vorschlag von *Putzke*, Juristische Arbeiten erfolgreich schreiben, Rn. 205.

auch nicht in die andere Richtung übertreiben. Mehrere Seiten Text, die letztlich auf nur eine Person zurückgehen, mit einer einzigen Fußnote zu bedenken, wäre zu wenig. Auch ein Nachweis (nicht: Verweis) wie »S. 100–250« ist zu unpräzise. Im Zweifel sollten Sie deshalb eine neue Fußnote setzen, wenn Sie aus der zitierten Quelle mehr als zwei oder drei Seiten zusammengefasst haben. Auf diese Weise ermöglichen Sie dem Leser einen schnellen Zugriff auf die Primärquelle, wenn er einzelne Aussagen überprüfen möchte.

III. Einzelfragen und Empfehlungen

437 Neben den grundlegenden Zitierregeln gibt es unzählige Einzelfragen und Detailprobleme beim Zitieren. Häufig sind Doktoranden bei diesen formalen Fragen des Zitierens unsicher. Gerade in diesem Bereich gibt es aber just besonders viele Varianten, die nicht selten alle zulässig sind und von namhaften Autoren verwendet werden, was unerfahrene Wissenschaftler noch unsicherer macht. Im Folgenden sollen stichpunktartig einige Aspekte herausgegriffen werden, die besonders wichtig sind. Die Vorgaben sollten Sie aber eher als Empfehlungen verstehen, stellen sie doch meist eben nur eine dieser vielen zulässigen Varianten dar. Achten Sie stets auch – und das vorrangig – auf die Vorgaben und Gewohnheiten Ihres Betreuers. Falls Ihre Detailfrage in den nachfolgenden Hinweisen nicht auftaucht, finden Sie weitere Einzelheiten in den Spezialwerken zum Zitieren.[373] Die wichtigsten Einzelfragen sind die folgenden:

438 • **Formelle Gestaltung der Fußnote**: Nummerieren Sie die Fußnoten laufend. Jedenfalls in der gedruckten Fassung sollten Sie jedoch darauf achten, dass keine vierstelligen Fußnotenziffern entstehen; dazu sollten Sie die laufende Nummerierung in jedem Abschnitt (erste oder zweite Gliederungsebene, je nach Umfang) neu beginnen. Wählen Sie folgendes Format: Schriftgrad 10pt, einfacher Zeilenabstand, automatische Silbentrennung und Blocksatz. Die Fußnoten werden mit einem Großbuchstaben begonnen – Ausnahme: von (nicht »van«) als Namensbestandteil – und mit einem Punkt beendet. Zwischen den einzelnen Quellen steht ein Strichpunkt. Wählen Sie stets dieselbe Schriftart wie für den Haupttext.
Bei den Internetadressen zu Online-Quellen entfernen Sie die Unterstreichung, die von Ihrem Textverarbeitungsprogramm automatisch hinzugefügt wird, um aus dem Text einen Hyperlink zu machen und diesen zu kennzeichnen. Ohne die Unterstreichung ist auch besser erkennbar, ob in der Adresse ein Unterstrich enthalten ist. Hervorheben können Sie die Internetadresse im Text dann besser durch Kursivsetzung.[374]
Die Anfangsseite eines Aufsatzes, Urteils oder Festschrift-/Handbuchbeitrags geben Sie ebenso an wie die zitierte Seite. Letztere trennen Sie entweder durch ein Komma oder – diese Variante finde ich schöner – durch eine Klammer ab. Wenn dadurch zwei Klammern hintereinander stehen, machen Sie aus den inneren Klammern eckige.

---

373 S. zur Gestaltung der Fußnoten und den Formalien außerhalb der Zitiervorgaben für die einzelnen Quellenarten vor allem *Byrd/Lehmann*, Zitierfibel für Juristen, und *Putzke*, Juristische Arbeiten erfolgreich schreiben.
374 *Willamowski*, JurPC Web-Dok 78/2000, Abs. 5. Ausführlich zur Zitierung von Internetquellen unten im Abschnitt § 5 C. IV. 9. (Rn. 484–486d).

- **»Ordnung« der Fußnote**: Häufig zitieren Sie für eine Aussage viele verschiedene 439
  Quellen. Es ist üblich, zunächst die Rechtsprechung zu zitieren und danach die
  Literatur.[375] Dabei werden das Bundesverfassungsgericht und die obersten Bundesgerichte vor den Obergerichten und den unteren Instanzen zitiert, es sei denn
  eine untere Instanz ist die unmittelbare Quelle. Bei der Literatur zitieren Sie zunächst die Primärquelle (Stichwort: unmittelbares Zitieren) beziehungsweise die
  sachnächste Quelle. Können beide nicht ausgemacht werden, empfehle ich eine
  alphabetische Sortierung der Quellen (nach Autoren/Kommentatoren, nicht nach
  den Herausgebern der Sammelbände).[376]
- Setzen Sie den **Autor/Kommentator sowie alle Eigennamen im Text** und in den 440
  Fußnoten kursiv. Das macht die Fußnote, zusammen mit der Ordnung der Quellen, übersichtlicher. Gerichte werden nicht kursiv gesetzt.
- **»ff.« oder genauen Abschnitt?** Zum genauen Zitieren gehört es auch, eine Aus- 441
  sage einem konkreten Abschnitt zuzuordnen. Seien Sie präzise, damit der Leser
  dem Nachweis schnell nachgehen kann. Ich empfehle daher, die Angabe »ff.« für
  »folgende Seiten/Randnummern«[377] aus der Arbeit zu streichen und stets den genauen Abschnitt anzugeben. Das gilt auch für die Einträge im Literaturverzeichnis.
- **Akademische Grade**: Akademische Grade und Ämter (Prof., Dr., PD, RiLG, Re- 442
  gierungsrat) werden in einer wissenschaftlichen Arbeit an keiner Stelle genannt.
  Weder in den Fußnoten noch im Literaturverzeichnis, auch nicht im Text führen
  Sie den Titel des zitierten Autors an. Denn in der Wissenschaft sind nicht die Personen relevant, sondern die Sache. Sie schreiben objektiv, neutral und losgelöst
  von persönlichen Fragen. Eine Autorität qua Amt, eine wissenschaftliche Koryphäe und ein einfacher Aufsatzautor oder Doktorand stehen in der Darstellung
  grundsätzlich gleichrangig nebeneinander.
- **Zitate abkürzen**: Wenn Sie sehr viele Quellen verarbeiten, sollten Sie für Mono- 443
  grafien und Sammelbände Kurztitel wählen, die aus einem Schlagwort bestehen.
  Geben Sie die Zitierweise im Literaturverzeichnis jedenfalls dann an, wenn sie
  grammatikalisch vom vollständigen Titel abweicht. Bei Aufsätzen ist eine »zitiert
  als«-Angabe entbehrlich. Bei mehr als drei Herausgebern können Sie in der Fußnote (nicht im Literaturverzeichnis) den ersten anführen, gefolgt von »et al.« (= et
  alii [»und andere«]).
- **Fremdsprachige Zitate**: Zitate aus fremdsprachigen Werken müssen Sie überset- 444
  zen, zumal Sie ohnehin nur im Ausnahmefall wörtlich zitieren sollten. Auf eine
  Übersetzung können Sie nur dann verzichten, wenn das Zitat in englischer oder
  französischer Sprache verfasst ist und so kurz oder bekannt ist, dass es als allge-
  meinverständlich vorausgesetzt werden darf. Ist das nicht der Fall, fassen Sie den
  Inhalt auf Deutsch zusammen oder geben ihn auf Deutsch in indirekter Rede
  wieder. In der Fußnote können Sie dann zusätzlich das Zitat in der Originalspra-
  che anfügen, um falsche Interpretationen durch falsche Übersetzungen zu ver-

---

375 So auch *Bergmann/Schröder/Sturm*, Richtiges Zitieren, Rn. 223; *Byrd/Lehmann*, Zitierfibel für
Juristen, S. 121; *Putzke*, Juristische Arbeiten erfolgreich schreiben, Rn. 219.

376 Für eine chronologische Sortierung *Bergmann/Schröder/Sturm*, Richtiges Zitieren, Rn. 223 und
Mann, Einführung in die juristische Arbeitstechnik, Rn. 397.

377 Notabene: das Wort »fortfolgende« gibt es nicht!

meiden oder jedenfalls kenntlich zu machen.[378] Zur Zitierung fremdsprachlicher Quellen ausführlicher unten (Rn. 486e–486m).

445 ● **Aktualität:** Ihr Text sollte inhaltlich »auf der Höhe der Zeit« sein, also alle aktuell verfügbaren und relevanten Texte verarbeiten. Mit »aktuell« ist dabei zunächst – für das Promotionsverfahren – der Zeitpunkt der Einreichung zu verstehen, später dann der Zeitpunkt der Veröffentlichung, also stets der Zeitpunkt, zu dem Ihr Text Dritten zugänglich gemacht wird. Alle zu diesem Zeitpunkt verfügbaren wesentlichen Quellen müssen Sie berücksichtigen. Laufend gilt es deshalb Neuerscheinungen einzuarbeiten (auch noch für die Drucklegung), aber auch Neuauflagen zu berücksichtigen. Kommentare, Lehrbücher, möglicherweise auch Handbücher müssen Sie in der aktuellsten Auflage zitieren – auch wenn sich an der Rechtslage und dem von Ihnen zitierten Abschnitt nichts geändert hat. Aktualisieren Sie regelmäßig alle Fußnoten, wenn Neuauflagen erscheinen.[379]

446 Das Wichtigste finden Sie nochmals zusammengefasst in der folgenden Übersicht:

Übersicht: Allgemeine Zitierregeln

● Zitieren Sie überall dort, wo keine Eigenleistung vorliegt. Das gilt für die Schilderung fremder Meinungen, kreative Systematisierungen, Wortschöpfungen und für sonstige Beiträge von Dritten zu Ihrem Dissertationstext.

● Fußnoten müssen wissenschaftlich gründlich und redlich sein. Weisen Sie stets auch die Gegenauffassung zu Ihren Inhalten nach. Wo Sie etwas als »herrschend« qualifizieren, sind entsprechend prominente und zahlreiche Nachweise erforderlich.

● Aus der Formulierung des Textes muss hervorgehen, ob die gesetzte Fußnote sich nur auf den Satz bezieht, den sie abschließt, oder auf einen gesamten Abschnitt Ihres Textes.

● Nutzen Sie Fußnoten sparsam auch dazu, auf nicht behandelte – aber einschlägige – Fragen hinzuweisen und Anmerkungen zu machen, die zum Verständnis Ihres Textes nötig sind, aber den Textfluss im Haupttext stören würden.

● Zitieren Sie nie für Rechtsfolgen, die unmittelbar aus dem Gesetz folgen, für Subsumtionsergebnisse und für Allgemeinwissen.

● Zitieren Sie stets unmittelbar, d.h. den tatsächlichen Urheber einer Äußerung.

● Zitieren Sie nur veröffentlichte Quellen mit wissenschaftlichem Anspruch. Das trifft in der Regel auf Skripten und Lehrbücher nicht zu.

● Zitieren Sie stets vollständig und so, dass Ihr Zitat überprüfbar und ohne Schwierigkeiten einer Quelle im Literaturverzeichnis zugeordnet werden kann.

● Zitieren Sie so genau wie möglich. Werke mit Randnummern sind nach diesen zu zitieren, Kommentare stets unter Angabe des Kommentators.

● Halten Sie sich an das in der Rechtswissenschaft Übliche. Zitieren Sie insbesondere nicht im »Harvard Style«.

● Zitieren Sie einheitlich.

● Verwenden Sie wörtliche Zitate nur dann, wenn sie wirklich nötig sind.

● Ordnen Sie Ihre Fußnoten: Zunächst die Rechtsprechung (oberste vor oberen Gerichten und unteren Instanzen), dann die Literatur (nach Sachnähe; sonst: chronologisch).

● Zitieren Sie aktuell. Neuerscheinungen müssen Sie bis zur Veröffentlichung berücksichtigen, ebenso Neuauflagen.

---

378 So der Rat von *Mann*, Einführung in die juristische Arbeitstechnik, Rn. 407.
379 S. dazu noch unten im Abschnitt § 6 A. II. [Rn. 557–569].

IV. Zitiervorgaben für die einzelnen Quellenarten

Wichtig für die wissenschaftliche Qualität Ihrer Arbeit sind vor allem die allgemeinen   447
Zitierregeln. Wann, wie und wen Sie zitieren und wie Sie indirekte Rede, Paraphrasierungen und Zusammenfassungen einsetzen – das ist entscheidend für die Wissenschaftlichkeit (im Sinne von wissenschaftlicher Redlichkeit) und trägt deshalb wesentlich zu einer guten Bewertung der Arbeit bei. Fehler bei den allgemeinen
Zitierregeln sind oft Zeichen für eine schlampige Arbeitsweise und die fehlende Einhaltung wissenschaftlicher Standards; sie wirken sich daher sehr negativ auf die Bewertung aus. So gravierend sind Unsauberkeiten bei der Zitierweise für einzelne
Quellenarten nicht. Hier geht es eher darum, nicht negativ aufzufallen. Einheitlich,
präzise und nicht ungewöhnlich sollten die einzelnen Quellenarten bezeichnet werden. Halten Sie sich an das Übliche, auch wenn Sie mit der jeweiligen Konvention
nicht konform gehen. Dem Leser, vor allem Ihren beiden Gutachtern, sollte nichts
»Seltsames« bei der Zitierweise auffallen. Legen Sie sich für jede Art von Quelle eine
bestimmte Zitierweise fest und halten Sie diese konsequent ein. Denken Sie sich aber
nichts Kreatives aus, sondern halten Sie sich an die Standards, die sich eingebürgert
haben.

Insbesondere Ihrem Betreuer sollte die Zitierweise an keiner Stelle negativ auffallen   448
– am besten sollte sie überhaupt nicht auffallen. Erneut ist mein Rat, in die Habilitationsschrift Ihres Betreuers zu schauen. Dort hat er seine wissenschaftliche Arbeitsweise, die er bereits in einer hervorragend bewerteten Dissertation unter
Beweis gestellt hat, perfektioniert und war nicht an formale Vorgaben gebunden,
wie er dies bei seinen Aufsätzen, Handbuchbeiträgen und Kommentierungen ist.
Bei diesen muss er so zitieren, wie es der Verlag für die Reihen oder Zeitschrift
vorgesehen hat, während Verlage für Dissertationen und Habilitationsschriften
keine Vorgaben über die Textformatierung hinaus machen. Wenn Sie sich wiederum
an die Zitierweise aus der Habilitationsschrift Ihres Betreuers halten, wird er sich
nicht an Ihrer Technik stören und den Text ohne nachzudenken und über Unge-
wöhnliches zu stolpern lesen. Diesen Effekt wollen Sie bei allen formalen Aspekten
erreichen.

Es gibt nun zu viele verschiedene Quellen, die Sie in einer Dissertation potenziell   449
verarbeiten. Deshalb können in einem Buch, das sich nicht allein mit dem Zitieren
befasst, nicht alle Einzelfälle und Eventualitäten abgedeckt werden. Die folgenden
Punkte decken die wichtigsten Quellenarten ab. Wenn Sie ein Medium verwerten
möchten, das nicht in dieser Liste auftaucht, sind die speziellen Werke zum Zitieren
von *Byrd/Lehmann*[380] und *Bergmann/Schröder/Sturm*[381] die erste Adresse für die
Formalien. Das Werk von *Byrd/Lehmann* ist dabei praktisch uneingeschränkt empfehlenswert, ist übersichtlich aufgebaut und äußert sich auch zu den allgemeinen Fragen rund um Zitate. Das Buch von *Bergmann/Schröder/Sturm* deckt wiederum noch
mehr Beispiele ab und geht – was für Sie später vielleicht interessant ist – auch auf
Zitierregeln für die Praxis ein. Nehmen Sie also insbesondere diese Werke zur Hand,

---

380 Zitierfibel für Juristen, 2. Aufl., München 2016.
381 Richtiges Zitieren, München 2010 (die 2. Aufl. war bei Manuskripteinreichung noch nicht er-
     schienen, aber angekündigt).

wenn Sie eine Detailfrage haben. Für Österreich[382] und die Schweiz[383] existieren ebenfalls spezielle Ratgeber, die Sie insbesondere bei Rechtsprechungs- und Gesetzeszitaten beachten sollten, wenn Sie die Arbeit nicht in Deutschland einreichen.

450 Die folgenden Beispiele dürften jedoch die meisten Fragen beantworten. Da es für die meisten Arten von Quellen mehrere zulässige und gebräuchliche Zitierweisen gibt, sind die »Vorgaben« auch nur als Empfehlungen zu verstehen. Viele Varianten habe ich mir in meiner eigenen Dissertation angewöhnt und halte sie seitdem ein; manches habe ich im Laufe der Zeit verändert. Zögern Sie deshalb nicht, für sich selbst eine andere Variante zu wählen. Es lohnt sich jedoch, sich bereits die wichtigsten Zitierweisen zurechtzulegen, bevor man mit dem Schreiben beginnt. Dann bedarf es später keiner Vereinheitlichung mehr, was die Endredaktion abgeschlossener Kapitel wesentlich beschleunigt.

451 Denken Sie beim Zitieren für alle Arten von Quellen nochmals an Folgendes: Autoren und Kommentatoren werden im Text und in den Fußnoten kursiv gesetzt. Nie werden Ihre Titel und Funktionen angegeben.

1. Monografien

452 Als Monografien werden im Allgemeinen solche Werke verstanden, die ein einzelnes Thema abhandeln und von einem Autor oder Autorenteam verfasst worden sind. Sie stehen im Gegensatz zu Zeitschriften, Kommentaren und Sammelbänden, die verschiedene Beiträge mehrerer Autoren zusammenfassen. Unter die Monografien fallen insbesondere Dissertationen und Habilitationsschriften; auch Lehrbücher können hierunter gefasst werden.

453 Monografien werden mit dem Autor, dem Titel und nach Seiten (abgekürzt mit »S.«[384]) – oder nach Randnummern, sofern solche existieren – zitiert. Die Angabe der Auflage und des Erscheinungsortes, ebenso der Vorname des Autors und der Untertitel, fehlen in der Fußnote. Sie werden nur im Literaturverzeichnis angeführt. Die Angabe der Auflage in der Fußnote kann nur ausnahmsweise erforderlich werden, wenn Sie dasselbe Werk in verschiedenen Auflagen zitieren, etwa weil der Bearbeiter gewechselt hat oder weil der Autor seine Meinung geändert hat (was freilich selten vorkommt).

454 Den Titel können Sie entweder vollständig angeben oder abgekürzt. Dazu nehmen Sie ein Wort aus dem Titel heraus. Aus »Der allgemeine vorbereitende Informationsanspruch« wird dann in der Fußnote »Informationsanspruch«. Das macht die Fußnoten kürzer und das Zitat weniger »penetrant«, wenn es sehr häufig auftaucht. Gehen Sie aber einheitlich vor: Kürzen Sie die Titel von Monografien entweder immer ab

---

382 S. für Österreich als Standardwerk *Dax/Hopf*, Abkürzungs- und Zitierregeln der österreichischen Rechtssprache und europarechtlicher Rechtsquellen (AZR). 7. Aufl., Wien 2012; *Keiler/Bezemek*, leg cit³. 3. Aufl., Wien 2014 (dort auch ausführlich zum Europa- und Völkerrecht, vgl. S. 31–107) und die »Neuen Zitierregeln (NZR)« von *Jahnel/Sramek*, abrufbar unter: *www.ridaonline.at/zitiermaster*.

383 S. für die Schweiz *Müller*, ZitierGuide, insb. S. 12–20 für Rechtsprechungs- und Gesetzeszitate sowie *Haas/Betschart/Thurnherr*, Leitfaden zum Verfassen einer juristischen Arbeit, 2. Aufl. 2012, insb. S. 79–88 für Rechtsprechungszitate.

384 Anders aber *Putzke*, Juristische Arbeiten erfolgreich schreiben, Rn. 217, der ein Zitat ohne »S.« vorschlägt, wenn dieses Kürzel (was üblich ist) auch bei Aufsatzzitaten weggelassen wird.

oder nie. Manchmal ist es ratsam, dazu zwei Wörter aus dem Titel zu nehmen, wenn das erste Substantiv des Titels nichtssagend ist. Zum Thema meiner Dissertation gab es naturgemäß einige Werke mit dem Titel »Der Schutz von Betriebs- und Geschäftsgeheimnissen« (jeweils in verschiedenen Zusammenhängen). Hier ist es zulässig, den Titel mit »Schutz« abzukürzen; aussagekräftiger ist diese Abkürzung freilich nicht mehr. Sie können den Titel in der Abkürzung auch grammatikalisch verändern. Im letztgenannten Beispiel würde aus dem Titel dann »Betriebs- und Geschäftsgeheimnisse«; oder Sie machen aus »*Müller-Terpitz*, Der Schutz des pränatalen Lebens« das Zitat »*Müller-Terpitz*, Pränatales Leben«. In diesen Fällen sollten Sie im Literaturverzeichnis eine »zitiert als«-Angabe machen. Auch Lehrbücher können mit einem Kürzel versehen werden. Manchmal haben sich auch bestimmte Abkürzungen eingebürgert, die Sie deshalb ohne Bedenken verwenden können, zum Beispiel die Kürzel AT und BT. Beispiele für Monografiezitate zeigt die folgende Übersicht:

- **Beispiel** für das **Zitat aus einer Dissertation** (entsprechend bei Habilitationsschriften oder   455
  sonstigen selbstständigen Schriften):
  Bloch, Meinungsvielfalt, S. 10
  oder
  Bloch, Meinungsvielfalt contra Medienmacht, S. 10 [*Mein Favorit wäre die erste Variante.*]

- **Beispiel** für das **Zitat aus einem Lehrbuch**:
  Roxin, AT I, § 1 Rn. 1[385]
  oder
  Roxin, Strafrecht AT I, § 1 Rn. 1
  oder
  Roxin, Strafrecht Allgemeiner Teil I, § 1 Rn. 1 [*Am prägnantesten ist auch hier die erste Variante.*].

2. Kommentare

Bei Gesetzeskommentaren wird nicht nur der Name des Kommentars und seine   456
Herausgeber genannt, sondern auch der Kommentator. Schließlich übernehmen Sie die Erkenntnisse des Kommentierenden. Die Herausgeber bieten für die einzelnen Kommentierungen nur den Rahmen an. Weder stammen von ihnen die geistigen Leistungen anderer Kommentatoren noch ist es zwingend, dass die Herausgeber stets mit ihnen übereinstimmen. Kursiv gesetzt wird deshalb bei Zitaten aus Kommentaren der Kommentator, nicht aber der Herausgeber des Werkes. Eine Ausnahme gilt nur dann, wenn der Kommentar von mehreren Personen verantwortet wird und bei der einzelnen Kommentierung nicht angegeben ist, welcher der Autoren/Herausgeber den konkreten Paragrafen kommentiert hat. Auch gibt es Kommentare, die von einem Autor begründet und – oft nach dessen Tod – von einem anderen fortgeführt werden (der dann häufig den alten Text als Vorlage verwenden darf). Dann spricht man nicht von »Herausgebern«, sondern von Autoren. Prominentes Beispiel sind die Kommentare von *Kopp/Schenke* (VwGO) und *Kopp/Ramsauer* (VwVfG).

Kommentare sind üblicherweise nach Randnummern gegliedert. Deshalb sollten Sie   457
auch nach diesen zitiert werden, weil ein solches Zitat genauer ist als die Seitenangabe und zudem den Vergleich mit anderen Auflagen erleichtert (bei denen Ergänzungen oft in a/b/c-Randnummern eingefügt werden, sodass die Nummerierung identisch bleibt). Randnummer können Sie dabei mit »Rn.« oder mit »Rdnr.« abkürzen; ich

---

385 Hier wurde kein Komma vor »Rn.« gesetzt, weil vor der Randnummer eine Zahl steht. Wenn vor »Rn.« ein Buchstabe steht, sollten Sie ein Komma setzen. Das wäre etwa bei folgendem Zitat der Fall: *Beulke*, AT, Rn. 1.

empfehle die erste Variante. Wenn vor »Rn.« eine Zahl steht, empfehle ich, kein Komma zu setzen; wenn vor »Rn.« ein Buchstabe steht (zum Beispiel der Titel des Werkes), dann sollten Sie ein Komma setzen.

458 Die Angabe der Auflage entfällt in der Fußnote wie bei Monografien, es sei denn, Sie zitieren denselben Kommentar in mehreren Auflagen. Auch der Stand der Bearbeitung bei Loseblattkommentaren ist in der Fußnote zwar nicht zwingend erforderlich. Manche Autoren empfehlen für solche Kommentare dennoch, bei der einzelnen Kommentierung deren Bearbeitungsstand anzugeben (in der Regel in Klammern nach der Angabe der Randnummer). Der Grund dafür liegt darin, dass Loseblattkommentare kontinuierlich nach einzelnen Paragrafen erneuert und aktualisiert werden, nicht aber vollständig. Daher variiert die Aktualität der Bearbeitungen sehr stark. Mag auch der Bonner Kommentar im Jahr 2016 mehrfach aktualisiert worden sein; die Kommentierung zur Berufsfreiheit findet sich dort seit Jahrzehnten nicht. Für den Leser Ihrer Arbeit bietet die Angabe des Bearbeitungsstands in der Fußnote einen zusätzlichen Service[386]; allerdings kann sie die Zitate wiederum sehr lang machen, und manche Kommentare werden Sie oft zitieren müssen. Deshalb habe ich von dieser Angabe in den Fußnoten abgesehen. Im Literaturverzeichnis wird stets der Stand des Gesamtwerkes angegeben, also das Datum der letzten Ergänzungslieferung.

459 Bei Kommentierungen sind vor allem zwei verschiedene Varianten zu beobachten. Die erste zitiert etwas länger nach dem Format *Autor*, in: Herausgeber, Titel. Diese Variante ist die herrschende im öffentlichen Recht, aber auch in den anderen Rechtsgebieten häufig anzutreffen. Sie ist im Übrigen auch die für die NJW vorgegebene Zitierweise. Die zweite Variante ist etwas kürzer und zitiert den Kommentator nach dem Herausgeber durch einen Binde- oder Schrägstrich abgetrennt, also nach dem Format Herausgeber/*Autor*, Titel. Diese Variante ist die herrschende Zitierweise im Zivil- und Strafrecht. Sie hat aber den Nachteil, dass sie bei Kommentierungen mehrerer Bearbeiter in Koautorenschaft in einem zugleich von mehreren Herausgebern verantworteten Kommentar sehr unübersichtlich wird. Gerade in Bezug auf diese beiden Varianten (die zudem noch in verschiedenen Spielarten anzutreffen sind) sollten Sie ein Auge auf die Usancen Ihres Betreuers haben. Wählen Sie für die Standardkommentare die Zitierweise aus seiner Habilitationsschrift, wenn Sie nicht von vornherein eine präferierte Zitierweise für Kommentare haben.

460 Für manche Kommentare haben sich auch bestimmte Kurzformen eingebürgert. So werden die Münchener Kommentare zumeist mit MüKo-BGB oder MünchKomm-BGB abgekürzt (im Fall des Kommentars zum BGB). Die Systematischen Kommentare werden in der Regel mit »SK« abgekürzt, die Reihe der Alternativkommentare mit »AK«. Für solche Kommentare sollten Sie eine der üblichen Abkürzungsvarianten wählen, wenn Sie den Titel des Kommentars nicht ausschreiben wollen.

461 **Beispiele** für das **Zitat aus einem Gesetzeskommentar**:
Bethge, in: Sachs, GG, Art. 5 Rn. 5
   oder
Sachs/*Bethge*, GG, Art. 5 Rn. 5
   oder
Sachs-GG/*Bethge*, Art. 5 Rn. 5 [*Ich bevorzuge die erste Variante.*]

---

386 Dafür auch *Möllers*, Juristische Arbeitstechnik und wissenschaftliches Arbeiten, § 6 Rn. 83; *Stüber*, Zitieren in juristischen Arbeiten, S. 20. Ausdrücklich a.A. *Bergmann/Schröder/Sturm*, Richtiges Zitieren, Rn. 258.

3. Aufsätze

Aufsätze machen in vielen Arbeiten die häufigste Quellenart aus. Hier besteht gleich- 462
zeitig auch die größte Übereinstimmung in der Zitierweise. Das liegt daran, dass sich
über die Jahrzehnte ein einheitliches System entwickelt hat, das die Autoren sich
schon im Laufe des Studiums angewöhnt haben. Zeitschriften werden nach folgendem Muster zitiert: Nach der Angabe des/der Autoren (auch hier kursiv gesetzt)
folgt, durch ein Komma abgetrennt, das Zeitschriftenkürzel (zum Beispiel NJW),
daraufhin das Jahr; nach der Jahresangabe, wieder durch ein Komma abgetrennt, folgt
zunächst die Anfangsseite des Aufsatzes und danach, durch ein Komma abgetrennt
oder (meines Erachtens schöner) in einer Klammer die Seite, auf der sich die zitierte
Passage befindet. Wenn Sie die letztgenannte Variante wählen, kann es Ihnen passieren, zwei Klammern hintereinander setzen zu müssen, etwa wenn Sie in der Fußnote
eine Gegenauffassung in einem Klammerzusatz zitieren. Dann sollten Sie für die inneren Klammern eckige Klammern wählen, sodass sich etwa folgendes Zitat ergeben
kann: »(a.A. *Beyerbach*, JA 2014, 813 [816])«. Wenn die zitierte Stelle bereits auf der
ersten Seite steht, wird nur diese Seite angegeben. Steht im eben genannten Beispiel
das Zitat also auf Seite 813, steht in der Fußnote: »*Beyerbach*, JA 2014, 813«, nicht
»*Beyerbach*, JA 2014, 813, 813« (was bisweilen zu sehen ist).[387] Nur wenn die zitierte
Stelle auch in die nächste Seite hineinreicht, wird folgendermaßen zitiert: *Beyerbach*,
JA 2014, 813 (813 f.).[388]

Für manche Zeitschriften hat es sich eingebürgert, nicht nur das Jahr anzugeben (wie 463
im obigen Beispiel), sondern auch den Band. In der Regel handelt es sich dabei um
sehr alte (Archiv-)Zeitschriften, bei denen diese Variante schlicht aus Tradition gewählt wird. Da es sich um die für diese Zeitschriften übliche Zitierweise handelt, sollten Sie bei diesen die Angabe des Bandes ergänzen. Es handelt sich dabei – was die
gebräuchlichsten betrifft – um folgende Zeitschriften: Für das öffentliche Recht:
AöR, AVR, Die Verwaltung, Der Staat, JöR n.F., VerwArch, WissR, UFITA,
VVDStRL, ZaöRV; für das Privatrecht: AcP, ZHR, ZZP; für das Strafrecht: ZStW.

Unüblich ist es, die Aufsatztitel in der Fußnote anzuführen. Die vollständigen Anga- 464
ben findet der Leser im Literaturverzeichnis und es bläht die Fußnoten unnötig auf,
wenn jeder Aufsatztitel vollständig aufgeführt wird. Man beobachtet diese Zitierweise in manchen Zeitschriften und Handbüchern, etwa im Handbuch des Staatsrechts.
Dort wird mitunter verlangt, beim ersten Zitat einer Quelle die vollständigen Angaben in die Fußnote zu schreiben – bei Aufsätzen also auch den Titel –, um dann bei
den weiteren Zitaten nur noch den Autorennamen mit der Fußnote anzuführen, in
der die vollständigen Daten stehen, zum Beispiel folgendermaßen: »*Beyerbach*
(Fn. 3), S. 814«. Diese Zitierweise ist in einer Dissertation ähnlich unkomfortabel für
den Leser wie das »a.a.O.«, weil er möglicherweise Hunderte Seiten zurückblättern
muss, um die Angaben zu finden. Sie ist deshalb nur in den Werken üblich, in denen
zu den Einzelbeiträgen kein Literaturverzeichnis existiert. Sie erlaubt die vollständige
Angabe aller Daten, ohne dass alle Fußnoten dadurch zu lang werden. Diesen Werken sollte sie vorbehalten bleiben.

---

387 So auch *Bergmann/Schröder/Sturm*, Richtiges Zitieren, Rn. 338; *Byrd/Lehmann*, Zitierfibel für
     Juristen, S. 36; *Putzke*, Juristische Arbeiten erfolgreich schreiben, Rn. 239.
388 A.A. *Bergmann/Schröder/Sturm*, Richtiges Zitieren, Rn. 340, die dann eine Angabe der An-
     fangsseite mit dem Zusatz »f.« für ausreichend halten.

465 **Beispiel** für das **Zitat aus einer Zeitschrift:**
Sieber, NJW 1989, 2569 (2577)
      oder
Sieber, NJW 1989, 2569, 2577 [*Ich bevorzuge die erste Variante. Notabene: Wenn das Zitat auf der ersten Seite des Aufsatzes steht, wird nur diese Seite zitiert. Dann lautet das Zitat: Sieber, NJW 1989, 2569.*]

Sofern aus Tradition bei einer Zeitschrift auch die Nummer des Bands angegeben wird, sieht das Zitat folgendermaßen aus:
Ossenbühl, AöR 115 (1990), 1 (28)
      oder
Ossenbühl, AöR 115 (1990), 1, 28.

4. Beiträge aus Festschriften und sonstigen Sammelbänden

466 Beiträge aus Sammelwerken sind grundsätzlich derselben Literaturgattung zuzurechnen wie Zeitschriftenaufsätze. Auch sie sind unselbstständige Schriften, die in einem größeren Gesamtwerk erschienen sind; deshalb finden Sie in den Veröffentlichungslisten von Professoren auch oft die Unterteilung in selbstständige und unselbstständige Beiträge, ohne dass Letztere nochmals in Zeitschriftenaufsätze und Beiträge in Sammelwerken unterschieden werden. Allerdings hat sich für Sammelbände kein Abkürzungssystem wie für Zeitschriften entwickelt, weil diese Werke oft singulär bleiben und nicht jährlich fortgeführt werden. Deshalb bilden die Beiträge aus ihnen auch eine eigene Kategorie, was die Zitierweise betrifft.

467 Unselbstständige Beiträge aus Festschriften werden folgendermaßen zitiert: Eingeleitet wird das Zitat durch den Autor des Einzelbeitrags (auch hier kursiv gesetzt), gefolgt von einem »in«, worauf die Angabe »FS Jubilar« folgt. Danach wird – wie bei einem Zeitschriftenbeitrag – zunächst die Anfangsseite zitiert, danach die Seite, auf der sich das Zitat befindet. Diese kann wiederum in einer Klammer stehen oder durch ein Komma abgetrennt werden. Es ist üblich, Festschriften mit »FS«, Festgaben mit »FG« und Gedächtnisschriften mit »GS« abzukürzen. Die Seitenzahl wird üblicherweise – anders als bei Aufsätzen – eingeleitet mit »S.«.[389]

468 In der Fußnote nicht angegeben werden folgende Angaben zur Festschrift: Erscheinungsort und Jahr, Titel des Einzelbeitrags (es gilt das Gleiche wie für Zeitschriftenaufsätze) und der Titel der Festschrift (die Festschrift hat über Titel wie »Festschrift für Herbert Bethge zum 70. Geburtstag« hinaus in der Regel noch einen Obertitel wie etwa »Recht als Medium der Staatlichkeit«). Diese Angaben sind dann im Literaturverzeichnis anzuführen. Auch die Angabe der Herausgeber ist in der Fußnote entbehrlich. Denn den Einzelbeitrag führen Sie als eigene Quelle in Ihrem Literaturverzeichnis auf, nicht aber die Festschrift als solche. Die Namen der Herausgeber benötigt der Leser deshalb nicht, um zu den vollständigen Daten im Literaturverzeichnis zu finden.

469 Auch bei Festschriftbeiträgen entdeckt man mitunter die Zitierweise, wie sie sich im Zivil- und Strafrecht mehrheitlich bei Kommentarzitaten findet. So wird auch bei Festschriftbeiträgen gelegentlich der Autor nach dem Werk aufgeführt, durch einen Binde- oder Schrägstrich getrennt. Das ergibt etwa folgendes Zitat: Bethge-FS/*Müller-*

---

389 *Möllers*, Juristische Arbeitstechnik und wissenschaftliches Arbeiten, § 6 Rn. 79. Anders wiederum *Putzke*, Juristische Arbeiten erfolgreich schreiben, Rn. 21; *Bergmann/Schröder/Sturm*, Richtiges Zitieren, Rn. 375; *Byrd/Lehmann*, Zitierfibel für Juristen, S. 41.

Franken, S. 224 (241). Diese Zitierweise gefällt mir persönlich nicht, zumal die Abkürzung als »Bethge-FS« etwas flapsig und umgangssprachlich wirkt.

Ich empfehle, von den vielen möglichen eine der folgenden drei Varianten zu wählen: 470

> **Beispiel: Zitat eines Festschriftbeitrags:**
> *Müller-Franken*, in: FS Bethge, S. 223 (241)
>> oder
> *Müller-Franken*, in: FS Bethge, 223, 241
>> oder
> *Müller-Franken*, in: Detterbeck/Rozek/v. Coelln (Hrsg.), FS Bethge, S. 223 (241)
> *[Ich bevorzuge die erste Variante. Notabene: Wenn das Zitat bereits auf der ersten Seite steht, wird nur diese Seite zitiert!]*

Entsprechend verfahren Sie bei Beiträgen aus Handbüchern. Bei diesen entfällt jedoch die Abkürzung »FS Bethge«; stattdessen müssen Sie den Titel des jeweiligen Handbuchs angeben. Bei Handbüchern und sonstigen Sammelbänden, die keine Festschriften sind, ist es zudem üblich, die Herausgeber auch in der Fußnote anzugeben.[390] Ob im Literaturverzeichnis dann der Einzelbeitrag oder das Gesamtwerk steht, ist eine Frage des Einzelfalls.[391] Wenn es für ein Handbuch eine anerkannte Abkürzung gibt, sollten Sie diese wählen. So ist etwa für das Handbuch des Staatsrechts von *Isensee/Kirchhof* die Abkürzung »HStR« (ergänzt durch römische Zahlen für die Nummer des Bandes) üblich. Das Zitat aus Sammelwerken sieht nach alledem folgendermaßen aus: 471

> **Beispiel** für das **Zitat aus einem Handbuch oder sonstigen Sammelband:**
> *Engel*, in: Ohly/Klippel, Geistiges Eigentum und Gemeinfreiheit, S. 19 (22)
>> oder
> *Engel*, in: Ohly/Klippel (Hrsg.), Geistiges Eigentum und Gemeinfreiheit, S. 19 (22)
>> oder
> *Engel*, in: Ohly/Klippel, Geistiges Eigentum und Gemeinfreiheit, S. 19, 22 *[Ich empfehle die erste Variante.]*
>
> **Beispiel** für ein **Handbuch, für das es eine anerkannte Abkürzung** gibt (hier: Handbuch des Staatsrechts – für das im Übrigen auch andere Abkürzungsvarianten existieren):
> *Breuer*, in: Isensee/Kirchhof, HStR VIII, § 171 Rn. 3
>> oder
> *Breuer*, in: Isensee/Kirchhof (Hrsg.), HStR VIII, § 171 Rn. 3
>> oder
> *Breuer*, in: HStR VIII, § 171 Rn. 3
> *[Ich empfehle die erste Variante; der Beitrag wird hier mit Randnummern zitiert, weil das Handbuch des Staatsrechts solche enthält; bei anderen Handbuchbeiträgen wäre wiederum – wie im obigen Beispiel – nach Anfangs- und Zitatseite zu zitieren. Steht das Zitat auf der ersten Seite, wird nur diese zitiert.]*   472

5. Urteile – national

Für Rechtsprechung existieren mehr Zitierweisen als für die anderen Quellen. Für Urteilszitate kann es deshalb – mehr noch als für die anderen Arten von Quellen – ratsam sein, einen Blick auf die Gewohnheiten Ihres Betreuers zu werfen. Die verschiedenen Varianten entstehen zunächst dadurch, dass Urteile oft mehrfach und an verschiedenen Stellen publiziert werden. Ferner können zu einem Urteil nicht nur das Gericht, sondern auch das Aktenzeichen und das Datum angegeben werden. Im   473

---

390 Wie hier *Byrd/Lehmann*, Zitierfibel für Juristen, S. 41.
391 S. dazu sogleich im Abschnitt D. III. 4. [Rn. 515 f.].

Folgenden können deshalb auch nicht alle denkbaren Varianten durchgespielt werden. Ich werde mich auf einige Empfehlungen beschränken. Ihr Geschmack oder der Usus Ihres Betreuers gehen vor.

474 Was die Fundstelle betrifft, so sollte vorrangig aus der amtlichen Sammlung, nicht aber aus Zeitschriften zitiert werden, wenn das Urteil in dieser Sammlung (für die Bundesgerichte[392]: BVerfGE, BGHZ, BGHSt, BVerwGE, BAGE, BSGE, BFHE, BPatGE) erschienen ist.[393] Zum einen ist die Sammlung der vornehmere Publikationsort und deshalb einer wissenschaftlichen Arbeit angemessen; zum anderen ist es auch der offizielle Publikationsort, der vom Gericht selbst bestimmt wird. Sie zitieren deshalb unmittelbar die Quelle, die der »Autor« sich ausgesucht hat. Freilich ist diese etwas dünkelhafte Zitierweise für die meisten Leser weniger angenehm als ein Zeitschriftenzitat. Wer nicht an einer Universität arbeitet, hat in der Regel selten Zugang zu der vollständigen amtlichen Sammlung aller Gerichte. Über *beck-online* und *Juris* kann jedoch auch ein Anwalt die Fundstelle schnell abrufen. Ihm wäre mit einem Zeitschriftenzitat deshalb besser gedient. Dennoch bin ich der Meinung, dass die amtliche Sammlung als offizielle Publikation[394] schon aus »hierarchischen« Gründen einer Zeitschrift vorgehen sollte. Man kann dem Praktiker noch entgegenkommen, indem man zusätzlich zur amtlichen Sammlung – durch Hinweise wie »= NJW 2012, 833« – eine Zeitschriftenfundstelle angibt. Das muss man dann aber für alle Urteile so handhaben, was wiederum die Fußnoten viel zu lang werden lässt. Auch die Angabe eines Aktenzeichens, mittels dessen der Leser das Urteil im Internet finden kann, zu Zitaten aus der amtlichen Sammlung ist unüblich (wenn auch nicht unzulässig).

474a Gleichsam zwischen der amtlichen Sammlung und einer reinen Zeitschriftenfundstelle angesiedelt sind einige ebenfalls auf halb-private Initiative der Richter und deren Auswahl zurückgehende Sammlungen, die von privaten Verlagen herausgegeben werden und teilweise eine lange Tradition haben. So ist etwa die Sammlung

---

392 Auf der Ebene der Länder existieren vor allem Sammlungen der OVG- (bzw. VGH-) Rechtsprechung, z.B. die Sammlung ESVGH für Baden-Württemberg und Hessen oder die Sammlung VGHE n.F. bzw. VerfGHE n.F. für Bayern. Eine ausführliche Liste findet sich bei *Vogel,* Erfolgreich recherchieren, S. 55 f.

393 So auch *Schorkopf,* Vademecum (vgl. Anhang 2), S. 27.

394 Korrekterweise, darauf wurde ich zu Recht hingewiesen, darf das Prädikat »offiziell« hier nur eingeschränkt vergeben werden, weil die Entscheidungen von den beteiligten Bundesrichtern halb-privat ausgewählt und dann in einer von einem privaten Verlag herausgegebenen Sammlung publiziert werden. *Walker* (Die Publikation von Gerichtsentscheidungen, S. 29; JurPC Web-Dok. 100/1998, Abs. 2) bezeichnet sie als »offiziös«; kritisch auch *Hirte,* Der Zugang zu Rechtsquelle und Rechtsliteratur, S. 58. Korrekt wäre es eher, von einer »vom Gericht autorisierten Sammlung« zu sprechen (*Vogel,* Erfolgreich recherchieren, S. 53). Amtlich war dagegen lange Zeit (bis die entsprechenden Veröffentlichungsvorschriften in der Abgabenordnung abgeschafft wurden) die Veröffentlichung von Entscheidungen des Bundesfinanzhofs im Bundessteuerblatt (BStBl.). Für sie gilt nunmehr jedoch das Gleiche wie für die der anderen obersten Bundesgerichte. Eine echte amtliche Sammlung war auch bis zu ihrer Einstellung die mit »Slg.« abgekürzte amtliche Sammlung der Rechtsprechung des EuGH.
Der Ehrlichkeit halber sollte nicht unerwähnt bleiben, dass der kritische *Walker* bei der *Juris GmbH* beschäftigt ist, deren Geschäft zu einem großen Teil in der Publikation gerichtlicher Entscheidungen besteht – und die unlängst ihrerseits eine gerichtliche Niederlage dafür hinnehmen musste, diese Publikation zu Unrecht, da wettbewerbsrechtswidrig monopolisiert zu haben (VGH Baden-Württemberg, Urt. v. 7.5.2013 – 10 S 281/12, NJW 2013, 2045 – noch nicht rechtskräftig. Die Revision wird vor dem BVerwG unter dem Aktenzeichen 7 C 13/13 geführt).

Lindenmaier-Möhring (LM)[395] für die Rechtsprechung des Bundesgerichtshofs eine anerkannte Adresse, ebenso die Sammlung *Buchholz* für das Bundesverwaltungsgericht[396] oder die *Arbeitsrechtliche Praxis* (AP)[397] des Bundesarbeitsgerichts. Diese Sammlungen werden aufgrund der halb-offiziellen Herkunft und ihrer langen Tradition deshalb ebenfalls gern zitiert.[398]

Wenn das Urteil nicht in der amtlichen Sammlung erschienen ist, sollten Sie als Fundstelle eine Zeitschrift zitieren, auf die möglichst viele Leser zugreifen können. Ist das Urteil etwa in der NJW, NVwZ, NZA oder NStZ erschienen, werden viele Praktiker über ihren *beck-online*-Zugang das Urteil abrufen können. Wählen Sie eine nicht online verfügbare und wenig verbreitete Zeitschrift – die Sie möglicherweise selbst per Fernleihe ordern mussten –, ist es weniger wahrscheinlich, dass Ihrem Zitat nachgegangen wird. — 475

Ob Sie das Aktenzeichen angeben, ist Geschmackssache. Es hilft – wie gesagt – bei der Suche nach dem Urteil im Internet, sodass mancher Leser dankbar sein wird. Allerdings sollten Sie einheitlich zitieren und das Aktenzeichen entweder immer zitieren oder nie. Nehmen Sie es in die Fußnoten auf, werden diese erheblich länger. Sofern Ihr Betreuer das Aktenzeichen nicht gern zitiert, würde ich in der Dissertation deshalb davon abraten. Es gibt allerdings auch Rechtsgebiete, in denen seine Angabe üblich oder jedenfalls verbreitet ist, so zum Beispiel im Europarecht, im Bereich des Gewerblichen Rechtsschutzes und im Arbeitsrecht. Wenn in Ihrem Teilrechtsgebiet solche Usancen bestehen, sollten Sie ihnen folgen. — 476

Entsprechendes gilt für die Angabe von Entscheidungsnamen. Im Verfassungsrecht sind sie manchmal zu beobachten, auch im Europarecht und im Gewerblichen Rechtsschutz sind solche Bezeichnungen üblich – so trivial und nichtssagend sie auch manchmal sein mögen. Halten Sie sich an das Übliche. Dieser Rat gilt auch für das einzelne Rechtsgebiet, das Sie wissenschaftlich traktieren. — 477

Bei Urteilszitaten aus Zeitschriften wird zumeist kein Komma zwischen das Gericht und die Zeitschrift gesetzt – anders als bei Aufsätzen.[399] Ich finde diese Zitierweise »unschön« und empfehle Ihnen deshalb, ein Komma nach dem Gericht zu setzen. Gerichte werden jedoch – insoweit werden Gerichte anders behandelt als Autoren – nicht kursiv geschrieben.[400] — 478

---

395 Hierbei handelt es sich um ein als Loseblattsammlung geführtes Nachschlagewerk, in das Entscheidungen (bzw. häufig auch nur Leitsätze) aufgenommen werden, welchen die BGH-Richter besondere Bedeutung beimessen.

396 Die Sammlung ist benannt nach dem Senatspräsidenten *Karl Buchholz*, der die Sammlung 1957 begründet hat. Sie wird von Richtern des Bundesverwaltungsgerichts – ebenfalls als Loseblattsammlung – herausgegeben.

397 Auch hierbei handelt es sich um eine Loseblattsammlung. Sie wird von Richtern des BAG seit 1950 herausgegeben. Anders als die anderen semi-offiziellen Sammlungen enthält sie jedoch nicht nur Rechtsprechung des BAG, sondern auch solche der Instanzgerichte und sogar Urteile der EU-Gerichte.

398 Daneben existieren zahlreiche weitere anerkannte, aber nicht immer ebenso gebräuchliche Sammlungen. S. dazu ausführlicher *Walker*, JurPC Web-Dok. 100/1998, Abs. 62–68.

399 Dafür nun auch *Byrd/Lehmann*, Zitierfibel für Juristen, S. 49 (in Abkehr von der 1. Aufl.).

400 Anders aber *Stüber*, Zitieren in juristischen Arbeiten, S. 27 (ohne Kommentar; dort werden jedoch nur die Gerichtsbezeichnungen kursiv gesetzt, nicht auch die Abkürzungen bei Zitaten aus der amtlichen Sammlung). Wie hier *Bergmann/Schröder/Sturm*, Richtiges Zitieren, Rn. 409. Für die Zulässigkeit beider Varianten *Putzke*, Juristische Arbeiten erfolgreich schreiben, Rn. 222.

478a Von den vielen Varianten habe ich in der nachfolgenden Übersicht einige herausgegriffen:

> **Beispiele** für das **Zitat aus einem Urteil:**
> *Mit Aktenzeichen:*
> BGH, Urt. v. 14.01.2002 – II ZR 254/99, NJW 2002, 1340 (1341)
>   oder
> BGH, Urt. v. 14.01.2002 – II ZR 254/99, NJW 2002, 1340, 1341
>
> *Ohne Aktenzeichen:*
> BGH, NJW 2002, 1340 (1341)
>   oder
> BGH NJW 2002, 1340, 1341
>
> *Aus der amtlichen Sammlung:*
> BGHZ 23, 157 (163)
>   oder
> BGHZ 23, 157, 163
>
> *[Ich bevorzuge jeweils die erste Variante]*

6. Urteile europäischer Gerichte: EuGH, EuG und EGMR

478b Urteile europäischer Gerichte werden grundsätzlich wie nationale Urteile zitiert, sofern sie in einer Zeitschrift erschienen sind. Gleichwohl gilt es hier einige Besonderheiten zu beachten. Im Unterschied zu nationalen Urteilen wird die Rechtsprechung des EuGH nur sehr selten mit Deutsch als Verfahrenssprache betrieben; zudem existieren in der EU 27 Amtssprachen. Daraus folgt, dass Urteile des EuGH in verschiedene Sprachen übersetzt und in verschiedenen Ländern in der jeweiligen Heimatsprache gelesen werden. Einheitlich ist jedoch stets das Aktenzeichen des Urteils und seine Gliederung in Randnummern, die vom Gerichtshof vorgenommen (und auch bei Abdruck in Fachzeitschriften von deren Redaktion übernommen) wird. Deshalb ist es auf der Ebene der EU üblich, stets das Aktenzeichen zu nennen und das Urteil nach Randnummern zu zitieren. Dafür spricht auch die Tatsache, dass die Rechtsprechung der EU-Gerichte im Internet umfassend in recherchierbarer Form verfügbar ist, insbesondere auf der Website des EuGH selbst (*curia.europa.eu*). Dort kann das jeweilige Urteil mithilfe des Aktenzeichens in allen verfügbaren Übersetzungen leicht gefunden werden, ohne dass nach Namen oder Urteilspassagen gesucht werden muss, die möglicherweise in einer anderen Amtssprache ganz anders lauten. Eine erste Grundregel ist deshalb mittlerweile, Rechtsprechung von EU-Gerichten mit Aktenzeichen und nach Randnummern zu zitieren. Ich selbst habe – das muss ich gestehen – in meiner Dissertation die Rechtsprechung des EuGH noch aus der amtlichen Sammlung ohne Nennung des Aktenzeichens zitiert, also letztlich wie Rechtsprechung der obersten Bundesgerichte. Aufgrund der großen Internationalität des Unionsrechts und der Verfügbarkeit im Netz bin ich davon jedoch mittlerweile abgekommen und würde nun dringend dazu raten, das Aktenzeichen mit zu zitieren, wie es auch unter den Unionsrechtlern üblich ist.

478c Eingebürgert hat sich außerdem, den Entscheidungsnamen – der in der Regel aus den Parteien des Verfahrens bzw. dem Kläger des Ausgangsverfahren besteht – zu nennen. Unter diesen Namen werden die Urteile dann auch zitiert, etwa wenn im europäischen Beihilferecht von den »Altmark Trans«-Kriterien gesprochen oder die »PreussenElektra«-Entscheidung zitiert wird. An Urteilsnamen wie *Dassonville*, *Keck* und *Cassis de Dijon*, die Sie bereits seit dem Studium kennen, können Sie diese

Praxis gut feststellen. Der Gerichtshof selbst gibt seinen Entscheidungen diese Namen bzw. nennt sie in der amtlichen Sammlung in der Kopfzeile. Dies spricht dafür, bei unionsrechtlichen Entscheidungen stets die Parteien bzw. den Entscheidungsnamen zu nennen. Dabei werden bei Verfahren gegen die EU zumeist beide Parteien genannt (z.B. Huber/Kommission), bei nationalen Ausgangsverfahren zumeist nur eine Partei: bei Strafverfahren der Angeklagte, bei Verwaltungsverfahren die zivile Partei und bei Zivilverfahren in der Regel auch nur eine Partei (zumeist der Kläger).[401] Den Entscheidungsnamen können Sie am Ende des Zitats, durch einen Gedankenstrich abgetrennt, oder in Klammern hinter das Aktenzeichen (also vor die Fundstelle in der amtlichen Sammlung, einer Zeitschrift etc.) setzen.[402]

Eine weitere Besonderheit hat sich erst in jüngster Zeit ergeben. Um die in verschiedenen Sprachen verfügbaren Urteile europaweit einheitlich zitieren zu können, hat der Rat der Europäischen Union bereits 2011 zur Einführung eines **European Case Law Identifier (ECLI)** und eines Mindestbestands von einheitlichen Metadaten für die Rechtsprechung aufgerufen.[403] Diese Zitierweise ist mittlerweile etabliert worden und wurde von der EU mit der Abschaffung der amtlichen Sammlung verbunden, die in Deutschland mit »Slg.« abgekürzt wurde. Sie wird jedoch seit 2012 nicht mehr fortgeführt. Urteile sind seitdem nur noch online verfügbar und nach Randnummern zitierfähig. Die ECLI-Zitierweise besteht aus folgenden, durch einen Doppelpunkt (ohne Leerzeichen) voneinander getrennten Teilen[404]: einem Ländercode, dem Kürzel des Gerichts (dabei steht »C« für »Court« und damit den EuGH, »T« für »Tribunal« und damit das Gericht [EuG, vormals »Gericht erster Instanz«]), dem Jahr der Entscheidung und einer aus bis zu 25 alphanumerischen Zeichen bestehenden Ordnungsnummer. Der Ländercode erlaubt es, auch nationale Entscheidungen nach dem ECLI-Code zu zitieren, was manche Zeitschrift auch bereits tut. Die Abkürzung »DE« würde etwa Entscheidungen deutscher Gerichte einleiten.

478d

Der ECLI-Code zur Rechtssache *Schempp*[405] (Urteil des EuGH vom 12.7.2005 in der Rechtssache C-403/03) sähe z.B. so aus: EU:C:2005:446. Dieser stünde für: Entscheidung eines EU-Gerichts (Länderkürzel EU), hier: Urteil des EuGH (Kürzel »C« für den Gerichtshof), Entscheidung aus dem Jahr 2005. Die Zahl 446 bezeichnet die laufende Nummer, welche das Gericht dieser Entscheidung gegeben hat, d.h. es handelt sich um die 446. vergebene ECLI-Nummer des Jahres 2005 (ermittelbar über die Website des EuGH [*curia.europa.eu*] bzw. über *eur-lex.europa.eu*). Klassisch zitiert würde das Urteil zum Beispiel folgendermaßen: EuGH, Urt. v. 12.7.2005 – C-403/03, Slg. I-6421 – *Schempp* (ausführlichere Beispiele siehe unten in Randnummer 479).

478e

Die Zitierweise mittels ECLI hat sich jedoch noch nicht allgemein durchgesetzt und wird wohl einigen Traditionalisten und denjenigen, denen diese Codierung nicht bekannt ist, etwas merkwürdig vorkommen. Auch wenn es sich um eine von der EU

478f

---

401 Vgl. *Byrd/Lehmann*, Zitierfibel für Juristen, S. 62 f.

402 Insoweit habe ich meine eigenen Zitiervorschläge im Vergleich zur ersten Auflage des Buchs ergänzt. Dort findet sich die Zitierweise mit dem eingeklammerten Entscheidungsnamen noch nicht.

403 Schlussfolgerungen des Rates vom 29.4.2011 mit einem Aufruf zur Einführung des European Case Law Identifier (ECLI) und eines Mindestbestands von einheitlichen Metadaten für die Rechtsprechung, ABl. 2011, C 127, 1. S. auch NVwZ 2014, 1361.

404 NVwZ 2014, 1361 (1362).

405 Beispiel gewählt in NVwZ 2014, 1361 (1362).

selbst eingeführte Zitierweise handelt, würde ich deshalb Rücksprache mit dem Betreuer Ihrer Arbeit halten – und die Zitierweise vor allem dann verwenden, wenn sich Ihre Arbeit im klassischen Unionsrecht bewegt, weil dort am ehesten die Kenntnis der neuen Zitierweise vorausgesetzt werden kann.[406] Wenn Sie die Zitierung mittels ECLI wählen, ersetzt der ECLI-Code die Quelle aus der amtlichen Sammlung auch dann, wenn Sie ein Urteil zitieren, das vor 2012 ergangen ist. Amtliche Sammlung und ECLI werden also nicht kumulativ, sondern alternativ angegeben. Für die Zeit danach kann ohnehin nicht mehr die amtliche Sammlung zitiert werden, weil sie eingestellt worden ist.

478g **Schlussanträge der Generalanwälte am EuGH** – eine aus dem französischen Verwaltungsprozessrecht übernommene Besonderheit der Prozesse auf EU-Ebene – werden entsprechend den Regeln für Urteile zitiert, wie Sie in der nachfolgenden Übersicht sehen können. Der Unterschied besteht hier nur darin, dass statt des Gerichts der Name des Generalanwalts aufgeführt wird. Dieser wird – den allgemeinen Gepflogenheiten für Personennamen folgend – kursiv gesetzt.

479 **Beispiele: Zitat aus einem Urteil des EuGH/EuG –hergebrachte Zitierweise aus der amtlichen Sammlung (bis Ende 2011)**

EuG/EuGH:
EuGH, Urt. v. 04.11.2002, Rs. C-208/00, Slg. I-9919 Rn. 10 – *Überseering*
  oder
EuGH, Urt. v. 04.11.2002 – C-208/00, Slg. I-9919 Rn. 10 – *Überseering*
  oder
EuGH, Urt. v. 04.11.2002 – C-208/00 (*Überseering*), Slg. I-9919 Rn. 10[407]
  oder
EuGH, Slg. 2002, I-9919 Rn. 10 – *Überseering*

Anmerkung: »Slg.« steht für die bis Ende 2011 fortgesetzte amtliche Sammlung der Rechtsprechung der Unionsgerichte. Die römische Zahl 1 (I) bezeichnet dabei den Teil für Entscheidungen des EuGH, die Zahl 2 (II) den Teil für Entscheidungen des EuG (Gericht, vormals »Gericht erster Instanz«).
Das Komma vor »Urt.« kann auch weggelassen werden.[408]

Beispiel: Zitat mittels ECLI
EuGH, Urt. v. 12.07.2005, Rs. C-403/03, ECLI:EU:C:2005:446 Rn. 1 – *Schempp*
  oder (Kurzform)
EuGH, Rs. C-403/03, ECLI:EU:C:2005:446 Rn. 1 – *Schempp*
  oder
EuGH – C-403/03, ECLI:EU:C:2005:446 Rn. 1 – *Schempp*
  oder
EuGH – C-403/03 (*Schempp*), ECLI:EU:C:2005:446 Rn. 1

Notabene: Stets zulässig bleibt die Zitierweise aus einer Zeitschrift. Dann gelten die Regeln für nationale Rechtsprechung entsprechend. Weil die amtliche Sammlung des EuGH seit 2012 nicht mehr fortgeführt wird, die Urteile aber über die Website des Gerichts in verschiedenen Sprachen abgerufen und mit dem Aktenzeichen (also der Rechtssachennummer) gesucht werden können, können

---

406 Für die Wahlmöglichkeit auch *Byrd/Lehmann*, Zitierfibel für Juristen, S. 61 (Zitierweise mit ECLI oder Zitierung einer Zeitschriftenfundstelle). Ohne Empfehlung: *Möllers*, Juristische Arbeitstechnik und wissenschaftliches Arbeiten, § 6 Rn. 61 f.

407 Die Zitierweise mit eingeklammertem Entscheidungsnamen findet sich noch nicht in der ersten Auflage. Weil sie jedoch häufig gebraucht wird, habe ich sie zu den Vorschlägen ergänzt. Ich tendiere mittlerweile selbst dazu, genau diese Zitierweise zu verwenden.

408 So bei *Byrd/Lehmann*, Zitierfibel für Juristen, S. 61 f.

Sie den ECLI-Code bei der Zitierung auch weglassen, wenn Sie diese noch nicht überall bekannte und etablierte Zitierweise nicht verwenden wollen. Dann zitieren Sie in einer der drei genannten Varianten unter Auslassung des ECLI-Codes bzw. der Slg.

Beispiel: Zitat von Schlussanträgen des Generalanwalts
Generalanwältin *Kokott*, Schlussanträge vom 31.05.2016, Rs. C-157/15, ECLI:EU:C:2016:382, Rn. 7 – *Achbita*
    oder
Generalanwältin *Kokott*, Schlussanträge vom 31.05.2016 – Rs. C-157/15, ECLI:EU:C:2016:382, Rn. 7 – *Achbita*
    oder
Generalanwältin *Kokott*, Schlussanträge vom 31.05.2016, Rs. C-157/15 (*Achbita*), ECLI:EU:C:2016:382, Rn. 7

Notabene: Auch hier kann selbstverständlich auch aus einer Zeitschrift zitiert werden. Diese tritt dann an die Stelle des ECLI-Codes oder kann auch zusätzlich genannt werden.
Beachten Sie außerdem: Auch nationale Rechtsprechung kann nach dem ECLI-System zitiert werden!

Schwieriger als bei den Gerichten der EU gestaltet sich die **Zitierung von Urteilen**   479a
des Europäischen Gerichtshofs für Menschenrechte (EGMR). Dies liegt darin begründet, dass Urteile des EGMR nur in englischer oder französischer Sprache ergehen, weil dies die beiden Amtssprachen der EMRK sind. Die Urteile werden auch nicht amtlich in andere Sprachen übersetzt. Deutsche Fassungen sind deshalb entweder von Richtern und Wissenschaftlern oder im Ausnahmefall auch von der Bundesregierung übersetzt worden. Diese Fassungen werden entweder auf den Internetseiten der Bundesregierung bzw. in Fachzeitschriften wie sonstige Rechtsprechung publiziert.[409] Liegt eine solche Zeitschriftenfundstelle vor, können die Urteile nach den allgemeinen Regeln zitiert werden.

Im Regelfall liegt jedoch keine Übersetzung vor, sodass die französisch- oder eng-   479b
lischsprachige Originalfassung zu zitieren ist. Diese wird vom Gericht in der amtlichen Sammlung veröffentlicht. Dabei ist zu beachten: Bis 1996 wurde diese Sammlung »Série A« (französischsprachige Variante) bzw. »Series A« (englischsprachige Variante) genannt und nach Nummern (Nr. bzw. No.) zitiert. Seit 1996 wird die als »Reports« (englischsprachige Variante[410]) oder »Recueil« (französischsprachige Variante[411]) bezeichnete Sammlung mit dem Kürzel des Gerichts abgekürzt, also entweder CEDH (= Cour Européenne des Droits de l'Homme) oder ECHR (= European Court of Human Rights), wobei mit einem Bindestrich abgetrennt in römischen Zahlen die Nummer des Teilbands folgt. Die Urteile selbst sind nicht in Randnummern, sondern in Absätze untergliedert, die zumeist als »paragraphes« (französischsprachige Variante) oder »paragraphs« (englischsprachige Variante) bezeichnet und dementsprechend zitiert werden. Als Abkürzung hierfür können Sie entweder das Paragrafenzeichen (§)[412] oder auch – vorzugswürdig, weil das Paragraphenzeichen üblicher-

---

409 Mitunter werden auch auf der Website des EGMR selbst nichtamtliche Übersetzungen in der HUDOC-Datenbank zur Verfügung gestellt. Dann weist jedoch das Gericht stets darauf hin, dass nur die Fassungen in den Amtssprachen der EMRK (Englisch/Französisch) offiziell sind und das Gericht keine Verantwortung für die Übersetzung des Urteils – die nicht durch Stellen des Gerichts erfolgt – übernimmt.

410 Kurzform für »Reports of Judgments and Decisions«.

411 Kurzform für »Recueil des arrêt et décisions«.

412 Dafür *Bergmann/Schröder/Sturm*, Richtiges Zitieren, Rn. 564. Dieser Vorschlag findet sich auch im offiziellen Leitfaden des EGMR selbst.

weise nicht für die auf Englisch mit »paragraph« bezeichnete Unterteilung eingesetzt wird – das in der deutschen Zitiertechnik bekannte »Rn.« für Randnummer wählen.[413] Weil die Urteile in der amtlichen Sammlung sowohl in englischer als auch in französischer Sprache abgedruckt werden, empfiehlt es sich, die zu der Sprache der Urteilsfassung passende Zitierweise zu wählen. Wenn Sie also in Ihrer Arbeit aus den englischsprachigen Fassungen zitieren, sollten Sie die Sammlung mit »ECHR«, anderenfalls mit »CEDH« abkürzen.[414]

479c Beim Zitat von EGMR-Rechtsprechung ist es üblich, die beiden Parteien des zugrunde liegenden Rechtsstreits zu erwähnen, entweder direkt nach dem Aktenzeichen in Klammern oder am Ende, durch einen Bindestrich getrennt (vgl. die nachfolgenden Beispiele). Namen von Staaten werden dabei üblicherweise ins Deutsche übersetzt. Häufig wird zudem der Spruchkörper angegeben, jedenfalls wenn es sich um die Große Kammer handelt. Dies kann in Klammern nach der Angabe des Gerichts erfolgen [EGMR (Große Kammer), …]. Das Gericht selbst hat eigene Zitierempfehlungen für seine Urteile veröffentlicht, allerdings nur in englischer Sprache.[415] Sie decken sich weitestgehend mit den folgenden Beispielen. Dort ist zum Beispiel auch vorgesehen, dass die Große Kammer als Spruchkörper zitiert wird, wenn das Urteil von ihr gefällt wurde.

479d Sollte sich Ihre Arbeit im Völkerrecht bewegen, seien vertiefend für die Zitierung der **Rechtsprechung des Internationalen Gerichtshofs (IGH) und der WTO-Spruchkörper** die Ausführungen von *Bergmann/Schröder/Sturm*, Richtiges Zitieren, Rn. 581–601 empfohlen.

479e Bei der Zitierung von EGMR-Urteilen können Sie sich an den folgenden Beispielen orientieren:

> **Beispiele** für das **Zitat aus einem Urteil des EGMR:**
>
> *Variante 1: Zitierung des Urteils aus der amtlichen Sammlung – seit 1996*
> EGMR, Urt. v. 08.04.2004 – 11057/02, ECHR-II, 119 Rn. 20 – *Haase/Deutschland*
> oder
> EGMR, Urt. v. 08.04.2004 – 11057/02, ECHR-II, 119 (*Haase/Deutschland*), Rn. 20[416]
> oder
> EGMR (Große Kammer), Urt. v. 08.04.2004 – 11057/02 (*Haase/Deutschland*), ECHR-II, 119 Rn. 20
>
> *Variante 2: Zitierung des Urteils aus der amtlichen Sammlung – vor 1996*
> EGMR, Urt. v. 21.06.1988 – 10126/82 (*Plattform »Ärzte für das Leben«/Österreich*), Series A Nr. 139 Rn. 57
> oder
> EGMR, Urt. v. 21.06.1988, Nr. 10126/82, Series A Nr. 139 Rn. 57 – *Plattform »Ärzte für das Leben«/Österreich*

---

413 So der Vorschlag von *Byrd/Lehmann,* Zitierfibel für Juristen, S. 67.

414 *Byrd/Lehmann,* Zitierfibel für Juristen, S. 66 empfehlen ebenfalls, einheitlich immer eine der beiden Abkürzungen zu verwenden. Wählen Sie dazu aber passenderweise die Abkürzung, die zu der von Ihnen verwendeten Fassung passt.

415 *Note explaining the mode of citation,* abrufbar unter: *www.echr.coe.int/Documents/Note_citation_ENG.pdf.*

416 Wie im Fall der Zitierung von EuGH-Urteilen findet sich die Zitierweise mit eingeklammertem Entscheidungsnamen auch für den EGMR noch nicht in der ersten Auflage. Weil sie jedoch häufig gebraucht wird, habe ich sie zu den Vorschlägen ergänzt. Ich tendiere mittlerweile selbst dazu, auch im Fall des EGMR genau diese Zitierweise zu verwenden.

Hinweis: Häufig liest man vor dem Aktenzeichen (25358/12) auch noch die Abkürzung »Nr.«.[417] *Die Entscheidungsnamen können auch mit Kommas abgetrennt werden.*[418] *Im Beispiel wird die amtliche Sammlung mit »ECHR« abgekürzt, weil aus der englischsprachigen Fassung zitiert wird. Die französischsprachige Fassung des Urteils würde nach dem oben Gesagten mit »CEDH-II, 143« zitiert werden.*

Variante 3: Zitierung eines in einer Fachzeitschrift veröffentlichten EGMR-Urteils
EGMR, Urt. v. 24.01.2017 – 25358/12, NJW 2017, 941 ff. – *Paradiso u. Campanelli/Italien*, Rn. 88
    oder
EGMR v. 24.01.2017, Nr. 25358/12, NJW 2017, 941 ff. – *Paradiso u. Campanelli/Italien*, Rn. 88
    oder
EGMR, Urt. v. 24.01.2017 – 25358/12 (*Paradiso u. Campanelli/Italien*), NJW 2017, 941 ff., Rn. 88
    oder
EGMR (Große Kammer), Urt. v. 24.01.2017 – 25358/12 (*Paradiso u. Campanelli/Italien*), NJW 2017, 941 Rn. 88

Anmerkung: Weil die in der jeweiligen Zeitschrift (hier: NJW) abgedruckten Randnummern denen des Originalurteils entsprechen, empfiehlt es sich, entweder nur nach Randnummern zu zitieren oder die Randnummer zusätzlich zu der Seite aus der Fachzeitschrift zu nennen, auf welcher die zitierte Passage steht, also z.B. folgendermaßen: EGMR, Urt. v. 24.01.2017 – 25358/12 (Paradiso u. Campanelli/Italien), NJW 2017, 941 (942 Rn. 88).

*Hinweis: Auch Urteile des EGMR können – wie im Übrigen auch nationale Entscheidungen – mit ihrem **ECLI-Code** zitiert werden. Dieser wird bei Zeitschriftenpublikationen mitunter genannt; auf der Seite des EGMR finden Sie Urteile des Gerichts in der HUDOC-Datenbank (hudoc. echr.coe.int), in der Sie Urteile nach Ihrem Aktenzeichen (d.h. der Verfahrensnummer) suchen können. Wenn Sie dort ein einzelnes Urteil aufrufen, finden Sie unter »case details« neben zahlreichen anderen Informationen wie den betroffenen Ländern und Gesetzen, Schlagworten etc. ganz unten auch den ECLI-Code. Das als Beispiel verwendete Urteil kann dann etwa so zitiert werden:*

EGMR, Urt. v. 24.01.2017 – 25358/12, ECLI:CE:ECHR:2017:0124JUD002535812 (*Paradiso u. Campanelli/Italien*), NJW 2017, 941 Rn. 88.

7. Rechtsvorschriften

Gesetze zitieren Sie grundsätzlich – wie in einer Klausur – im Text. Sobald Sie sub- 480
sumieren, fügen Sie in Klammern, durch ein Komma getrennt oder mit einem »gem.«
oder »nach« versehen das Normzitat an. Wie in der Klausur können Sie zwischen der
Variante mit römischen und arabischen Zahlen für Absätze und Sätze (zum Beispiel:
Art. 2 II 1 GG) und der ausführlicheren Variante mit der Abkürzung für Absatz und
Satz (hier: Art. 2 Abs. 2 S. 1 GG oder – noch ausführlicher: Art. 2 Abs. 2 Satz 1 GG)
wählen. Ich empfehle Ihnen die zweite Variante, weil sie weniger klausurhaft wirkt.
Wenn ein Paragraf ein a/b/c als Zusatz enthält, steht zwischen diesem Buchstaben
und der Zahl kein Leerzeichen.

Die Angabe des Gesetz- oder Verordnungsblattes, in dem das Gesetz verkündet 481
wurde, ist nur bei unbekannteren Gesetzen erforderlich. Wenn Sie in der Klausur das
Grundgesetz oder Gesetze wie BGB, ZPO, StGB, StPO, VwGO, VwVfG zitieren,
würde es kleinkariert wirken, die Fundstelle im Bundes- oder Reichsgesetzblatt anzuführen. Auch bekanntere Vorschriften aus dem sonstigen einfachen Recht sollten
Sie nicht auf diese Weise zitieren. Lediglich bei Gesetzen, die dem Leser nicht bekannt sein dürften, sollten Sie die Fundstelle zitieren. Denn dies werden in der Regel

---

417 Z.B. bei *Bergmann/Schröder/Sturm*, Richtiges Zitieren, Rn. 565, 567, 572, 574.
418 Vgl. z.B. *Bergmann/Schröder/Sturm*, Richtiges Zitieren, Rn. 565, 567, 572, 574.

Gesetze sein, die er auch nicht in den allgemein gebräuchlichen Loseblattsammlungen (*Schönfelder, Sartorius*) findet. Verordnungen sind etwa zumeist nicht allgemein bekannt. Diese sollten Sie daher in der Regel mit der Angabe des Publikationsorgans zitieren. Wenn Sie in der Fußnote die Verordnung dann mit einer Abkürzung eingeführt haben, kann sie in der Folge allein mit der Abkürzung zitiert werden.[419] In jedem Fall ist es empfehlenswert, alle im Text aufgeführten Abkürzungen in einem Abkürzungsverzeichnis aufzuführen. Damit werden zumindest die Gesetzesbezeichnungen für alle zitierten Normen erläutert, wenn auch nicht in einer Fußnote. Wenn Sie ein Gesetz mit der Stelle aus dem Bundesgesetzblatt zitieren, nennen Sie den kompletten Titel, die offizielle Abkürzung, das Datum der Beschlussfassung und die Fundstelle mit Jahr und Seitenzahl.

482 Anders als bei nationalen Vorschriften werden unionsrechtliche Rechtsnormen in der Regel nicht (nur) mit ihrer (in der Regel auch nicht offiziellen) deutschen Abkürzung bezeichnet, sondern mit der Nummer und dem Jahr und bei der ersten Nennung mit der Fundstelle im Amtsblatt der EU zitiert. Die Zitierweisen sind hier sehr unterschiedlich, sodass sich kaum eine Mehrheitsmeinung ausmachen lässt.[420] Häufig werden Sie bei einer europarechtlichen Arbeit oder bei einem Thema mit europarechtlichem Bezug nur wenige verschiedene Rechtsvorschriften zitieren müssen; oft beschränkt sich der unionsrechtliche Bezug gar auf eine Richtlinie oder Verordnung. Dann sollte diese bei der ersten Nennung mit dem Vollzitat (Titel, Nummer und Jahr, Fundstelle im Amtsblatt) eingeführt werden. Danach kann sie dann auch mit einer Abkürzung zitiert werden (siehe dazu in der nachfolgenden Übersicht das Beispiel der *Rom I*-Verordnung. Dabei wird häufig an die Abkürzung des Titels ein »RL« für »Richtlinie« oder ein »VO« für Verordnung angehängt – direkt oder mit einem Bindestrich (also z.B. ECRL oder EC-RL für die E-Commerce-Richtlinie).

483 **Beispiele** für **Normzitate:**
Nationales Recht – bekannte Gesetze
§ 823 Abs. 2 S. 1 BGB
    oder
§ 823 Abs. 2 Satz 1 BGB
    oder
§ 823 II 1 BGB [*Ich rate zur ersten oder zweiten Variante.*]

Nationales Recht – unbekannte Gesetze
Gesetz über die Unterlagen des Staatssicherheitsdienstes der ehemaligen Deutschen Demokratischen Republik (Stasi-Unterlagen-Gesetz – StUG) vom 20.12.1991 i.d.F. der Bekanntmachung vom 18.02.2008, BGBl. I S. 162

Unionsrecht (ausführliche Zitierweise bei erstmaliger Einführung in einer Fußnote)
Verordnung (EG) Nr. 593/2008 des Europäischen Parlaments und des Rates über das auf vertragliche Schuldverhältnisse anzuwendende Recht (»Rom I«) vom 17.06.2008, ABl. L 177, 6 (im Folgenden »Rom I-VO«)

Anmerkung: Nach der Nennung des Amtsblattes kann auch das Kürzel »EG« bzw. (seit Inkrafttreten des Vertrags von Lissabon) »EU« hinzugefügt werden. Vor der Seitenzahl kann ein »S.« ergänzt werden. Nach der Abkürzung »ABl.« kann auch nochmals die Jahreszahl (2008) genannt werden. Dies ist jedoch nicht erforderlich, weil sie sich bereits aus dem Datum ergibt, an dem die Verordnung erlassen wurde (hier: 17.06.2008).

---

419 *Byrd/Lehmann*, Zitierfibel für Juristen, S. 81.
420 Ausführlich zur Zitierung des Unionsrechts *Bergmann/Schröder/Sturm*, Richtiges Zitieren, Rn. 628–644; *Keiler/Bezemek*, leg cit³, Rn. 89–272. S. auch *Byrd/Lehmann*, Zitierfibel für Juristen, S. 82–84 und *Möllers*, Juristische Arbeitstechnik und wissenschaftliches Arbeiten, § 6 Rn. 47 f.

8. Gesetzgebungsmaterialien und Dokumente der Europäischen Kommission

Häufig werden Sie im Rahmen Ihrer Arbeit auch einen Blick in die Entstehungsgeschichte einer Rechtsvorschrift werfen oder mit Entwürfen für Neuregelungen konfrontiert werden. Solche Materialien existieren in verschiedener Form, sodass sich jeweils auch eine eigene Zitierweise ergibt. Wichtig ist stets herauszufinden, ob es sich um eine amtliche Veröffentlichung in einer Drucksachensammlung/einem Amtsblatt handelt oder ob lediglich ein anderweitig publizierter Entwurf oder eine sonstige Stellungnahme vorliegt. Gemeinsam haben alle nachfolgend thematisierten Dokumente, dass sie nur in den Fußnoten, nicht aber im Literaturverzeichnis auftauchen. Denn dieses enthält, seinem Namen entsprechend, nur Literatur und keine Rechtstexte oder Materialien zum Rechtssetzungsprozess.

483a

Gesetze werden oft von Referenten in den Fachministerien entworfen und dann von der Regierung oder der ihr zugehörigen Bundestagsfraktion als Gesetzentwurf[421] eingebracht. Bis zu diesem Zeitpunkt spricht man von einem Referentenentwurf, wenn sich der Entwurf einem Fachministerium zuordnen lässt, anderenfalls von einem Regierungsentwurf. Erst mit dem Vorliegen des eingebrachten Gesetzentwurfs bekommt der Entwurf (der dann ein offiziell eingebrachter Regierungsentwurf oder der Entwurf einer Fraktion ist) auch eine Nummer in den Bundestagsdrucksachen. Zuvor ist das – häufig gleichlautende – Dokument mit dem Gesetzestext und einer Begründung in der Regel nur als pdf-Datei auf der Website des Ministeriums abrufbar. Diese Entwürfe werden häufig auch mit einem angehängten »E« als »RefE« (für einen Referentenentwurf) oder »RegE« (für einen Regierungsentwurf) zitiert[422], wobei als Fundstelle bei der ersten Nennung die Internetadresse (URL) in der Fußnote angegeben wird. Bei der ersten Nennung sollte der Entwurf mit seinem vollständigen Titel genannt werden, wobei gleich an dieser Stelle die Abkürzung eingeführt werden kann – entweder in Klammern nach dem Titel oder am Ende des Zitats mit dem Hinweis »im Folgenden: …« oder »zitiert als …«.

483b

Wenn der Entwurf als offizieller Gesetzentwurf eingebracht wird, bekommt er eine Drucksachennummer, mit welcher er auch zitiert werden kann. Dabei werden die Bundestagsdrucksachen üblicherweise mit »BT-Drs.« oder »BT-Drucks.« abgekürzt, gefolgt von deren Nummer. Die vor dem Schrägstrich stehende Zahl bezeichnet dabei die Legislaturperiode, die darauffolgende Zahl die fortlaufende Nummer der Drucksache. Weil die Drucksachen zudem über Seitenzahlen verfügen, wird auch die konkrete Seite angegeben, auf der das Zitat steht. Diese wird nach einem Komma an die Drucksachennummer angehängt, allerdings ohne den Zusatz »S.«. Beachten Sie dabei, dass die Begründung des Entwurfs in beiden Fällen – offiziell eingebracht oder noch im Status eines Referentenentwurfs – keine offizielle Gesetzesbegründung darstellt, sondern lediglich die Begründung derjenigen, welche den Entwurf verfasst und/oder eingebracht haben. Wenn also mitunter von einer »amtlichen Begründung« gesprochen wird, ist dies falsch. Sie sollten stets von der »Begründung des Regierungsentwurfs« o.ä. sprechen. Freilich spricht viel dafür, dass sich die Mehrzahl der Abgeordneten die ursprüngliche Begründung des Entwurfs zu eigen machen, wenn sich an

483c

---

421 Beachten Sie: Es heißt Gesetzentwurf und nicht Gesetzesentwurf!

422 Vgl. *Bergmann/Schröder/Sturm*, Richtiges Zitieren, Rn. 664–670; *Byrd/Lehmann*, Zitierfibel für Juristen, S. 86 f.

dem Entwurfstext bis zum Erlass nichts mehr geändert hat und der Verlauf der Parlamentsdebatte nichts anderes vermuten lässt.

483d Wenn Sie die Behandlung des Gesetzentwurfs nachvollziehen möchten, so sind zwei Dokumentarten relevant: Zum einen die offiziellen Änderungs- und Alternativanträge sowie die Beschlussempfehlungen und Berichte der Ausschüsse, welche ebenfalls eine Drucksachennummer bekommen. Sie werden zum Beispiel so zitiert: Beschlussempfehlung und Bericht des Ausschusses für Gesundheit zum Gesetzentwurf der Bundesregierung (BT-Drs. 18/3034, 18/8333, 18/8461 Nr. 1.5), BT-Drs. 18/10056.[423] Zum anderen die Debatte über den Entwurf im Plenum des Bundestages. Letztere wird in Plenarprotokollen festgehalten, die ebenfalls öffentlich zugänglich sind. Diese sogenannten stenografischen Berichte werden zum Beispiel mit »PlProt.« (für Plenarprotokolle) bzw. »BT-PlProt.« und »BR-PlProt.« abgekürzt und dann etwa folgendermaßen zitiert: PlProt. 19/198, S. 19422 (Beispiel für einen stenografischen Bericht des Bundestages) und PlProt. 764, S. 266 (für einen stenografischen Bericht des Bundesrates).

483e Die Materialien des Gesetzgebungsverfahrens im Bundestag können auf der Parlamentsdokumentationsseite des Bundestages (*pdok.bundestag.de*) abgerufen und mit ihrer Drucksachennummer gesucht werden. Wenn Sie dort ein Dokument gesucht haben, finden Sie unter dem Link zur zugehörigen pdf-Datei die Zeile »Behandlung im Bundestag«. Ein Klick hierauf führt zu allen zugehörigen weiteren Drucksachen, was die Suche nach Beschlüssen, Empfehlungen und Änderungsanträgen erheblich vereinfacht. Auf diese Weise können Sie das Gesetzgebungsverfahren im Bundestag umfassend nachvollziehen.

483f Gesetzgebungsmaterialien der EU werden teilweise ebenfalls im Amtsblatt der EU abgedruckt. Im Teil L des Amtsblattes finden sich die verbindlichen Rechtstexte, im Teil C sonstige Dokumente. In Teil C werden unter anderem auch die Entwürfe für Rechtstexte und im Verfahren offiziell abgegebene Stellungnahmen durch die Kommission, Ausschüsse oder sonstige äußerungsberechtigte Organe abgedruckt. Auch Beschlüsse in kartellrechtlichen Verfahren und im Beihilferecht werden dort veröffentlicht. Die Ausgaben des Amtsblattes werden laufend nummeriert und dann zum Beispiel als »Amtsblatt C 123« unter Angabe des Datums der abgedruckten Entscheidung oder Stellungnahme zitiert. Die Zitierweise entspricht der bereits oben erwähnten Zitierung eines im Amtsblatt veröffentlichten Gesetzes. Einen Überblick über die Materialien zu einem bestimmten Gesetzgebungsverfahren finden Sie unter: *eur-lex.europa.eu/collection/legislative-procedures.html*. Dort können Sie auch mithilfe der Verfahrensnummer nach den vorhandenen Dokumenten suchen.

483g Häufig werden Ihnen in Ihrer Arbeit zudem nicht im Amtsblatt veröffentlichte Dokumente namentlich der Europäischen Kommission begegnen. Diese übt mit ihren Stellungnahmen, halb-offiziellen Bekanntmachungen, Pressemitteilungen und Leitlinien einen erheblichen Einfluss auf die Politik und Rechtspraxis der EU aus. Diese Dokumente werden mit Aktenzeichen versehen, die sich nach dem jeweiligen Sachgebiet und der Dokumentenart richten. Am häufigsten findet sich die Abkürzung »COM« für Legislativvorschläge sowie Mitteilungen und Berichte der Kommission

---

423 Hierbei handelt es sich um die Langfassung. Es genügt, wenn aus dem Kontext ersichtlich ist, um welchen Gesetzentwurf es geht – weil er zuvor genannt wurde – auch, nur von einer »Beschlussempfehlung des Ausschusses für Gesundheit« zu sprechen und dann dessen Drucksachennummer anzufügen.

an andere Organe.[424] Dabei wird üblicherweise zwischen die Abkürzung COM, das eingeklammerte Jahr und die Dokumentennummer kein Leerzeichen gesetzt.[425] Bis 2012 wurde für Kommissiondokumente auch die deutsche Abkürzung »KOM« und »endg.« statt »final« verwendet. Diese Abkürzung hat die Kommission aufgegeben.[426] Wenn Sie Dokumente der Europäischen Kommission suchen, finden Sie diese über folgende Website: *europa.eu/european-union/documents-publications/official-documents_de.* Zum Amtsblatt gelangen Sie über die Seite *eur-lex.europa.eu/oj/direct-access.html.* Diese Internetadressen müssen jedoch nicht zusätzlich zum Aktenzeichen in der Fußnote angegeben werden.

Beispiele: Zitat eines online abrufbaren Referentenentwurfs   483h
Referentenentwurf des Bundesministeriums für Gesundheit für ein Viertes Gesetz zur Änderung arzneimittelrechtlicher und anderer Vorschriften vom 25.11.2015 (RefE AMG), abrufbar unter: *www.bundesgesundheitsministerium.de/xyz*
    oder
Referentenentwurf des Bundesministeriums für Gesundheit für ein Viertes Gesetz zur Änderung arzneimittelrechtlicher und anderer Vorschriften vom 25.11.2015, abrufbar unter: *www.bundesgesundheitsministerium.de/xyz* (im Folgenden: RefE AMG)

Beispiele: Zitat eines offiziell eingebrachten Regierungsentwurfs
Entwurf der Bundesregierung für ein Viertes Gesetz zur Änderung arzneimittelrechtlicher und anderer Vorschriften vom 06.04.2016 (RegE AMG), BT-Drs. 18/8034
    oder
Entwurf der Bundesregierung für ein Viertes Gesetz zur Änderung arzneimittelrechtlicher und anderer Vorschriften vom 06.04.2016 (AMG-E), BT-Drucks. 18/8034
    oder
Entwurf der Bundesregierung für ein Viertes Gesetz zur Änderung arzneimittelrechtlicher und anderer Vorschriften vom 06.04.2016, BT-Drs. 18/8034 (im Folgenden: RegE AMG)

Beispiele: Zitat der Begründung des Regierungsentwurfs
Begründung des Regierungsentwurfs für ein Viertes Gesetz zur Änderung arzneimittelrechtlicher und anderer Vorschriften, BT-Drs. 18/8034, 42 (lange Fassung)
    oder
Begründung des RegE AMG, BT-Drs. 18/8034, 42 (kürzere Fassung)
    oder
Begründung zu § 41b RegE AMG, BT-Drs. 18/8034, 42 (konkrete Bezugnahme auf die Begründung zu einer bestimmten Vorschrift)

Anmerkung: Ob Sie in der Fußnote die kürzere oder die längere Fassung verwenden, hängt auch davon ab, ob Sie im Text bereits auf den Titel des Gesetzes Bezug genommen haben. Wenn dort (für das gewählte Beispiel) bereits vom Entwurf eines neuen Arzneimittelgesetzes gesprochen wird, dann reicht es aus, in der Fußnote von der »Begründung zu § 41b RegE AMG« o.ä. zu sprechen.

Beispiel: Zitat eines Bundestagsbeschlusses
Beschlussempfehlung und Bericht des Ausschusses für Gesundheit zum Gesetzentwurf der Bundesregierung (BT-Drs. 18/3034, 18/8333, 18/8461 Nr. 1.5), BT-Drs. 18/10056, 3

Beispiele: Zitat einer Wortmeldung in der Parlamentsdebatte (hier: Bundestag)
Schenk, PlProt. 14/115, 10969
    oder
Wortmeldung von *Schenk,* BT-PlProt. 14/115, 10969

---

424 Zu den Aktenzeichen der Europäischen Kommission siehe die Übersicht unter: *ec.europa.eu/transparency/regdoc/index.cfm?fuseaction=helpcote.*

425 *Byrd/Lehmann,* Zitierfibel für Juristen, S. 88. Anders (selbstverständlich auch vertretbar) *Möllers,* Juristische Arbeitstechnik und wissenschaftliches Arbeiten, § 6 Rn. 55.

426 Vgl. dazu *publications.europa.eu/code/de/de-5020100.htm.*

Anmerkung: Wenn Sie in Ihrem Dissertationstext bereits den Äußernden und den Inhalt der Äußerung eingeführt haben (etwa »Schenk ließ sich während der Debatte dahingehend ein, dass...«), dann genügt in der Fußnote die Nennung der Fundstelle in den stenografischen Berichten (hier: BT-PlProt. 14/115, 10969).

Beispiel: Zitat eines im Amtsblatt der EU veröffentlichten Dokuments
Entscheidung der Europäischen Kommission zur Einstellung des Verfahrens in Bezug auf die Nutzung von öffentlichem Grund und Boden und natürlichen Ressourcen der öffentlichen Hand durch Stromerzeuger in Island vom 25.01.2017, Abl. C 123, 4
    oder
Entscheidung der Europäischen Kommission vom 25.01.2017, Abl. C 123, 4 (Kurzfassung)

Hinweis: Ob Sie die Kurzfassung oder den vollständigen Titel der Entscheidung wählen, hängt auch hier davon ab, ob Sie im Text bereits auf den Inhalt Bezug genommen haben. Wenn Sie dort bereits einen Satz wie diesen geschrieben haben: »Die Europäische Kommission hat das beihilferechtliche Verfahren gegen Island in Bezug auf die Nutzung von öffentlichem Grund und Boden danach eingestellt«, so reicht in der Fußnote die Kurzfassung.

Beispiel: Dokument der Europäischen Kommission
Europäische Kommission, Vollendung des Binnenmarktes. Weißbuch der Europäischen Kommission an den Europäischen Rat, KOM(85)310 endg. (deutschsprachige Variante – verwendet bis 2012)
    oder
Europäische Kommission, Weißbuch zur Zukunft Europas vom 01.03.2017, COM(2017)2015 final (englischsprachige Variante) – seit 2012 wird nur noch diese Variante verwendet.

Anmerkung: Bis 1998 wird die Jahreszahl zweistellig, für Dokumente ab 1999 vierstellig angegeben. Sofern ein deutschsprachiges Dokument mit der Abkürzung »KOM« vorliegt (also ein Dokument, das bis 2012 publiziert wurde), würde ich die deutschsprachige Variante bevorzugen.

9. Im Internet verfügbare Quellen

484   Internetquellen sind zwar kein neues Phänomen mehr. Gleichwohl lässt sich immer noch eine gewisse Berührungsangst bei vielen Traditionalisten beobachten, wenn eine Quelle »im Netz« aufzufinden ist. Die Bedenken sind jedoch in ihrer Pauschalität unbegründet. Das Internet ist lediglich ein Übertragungsweg für Informationen. Diese stammen wiederum von denselben Menschen, die auch Bücher schreiben und Briefe verfassen. Es ist viel Schund im Umlauf, aber auch viel Wissenschaftliches. Allein die Beurteilung der Fundstücke mit Blick auf die Zitierfähigkeit ist bei Online-Quellen in der Regel schwerer als bei den Quellen, die in Papierform vorliegen. Denn außer einer Handvoll Online-Zeitschriften gibt es im Internet nur wenige in der *Scientific Community* offiziell anerkannte Veröffentlichungsplattformen, die stets zitierfähig sind.

484a   Sie müssen deshalb, wenn es sich nicht um pauschal Zitierfähiges wie online veröffentlichte Dissertationen oder Online-Zeitschriften handelt, bei jeder Fundstelle aufs Neue überprüfen, ob es sich um eine in einer wissenschaftlichen Quelle **als wissenschaftlicher Nachweis** zitierfähige Fundstelle handelt, die als solcher auch ins Literaturverzeichnis eingetragen wird. Entscheidendes Kriterium dafür ist die Wissenschaftlichkeit der konkreten Passage, also auch ihre Seriosität.[427] Achten Sie deshalb zunächst auf den Autor: Handelt es sich um einen Wissenschaftler, eine öffentliche Institution, einen unabhängigen Journalisten? Oder lässt der Text gar seinen Autor

---

427 *Bergmann/Schröder/Sturm*, Richtiges Zitieren, Rn. 137; *Basak/Schimmel*, ZJS 2008, 435 (436).

nicht erkennen? Veröffentlicht der Autor kostenfrei aus rein inhaltlichen Interessen oder handelt es sich um eine kommerzielle oder jedenfalls gesponserte Seite? Bei der Beurteilung des Textes sollten Sie auf verschiedene Eigenschaften einer wissenschaftlichen Quelle achten: Ist der Text neutral und objektiv geschrieben? Belegt er überprüfbare Behauptungen? Kommen andere Meinungen zu Wort oder ist der Text tendenziell abgefasst? Lässt sich der Text – wie in einem *Wiki* – von beliebigen Dritten verändern oder ist er statisch abgespeichert und nur einem Autoren(team) zugeordnet? Für die Eignung als wissenschaftlicher Nachweis spricht in der Regel eine Kombination aus diesen Faktoren: Der Text ist in neutraler, objektiver Sprache abgefasst, berücksichtigt verschiedene Ansichten, zitiert dort, wo fremde Meinungen übernommen werden, und achtet auf Nachweise für alle Behauptungen, stammt von einer persönlich nicht zweifelhaften oder mit Interessenskonflikten behafteten Quelle und ist als statischer Text abrufbar.[428] Wenn eine Quelle diesen Standards genügt, ist sie auch wie eine Quelle »aus der realen Welt« zitierfähig und wird wie eine solche für wissenschaftliche Aussagen zitiert.

Wie sollten dann diese Fundstellen zitiert werden? Hier besteht unter Studierenden, aber auch unter Autoren und in der Ratgeberliteratur mehr Unsicherheit und Uneinigkeit als in den anderen Bereichen des Zitierens. Einheitliche Vorgaben sind schwer zu finden, und oft wird das Thema auch nur stiefmütterlich behandelt. Es existiert zwar ein Zitierstandard (DIN ISO 690)[429]; dessen Regeln sind jedoch etwas veraltet und entsprechen zudem – auch für den Printbereich, wo etwa das Zitat der ISBN-Nummer empfohlen wird – nicht dem allgemein Üblichen. Unterschieden werden sollte zunächst danach, ob die jeweilige Quelle auch als Printvariante existiert oder einer Printquelle entspricht. | 485

Den Aufsatz aus einer Online-Zeitschrift erkennen Sie dann in der Fußnote jedoch nur daran, dass Sie den Titel hinter dem Zeitschriftenkürzel kennen. Zitiert wird er wie ein normaler Aufsatz, etwa folgendermaßen: *Krüper*, ZJS 2011, 198 (200). Auch ein online abrufbares Gutachten wird wie eine Monografie zitiert, also zum Beispiel: »*Spranger*, Legal Analysis, S. 10« für ein Zitat aus dem im Internet veröffentlichten Gutachten »Legal Analysis of the applicability of Directive 2001/18/EC on genome editing technologies« von *Tade Matthias Spranger*. Die zugehörige Website taucht dann lediglich im Literaturverzeichnis auf; in der Fußnote wird das Werk zitiert wie eine nur als Print-Ausgabe vorhandene Monografie. Online abrufbare Bücher oder nur elektronisch veröffentliche Monografien (E-Books) mit einer ISBN-Nummer werden ebenfalls zitiert wie eine bzw. ihre Print-Ausgabe. Bei ihnen ist jedoch die Angabe der Internetadresse auch im Literaturverzeichnis nicht erforderlich.[430] Dies gilt freilich nur unter der wichtigen – in der rechtswissenschaftlichen Literatur jedoch in der Regel erfüllten – zusätzlichen Anforderung, dass die Seitenzahl im E-Book nicht von der Print-Ausgabe abweicht.[431] | 485a

Von den soeben genannten Quellen, die sich von klassischen Print-Fundstellen nur durch ihre Verfügbarkeit über das Internet unterscheiden, sind solche **Internetfund-** | 486

---

428 Ähnlich *Basak/Schimmel*, ZJS 2008, 435 (436).
429 Diese Zitierregeln sind z.B. hier abrufbar: *www.uni-saarland.de/fileadmin/user_upload/ Professoren/fr41_ProfSolteGresser/Dokumente/Zitieren_nach_DIN_ISO_690.pdf*.
430 A.A. *Träger*, Zitieren 2.0, S. 63.
431 *Prexl*, Mit digitalen Quellen arbeiten, S. 179. Für Zeitschriften a.A. (nämlich Angabe der Internetadresse) jedoch *dies.*, a.a.O., S. 186–188.

stellen abzugrenzen, **die nicht zu einem Eintrag im Literaturverzeichnis führen,** weil sie nicht als wissenschaftliche, das heißt für wissenschaftliche Aussagen zitierte Quelle fungieren, sondern aus anderen Gründen zitiert werden. Damit sind vor allem Quellen für tatsächliche statt rechtlicher Aussagen gemeint, das heißt solche für den »Sachverhalt«, den »Tatbestand« der Dissertation, wenn Sie die Existenz einer Tatsache beweisen möchten.[432] Welche Art von Nachweisen ist damit angesprochen? So ist zum Beispiel denkbar, dass Sie auf eine Seite verweisen, die den aktuellen Stand der Gesetzgebung zusammenfasst. Als »Service« für Ihren Leser verweisen Sie nach Ihrer Zusammenfassung auf diese Seite, damit er überprüfen kann, ob Ihre Ausführungen noch aktuell sind. In der Fußnote könnte dann beispielsweise folgender Text stehen: »Der aktuelle Stand zur Gesetzgebung im Informationsfreiheitsrecht ist verfügbar unter: *www.informationsfreiheit.org.*« Denkbar wäre auch das Zitat von Presseartikeln oder Blog-Beiträgen, die als Beispiele für Persönlichkeitsrechtsverletzungen in einer medienrechtlichen Arbeit zitiert werden. In einer Arbeit, die sich viel mit Aussagen von Politikern befasst, könnte ein *Tweet*, ein Posting bei *Facebook* oder ein in einem Online-Archiv abrufbares Interview für bestimmte tatsächliche Aussagen – die sodann rechtlich bewertet werden – zitiert werden. In einer unternehmensrechtlichen Arbeit mit wirtschaftswissenschaftlichen Bezügen könnten zum Beispiel Stellungnahmen des Unternehmens und im Internet veröffentlichte Unternehmensdaten zitiert werden. Diese Quellen würden nur in den Fußnoten als Zitat auftauchen, nicht aber auch als Eintrag im Literaturverzeichnis. In solchen Fällen wird das – als wissenschaftlicher Nachweis möglicherweise nicht zitierfähige – Medium nicht für eine wissenschaftliche Aussage zitiert, sondern ist gleichsam selbst der Gegenstand der Untersuchung und kann aus diesem Grund zitiert werden.[433]

486a Solche Zitate werden in einer rechtswissenschaftlichen Arbeit – zumal dann, wenn sie nicht interdisziplinär angelegt ist – eher selten sein und zumeist eher in einleitenden Passagen anzutreffen sein. Das Problem, wie *Facebook*-Einträge, Online-Interviews, *YouTube*-Videos oder sogenannte *Tweets* zitiert werden, ist häufiger in kommunikationswissenschaftlichen oder in anderen, auch empirisch die Wirklichkeit erforschenden Arbeiten relevant. Aus diesem Bereich können dazu zwei Werke empfohlen werden, die in den letzten Jahren erschienen sind und sich mit der Zitierung elektronischer Quellen in allen Spielarten befassen: Es handelt sich um die von mir bereits einige Male zitierten Werke »Mit digitalen Quellen arbeiten« von *Lydia Prexl* (2. Aufl. Paderborn 2016) und »Zitieren 2.0« von *Thomas Träger* (München 2016). Dort finden Sie Vorschläge für die Zitierung einer großen Bandbreite von Quellen, von *Facebook*-Postings über *Wiki*-Einträge bis hin zu ausführlichen Abschnitten über die Zitierung von online verfügbaren unternehmensbezogenen Informationen.[434] Beachten Sie jedoch, dass diese beiden Werke – da aus anderen Wissenschaftsdisziplinen stammend – ihre Zitate der APA- bzw. Harvard-Zitierweise angepasst haben.

486b Wenn Sie eine Internetquelle zitieren, die nicht lediglich die online abrufbare Fassung einer Printausgabe darstellt, dann nennen Sie also in der Fußnote die Internetadresse

---

432 *Stieper*, Empfehlungen (vgl. Anhang 2), S. 2.
433 Vgl. *Prexl*, Mit digitalen Quellen arbeiten, S. 139.
434 *Prexl*, Mit digitalen Quellen arbeiten, S. 191–265; *Träger*, Zitieren 2.0, S. 59–120. Weil *Träger* selbst Wirtschaftswissenschaftler ist, finden sich dort (a.a.O., S. 77–120) besonders viele Ausführungen zum Zitieren öffentlich zugänglicher Unternehmensinformationen und von Unternehmensinterna.

(URL).[435] Heben Sie diese dazu hervor, etwa durch Kursivsetzung. Sie können zudem spitze Klammern (<>) vor und nach der Adresse einfügen, um zusätzlich deutlich zu machen, welcher Teil des Textes zur Website gehört.[436] Lassen Sie aber das »http://« weg, da es bei der Eingabe der Adresse im Browser nicht nötig ist[437] und die Internetadresse nur unnötig in die Länge zieht.[438] Auch die Angabe »URL« vor der Adresse ist nicht erforderlich.[439] Entfernen Sie auch den von der Textverarbeitung automatisch generierten Hyperlink mit der zugehörigen Unterstreichung (und Einfärbung). Die Unterstreichung verdeckt mögliche Unterstriche in der Internetadresse und hebt die Website zu stark hervor. Unterstreichungen sollten Sie im Übrigen aus ästhetischen Gründen ohnehin höchstens in Ihren Überschriften verwenden.

Zwei Nachteile hat jedoch das Zitat mittels der URL (Internetadresse): Sie kann sich schnell ändern oder gar aus dem Netz verschwinden[440] und ist vor allem häufig sehr lang, sodass sie manchmal nur schwer in einer Zeile in den Fußnoten oder im Literaturverzeichnis unterzubringen ist. Beide Nachteile können vermieden werden, wenn die Quelle mit einem permanenten Verweis zitiert wird. Am gebräuchlichsten ist hier der *Digital Object Identifier* (DOI), ein Code, der, in ähnlicher Weise wie die ISBN- oder ISSN-Nummer für Printmedien, der Internetquelle permanent zugeordnet ist, sich nicht mehr ändert und zudem kürzer ist als viele URLs. Ein DOI-Code sieht z.B. so aus: 10.1000/182 (das ist der Code zum DOI-Handbuch), zitiert wird er folgendermaßen: *doi:10.1000/182*. Dabei können zusätzlich die eckigen Klammern wie für das Zitat der URL benutzt werden[441], die Abkürzung *doi* wird hier stets kleingeschrieben. Unter der URL *dx.doi.org/10.1000/182* (für das genannte Beispiel) kann dann das Dokument abgerufen werden (also angehängt an die Adresse *dx.doi.org/*). Bei Abruf erscheint im Browser auch die zugehörige URL, mit welcher das Dokument ebenfalls zitiert werden kann (im Beispielsfall: *www.doi.org/hb.html*).

486c

Der Nachteil des DOI-Codes besteht darin, dass nicht jedem online verfügbaren Dokument ein solcher Code zugeordnet ist. Er kann deshalb möglicherweise nicht für alle Quellen verwendet werden, die zitiert werden sollen. Gerade für wissenschaftliche Quellen wie online verfügbare Fachaufsätze oder im Internet veröffentlichte Papers existiert jedoch oft ein DOI-Code, sodass er in einer wissenschaftlichen Arbeit häufig die Angabe der URL entbehrlich machen kann. Auch wenn dies auf Kosten der Einheitlichkeit geht, spricht viel dafür, sich bei Verfügbarkeit eines DOI-Codes für dessen Zitierung statt der URL – oder auch zusätzlich zur URL[442] – zu entscheiden und auf diese nur für die übrigen Fälle zuzugreifen.[443] Die bessere Handhabbarkeit in Fußnoten und die dauerhafte Zuordnung des Codes zur Quelle lässt

486d

---

435 Die Abkürzung steht für »United Resource Locator« und wird umgangssprachlich mit den Begriffen »Internetadresse« oder »Webadresse« synonym verwendet.

436 So der Vorschlag von *Bergmann/Schröder/Sturm*, Richtiges Zitieren, Rn. 187 und *Forstmoser/ Ogorek/Schindler*, Juristisches Arbeiten, S. 359.

437 Der Grund hierfür liegt darin, dass die Browser mittlerweile – anders als zu den Anfangszeiten des privaten Internetzugangs – verschiedene Protokollvarianten ausprobieren.

438 Anders jedoch *Träger*, Zitieren 2.0, S. 50, der die Angabe des Internetprotokolls – http:// oder https:// – für unentbehrlich hält. Wie hier *Müller*, ZitierGuide, S. 21.

439 Anders *Bleuel*, Zitation von Internet-Quellen, S. 7.

440 Dann erscheint bei Eingabe der URL der bekannte Fehlercode 404 (= Website ist nicht verfügbar).

441 So der Vorschlag von *Träger*, Zitieren 2.0, S. 51 f.

442 Dafür *Bleuel*, Zitation von Internet-Quellen, S. 11.

443 *Träger*, Zitieren 2.0, S.52. Unentschieden *Prexl*, Mit digitalen Quellen arbeiten, S. 164 f.

jedenfalls vermuten, dass die Zitierung mittels DOI-Code zu einem Standard in der Wissenschaft werden könnte. Verlage, die ihre Zeitschriften auch online anbieten, weisen auf den pdf-Dateien in der Regel neben den Angaben zur Zitierung des Printexemplars auch den DOI-Code aus. So wird etwa dem Aufsatz *Beyerbach/Müller-Terpitz*, WissR 48 (2015), 229–268 folgender DOI-Code zugeordnet: *doi:10.1628/094802116X14664898410684*. Diesen Code finden Sie bei online abgerufenen Aufsätzen in der Regel entweder in der Kopf- oder Fußzeile bzw. am Ende des Beitrags.

10. Fremdsprachige/ausländische Quellen

486e Wenn Sie eine rechtsvergleichende Arbeit schreiben oder bei Einzelfragen auf eine Regelung oder Literaturstelle aus dem Ausland stoßen, werden in Ihrer Arbeit auch Zitate von ausländischen, häufig auch fremdsprachigen Quellen erforderlich werden. Dann stellt sich die Frage, ob die eben geschilderten Vorgaben und Empfehlungen auch für diese Quellen Geltung beanspruchen. Oder sollte man sich in Sprache und Form ganz der fremden Rechtsordnung und ihren Gepflogenheiten anpassen, wenn man ihre Quellen zitiert?

486f Die Antwort hierauf fällt schwer, denn zwei Probleme sollten Sie vermeiden. Auf der einen Seite sollte die Zitierweise innerhalb der Arbeit einheitlich und damit auch leicht nachvollziehbar sein und sich zudem an dem in der deutschen Rechtswissenschaft Üblichen orientieren. Auf der anderen Seite haben sich in ausländischen Rechtsordnungen ebenso eigene Formalien etabliert. Ein Kenner dieser Rechtsordnung erwartet deshalb, dass diese Formalien eingehalten werden, wenn zu der ausländischen Rechtsordnung gearbeitet wird. Beiden Vorgaben können Sie nicht gleichzeitig gerecht werden, werden sie doch häufig in Widerspruch zueinander stehen. Hinzukommt, dass Ihre Arbeit in deutscher Sprache verfasst wird und somit grundsätzlich auf fremdsprachige Formulierungen verzichten sollte, wo dies möglich ist. Wie geht man mit diesen sich gegenseitig widersprechenden Anforderungen um?

486g Grundsätzlich sollte versucht werden, in der gesamten Arbeit soweit wie möglich nach dem gleichen System und denselben Regeln zu zitieren. Das bedeutet etwa, dass Zitate, welche im *Harvard*-Stil oder ähnlichen, von der Zitiertechnik der deutschen Rechtswissenschaft abweichenden Stilen verfasst sind, an die Vollzitat-Technik in den soeben beschriebenen Varianten angepasst werden. Aus einem im Text befindlichen Klammerzitat wie zum Beispiel »(Beyerbach 2012, 12)« würde dann zum Beispiel der Eintrag »*Beyerbach*, Die geheime Unternehmensinformation, S. 12« in einer Fußnote. Hier würde also, deutschen Gepflogenheiten entsprechend, der Titel der Monografie ergänzt. Wenn im Ausland in den Fußnoten oder dem Literaturverzeichnis die Angabe des Verlages oder der ISBN-Nummer des Werkes üblich ist, so würde diese wiederum weggelassen werden. Auch ungebräuchliche Formatierungsvarianten würden »eingedeutscht«. Ist es im Ausland etwa – wie in der Schweiz – üblich, den Autor nicht kursiv, sondern in Kapitälchen zu setzen, so sollte man ihn der Einheitlichkeit wegen in einer deutschen Arbeit kursiv setzen.[444] Ins Deutsche übersetzt werden zudem Wörter wie »Seite«, »Herausgeber«, »Auflage« etc. Hier werden also nicht die originalsprachigen Begriffe wie »editor« oder »volume« verwendet.[445]

---

444 *Byrd/Lehmann*, Zitierfibel für Juristen, S. 90.
445 *Byrd/Lehmann*, Zitierfibel für Juristen, S. 90.

Die Titel fremdsprachiger Quellen werden grundsätzlich nicht ins Deutsche über-   486h
setzt, weil Sie die Quelle authentisch zitieren und Ihre Übersetzung keine offizielle
Version darstellt. Schwierigkeiten kann dies freilich für Ihren Leser bereiten, wenn
Sie Quellen verarbeiten, deren Titel in einer wenig geläufigen Sprache geschrieben
sind, und das gegebenenfalls noch in anderen Schriftzeichen. Wie etwa umgehen mit
russischen, chinesischen, arabischen oder hebräischen Titeln? Die allerwenigsten Leser werden den Titel überhaupt lesen können, geschweige denn ihn verstehen. Mit
solchen Quellen sollten Sie deshalb anders umgehen als mit französischen oder spani-
schen Quellen, deren Titel Ihre Leser auch dann lesen können, wenn sie dieser Sprachen nicht mächtig sind. Hier bietet es sich an, die Quelle im Originaltitel zu zitieren,
dahinter aber in Klammern eine deutsche Übersetzung (oder eine Kurzfassung der
Übersetzung) anzubringen, damit die Quelle auch für den nicht in dieser Sprache
Vertrauten leicht zuordenbar ist. Im Literaturverzeichnis sollten Sie solche Quellen
ebenfalls übersetzen, nachdem Sie den Originaltitel genannt haben. Auch hier können
Sie die deutsche Übersetzung in Klammern hinter den originalsprachlichen Titel anfügen. Sie sollten aber zu Beginn des Literaturverzeichnisses darauf hinweisen,
dass/ob es sich um offizielle oder um Ihre eigenen Übersetzungen handelt. Dies kann
in Vorbemerkungen vor den Quelleneinträgen geschehen, wie sie etwa auch im Literaturverzeichnis zu diesem Buch zu finden sind.

Allerdings sollte nicht alles in die teilweise speziellen deutschen Vorgaben gepresst   486i
werden. Wichtig ist, dass ein Kenner der ausländischen Rechtsordnung bei Lektüre
des Zitats noch erkennt, welche Quelle zitiert wird, und die Zitierweise nicht als völlig ungewöhnlich und damit unprofessionell empfindet. Wenn sich im Herkunftsstaat
für eine Quellenart eine bestimmte Zitierweise etabliert hat, ist deshalb diese zu wählen. Das gilt insbesondere für die Zitierung von Rechtsvorschriften[446], Rechtsprechung[447] und von Aufsatzliteratur. Hier sollten die amtliche Sammlungen und Zeitschriften so zitiert werden, dass die Zitate dem in der fremden Rechtsordnung
Beheimateten nicht auffallen. Eingedeutscht wird also die Formatierung und die
grundsätzliche Zitierweise im Vollzitat und in Fußnoten (statt der *Harvard*- oder
Chicago-Style-Zitierweise). Zitierregeln der Herkunftsländer für Urteile, Aufsätze,
Gesetzgebungsdokumente und Rechtstexte werden aber strikt eingehalten.

Die Vielzahl an Rechtsordnungen, mit denen Sie es zu tun haben können, macht es   486j
unmöglich, an dieser Stelle konkrete Vorgaben für alle Fälle zu machen. Welches die
lokalen Zitierstandards sind und wie verbindlich einzelne Vorgaben sind, unterscheidet sich zudem international teilweise erheblich. In einigen Ländern haben sich – wie
in Deutschland – bestimmte Varianten eingespielt, ohne dass offizielle Zitierregeln
bestehen. In solchen Ländern variieren die Zitiervarianten deshalb mitunter stark,
auch wenn im Kern bestimmte Vorgaben anerkannt sind. Wenn Sie es mit einem solchen Land zu tun haben, dann helfen Ihnen Ratgeber, die sich ausdrücklich mit den
Formalien beschäftigen. Alternativ, aber auch ergänzend dazu sollten Sie sich die
Veröffentlichungen zu dieser Rechtsordnung genauer ansehen: Wie werden dort bestimmte Werke zitiert? Wie werden Rechtstexte zitiert, wie Urteile? Ein Vergleich der
verschiedenen Varianten lässt Sie bald ein Gefühl dafür entwickeln, welche Regeln als
zwingend oder vorzugswürdig angesehen werden.

---

446 *Aust/Krieger*, Hinweise (vgl. Anhang 2), S. 12.
447 So auch die Hinweise von *Aust/Krieger* (vgl. Anhang 2), S. 8 (Zitierung von Urteilen ausländi-
     scher Gerichte nach der im Ursprungsland üblichen Art).

486k   Für Quellen aus Österreich seien dazu folgende Werke empfohlen: *Dax/Hopf*, Abkürzungs- und Zitierregeln der österreichischen Rechtssprache und europarechtlicher Rechtsquellen (AZR). 7. Aufl., Wien 2012; *Keiler/Bezemek*, leg cit[3]. 3. Aufl., Wien 2014 und die »Neuen Zitierregeln (NZR)« von *Jahnel/Sramek*, abrufbar unter: *www.ridaonline.at/zitiermaster*. S. zudem die Zitierregeln bei *Konrath*, SchreibGuide Jus, S. 175–192. Für die Schweiz siehe *Müller*, ZitierGuide, insb. S. 12–20 für Rechtsprechungs- und Gesetzeszitate sowie *Haas/Betschart/Thurnherr*, Leitfaden zum Verfassen einer juristischen Arbeit, 2. Aufl. 2012, insbesondere S. 79–88 für Rechtsprechungszitate.[448]

486l   In einigen Ländern existieren dagegen Zitierregeln, die als quasi-offiziell anerkannt sind. Das gilt insbesondere für die USA, in denen die sogenannten *Bluebooks*, namentlich das der *Harvard Law School*, weitestgehend wie offizielle Regelwerke befolgt werden. Sofern Sie sich mit US-amerikanischem Recht befassen, sollten Sie deshalb einen Blick in dieses Werk, das aktuell in der 20. Auflage (2015) vorliegt, werfen.[449] In Großbritannien bildet der *Oxford University Standard for Citation of Legal Authorities (OSCOLA)* einen anerkannten Zitationsstandard.[450] Im Übrigen sollten Sie vor allem auf die korrekte Zitierung von Gesetzestexten und Rechtsprechung des jeweiligen Landes achten. Für die USA, Frankreich und Großbritannien finden Sie dazu bei *Byrd/Lehmann*[451] und *Möllers*[452] einige Beispiele, bei *Möllers*[453] zudem noch für Italien und Australien.

486m   **Übersicht: Zitierregeln für ausländische/fremdsprachige Quellen**

- Halten Sie den in Deutschland üblichen Zitierstil grundsätzlich auch für Quellen aus dem Ausland ein (z.B. Zitat in Fußnoten und im Vollzitat statt Zitat im Text und nach *Harvard-* oder *Chicago-Style*).
- Formalien wie Kursivsetzung (des Titels statt des Autors), Nennung des Verlages und der ISBN-Nummer etc. werden an die für deutsche Quellen üblichen Formalien angepasst.
- Titel von Büchern werden nicht ins Deutsche übersetzt. Formale Elemente wie »Hrsg.« für »Herausgeber«, »Aufl.« für »Auflage« oder »S.« für »Seite« werden jedoch ins Deutsche übersetzt.
- Wenn Titel aus Gründen der Sprache oder Schrift schwer oder nicht verständlich sind (vor allem wenn die jeweilige Sprache andere Schriftzeichen verwendet), sollten Sie jedoch zumindest bei Erstnennung oder im Literaturverzeichnis zusätzlich zur Nennung des Originaltitels übersetzt werden.
- Rechtsprechung und Zeitschriftenaufsätze sollten so zitiert werden, wie es in der betroffenen Rechtsordnung üblich ist, damit Kenner dieser Rechtsordnung das Zitat zuordnen können und nicht als ungewöhnlich empfinden. Für diese Quellen sind offizielle oder halb-offizielle Zitierwerke wie die sog. *Bluebooks*, der *Oxford University Standard for Citation of Legal Authorities (OSCOLA)* [Großbritannien] oder die *Neuen Zitierregeln (NZR)* [Österreich] zu beachten.

---

448 Beispiele für Österreich und die Schweiz finden sich auch bei *Byrd/Lehmann*, Zitierfibel für Juristen, S. 98–103.
449 Vgl. dazu *www.legalbluebook.com*.
450 S. dazu *www.law.ox.ac.uk/publications/oscola.php*.
451 Zitierfibel für Juristen, S. 92–97.
452 Juristische Arbeitstechnik und wissenschaftliches Arbeiten, § 6 Rn. 46, 53, 76.
453 Juristische Arbeitstechnik und wissenschaftliches Arbeiten, § 6 Rn. 76.

D. Das Literaturverzeichnis

Zwingender Bestandteil Ihrer Arbeit ist ein Literaturverzeichnis. Für dieses sollen im   487
Folgenden einige Vorgaben gemacht werden. Auch diese bilden – wie die Regeln für
das Zitieren – häufig meinen persönlichen Geschmack ab und sind nicht zwingend.
Einige Vorgaben sind jedoch allgemein anerkannt oder folgen aus den Regeln für das
wissenschaftliche Arbeiten. Wo eine formale Vorgabe nicht zwingend ist, versuche
ich dies entsprechend kenntlich zu machen und Nachweise zu anderen Ansichten zu
geben.

I. Was gehört ins Literaturverzeichnis?

Das Literaturverzeichnis ist – ganz wörtlich genommen – ein Verzeichnis von Litera-   488
turquellen. Gesetze und Gesetzgebungsmaterialien, Urteile und nicht veröffentlichte
Zitate werden nicht in das Verzeichnis aufgenommen. Wenn Sie in Ihrer Arbeit eine
umfangreiche Rechtsprechungsanalyse vorgenommen haben, bei der bereits die Recherche und Sortierung eine erhebliche Leistung war – insbesondere bei Arbeiten
zum ausländischen Recht oder rechtsgeschichtlichen Werken –, können Sie ein getrenntes Rechtsprechungsverzeichnis erwägen. Dieses Verzeichnis ist jedoch nur
dann angebracht, wenn es dem Leser auch wirklich nützt. Auch hier sollen Sie nicht
Ihre Belesenheit und Ihren Fleiß dokumentieren, sondern allenfalls das Ergebnis einer Systematisierung. Machen Sie hierfür sich selbst zum Maßstab: Würden Sie ein
solches Verzeichnis in einer fremden Dissertation zu Ihrem Thema nützlich finden?
Wenn Sie sich danach für ein solches Verzeichnis entscheiden, wird in ihm üblicherweise nach Gerichten sortiert. Ordnen Sie dazu die Gerichte hierarchisch (AG – LG
– OLG – BGH) und trennen Sie die Gerichtsbarkeiten.[454] Ausländische Entscheidungen werden von den Urteilen nationaler Gerichte getrennt.

Ins Literaturverzeichnis nehmen Sie nur die im Dissertationstext zitierte Literatur   489
auf. Es ist keine Leseliste zu Ihrem Thema, sondern ein Nachweis über die Quellen,
auf die Sie zur Erstellung des Dissertationstextes zurückgegriffen haben.[455] Andere
»einschlägige« Quellen, die Sie zwar gelesen, aber nicht zitiert haben, dürfen Sie nicht
ins Verzeichnis aufnehmen.[456]

II. Formales zum Literaturverzeichnis

Wie für die Zitierweise in den Fußnoten gibt es auch für die Gestaltung des Litera-   490
turverzeichnisses zahlreiche Varianten. Die nachfolgenden Vorgaben haben in weiten
Teilen erneut den Charakter von Empfehlungen. Viele Fragen sind auch eher ästheti-
scher als inhaltlicher Natur. Achten Sie bei der Formatierung des Literaturverzeichnisses insbesondere auf folgende Aspekte:

---

454 Für nur hierarchische Ordnung *Putzke*, Juristische Arbeiten erfolgreich schreiben, Rn. 307.
455 *Byrd/Lehmann*, Zitierfibel für Juristen, S. 127 f. Treffend auch *Putzke*, Juristische Arbeiten er-
     folgreich schreiben, Rn. 244: »Es [das Literaturverzeichnis] sorgt für Entlastung der Fußnoten.«
456 A.A. *Thieme*, Die Anfertigung von rechtswissenschaftlichen Doktorarbeiten, S. 46.

491 • **Standort**: Das Literaturverzeichnis findet sich in Haus- und Seminararbeiten, aber auch in Skripten und Lehrbüchern traditionell vor dem Text (nach dem Deckblatt, Inhalts- und Abkürzungsverzeichnis), so auch in diesem Werk. In der Dissertation und in Habilitationsschriften wird es jedoch ans Ende platziert, das heißt nach den Dissertationstext, aber vor ein mögliches Stichwortverzeichnis.

492 • Die Quellen sind **nicht nach Quellenarten zu sortieren**.[457] Diese Unart belästigt Professoren schon in vielen Seminararbeiten. In der Dissertation wäre eine Ordnung wenig leserfreundlich, da nicht in jedem Fall aus der Fußnote die Quelle ersichtlich ist und der Leser nicht verschiedene Listen durchsehen sollte, um zu den vollständigen Angaben zu gelangen. Ordnen Sie alle Fundstellen alphabetisch. Bei mehreren Quellen eines Autors empfiehlt sich eine chronologische Ordnung.[458] Zudem sollten Sie den Autor dann nur bei der ersten Nennung namentlich anführen; ab dem zweiten Eintrag können Sie statt des Namens die Kürzel »ders.« (für »derselbe«) oder »dies.« (für »dieselbe« oder »dieselben«) verwenden. In deutschen rechtswissenschaftlichen Arbeiten ist es – anders als in anderen Wissenschaften und teilweise im Ausland – üblich, auch den Vornamen vollständig (und nicht nur den Anfangsbuchstaben) anzugeben.

Enthält ein Nachname ein »von« als Adelsprädikat, so ordnen Sie den Namen nicht unter »v« ein. Das »v.« können Sie entweder nach dem Vornamen oder vor dem Nachnamen anfügen. Im Literaturverzeichnis steht also das Werk: »*Christian v. Coelln*, Zur Medienöffentlichkeit der Dritten Gewalt« unter »c«, einsortiert als: »*v. Coelln, Christian*« oder »*Coelln, Christian v.*« Ich persönlich finde die erste Variante schöner.[459] Das aus dem Niederländischen stammende »van« gehört hingegen zum Nachnamen. Solche Namen werden daher unter »v« einsortiert.

493 • Die einzelnen Einträge sind **nur durch einen Absatz** zu **trennen**. Tippen Sie dazu die kompletten Daten zu einer Quelle ab und fügen Sie erst nach dem Eintrag einen Absatz ein. Sie sollten dann im Menüpunkt »Start« unter »Absatz« das Format »hängend« wählen (unter »Sondereinzug«). Dann werden die nach der ersten Zeile eines Literatureintrags folgenden Zeilen um das Maß eingerückt, das Sie ausgewählt haben. In der Regel reicht ein Einzug von 0,5–1cm, um die Autoren deutlich sichtbar zu machen. Formatieren Sie Ihr Verzeichnis also nicht – wie man dies häufig bei Seminararbeiten sieht – durch eine Tabelle, in der Sie in die linke Spalte den Autor und in die rechte den Titel und die sonstigen Eingaben eintragen. Diese Formatierung bläht das Verzeichnis auf und lässt den Eindruck aufkommen, Sie wollten mit dem Umfang Ihres Verzeichnisses prahlen.

494 • Beenden Sie die einzelnen Einträge mit einem **Punkt**.[460] Wenn Sie (entgegen meiner Empfehlung) bei unselbstständigen Schriften die Seitenzahl mit der Anfangsseite und »ff.« statt mit einer von-bis-Angabe aufführen, folgt nach dem »ff.« kein weiterer Punkt. Nie stehen zwei Punkte hintereinander.

495 • Setzen Sie die **Autoren** oder Herausgeber des Werkes *kursiv*.

---

457 Das dürfte die »ganz herrschende« Ansicht sein, vgl. etwa die im Anhang 2 aufgelisteten Leitfäden von *Augenhofer* (dort S. 2); *Bork* (dort S. 2); *Bungenberg/Arndt* (dort S. 7); *Godt* (dort S. 7); *Manssen* (dort S. 1) und *Rosenau* (dort S. 1).

458 Das habe ich selbst bei meiner Dissertation noch nicht so gehandhabt. Im Nachhinein habe ich mich aber über die »unsystematische« Reihung geärgert.

459 A.A. *Kreutz*, Propädeutik Rechtswissenschaften, S. 30.

460 A.A. *Kreutz*, Propädeutik Rechtswissenschaften, S. 31; *Aust/Krieger*, Hinweise (vgl. Anhang 2), S. 3; *Körber*, Leitlinien (vgl. Anhang 2), S. 4. Wie hier *Möllers*, Juristische Arbeitstechnik und wissenschaftliches Arbeiten, § 6 Rn. 37.

- **Titel, Grade und Ämter** (Prof., Dr., LL.M., PD, RiLG und weitere amtliche Bezeichnungen) werden im Literaturverzeichnis – wie in der gesamten Dissertation – nicht genannt.   496

- Angaben, die nur für den Buchhandel oder den Verlag wichtig sind, aber nicht zur Titelei des Werkes gehören, gehören nicht ins Literaturverzeichnis. Darunter fallen: die Angabe der Schriftenreihe[461], in der ein Werk erschienen ist; die Angabe des Verlages[462] und die Angabe der ISBN-Nummer. Üblich ist aber – etwas inkonsequent – die Angabe des Erscheinungsortes bei Monografien und Sammelbänden.[463]   497

- Kontrollieren Sie bei der Redaktion Ihres Fußnotenapparats, ob mit den **Angaben aus der Fußnote** der Eintrag im Literaturverzeichnis ohne Weiteres zu finden ist. Wenn er dort unter den Herausgebern einsortiert ist, die Herausgeber aber nicht in der Fußnote stehen, muss entweder die Abkürzung des Titels im Abkürzungsverzeichnis inklusive der Herausgeber aufgeschlüsselt werden oder an der Stelle, wo der Titel im Verzeichnis alphabetisch stehen müsste, ein Verweis auf die Herausgeber stehen.   498

Ich will ein **Beispiel** nennen: Wenn der Münchener Kommentar zum Strafgesetzbuch von *Joecks* herausgegeben wird und Sie dieses Werk im Literaturverzeichnis dementsprechend unter »J« einsortiert haben, sollte bei »M« ein Eintrag »Münchener Kommentar zum Strafgesetzbuch → siehe unter *Joecks*« stehen, wenn in der Fußnote nur »*Autor*, in: MüKo-StGB« steht. Anderenfalls findet der Leser den Kommentar nur durch Suchen oder wenn er weiß, wer der Herausgeber ist.[464]   499

III. Beispiele für Einträge zu verschiedenen Quellenarten

Die weiteren Formalien hängen davon ab, um welche Art von Quelle es sich handelt und wie Sie die Quelle zitiert haben. Da es auch für den Eintrag ins Literaturverzeichnis viele Varianten gibt, stellen die nachfolgenden Beispiele nur Empfehlungen dar. Wenn Ihnen der Vorschlag nicht gefällt oder für Ihre Quellenart kein Vorschlag gemacht wird, können Sie in den bereits erwähnten Werken zum Zitieren, insbesondere den sehr ausführlichen Werken von *Bergmann/Schröder/Sturm* und *Byrd/Lehmann* weitere Varianten finden. Zudem bleibt es eine Litanei dieses Buches: Schauen Sie im Zweifelsfall in die Habilitationsschrift Ihres Betreuers. Hier unterlag er keinen formalen Restriktionen zum Zitieren (wie bei der Formatierung von Aufsätzen, Kommentierungen und den meisten Handbuchbeiträgen), sodass dieses Werk im Zweifel seinen »Standard« abbildet. Jedenfalls wird es ihn nicht stören, wenn Sie seine Zitierweise übernehmen. Im Folgenden sollen jedoch für die wichtigsten Arten von Quellen Vorschläge gemacht werden, die – so hoffe ich – als allgemein zulässige   500

---

461 A.A. *Rosenau*, Hinweise zur Erstellung von Literaturverzeichnissen und zur Zitierung von Literatur bei rechtswissenschaftlichen Hausarbeiten (vgl. Anhang 2), S. 1 (»wünschenswert«); *Mann*, Einführung in die juristische Arbeitstechnik, Rn. 410; *Thieme*, Die Anfertigung von rechtswissenschaftlichen Doktorarbeiten, S. 47. Wie hier *Möllers*, Juristische Arbeitstechnik und wissenschaftliches Arbeiten, § 6 Rn. 103; *Stüber*, Zitieren in juristischen Arbeiten, S. 7.

462 A.A. insoweit aber *Godt*, Leitfaden zum Erarbeiten wissenschaftlicher Texte (Anhang 2), S. 7 (»üblich geworden«); wie hier *Möllers*, Juristische Arbeitstechnik und wissenschaftliches Arbeiten, § 6 Rn. 103; *Stüber*, Zitieren in juristischen Arbeiten, S. 7.

463 Konsequent *Stüber* (Zitieren in juristischen Arbeiten, S. 7), der ihn heute nicht mehr für erforderlich hält, aber dazu rät, ihn anzugeben, da die Angabe üblich sei.

464 Das wird unterschiedlich gehandhabt, s. dazu noch unten im Abschnitt III. 2. [Rn. 510].

Varianten gelten. Wenn es in den verbreiteten Werken zum Zitieren eine andere Ansicht gab, habe ich jeweils versucht, sie zumindest in einer Fußnote zu nennen. Auf diese Weise können Sie einschätzen, welche Empfehlungen »common sense« sind und wo sich auch fortgeschrittene Wissenschaftler noch streiten.

1. Monografien

501 Bei Monografien werden folgende Angaben im Literaturverzeichnis gemacht: Autor (Nachname, Vorname), vollständiger Titel – einschließlich (das ist jedoch nicht zwingend[465]) des Untertitels –, Auflage, Erscheinungsort und Erscheinungsjahr. Der Verlag wird üblicherweise nicht angegeben. Wenn Sie den Untertitel angeben, trennen Sie ihn mit einem Punkt vom Titel des Werkes. Ich empfehle, nach dem Untertitel wieder einen Punkt einzufügen, gefolgt von der Auflage (sofern nicht die erste Auflage zitiert wird[466]). Die Auflage sollten Sie wiederum durch ein Komma vom Erscheinungsort und Jahr abtrennen. Wenn die Auflage – was häufig vorkommt – in der Buchinnenseite weitere Zusätze wie »3., vollständig aktualisierte Auflage« enthält, werden diese nicht ins Verzeichnis übernommen. Zwei Erscheinungsorte trennen Sie durch einen Querstrich (also etwa: Berlin/New York 2015), ab drei Erscheinungsorten können Sie die Angabe auf den erstgenannten Ort, ergänzt um »u.a.« (für: und andere) ersetzen (also etwa: Berlin u.a. 2015).

502 Handelt es sich bei der Monografie um eine Dissertation oder Habilitationsschrift, können Sie dies zusätzlich angeben. Hierzu fügen Sie in Klammern hinter den eben genannten Angaben hinzu: »zugl. Diss.« oder »zugl. Habil.« für »zugleich als Dissertation angenommen in« beziehungsweise »zugleich als Habilitationsschrift angenommen in«, gefolgt vom Universitätsort und dem Jahr, in dem der Autor dort promoviert oder habilitiert wurde. Diese Angabe ist für den Leser interessant, weil sie etwas über den »Rang« dieser Quelle aussagt. Eine Monografie, mit welcher der Autor Doktor der Rechtswissenschaft oder Privatdozent wurde, hat schließlich schon ein Überprüfungsverfahren durchlaufen, bei dem mindestens zwei habilitierte Juristen oder Hochschullehrer[467] der Arbeit zugestanden haben, neue Erkenntnisse auf wissenschaftlichem Niveau zu bringen. Das sagt etwas über die Arbeit aus und ist deshalb als Hinweis für den Leser interessant. Ich empfehle Ihnen deshalb, diesen Hinweis aufzunehmen. Es handelt sich aber nur um einen *zusätzlichen* Hinweis. Ort und Jahr der Quelle sind stets der Verlagsort und das Erscheinungsjahr, das nicht mit dem Jahr der Promotion oder Habilitation identisch sein muss (in der Regel fallen sie aufgrund der Formatierungs- und Aktualisierungsphase auseinander).[468]

503 Wenn die Dissertation oder Habilitationsschrift nicht in einem Verlag erschienen ist, sondern nur in Form von selbstgedruckten Pflichtexemplaren kursiert, ersetzt die

---

465 Für eine freiwillige Angabe auch *Byrd/Lehmann*, Zitierfibel für Juristen, S. 14; *Putzke*, Juristische Arbeiten erfolgreich schreiben, Rn. 276. Für eine Angabe des Untertitels: *Kreutz*, Propädeutik Rechtswissenschaften, S. 31; *Müller*, ZitierGuide, S. 6.

466 Ausnahme: Die Angabe »1. Aufl.« ist in den Fußnoten und im Literaturverzeichnis dann erforderlich, wenn Sie aus der ersten und einer Folgeauflage zitieren. Dann führen Sie auch beide Werke im Literaturverzeichnis auf.

467 Doktoranden dürfen (je nach Promotionsordnung) in der Regel alle Lehrstuhlinhaber (die zumeist, aber nicht zwingend habilitiert sind) betreuen sowie habilitierte Mitglieder der Fakultät (Privatdozenten und außerplanmäßige Professoren), manchmal auch Honorarprofessoren.

468 A.A. offenbar *Bungenberg/Arndt* in ihren Hinweisen (vgl. Anhang 2), S. 8 (Angabe des Ortes der Promotion und Habilitation statt des Verlagsortes).

Angabe »Diss. Köln 2015« oder »Habil. Bonn 2014« die Angabe des Verlagsortes und Erscheinungsjahres. Nur in diesem Fall ist die Angabe auch erforderlich.

Hinter der Quelle können Sie mit dem Zusatz »zitiert als« auch noch angeben, wie   504
Sie die jeweilige Monografie in den Fußnoten zitieren. Diese Angabe ist aber nicht
erforderlich, wenn eine Zuordnung ohne Weiteres möglich ist und Sie an dem Titel
auch grammatikalisch nichts verändert haben. Wenn Ihr Zitat etwa nur aus einem
Wort des Titels besteht (bei den nachfolgenden Beispielen etwa aus »Meinungsvielfalt« oder »Rundfunk«), ist die Angabe der Zitierweise entbehrlich.[469] Wenn Sie den
Titel durch eine Abkürzung ersetzen, empfiehlt sich die Angabe jedoch. Siehe dazu
auch das zweite Beispiel der folgenden Übersicht:

> **Beispiel: Monografien im Literaturverzeichnis**   505
>
> • *Beispiele für eine Dissertation:*
>   *Bloch, Anna*: Meinungsvielfalt contra Medienmacht. Aktuelle Entwicklungen und Reform-
>   bestrebungen im Medienkonzentrationsrecht. Berlin 2013 (zugl. Diss. Passau 2012/2013).
>   *Rauchhaus, Alexandra*: Rundfunk und Staat. Das Gebot der Staatsferne des Rundfunks vor
>   neuen Herausforderungen. Berlin 2014 (zugl. Diss. Passau 2014).
>
> • *Beispiel für eine sonstige Monografie (Lehrbuch):*
>   *Roxin, Claus*: Strafrecht Allgemeiner Teil. Band I: Grundlagen – Der Aufbau der Verbrechens-
>   lehre. 4. Aufl., München 2006. [zitiert als: *Roxin*, AT I]

2. Kommentare

Was die nötigen Angaben im Literaturverzeichnis betrifft, werden Kommentare zu-   506
nächst so behandelt wie Monografien. Auch bei ihnen werden folgende Angaben fällig: Autoren/Herausgeber (jeweils mit Nachname und Vorname), die Angabe, ob es
sich um die Autoren oder die Herausgeber handelt (bei Herausgebern mit dem Zusatz »Hrsg.« in Klammern hinter dem Namen), Titel, Auflage (ab der zweiten Auflage), Erscheinungsort und Erscheinungsjahr. Nicht im Verzeichnis aufgeführt werden einzelne Kommentierungen.

Grundsätzlich werden alle Autoren oder Herausgeber angegeben. In der Regel wird   507
es sich nicht um mehr als drei Personen handeln. Wenn ein Werk jedoch von mehr als
vier Personen verfasst wird, können Sie sich auf die Nennung der ersten beschränken
und den Zusatz »et al.« (= »et alii« für »und andere«) anfügen. Wenn dies aber nur
auf ein oder zwei Werke in Ihrer Dissertation zutrifft, würde ich die vollständigen
Angaben empfehlen.[470]

Wenn der Kommentar nicht mit seinem vollständigen Titel oder dem Gesetz, das er   508
kommentiert, zitiert wird (zum Beispiel: »*Fischer*, StGB«), sondern mit einer Abkürzung, sollten Sie die Zitierweise wiederum im Literaturverzeichnis angeben. Fügen
Sie dazu in Klammern hinter das Werk den Zusatz »zitiert als: ...« ein. Insbesondere
bei Verwendung von Abkürzungen wie BK-GG, AK-GG, MüKo-BGB, LK-StPO,
SK-StPO sollten Sie die Zitierweise hinter dem Kommentar angeben.

---

469   So auch die Empfehlung bei *Körber* in seinen Hinweisen (vgl. Anhang 2), S. 4 (Angabe der Zi-
      tierweise bei Zeitschriftenbeiträgen und Kommentaren überflüssig, bei Monografien nur zur
      Vermeidung von Verwechslungen oder bei abgekürzter Zitierweise).
470   Für die Angabe »u.a.« bzw. »et al.« bei mehr als drei Herausgebern *Byrd/Lehmann*, Zitierfibel
      für Juristen, S. 29.

509 Die Angabe einer Auflage ist bei einem Loseblattkommentar nicht möglich. Denn solche Kommentare werden nicht komplett neu aufgelegt, sondern laufend und in Teilen aktualisiert oder ergänzt. Wie bei Ihren Gesetzessammlungen im Studium gibt es dazu Ergänzungslieferungen. Der Kommentar hat dann als Ganzer den Stand dieser Ergänzungslieferung – auch wenn Ihre Kommentierung möglicherweise seit Jahren nicht verändert wurde. Im Literaturverzeichnis können Sie indes nur den Stand des Kommentars, nicht auch den Stand der Kommentierung angeben. Denn einzelne Kommentierungen werden im Literaturverzeichnis nicht genannt. Relevant für das Verzeichnis ist allein der Stand der letzten Lieferung.[471] Wenn Sie die Aktualität der einzelnen Kommentierung ausweisen wollen, können Sie dies nur in den Fußnoten tun. Ob man diese zusätzliche Angabe dort unterbringt, ist Geschmackssache; ich habe davon abgesehen, zumal die Fußnoten dann stets um diese Angabe ergänzt werden müssen, wenn ein Loseblatt-Werk zitiert wird.

510 Schwierig fällt schließlich die Behandlung von Kommentaren, die nicht unter dem Namen ihrer Autoren oder Herausgeber, gefolgt vom Titel des Gesetzes, bekannt werden, sondern unter einem Sachnamen. Kommentare wie der *Bonner Kommentar* zum Grundgesetz, die *Münchener Kommentare*, die *Systematischen Kommentare*, die *Nomos-Kommentare* und der *Leipziger Kommentar* sind unter diesen Namen bekannt. Wüssten Sie bei all diesen Werken aber auch, wer die Herausgeber sind? In Fußnoten werden Sie immer nur die Angabe eines Kommentators und des Kürzels des Kommentares sehen (zum Beispiel: »*Müller-Terpitz*, in: BK-GG, Art. 42 Rn. 1«). Wenn Sie nun der Fundstelle aus der Fußnote nachgehen wollen, haben Sie bei dem gerade genannten Beispiel nur die Buchstaben »M« (für »Müller-Terpitz«) und »B« (für »BK-GG«) zur Auswahl. Ist der Kommentar aber unter seinen Herausgebern aufgeführt (für den Bonner Kommentar: *Kahl/Waldhoff/Walter*), so müssen Sie das gesamte Verzeichnis durchsuchen, um auf ihn zu stoßen. Deshalb empfehle ich, diese nach Sach- oder Ortsnamen bekannten Kommentare, zu denen in der Fußnote die Herausgeber nicht aufgeführt werden, unter diesem Sachnamen aufzuführen.[472] Diese Variante ist jedoch nicht allgemein anerkannt. Wenn Sie dennoch den Leser nicht das gesamte Verzeichnis durchsuchen lassen möchten, können Sie – als Kompromiss – den Kommentar zwar unter seinen Herausgebern aufführen, aber dennoch beim Sachnamen einen Verweis auf die Herausgeber anbringen. So würden Sie etwa den Bonner Kommentar unter »K« wie »*Kahl*« anführen, unter »B« aber folgenden Eintrag machen: »Bonner Kommentar zum Grundgesetz → siehe unter *Kahl*«.

511 **Beispiel: Kommentare im Literaturverzeichnis**

- *Kommentare mit einem einzelnen Autor:*
  Fischer, Thomas: Strafgesetzbuch. Kommentar. 64. Aufl., München 2017.

- *Kommentare mit Herausgebern:*
  Dreier, Horst (Hrsg.): Grundgesetz. Band I: Präambel, Art. 1–19. 3. Aufl., Tübingen 2013.

- *Loseblatt-Kommentare:*
  Maunz, Theodor/Dürig, Günter: Grundgesetz. Kommentar, begründet von Theodor Maunz und Günter Dürig, herausgegeben von Roman Herzog, Matthias Herdegen, Rupert Scholz und Hans H. Klein. Band I: Art. 1–5. Loseblatt, Stand: 72. Ergänzungslieferung Juli 2014.

---

471 So auch *Bergmann/Schröder/Sturm*, Richtiges Zitieren, Rn. 50.
472 So auch *Byrd/Lehmann*, Zitierfibel für Juristen, S. 32; *Vogel*, Erfolgreich recherchieren, S. 135; *Körber*, Leitlinien (vgl. Anhang 2), S. 5. *Stüber* (Zitieren in juristischen Arbeiten, S. 11) ist zwar zunächst anderer Ansicht, schlägt aber »für Problemfälle« (zu denen er etwa den »Reichsgerichtsräte-Kommentar« RGRK zählt) ebenfalls diese Lösung vor.

- Sonderfall: Kommentare, die unter Sachnamen bekannt sind:
  Münchener Kommentar zum Handelsgesetzbuch, herausgegeben von Karsten Schmidt. Band 2: §§ 105–160. 3. Aufl., München 2011 [zitiert als: *Bearbeiter*, in: MüKo-HGB]
  oder
  Schmidt, Karsten (Hrsg.): Münchener Kommentar zum Handelsgesetzbuch, Band 2: §§ 105–160. 3. Aufl., München 2011 [zitiert als: *Bearbeiter*, in: MüKo-HGB].

[Wenn Sie beim letzten Beispiel die zweite Variante wählen, würde ich einen zusätzlichen Eintrag beim Buchstaben »M« empfehlen. Dieser würde lauten: »Münchener Kommentar zum Handelsgesetzbuch → siehe unter Schmidt, Karsten«.
Beachten Sie: Eine »zitiert als«-Angabe wurde hier nur beim MüKo-HGB erforderlich, da hier weder der vollständige Titel noch ein Teil des Titels als Zitat gewählt wurde, sondern eine Abkürzung. Wenn Sie eine übliche Zitierweise wählen, die sich auch im Titel widerspiegelt, ist diese Angabe nicht erforderlich.]

3. Aufsätze

Aufsätze werfen weniger Schwierigkeiten beim Eintrag in das Literaturverzeichnis auf als Kommentare. Zu den Angaben aus den Fußnoten müssen Sie hier nur den vollständigen Namen des Autors und den Titel des Aufsatzes ergänzen. Ich empfehle zudem noch, auf die Angabe »ff.« bei der Seitenzahl zu verzichten und nicht nur Anfangs-, sondern auch die Endseite des Aufsatzes anzugeben.   512

Die Angabe »zitiert als« ist bei Aufsatzzitaten stets entbehrlich.[473] Denn für diese Zitate gibt es einen allgemein anerkannten Standard und Sie schlüsseln zudem die Abkürzung in Ihrem Abkürzungsverzeichnis auf. Im Gegenteil: Bei Aufsatzfundstellen »zitiert als«-Angaben zu machen, wirkt eher unprofessionell, zumal dann, wenn Sie ohnehin die allgemein übliche Zitierweise wählen. Wie der Eintrag zu dem oben gewählten Beispiel aussieht, sehen Sie in der folgenden Übersicht: 513

Beispiel: Aufsätze im Literaturverzeichnis   514

Sieber, Ulrich: Informationsrecht und Recht der Informationstechnik – Die Konstituierung eines Rechtsgebiets in Gegenstand, Grundfragen und Zielen, NJW 1989, S. 2569–2580.

[Keine »zitiert als«-Angabe! Ich habe bei den Angaben im Literaturverzeichnis die Seitenzahlen mit »S.« eingeleitet, nicht aber beim Zitat in den Fußnoten. Für die Fußnoten existiert die oben angeführte, anerkannte Kurzform, bei der im Allgemeinen die Seitenzahl ohne »S.« angegeben wird. Der Eintrag im Literaturverzeichnis ist aber stets die vollständige, »ausgeschriebene« Form.]

4. Beiträge aus Festschriften und sonstigen Sammelbänden

Beiträge aus Festschriften stehen als Quellenart den Aufsätzen nahe. Auch sie sind unselbstständige Schriften aus einem Sammelband und werden in der Fußnote mit der Anfangsseite und der Seite, auf welcher das Zitat steht, zitiert. Allerdings existieren für Sammelwerke keine Abkürzungen wie für Zeitschriften, die alle anderen Angaben (Herausgeber, Erscheinungsort und Erscheinungsjahr) entbehrlich machen würden. Diese Angaben müssen Sie deshalb im Literaturverzeichnis anführen. Vom Sammelband benötigen Sie folgende Angaben: Alle Herausgeber mit Namen und Vornamen, Titel des Werks – bei einer Festschrift neben der Angabe »Festschrift für …« auch den weiteren Titel –, Erscheinungsort, ggf. Auflage (sofern in zweiter oder höherer Auflage erschienen) und Erscheinungsjahr.   515

---

473 Ebenso *Möllers*, Juristische Arbeitstechnik und wissenschaftliches Arbeiten, § 6 Rn. 107; *Putzke*, Juristische Arbeiten erfolgreich schreiben, Rn. 281.

516 Sowohl Festschriften als auch Handbücher führen Sie jedoch nicht als solche allein im Literaturverzeichnis auf. Weil sie letztlich nur eine Zusammenfassung unselbstständiger Beiträge sind, ist die Fundstelle im Literaturverzeichnis nicht das Gesamtwerk, sondern der Einzelbeitrag. Die Festschrift oder das Handbuch taucht nur bei diesem Beitrag, nicht aber als eigener Eintrag auf – Ausnahme: Sie verweisen in einer Fußnote einmal global auf die Festschrift, ohne einen Einzelbeitrag zu nennen. Dann taucht auch der Sammelband gesondert im Verzeichnis auf. Dennoch müssen Sie nicht nur die genauen Angaben zum jeweiligen Einzelbeitrag aufführen, sondern auch alle Angaben zum Sammelband. Das kann dazu führen, dass Sie die vollständigen Daten zu einem Sammelwerk mehrfach in Ihrer Arbeit anführen müssen, wenn Sie mehrere Beiträge dieses Bandes zitieren.[474]

517 Vom einzelnen Beitrag sind folgende Angaben ins Verzeichnis aufzunehmen: Name und Vorname des Autors – unter diesem steht der Beitrag auch im alphabetisch sortierten Literaturverzeichnis –, Titel des Beitrags und Angabe der Seitenzahlen als von-bis-Angabe (das heißt wie bei einem Aufsatz). Nachdem Sie den Autor und den Beitragstitel genannt haben, setzen Sie ein Komma und fügen nach einem »in:« die Angaben zur Festschrift und die Seitenzahlen an. Kursiv gesetzt wird dabei nur der Autor des Einzelbeitrags, nicht auch die Herausgeber der Festschrift. Für das oben bei der Zitierweise in den Fußnoten gewählte Beispiel sähe der Eintrag folgendermaßen aus:

518 **Beispiel: Festschriftbeiträge im Literaturverzeichnis**

Müller-Franken, Sebastian: Bindung Privater an Grundrechte? Zur Wirkung der Grundrechte auf Privatrechtsbeziehungen, in: Steffen Detterbeck/Jochen Rozek/Christian v. Coelln (Hrsg.), Recht als Medium der Staatlichkeit. Festschrift für Herbert Bethge zum 70. Geburtstag, Berlin 2009, S. 223–250.

[Notabene: Auch hier ist keine »zitiert als«-Angabe erforderlich, wenn die Festschrift nach dem obigen Muster, also in der üblichen Form zitiert wird.]

5. Internetquellen

519 Die Aufführung von Internetquellen folgt keinem einheitlichen Muster. Das liegt vor allem daran, dass das Internet kein Medium darstellt, sondern einen bloßen Übertragungsweg für einzelne Medienarten. Ein Aufsatz, der online abrufbar ist, unterscheidet sich von einem online verfügbaren Urteil, einem auf eine Website hochgeladenen Gutachten oder von Einträgen in Blogs und auf Nachrichtenseiten. Entscheidend ist zunächst, um welche Art von Quelle es sich handelt. Diese Einordnung führt dann zu einer bestimmten Zitierweise, wobei Sie sich grundsätzlich an den obigen Empfehlungen orientieren können. So können Sie online veröffentlichte Gutachten zitieren wie eine »normale« Monografie. Aufsätze aus Online-Zeitschriften weisen Seitenzahlen wie jeder andere Aufsatz auf; die Zeitschriften wiederum verfügen über Kürzel (JurPC, NJOZ, ZIS, ZJS) und sind deshalb zitierfähig wie »normale« Zeitschriften.

520 Es ist allein die Angabe der Internetadresse, der sogenannten URL, welche eine Besonderheit bei Internetfundstellen darstellt. Sie können diese entweder nach einem

---

474 A.A. (diese Meinung dürfte aber vereinzelt bleiben) *Stüber*, Zitieren in juristischen Arbeiten, S. 9 f. (nur Aufnahme des Handbuchs als Ganzes, wenn mehrere Beiträge aus ihm zitiert werden). Dezidiert dagegen *Bungenberg/Arndt* in ihren Hinweisen (vgl. Anhang 2): »Es werden immer die spezifischen Beiträge im Literaturverzeichnis angegeben, selbst wenn jeder im Sammelband enthaltene Beitrag (…) zitiert wird.«

Doppelpunkt hinter den vollständigen Daten anführen oder nach den Daten ein Komma setzen, gefolgt von »abrufbar unter:« und danach dann die Internetadresse anfügen. Bei Online-Zeitschriften entfällt diese Angabe. Hier können Sie – wenn Sie darauf hinweisen wollen, dass die Zeitschrift allein über das Internet verfügbar ist – jedoch nach der Quelle in Klammern einen Zusatz wie »abrufbar unter *www.zjs-online.com*« hinzufügen. Bei E-Books ist ebenfalls keine Internetadresse anzugeben. Diese zitieren Sie wie die anderen Monografien. Wenn ein schwer zugängliches oder seltenes Werk im Internet abrufbar ist, können Sie jedoch die zusätzliche Fundstelle angeben; der Leser wird sich freuen, wenn er ein solches Werk nicht über Fernleihe bestellen muss.[475]

Achten Sie bei der Angabe von Internetadressen darauf, die Adresse deutlich von den sonstigen Angaben zu trennen. Heben Sie die URL dazu formatierungstechnisch hervor. Ich empfehle die Kursivsetzung, die meines Erachtens als Hervorhebung genügt (wie etwa im vorangegangenen Absatz). Teilweise wird vorgeschlagen, vor und nach die Internetadresse spitze Klammern (<>[476]) einzufügen, um sie noch deutlicher vom Text und den übrigen Angaben abzugrenzen, sodass der Leser sofort erkennt, was zur Adresse gehört.[477] Diese Symbole finde ich persönlich im Schriftbild unschön; hilfreich sind sie unbestritten. Entfernen Sie jedoch den Hyperlink, der bei der Eingabe einer Internetadresse automatisch entsteht, sobald Sie nach ihr ein Leerzeichen gesetzt haben. Sie erkennen den Link durch die Unterstreichung und daran, dass die Angabe »STRG+Klicken« erscheint, wenn Sie den Cursor auf die Adresse bewegen. Entfernen Sie auch die Unterstreichungen der Webseiten. Sie sehen nicht nur drucktechnisch nicht schön aus, sondern lassen auch schwer erkennen, ob in der Adresse ein Unterstrich (_) enthalten ist. | 521

Ein Problem ist ferner, wie mit den häufig sehr langen URLs umzugehen ist, die länger sind als die Zeile, in der sie stehen, sodass eigentlich eine Trennung erforderlich wäre. Da die Einfügung eines Trennstrichs jedoch der Adresse ein Element hinzufügt, das nicht zur URL gehört, geben Sie damit eine nicht existente Domain an. Sie dürfen also, wenn die Adresse länger als die Zeile ist, keinen Trennstrich entstehen lassen. Dazu fügen Sie am besten einen Absatz nach einem Schrägstrich, der in der Internetadresse enthalten ist, ein oder brechen die Adresse nach einem Wort ab.[478] Eine Alternative besteht in der oben[479] bereits erwähnten Möglichkeit, statt der URL den DOI-Code anzugeben.[480] | 522

---

475 Ich habe das etwa für das Werk »Über den Umgang mit Menschen« von *Knigge* aus dem Jahr 1818 so gehandhabt, das ich einmal zitiert habe. Vgl. dazu die Angabe im Literaturverzeichnis.

476 Sie finden diese Symbole für Ihre jeweilige Schriftart in der Zeichentabelle. Diese erreichen Sie bei *Microsoft Windows* als Betriebssystem über den *Windows*-Button (»Start«). Dort gehen Sie über »Alle Programme« in den Ordner »Zubehör« und finden im Unterordner »Systemprogramme« dann die Tabelle. Dort können Sie die Symbole kopieren und über »einfügen« in Ihrem Text verwenden.

477 S. erneut *Bergmann/Schröder/Sturm*, Richtiges Zitieren, Rn. 187 und *Forstmoser/Ogorek/Schindler*, Juristisches Arbeiten, S. 359. Ebenso *Träger*, Zitieren 2.0, S. 50.

478 *Runkehl/Siever*, Das Zitat im Internet, S. 111 f. (dem folgend *Träger*, Zitieren 2.0, S. 49) schlagen zusätzlich einen senkrechten Trennstrich vor, um die Trennung kenntlich zu machen, hilfsweise einem Bindestrich aus der Adresse zu trennen. Ein solcher senkrechter Trennstrich ist aber wenig gebräuchlich und würde wohl häufig Verwirrung hervorrufen.

479 S. oben Rn. 486c, 486d.

480 *Träger*, Zitieren 2.0, S. 51 f.

523   Das Internet ist nicht so geduldig wie Papier. Webseiten werden teilweise mehrmals täglich geändert und Dateien werden in der Regel nicht dauerhaft an derselben Stelle zum Download bereitgehalten. Es kann vorkommen, dass der Link nicht mehr zu der von Ihnen zitierten Datei führt. Daran können Sie nichts ändern. Weil Sie jedoch nur veröffentlichte, das heißt öffentlich zugängliche Quellen zitieren dürfen, muss Ihre Quelle für die Leser auch verfügbar sein – jedenfalls zu einem bestimmten Zeitpunkt. Deshalb sollten Sie das Datum des Abrufs[481] für die Internetfundstellen hinzufügen, damit erkennbar ist, dass Sie die Quelle tatsächlich gefunden und gelesen hatten.[482] Es ist aber nicht erforderlich, das Abrufdatum hinter jedes einzelne Zitat einer Internetadresse in den Fußnoten und im Literaturverzeichnis zu setzen. Schließlich ist eine der Vorgaben für Ihre Zitate Aktualität: Wie es bei Büchern selbstverständlich ist, die aktuellste bei Einreichung oder Drucklegung verfügbar Auflage zu zitieren, ist es auch selbstverständlich, dass Sie vor der Einreichung der Arbeit und sodann erneut vor der Abgabe des Manuskripts an den Verlag alle Internetfundstellen überprüfen. Davon kann der Leser ausgehen und muss hierauf nicht bei der URL erneut erinnert werden. Es reicht deshalb ein globaler Hinweis im Vorwort und/oder zu Beginn des Literaturverzeichnisses aus. In diesem geben Sie an, welchen Stand Ihre Arbeit hat und wann die Internetseiten zuletzt aufgerufen wurden. Zur Sicherheit sollten Sie die wichtigsten Fundstellen in gedruckter Form archivieren. Ist zur Quelle ein DOI-Code verfügbar und wird die Quelle mit diesem zitiert, muss kein Abrufdatum angegeben werden.

524   Ebenfalls nicht erforderlich ist ein getrenntes Verzeichnis der Internetfundstellen neben dem Literaturverzeichnis. So wurde in den Anfangszeiten der online verfügbaren Rechtsliteratur bisweilen verfahren. Internetfundstellen sind aber nicht allein wegen ihres Verbreitungsweges minderwertige Quellen, die an den »Katzentisch« des Literaturverzeichnisses verbannt werden müssen. Entweder die Quelle genügt den Anforderungen, die wissenschaftliche Arbeiten an die Zitierfähigkeit stellen, oder nicht. Wenn sie nicht zitierfähig ist, taucht sie weder im Haupt- noch einem Nebenverzeichnis Ihrer Arbeit auf.

525   **Beispiel: Internetquellen im Literaturverzeichnis**

Stüber, Stephan: Zitieren in juristischen Arbeiten. Hamburg 2014, abrufbar unter: *www. niederle-media.de/Zitieren.pdf.*
        oder
Stüber, Stephan: Zitieren in juristischen Arbeiten. Hamburg 2014: *www.niederle-media.de/ Zitieren.pdf.*
        oder
Stüber, Stephan: Zitieren in juristischen Arbeiten. Hamburg 2014, abrufbar unter: *<www.niederle-media.de/Zitieren.pdf>.*

Oder – sofern ein solcher verfügbar ist – **Zitat unter Verwendung des DOI-Codes**:
Beyerbach, Hannes/Müller-Terpitz, Ralf: »Gruppennützige« Forschung mit erwachsenen Nichteinwilligungsfähigen? Juristische Aspekte einer (wieder) aktuellen Grundsatzfrage, WissR 48 (2015), S. 229–269, *doi:10.1628/094802116X14664898410684 [bzw.: <doi:10.1628/094802116 X14664898410684>].*

---

481   Nicht das Datum, an dem die Seite zuletzt geändert wurde (so aber noch *Runkehl/Siever*, Das Zitat im Internet, S. 97). Relevant ist nur die Fassung und Auffindbarkeit Ihrer Fundstelle, nicht die Aktualität der Website.
482   *Träger*, Zitieren 2.0, S. 50.

E. Plagiate

Was hat nach den Ausführungen zur wissenschaftlichen Redlichkeit und den Forma- 526
lien für Fußnoten und Literaturverzeichnisse ein Abschnitt über Plagiate im Kapitel
»Richtiges Zitieren« zu suchen? Streng genommen ist dieses Kapitel in einem Ratgeber für Doktoranden fehl am Platz. Allerdings dürften Sie – auch wenn der An-
sturm der Entrüstung inzwischen wieder abgeklungen ist – nach wie vor manchmal
von unbeholfen scherzenden Verwandten, die Sie auf Ihr Promotionsprojekt ansprechen, an die Fälle prominenter Plagiatoren erinnert werden. Auch haben Sie vielleicht
selbst die Namen von Politikern, Hochschulmitarbeitern und Rechtsanwälten im
Kopf, die ihren Doktortitel nach einer Plagiatsaffäre verloren haben. Viele Doktoranden haben nach diesen Fällen Angst bekommen, ihre Dissertation könnte ebenfalls zu als Betrugsversuch abgestempelt werden.

Um es kurz zu machen: Wenn Sie wissenschaftlich redlich arbeiten und die Ratschlä- 527
ge zum Zitieren einhalten, sind Sie weit davon entfernt, in die Fänge von Plagiats-
jägern zu geraten – zumal Sie dazu im Zweifel auch zu unprominent sein dürften. Die
bekanntgewordenen Plagiate haben aus unterschiedlichen Gründen zum Entzug des
Doktorgrades geführt. Es ging in diesen Fällen jedoch nie darum, ob statt eines »vgl.«
ein »siehe« zur Einleitung einzelner Fußnoten angebracht gewesen wäre.[483] Unacht-
samkeiten bei den Formalien, unordentliche Zitierweise und falsch verwendeter Konjunktiv werden Ihnen nicht den Weg zum Doktortitel versperren. Eine schlechte wissenschaftliche Arbeit ist kein Plagiat.[484] Es geht bei den bekannten Plagiatsfällen auch
nicht um rein ethische Fragen oder solche der »Zitiertechnik«[485], wenn auch der Begriff des Plagiats nicht einem gesetzlichen Tatbestand entspringt und dementsprechend unterschiedlich[486] gebraucht wird.[487] Die Vereinigung der Deutschen Staatsrechtslehrer versteht unter einem Wissenschaftsplagiat etwa »die vollständige oder

---

483 Allerdings schien sich z.B. im Fall *Althusmann* der Vorwurf am Ende in schlechter wissenschaftlicher Arbeit zu erschöpfen. Jedoch hat just dieses Opfer öffentlicher Debatte seinen Titel konsequenterweise auch behalten.

484 Pointiert *Rieble*, in: Dreier/Ohly, S. 31 (43): »Schlechte Wissenschaft ist etwas ganz anderes als
Plagiarismus.« Von »Gänsefüßchen-Manie« in der öffentlichen Diskussion um Plagiatsfälle
sprechen *v. Münch/Mankowski*, Promotion, S. 193.

485 *Frankenberg*, KJ 2007, 258 (263) gegen die öffentliche Erklärung *Schwintowskis* nach dem Skan-
dal um sein Werk zur Methodenlehre. Vgl. dazu *Rieble*, Das Wissenschaftsplagiat, S. 20–24. Die
öffentliche Erklärung ist abrufbar unter: *www.ebugz.de/stefan/publikationen/pdf/oeffentliche_
stellungnahme.pdf*. Riebles Werk wird mittlerweile nicht mehr vertrieben, nachdem ein Richter
und ein Professorenkollege des Autors einstweilige Verfügungen erwirkt haben. Kritisch zu
Riebles Vorgehen etwa auch *v. Münch/Mankowski*, Promotion, S. 195 f. Das von *Lorenz* er-
wirkte Urteil hat dieser veröffentlicht unter: *lorenz.userweb.mwn.de/season/images/aghh.pdf*.

486 S. zu einzelnen Spielarten des Plagiats vom klassischen »copy & paste« bis zum vermeintlichen
Selbstplagiat *Weber-Wulff*, False Feathers, S. 6–13.

487 Passt der Begriff etwa auch, wenn man einen Gedanken aus einem anderen Rechtsgebiet auf ein
anderes Rechtsgebiet überträgt, ohne dass man sich (aufgrund schlechter Recherchen der Paral-
lele) bewusst ist (so der Vorwurf von *Rieble* an *Lorenz*, vgl. *Rieble*, Das Wissenschaftsplagiat,
S. 19)? Setzt ein Plagiat Vorsatz oder gar Absicht voraus? S. zum Begriff und zu den Varianten
des Plagiierens z.B. *Gärditz*, WissR 46 (2013), 3 (4–8); *Möllers*, Juristische Arbeitstechnik und
wissenschaftliches Arbeiten, § 6 Rn. 6–17); *Weber-Wulff*, in: Dreier/Ohly, Plagiate, S. 135 (135–
138).

teilweise Übernahme eines fremden Textes oder einer fremden Idee unter Anmaßung der wissenschaftlichen Urheberschaft«.[488]

528 Die prominenten Beispiele haben beispielsweise lange Passagen aus fremden Arbeiten ohne ein Zitat übernommen und diesen Ideenklau teilweise dann sogar noch auf die Spitze getrieben: Da wurden wortwörtlich Passagen inklusive der Fußnoten übernommen, der Autor dieser Passagen aber nicht zitiert. Oder es wurden den Fußnoten des übernommenen Textes sogar noch weitere Zitate hinzugefügt, um eine vermeintlich noch größere Belesenheit zu demonstrieren. Solche »Bauernopfer«-Fußnoten sind unbestritten Täuschungen.[489] In besonders dreisten Fällen wird daher auch die Feststellung des Vorsatzes, sofern er prüfungs- oder urheberrechtlich erforderlich ist (oder für den Vorwurf eines Plagiats für erforderlich gehalten wird), nicht schwerfallen. Wenn Sie die Behauptungen gründlich verifizieren (und deshalb bemerken, wenn ein Gedanke schon einmal geäußert wurde), fremdes Gedankengut stets kenntlich machen, wörtliche Zitate vermeiden und stattdessen Ihre Gedanken in eigenen Worten präsentieren und dabei auch keine Sammelfußnoten aus anderen Werken übernehmen, wird Ihnen kein Plagiat vorgeworfen werden.

529 Wenn ein Abschnitt zum Plagiat in ein Buch wie dieses gehört, dann wegen derjenigen, die sich nicht an die Regeln redlicher Wissenschaft gehalten haben und möglicherweise wegen deren Betreuer. Wie kommen solche Fälle ans Licht und wie hätten sie verhindert werden können? Seit der Causa *Guttenberg* haben sich Plagiatsjäger zusammengetan und gleichsam institutionalisiert auf gemeinsamen Plattformen – die bekanntesten wurden plastisch mit »*GuttenPlag*« und »*VroniPlag*« bezeichnet – nach Falschzitaten, nicht zitierten Autoren trotz wörtlicher Übernahme und verschleiernden Zitierungen gesucht.[490] Welche Motive die Betreiber der Seite jeweils getrieben haben, bleibt – wie ihre Identität – häufig im Dunkeln.

530 Fest steht lediglich, dass der Nachweis eines Plagiats sehr zeitaufwändig ist. Es dauert bereits lange, den tatsächlich zitierten Fundstellen nachzugehen. Da müssen Bücher aus dem Magazin und per Fernleihe bestellt werden, möglicherweise vereinzelte Zahlendreher aufgelöst werden, um zum wirklichen Zitat zu gelangen, und Aufsätze aus wenig verbreiteten Zeitschriften kopiert werden. Bereits stichprobenhafte Kontrollen einzelner Seiten können so mehrere Arbeitstage verursachen. Wenn es nun noch um die Suche nach nicht zitierten Quellen geht, potenziert sich der erforderliche Aufwand: Hierzu muss der Kontrolleur selbst zum Thema recherchieren und einschlägige Quellen erst besorgen und sodann danach durchsehen, ob eine (möglicherweise kurze) Passage ohne Nachweis übernommen wurde. Eine weitere Möglichkeit besteht darin, einzelne verdächtige Sätze in einer Suchmaschine (am effektivsten ist *Google*, nicht zuletzt wegen der Vernetzung mit *Google Books*) sowie bei *beck-online* und *Juris* einzugeben. Dort wird man aber in der Regel nur fündig werden, wenn der Wortlaut weitestgehend beibehalten wurde.

531 Viele Fakultäten verlangen neben der gedruckten Fassung der Dissertation auch die Einreichung einer elektronischen Datei. Diese wird dann mit einer Plagiatssoftware

---

488 VDStRL, Leitsätze »Gute wissenschaftliche Praxis im Öffentlichen Recht«, Nr. 1.
489 Zu dem genannten Fall, einem Fall aus Münster und weiteren Plagiatsfällen ausführlicher *Basak/Reiß/Schimmel*, RW 2014, 277 (282–289).
490 Zur Methodik dieser Plattformen *Weber-Wulff*, False Feathers, S. 94–105.

(zum Beispiel *Turnitin* oder *Ephorus*[491]) auf wörtlich übernommene Passagen getestet. Von solchen Programmen darf man sich jedoch nicht zu viel versprechen. So zeigen sie Übereinstimmungen auch dort als plagiatsrelevant an, wo korrekt zitiert wurde, und sind häufig auch fehleranfällig. Die bloße Übereinstimmung mit irgendeinem Text wiederum reicht noch nicht für einen begründeten Plagiatsverdacht aus. Erneut muss diesen Übereinstimmungen händisch nachgegangen werden. Da viele Zeitschriften und die Mehrzahl der Bücher nicht online verfügbar sind, werden außerdem viele Fundstellen übersehen, von denen möglicherweise abgeschrieben wurde – gerade dann, wenn es sich um ältere Quellen handelt. Allen »Treffern« nachzugehen ist zudem schlicht wegen fehlender zeitlicher und personeller Kapazität nicht möglich, zumal die Kontrolle häufig ins Leere läuft. Plagiatssoftware kann in Einzelfällen besonders ungeschickte und dreiste Fälscher überführen.[492] Zumeist wird sie in der Rechtswissenschaft aber nicht allein als Kontrolle ausreichen.[493]

Allzu leicht wird in einer solchen Situation auf die Gutachter der plagiierenden Arbeiten geschielt: Hätten sie nicht die falschen Zitate erkennen müssen? Hätte ihnen das Fehlen eines einschlägigen Werkes nicht auffallen müssen? Diese Vorwürfe verkennen jedoch die Rolle eines Betreuers und der Gutachter im offiziellen Verfahren. Sie sind nicht dazu da, alle Fußnoten zu überprüfen und danach zu recherchieren, ob sich möglicherweise im Internet, in alten Dissertationen oder versteckten Zeitschriftenaufsätzen relevante Passagen finden lassen, die ihr Doktorand nicht zitiert, aber gleichwohl verwertet hat. Sie sollen zwar die Qualität der Arbeit einschließlich der Einhaltung wissenschaftlicher Standards prüfen. Wenn stichprobenhafte Kontrollen – die freilich die Regel sein sollten – aber kein Fehlzitat oder fehlendes Zitat ergeben und auch keine sprachlichen Brüche entdeckt werden, die den Betreuer stutzig machen[494], sind keine Kontrollen wie bei einer Klausur oder Hausarbeit angezeigt. Das Betreuungsverhältnis ist ein Verhältnis mit enger persönlicher Bindung und gegenseitigem Respekt und Vertrauen. Der Betreuer muss dem Doktoranden inhaltliche Freiheit lassen, damit dieser seine eigene Position entwickeln kann; im Gegenzug ist der Doktorand allein für seinen Text verantwortlich.[495] Das Gutachten bewertet die Qualität des Textes, ist jedoch nicht in erster Linie mit einer »Plagiatskontrolle« zu verwechseln. Das gilt auch für die Vorabgabe, die für den Doktoranden also keine Garantie dafür ist, dass im offiziellen Verfahren keine Täuschungsvorwürfe mehr erhoben werden. 532

Mitunter wird eine prozessuale Präventivmaßnahme in einer engmaschigeren Betreuung gesehen, vor allem durch Etablierung strukturierter Promotionen in Doktorandenkollegs.[496] Bemerkenswerterweise waren es auch vermehrt sogenannte externe 533

---

491 Einen Vergleich der Funktionsweisen sowie der Vor- und Nachteile fünf verschiedener Programme liefert *Weber-Wulff*, in: Dreier/Ohly, Plagiate, S. 135 (139–151).

492 Resignierend auch *Weber-Wulff*, False Feathers, S. 92: »Plagiarism detection software is only useful for catching the laziest plagiarists.«

493 So auch die Einschätzung von *v. Münch/Mankowski*, Promotion, S. 199 f.; *Schorr*, F&L 2011, 372 (372 f.); *Weber-Wulff*, in: Dreier/Ohly, Plagiate, S. 135 (151). *Schulze-Fielitz* (in: Löwer/Gärditz, Wissenschaft und Ethik, S. 1 [59]) sieht in ihrem Einsatz vor allem einen präventiven Effekt.

494 Zutreffend weist *Weber-Wulff* (in: Dreier/Ohly, Plagiate, S. 135 [151 f.]) darauf hin, dass »auffällig elegante« oder ungewöhnliche Formulierungen häufig bereits durch eine bloße *Google*-Abfrage als Plagiat auffallen.

495 *v. Münch/Mankowski*, Promotion, S. 198.

496 Kritisch jedoch *Schulze-Fielitz*, in: Löwer/Gärditz, Wissenschaft und Ethik, S. 1 (57 f.), der dadurch die »innovative Kraft« externer Doktoranden gefährdet sieht.

Doktoranden, deren Arbeit Gegenstand eines Plagiatsskandals wurde. Allerdings – das zeigt der Münsteraner Fall – sind auch jahrelang am Lehrstuhl tätige Mitarbeiter, die bereits Koautor ihres Betreuers waren und nach Auszeichnung ihrer Dissertation bei ihm zu habilitieren begonnen haben, nicht davor gefeit, unredlich zu arbeiten. Auch *Guttenberg* wurde von seinem Doktorvater nach dessen Bekunden »nach besten Kräften betreut«.[497]

534 Ein Patentrezept zur Verhinderung jeglicher Plagiate gibt es also nicht. Die beste Prävention wäre es wohl, wenn die Anreize für Promotionen anders gesetzt würden. Wer als Anwalt sein Gehalt um einen fünfstelligen Betrag erhöhen kann, wenn er promoviert ist, oder nur dann Partner einer Großkanzlei werden kann, wenn er den Titel trägt, wird möglicherweise in Versuchung geraten, möglichst schnell »irgendeine annahmefähige« Arbeit zu schreiben. Gleichzeitig werden mittlerweile sogar aufseiten der Universitäten und Fakultäten die betreuten Promotionen statistisch erfasst und bei der Vergabe von Leistungszulagen oder der Beurteilung vermeintlicher Exzellenz in Rechnung gestellt, ebenso wie die Menge an Publikationen. Solange eine Kultur des »publish or perish« existiert und eine hohe Zahl betreuter Doktoranden *per se* mit einer hohen wissenschaftlichen Reputation einhergeht, braucht man sich über Plagiatsskandale nicht wundern. Fehlanreize werden unredliche Charaktere immer zu Betrügereien verleiten. Wenn dann noch die Nähe zur Politik mit Exzellenz verwechselt wird, kommt eines zum anderen.

535 Damit ist nicht gesagt, dass Plagiate in Universitäten an der Tagesordnung sind; sie bleiben der skandalöse Ausnahmefall. Allerdings hat sich – das darf nicht verschwiegen werden – die wissenschaftliche Community in einigen Fällen plagiierender Professoren auch nicht so rigoros verhalten wie gegenüber manchem Doktoranden. Und Fälle, in denen Veröffentlichungen eines Ordinarius von diesem bestenfalls noch sprachlich überarbeitet wurden, sind an manchen Fakultäten bekannt. Alle Beteiligten sollten deshalb selbstkritisch ihre Einstellung zu wissenschaftlichem Fehlverhalten hinterfragen. In diesem Zusammenhang hat etwa die *Vereinigung der Deutschen Staatsrechtslehrer* versucht, strengere und präzisere Vorgaben zu machen. So sollen von einem Hochschullehrer grundsätzlich höchstens zehn Doktoranden gleichzeitig betreut werden.[498] Auch soll jede Mitarbeit an einer Publikation ausgewiesen werden und dann, wenn sie »in ihrer intellektuellen Leistung« besteht, die »für einen Beitrag wesentlich ist, (...) zur (Mit-)Autorschaft« führen.[499] Wer das Werk nicht selbst schreibt, ist nach diesen Maßstäben kein Autor – nicht einmal ein Mitautor.[500] Diese Regeln gehen in die richtige Richtung und sollten bei den wenigen, die in der Vergangenheit unredliche Wissenschaft betrieben haben, zu einem Umdenken führen. Zu befürchten ist jedoch, dass die schwarzen Schafe sich auch solche offiziellen Stellungnahmen nicht zu Herzen nehmen werden, sondern diese vielmehr vor allem von denen, die bereits zuvor ordentlich gearbeitet haben und dadurch möglicherweise weniger (eigene) Texte produziert haben, beachtet werden.

---

497 So Häberle in seiner Erklärung zum Fall. Diese finden Sie im Internet unter: *www.sueddeutsche.de/politik/peter-haeberle-zu-plagiats-affaere-doktorvater-revidiert-urteil-ueber-guttenberg-1.1066108.*

498 VDStRL, Leitsätze »Gute wissenschaftliche Praxis im Öffentlichen Recht«, Nr. 33.

499 VDStRL, Leitsätze »Gute wissenschaftliche Praxis im Öffentlichen Recht«, Nr. 4.

500 Kritisch auch *Gärditz*, WissR 46 (2013), 3 (7 f.), etwa zur Praxis, über Drittmittel Mitarbeiterstellen zu fördern, die zur Publikation eines eigenen Werks des Antragstellers führen.

§ 6 Abschluss des Verfahrens: Endredaktion, mündliche Prüfung und Publikation der Arbeit

Durch die Fertigstellung der Dissertation haben Sie einen Marathon absolviert und bereits das »Schlimmste« hinter sich. Sie erkennen das auch an der Länge dieses Abschnitts: Redaktionelles, die mündliche Prüfung und die Publikation der Arbeit machen insgesamt nur einen sehr kleinen Teil der Leistung aus, für die Sie promoviert werden.[501]   536

A. Endredaktion

Zum Zeitpunkt der Endredaktion haben Sie den Text bereits geschrieben und dabei – hoffentlich – die Vorgaben für richtiges Zitieren und die Empfehlungen zur Gliederung und zum Sprachstil beachtet. Auch sollten Sie jedes Kapitel bereits einmal korrigiert haben, nachdem Sie es abgeschlossen haben. Das wird die Dauer für die Endredaktion erheblich verkürzen. Außerdem gilt: Je intensiver Sie sich bereits vor dem Schreibbeginn Gedanken über die Formalien gemacht und diese beim Schreiben eingehalten haben, desto weniger Mühe wird Ihnen die Endredaktion bereiten. Eine Endredaktion ist allerdings in jedem Fall erforderlich, auch wenn Sie eigentlich bereits alle formalen und inhaltlichen Aspekte beachtet haben. Schließlich liegen die ersten Teile der Arbeit in der Regel Jahre zurück, sodass zumindest an Aktualisierungen gedacht werden muss. Auch die Stringenz des gesamten Werkes – den »roten Faden« – können Sie nur aus der Vogelperspektive, die den gesamten Text im Blick hat, zuverlässig beurteilen. Nehmen Sie sich für die Endredaktion deshalb ausreichend Zeit. Im Folgenden finden Sie dazu einige Empfehlungen. Manches ist zudem eine Wiederholung von Empfehlungen, die ich bereits in den anderen Abschnitten gegeben habe.   537

Ich rate Ihnen bei der Endredaktion zu zwei Korrekturdurchläufen[502]: In einem ersten Durchgang lesen Sie die Arbeit schnell und ohne zu viele Anmerkungen zu machen durch. Dieser Durchgang dient dazu, den Gedankengang nachzuvollziehen und zu kontrollieren, ob der rote Faden erkennbar ist, die Überleitungen zwischen den Kapiteln bruchfrei sind und ob die Abschnitte in der richtigen Reihenfolge stehen. Im zweiten Durchgang lesen Sie den Text langsam und sehr aufmerksam auf Rechtschreibung, Zeichensetzung sowie alle formalen Aspekte durch. Achten Sie dabei auch darauf, ob Sie Abkürzungen und Zitierweisen einheitlich verwenden. Wo Ihnen eine Passage sprachlich nicht gefällt, sollten Sie dies mit einer eigenen Farbe markieren. Diese Passagen können Sie sich noch einmal gesondert ansehen.   538

---

501 Von einem »Endspurt nach einem Marathon« sprechen *v. Münch/Mankowski*, Promotion, S. 156 mit Blick auf die mündliche Prüfung.

502 Wie hier die Empfehlung bei *Knigge-Illner*, Der Weg zum Doktortitel, S. 248 f. unter Verweis auf *v. Werder*.

539 Gerade für die Kontrolle der Rechtschreibung, Zeichensetzung und der allgemeinen Verständlichkeit des Textes kann die Hilfe einer dritten Person sinnvoll sein. Fragen Sie aber nur Personen, von denen Sie wissen, dass Sie ihnen die Korrekturen zumuten können, und Helfer, die sicher in der Rechtschreibung und der Grammatik sind. Idealerweise handelt es sich dabei noch um Juristen oder Jurastudierende, weil dann die Fachterminologie und inhaltliche Fehler ebenfalls kontrolliert werden können. Allerdings sind solche Korrektoren, die zudem noch die Zeit für diese Arbeit finden, selten. Wenn Sie an einem Lehrstuhl oder in einer Kanzlei arbeiten, bietet sich gegebenenfalls eine studentische Hilfskraft, ein Praktikant oder ein Referendar an, der gegen Entgelt stundenweise Korrekturen übernimmt. Wählen Sie dazu die pedantischste Person, die verfügbar ist.

540 Für die Rechtschreibung sind die Regeln aus dem *Duden* maßgeblich. Alte Rechtschreibung sollte nicht mehr verwendet werden. Von mehreren zulässigen Varianten empfiehlt die Dudenredaktion in der Regel eine, indem sie diese Schreibweise gelb hinterlegt. Wählen Sie diese Variante.

I. Formalien

541 Es ist nicht möglich, alle formalen Fragen abschließend zu bewerten, die sich bei einer Dissertation stellen mögen. Die folgende Liste ist deshalb notwendigerweise fragmentarisch und subjektiv. Erneut gilt: Die »Vorgaben« verstehen sich als bloße Empfehlungen. Spezielle Vorgaben der Fakultät (für die offizielle Einreichung der Arbeit) oder des Betreuers gehen stets vor. Sofern solche nicht existieren, empfehle ich Ihnen, auf folgende Punkte zu achten:

542 • **Schriftart**: Wählen Sie eine Standardschriftart, zum Beispiel *Arial* oder *Times New Roman*. *Arial* ist eine Schrift ohne Serifen und ist deshalb auf dem Bildschirm besonders gut lesbar, während Schriften mit Serifen in gedruckten Werken schöner sind. Ich empfehle für die gedruckte Fassung deshalb *Times New Roman*.[503] Wählen Sie als Schriftgrad für den Haupttext 12pt bei 1,5-fachem Zeilenabstand. In den Fußnoten beträgt der Schriftgrad 10pt bei einfachem Zeilenabstand.

543 • **Seitenlayout**: Verwenden Sie einen ausreichenden Seitenrand von 2–2,5 cm. Üblich ist ein Korrekturrand von etwa 5–6 cm, damit die Gutachter Anmerkungen zur Arbeit machen können. Praktischer ist der Korrekturrand (wenn Ihren Betreuer das nicht stört[504]) auf der rechten Seite, weil dann die Bindung der Arbeit keinen Platz wegnimmt. Aktivieren Sie die automatische Silbentrennung (bei *Word* unter dem Menüpunkt »Seitenlayout«) und formatieren Sie den Text und die Fußnoten im Blocksatz. Wenn ein Wort – was bei *Word* immer wieder passiert – ungewöhnlich getrennt wird (also nicht nach einer Silbe), müssen Sie die Silbentrennung manuell einstellen.

544 • **Seitenzahlen**: Nummerieren Sie die Seiten. Die Verzeichnisse zu Beginn der Arbeit (Inhaltsverzeichnis und Abkürzungsverzeichnis) werden in römischen, der

---

503 Eine noch etwas elegantere Schriftart ist *Garamond*, welche *Times New Roman* ähnelt. Diese Schrift sieht insbesondere im Kursivdruck schön aus, ist jedoch weniger gebräuchlich.

504 S. etwa *Sesink*, Einführung in das wissenschaftliche Arbeiten, S. 289: »das sieht allerdings irgendwie ›falsch‹ aus.«

Dissertationstext und das dann nachfolgende Literaturverzeichnis (ggf. in der Druckfassung gefolgt von einem Stichwortverzeichnis) in arabischen Zahlen nummeriert. Die unterschiedliche Nummerierung erreichen Sie durch einen Abschnittswechsel.

- **Kopfzeilen**: Elegant sind zudem Kopfzeilen – auch für die im Verfahren eingereichte Fassung. Nützlich sind sie dann, wenn auf ungeraden und geraden Seiten andere Überschriften stehen (also etwa jeweils auf der linken Seite die erste Überschriftenebene und auf der rechten Seite die zweite Ebene). 545

- **Automatische Überschriften**: Formatieren Sie Ihre Überschriften automatisch, indem Sie Formatvorlagen verwenden. Diese sollten Sie vor der Verwendung an Ihren Stil anpassen (die Vorgaben bei *Word* sind für wissenschaftliche Arbeiten ungeeignet). Dazu klicken Sie bei *Word* im Menüpunkt »Start« unter »Formatvorlagen« auf den Pfeil rechts unten. Mit der rechten Maustaste können Sie die einzelnen Ebenen an Ihre Bedürfnisse anpassen (und dabei auch entscheiden, ob Sie diese Vorgabe immer oder nur in Ihrer Dissertationsdatei verwenden möchten). Mithilfe dieser Überschriften können Sie dann das automatische Inhaltsverzeichnis einfügen (unter »Verweise«). Bilden Sie höchstens 7 Unterebenen. 546
Formatieren Sie die Überschriften nicht zu aufdringlich. Ab der dritten Ebene sollte die Überschrift im Schriftgrad nicht größer sein als der Text. Auch reicht dann Fettdruck oder Kursivdruck, verbunden mit einem Abstand vor und nach dem Text, zur Hervorhebung aus.

- **Querverweise**: Wenn Sie in Ihren Fußnoten auf bestimmte Gliederungspunkte Ihrer Arbeit[505] oder andere Fußnoten verweisen, können Sie automatische Querverweise nutzen (mit der Funktion »Querverweis« im Menüpunkt »Verweise«).[506] 547

- **Eigennamen im Text** sollten Sie wie die Namen der Autoren/Kommentatoren, die Sie zitieren, stets kursiv setzen. Früher war es auch üblich, fremdsprachige Zitate und Begriffe kursiv zu setzen. Das wird inzwischen nur noch selten gemacht, zumal mitunter die Abgrenzung eines fremdsprachigen Begriffs von einem in die deutsche Sprache übergegangenen Fremdwort oder einem als Fachterminus anerkannten Begriff schwierig ist. Entscheiden Sie dies – wie immer – nach Ihrem persönlichen Geschmack und achten Sie auch auf die Gepflogenheiten Ihres Betreuers. Außer Überschriften wird im Text grundsätzlich nichts unterstrichen oder fett gedruckt. Hervorhebungen sollten stets durch Kursivdruck erfolgen. 548

- Geben Sie **Zitate genau** an: Statt »ff.« sind von-bis-Angaben zu empfehlen. Dazu verwenden Sie einen langen Strich (Gedankenstrich, kein Bindestrich), vor und hinter dem kein Leerzeichen steht. 549

- **Absätze**: Fügen Sie im Dissertationstext ausreichend Absätze ein, um die Lesbarkeit des Textes zu erhöhen. Als Orientierung kann die Zahl von etwa drei Absätzen pro Druckseite gelten. 550

- **Geschützte Leerzeichen**: Unschön sehen folgende Zeichen und Abkürzungen aus, wenn sie von der Zahl getrennt werden, die nach ihnen stehen: Abs., Art., lit., Nr., Rn., S., §. Fügen Sie nach diesen deshalb stets geschützte Leerzeichen ein 551

---

505 Jedenfalls in der gedruckten Fassung ist es für den Leser aber komfortabler, zusätzlich zum Gliederungspunkt auf die konkreten Seiten zu verweisen. Diese müssen Sie händisch ergänzen, wenn alle Änderungen in den Text eingearbeitet sind und sich keine Seitenverschiebungen mehr ergeben können.

506 Hilfreich bei Fragen um die Verzeichnisse und Verweise *Hahner/Scheide/Wilke*, Wissenschaftliche[s] Arbeiten mit Word 2010, S. 64–91; *Tuhls*, Wissenschaftliche Arbeiten schreiben mit Microsoft Office Word, S. 87–119.

(Tastenkombination: Strg + Umschalttaste + Leerzeichen). Diese werden im Text als kleine Kreise (statt des bekannten schwarzen Punktes) angezeigt; sie bewirken, dass die Zahl immer bei der Abkürzung und dem Paragrafenzeichen bleibt. Am besten verwenden Sie diese geschützten Leerzeichen bereits beim Schreiben des Textes.

552 • **Abkürzungen:** Verwenden Sie im Text – soweit möglich – keine Abkürzungen. Lediglich Gesetzesbezeichnungen, »i.V.m.« als Teil eines Normzitats und die Angaben AG, ArbG, LAG, LG, OLG, VG, OVG/VGH, FG, SG, LAG, SG und LSG (verbunden mit einem Ortsnamen) für Gerichte sollten Sie verwenden. Ich persönlich finde es schöner, das Bundesverfassungsgericht und die obersten Bundesgerichte im Text grundsätzlich nicht abzukürzen. In den Fußnoten sollten Sie jedoch Abkürzungen gebrauchen. Wenn Sie Abkürzungen verwenden, sollte es sich um die üblichen handeln, namentlich die aus dem Abkürzungsverzeichnis von *Kirchner*.

553 • **Seitenumbrüche:** Achten Sie darauf, dass Überschriften nicht vom Text, der unter ihnen steht, getrennt werden. Wenn auf einer Seite am Ende nur noch die Überschrift Platz findet, fügen Sie einen Seitenumbruch oder einen zusätzlichen Absatz ein oder stellen dies bei *Word* im Menüpunkt »Start« unter »Absatz«, dort unter »Zeilen- und Seitenumbruch« automatisch ein.

Beginnen Sie die erste und die zweite Ebene Ihrer Gliederung jeweils auf einer neuen Seite; das sollten Sie bereits in der Formatvorlage einstellen. Die weiteren Unterebenen (3–7) werden nicht auf einer neuen Seite begonnen.

554 • **Deckblatt:** Für die Vorabgabe und die offizielle Einreichung benötigen Sie jeweils ein Deckblatt. Formatieren Sie dieses möglichst dezent und verwenden Sie nur eine Schriftart; vermeiden Sie Unterstreichungen auf dem Deckblatt. Auf dem Deckblatt stehen: Titel und Untertitel Ihrer Arbeit, darunter: »Dissertationsentwurf« (bei der Vorabgabe) oder »Dissertation zur Erlangung des Grades eines Doktors der Rechtswissenschaft der Juristischen Fakultät der Universität XYZ« (bei der offiziellen Einreichung, sofern die Promotionsordnung nicht eine andere Bezeichnung vorsieht oder die Fakultät anders bezeichnet wird). Danach fügen Sie Ihren Namen (»vorgelegt von...«) und eine Datumsangabe (»Juli 2015« – eine tagesgenaue Angabe wirkt etwas amtsstubenhaft) an. Bei der Vorabgabe können Sie die Adressdaten weglassen, wenn Sie nach wie vor am Lehrstuhl arbeiten oder Ihr Betreuer die Daten ohnehin kennt, weil Sie in regem Kontakt mit ihm stehen. Für die offizielle Abgabe empfehle ich die Angabe der Postadresse sowie einer E-Mail-Adresse auf dem Deckblatt.

555 • **Bindung:** Für die Vorabgabe und die offizielle Einreichung ist die Arbeit zu binden. Die Arbeit als Konvolut loser Blätter oder – auch das habe ich schon bei einem Doktoranden meines akademischen Lehrers gesehen – in einem dünnen Aktenordner abzugeben wirkt etwas respektlos, und zwar gegenüber Ihrer eigenen Arbeit wie auch gegenüber Ihrem Betreuer. Ihre Arbeit wird aller Wahrscheinlichkeit nach zu dick für eine Spiralbindung sein; zudem ist die Bindung mit einer sehr großen (Plastik-)Spirale unästhetisch. Wählen Sie deshalb eine Klebebindung mit einem durchsichtigen Deckblatt aus Plastik. Die Abgabe als gebundenes Buch wirkt dagegen etwas eingebildet und übertrieben. Beachten Sie zudem, dass eine Klebebindung nicht sofort nach dem Druck der Seiten erstellt werden kann, weil diese dann noch zu warm sind und sich erst »setzen« müssen. Bringen Sie also die Arbeit rechtzeitig in den Copyshop, wenn Sie einen bestimmten Tag einhalten

möchten (etwa weil Ihr Betreuer am letzten Tag des Semesters den Universitätsort verlässt und Sie ihm die Arbeit mitgeben möchten).

- **Sicherungskopien**: Dieser Tipp gehört eigentlich nicht in eine Checkliste zu den   556
Formalien; trotzdem möchte ich Ihnen, etwas aus dem Kontext gerissen, an dieser Stelle erneut auch zur Erstellung von Sicherungskopien raten. Wer einmal eine Zwischenspeicherung unterlassen hat und auf diese Weise einen Teil des Dokuments verloren hat, weiß, wie frustrierend und lähmend es sein kann, einen Text wiederherzustellen, den man eigentlich schon geschrieben hatte. Wenn sogar das gesamte Dokument oder ein großer Teil verloren geht, ist der Nervenzusammenbruch sicher. Es sei deshalb nochmals auf die Bemerkungen zur Datensicherung verwiesen (Rn. 87a–87d).

II. Aktualisierung

Ihre Arbeit muss bei der Einreichung auf dem aktuellsten Stand sein. Für das letzte   557
Kapitel dürfte das kein Problem darstellen. Die ersten Sätze haben Sie aber möglicherweise Jahre vor der Abgabe geschrieben und zwischenzeitlich nur korrigiert, aber nicht aktualisiert. Es ist deshalb unerlässlich, die gesamte Arbeit nochmals auf den neuesten Stand zu bringen.

1. Kontrolle der Zitate

Zunächst sollten Sie die Angaben aus den Fußnoten mit dem Literaturverzeichnis   558
abgleichen, und zwar in beide Richtungen: Sind alle zitierten Fundstellen auch im Literaturverzeichnis aufgeführt? Und umgekehrt: Werden alle Einträge aus dem Literaturverzeichnis auch tatsächlich zitiert? Von vielen Quellen werden Sie dies ohne nachzusehen sagen können. Wenn Sie sich unsicher sind, ob Sie eine Fundstelle zitiert haben oder zu einer Fundstelle ein Eintrag im Schrifttumsverzeichnis existiert, empfiehlt sich die Suchfunktion Ihres Textverarbeitungsprogramms.

2. Aktualisierung mittels Zeitschrifteninhaltsdienst und KJB

Bei diesem bloßen Abgleich dürfen Sie jedoch noch nicht haltmachen. Es ist keine   559
Rechtfertigung für den Bearbeitungsstand der eingereichten und später der publizierten Arbeit, dass die Arbeit an einem Kapitel schon lange zurückliegt. Aktuell ist das Dokument, wenn es zum Zeitpunkt der Einreichung oder Veröffentlichung alle verfügbaren und relevanten Quellen berücksichtigt. Sind zwischenzeitlich Aufsätze, Monografien oder Neuauflagen erschienen, müssen Sie diese berücksichtigen. Im Fall bloßer Neuauflagen gilt dies auch dann, wenn sich – was die Regel ist – inhaltlich an den Aussagen der Vorauflage nichts geändert hat. Sie müssen stets die aktuellste Auflage des konkreten Werks verwenden – unabhängig von seinem Alter. Geben Sie im Literaturverzeichnis oder im Vorwort an, bis zu welchem Zeitpunkt Sie Neuauflagen berücksichtigt haben, etwa folgendermaßen: »Rechtsprechung und Neuerscheinungen in der Literatur wurden bis Ende Mai 2015 berücksichtigt.«

Die Aktualisierung kann viel Zeit in Anspruch nehmen, wenn Sie sie komplett in die   560
Endredaktion verlagern. Sofern Sie nicht einmal während des Schreibens Aufsätze abgelegt und Neuerscheinungen notiert haben, kann sie sogar eine nochmalige umfassende Recherche erforderlich machen. Die Gefahr ist groß, dass Ihnen dazu am

Ende die Zeit fehlt. Sie möchten schnell abgeben, weil das Referendariat oder ein neuer Arbeitsvertrag beginnt und Sie nur noch den Feierabend für Korrekturen an Ihrer Dissertation zur Verfügung haben. Dann droht die Aktualisierung halbherzig und oberflächlich zu werden, was Ihrem erfahrenen Betreuer sofort auffallen wird. Mein Rat ist deshalb, Neuerscheinungen laufend im Auge zu behalten:

561 Für Aufsätze empfehle ich Ihnen, den (inzwischen) kostenpflichtigen Zeitschrifteninhaltsdienst von *Kuselit* zu abonnieren.[507] Als Abonnent erhalten Sie wöchentlich eine Übersicht zu den in dieser Woche (beziehungsweise in den 1–2 Wochen vor der E-Mail) erschienenen Zeitschriften, einschließlich des Inhaltsverzeichnisses als pdf-Datei. Die Zeitschriften sind dabei nach Rubriken geordnet, sodass Sie gezielt die einschlägigen Themengebiete auswerten können. Ich empfehle Ihnen, die wöchentliche Übersicht auch tatsächlich wöchentlich auszuwerten und sich einschlägige Aufsätze sofort zu besorgen. Sofern die neu erschienenen Aufsätze bereits geschriebene Kapitel betreffen, können Sie diese in einer ruhigen Minute – etwa an einem im Übrigen arbeitsfreien Wochenende – in den bestehenden Text einarbeiten; wenn die Aufsätze in späteren Kapiteln relevant werden, lohnt sich eine Notiz im Text (unter der Überschrift für das betroffene Kapitel) und eine Ablage im Stapel für dieses Kapitel – sofern bereits vorhanden –, anderenfalls in Ihren mit Signaturen versehenen Ordnern. Sofern Sie einige Wochen dieses Zeitschrifteninhaltsdienstes verpasst haben, können Sie auf der Website von *Kuselit* die letzten 52 Wochen abrufen. Sie können die Endredaktion erheblich vereinfachen, wenn Sie jeden Monat einen Tag für die Einarbeitung dieser laufend gesammelten Aufsätze reservieren.

562 Ergänzen sollten Sie die Aktualisierung zudem – wie bereits bei der Recherche erwähnt[508] – durch die *Karlsruher Juristische Bibliographie (KJB)*. Diese erscheint monatlich; von daher lohnt es sich, etwa vierteljährlich abzugleichen, ob dort weitere Fundstellen, insbesondere Festschriften und Monografien (die nicht von *Kuselit* abgedeckt werden) aufgeführt werden.

Schließlich kommen Sie auch nicht um eine erneute Recherche im Bibliothekskatalog sowie auf *beck-online* und *Juris* herum. Wenn Sie die Quellen dort nach Datum sortieren lassen, können Sie sich auf den Zeitraum ab der Fertigstellung des betroffenen Kapitels beschränken. Diese neuerliche Recherche dauert also nicht so lang wie die initiale Recherche.

3. Kontrolle der Verlagsseiten

563 Sehr empfehlenswert ist es daneben, ebenfalls in einem etwa vierteljährlichen Turnus die Internetseiten der wichtigsten Fachverlage durchzusehen. Gerade die Übersicht »Neuerscheinungen« auf den Webseiten *www.duncker-humblot.de* (für den Verlag *Duncker & Humblot*), *www.mohr.de* (für den Verlag *Mohr Siebeck*), *www.nomos.de* (für den *Nomos*-Verlag) und *www.peterlang.com* (für den *Peter Lang Verlag*) sollten Sie regelmäßig heimsuchen. Dort können Sie sich bei der laufenden Kontrolle auf die Rubrik »Neuerscheinungen« oder »Neue Bücher« beschränken. Vor der Abgabe sollten Sie nochmals alle Neuerscheinungen des Jahres (nach Datum geordnet) durchsehen.

---

507 Mehr Informationen finden Sie unter *www.kuselit.de/1075/ZID%20Emaildienst.*
508 S. oben im Abschnitt § 3 A. [Rn. 74].

Ferner lohnt ein Blick auf Rubriken wie »Neuankündigungen« oder »Vorankündigungen«. Dort werden mit einem relativ großzügigen Vorlauf von in der Regel mehreren Monaten Bücher angekündigt. Wenn eines dieser Bücher für Ihre Arbeit relevant wird, können Sie sich zu diesem Buch das Werbeblatt mit der Zusammenfassung
ausdrucken. Machen Sie sich für das Ende des Monats, für welchen das Buch angekündigt ist, eine Notiz. Diese »Wiedervorlage« erinnert Sie daran, noch einmal nachzusehen, ob das Buch erschienen ist, um es sofort zu bestellen und einzuarbeiten.
Wenn Sie diese Neuerscheinungen nicht geblockt am Ende berücksichtigen, sondern
laufend die Bücher direkt nach ihrem Erscheinen bestellen, haben Sie mehr Zeit und
Muße, sie wirklich zu berücksichtigen. Eine Monografie alle zwei Wochen einzuarbeiten kostet zudem wenig Zeit, ist also im Zweifel auch keine lästige Arbeit.

Ich empfehle Ihnen ferner, Ihr Literaturverzeichnis auf periodisch beziehungsweise
in mehreren Auflagen erscheinende Werke durchzusehen. Schreiben Sie sich diese
Lehrbücher, Kommentare und gegebenenfalls Handbücher auf eine gesonderte Liste
und kontrollieren Sie ebenfalls vierteljährlich, ob zu diesen Einträgen eine Neuer-
scheinung angekündigt ist. Dafür eignet sich die Seite *www.beck-shop.de* am besten.
Sie beinhaltet nicht nur die Bücher des *C. H. Beck*-Verlags, sondern auch Werke der
anderen Wissenschaftsverlage und gibt – anders als etwa *Amazon* – für die Werke die
konkrete Kalenderwoche des Erscheinens an, wenn ein Werk für eine bestimmte Woche angekündigt ist. Das erlaubt es Ihnen, wie bei den Dissertationen eine Wiedervorlage in Ihren Kalender zu schreiben (zum Beispiel den Merker »65. Aufl. *Fischer*,
StGB erschienen?«), damit Sie das Werk sofort bestellen und einarbeiten können,
wenn es erschienen ist.

»Ihre« Bibliothek wird diese Neuerscheinungen nicht alle sofort verfügbar halten.
Häufig werden die bekannten Reihen aber von mindestens einer der Bibliotheken aus
dem Bibliothekenverbund abonniert. Das Buch ist dann, sobald der Verlag es angekündigt hat, von dieser Bibliothek vorbestellt und deshalb auch im Online-Katalog
sichtbar. Wenn Sie es per Fernleihe bestellen, ist es im Übrigen eine häufige Politik
der Bibliothek, wichtige Werke vor Ort anzuschaffen, wenn diese im Bibliotheksver-
bund noch nicht oder nur einmal verfügbar sind. Sie können durch die Fernleihe also
oft eine Neuanschaffung provozieren. Eine weitere Möglichkeit, die viel zu selten
genutzt wird, sind Anschaffungsvorschläge. Solche Vorschläge können Sie häufig bereits im Online-Katalog mittels eines speziellen Formulars machen, in das Sie auch
eine Begründung eintragen können (etwa: »Wird benötigt für die Dissertation und ist
zugleich relevant für den Schwerpunktbereich XY.«). Wenn das Buch in einer anerkannten Reihe erschienen ist, wird es die Bibliothek häufig anschaffen. In diesem Fall
werden Sie als Erstausleiher vorgemerkt.

4. Aktualisierung nach Vorabgabe und offizieller Einreichung

Nach der Vorabgabe oder der offiziellen Einreichung »altert« Ihr Werk weiter, ohne
dass es bisher veröffentlicht wurde. Für den späteren Leser ist aber nur relevant, ob
das Werk bei Erscheinen aktuell ist, nicht ob das Buch bei Beendigung des Textes
aktuell war. Für die Gutachter im offiziellen Verfahren ist ebenfalls nur relevant, ob
das Werk zum Zeitpunkt der offiziellen Einreichung aktuell ist, nicht ob es bei Vorabgabe einmal aktuell war. Leider dauern diese beiden Verfahren in aller Regel einige
Monate. Während dieser Zeit können viele Aufsätze und Monografien erscheinen, die
Sie eigentlich schon einarbeiten könnten.

564

565

566

567

568 Ich empfehle Ihnen folgendes Vorgehen: Aktualisieren Sie auch nach der Vorabgabe den Text laufend um Neuerscheinungen. Färben Sie die neu eingefügten Passagen aber im Text ein oder fügen Sie die Ergänzungen im Änderungsmodus ein. Zusätzlich sollten Sie eine Liste führen, die alle Urteile und Literaturquellen aufführt, die Sie neu berücksichtigt haben. Bei der offiziellen Einreichung können Sie Ihrem Betreuer dann die Datei im Änderungsmodus beziehungsweise mit den farbigen Textpassagen, zusammen mit der Liste, zukommen lassen. Auf diese Weise sieht er, was sich an dem Dokument geändert hat. Hat er – was die Regel sein wird, wenn Ihr Werk bereits annahmefähig ist – das Votum schon zum Teil geschrieben, kann er die Änderungen in seinem Votum berücksichtigen, ohne die Arbeit noch einmal lesen zu müssen.

569 Entsprechend können Sie nach der offiziellen Einreichung verfahren. Hier ist jedoch das Verfahren sehr viel formalisierter. Während die Vorabgabe ohnehin ein informeller Teil des Verfahrens ist, ist für die Bewertung der Dissertation die eingereichte Fassung relevant. Nur diese wird daher von den beiden Gutachtern bewertet. Die Aktualisierung wird deshalb nicht mehr im Begutachtungsverfahren relevant, sondern nur für die Drucklegung. Da jedoch die Veröffentlichung der Dissertation eine Voraussetzung für die Promotion ist (anders im Übrigen als bei der Habilitation[509]), muss die eingereichte Fassung mit der veröffentlichten Version übereinstimmen. Wenn sie dies nicht tut, ist eine Genehmigung des Promotionsausschusses (beziehungsweise des nach der jeweiligen Promotionsordnung zuständigen Organs) erforderlich, die sogenannte Imprimatur (lateinisch für »es möge [darf] gedruckt werden«). Erkundigen Sie sich, wie dies an Ihrer Fakultät gehandhabt wird. Häufig reicht die Mitteilung über die Änderungen an beide Gutachter, die dann halb-offiziell (per E-Mail oder einfachen Brief) ihre Zustimmung erklären.

III. Zusammenfassungen

570 Zusammenfassungen erleichtern den Gutachtern und Lesern die Rezeption Ihrer Arbeit. Sie können, wollen Sie einen schnellen Zugang zu Ihrer Arbeit erlangen oder sich ein bereits gelesenes Kapitel nochmals in Erinnerung rufen, mit der Lektüre der Zusammenfassung beginnen. Außerdem disziplinieren Sie sich durch eine Zusammenfassung selbst. Das Fazit zwingt Sie dazu, Stellung zu beziehen und Ihr Ergebnis festzuhalten. Das sollten Sie bei der Erstellung des Haupttextes bereits kapitelweise getan haben.

571 Zusätzlich empfiehlt sich dann noch eine Zusammenfassung des gesamten Werkes, die Sie an dessen Ende stellen (nach den Dissertationstext, aber vor das Literaturverzeichnis). Diese sollten Sie so präzise wie möglich halten. Vermeiden Sie »Ausblicke«, die sich davor scheuen, das Ergebnis Ihrer Arbeit nochmals ausdrücklich festzustellen. Ideal ist eine Zusammenfassung in einzelnen Thesen oder in Sätzen, die den Inhalt zusammenfassen, ohne eine neue, zusätzliche Wertung zu enthalten. Damit sich

---

509 Deshalb sind manche Habilitationsschriften auch namhafter Professoren nie im Buchhandel erschienen, sondern lagern als bloßes Typoskript an der Fakultät, wo die Arbeit eingereicht wurde. Das ist häufig darauf zurückzuführen, dass die Betroffenen eine sehr lange Arbeit geschrieben haben und als Privatdozent durch viele Bewerbungen, Berufungsvorträge und durch die Verpflichtungen eines neuen Lehrstuhlinhabers beschäftigt sind und keine Zeit für die Aktualisierung und Formatierung des Textes finden. Sind dann erst einmal einige Jahre verstrichen, ist der Aufwand häufig zu groß, den die Publikation als aktuelles Werk bringen würde.

der Leser durch die Zusammenfassung Ihre Arbeit erschließen kann, muss er alle relevanten Ergebnisse dort finden und auch den Gedankengang nachvollziehen können. Die Zusammenfassung am Ende Ihrer Dissertation sollte deshalb nicht zu kurz ausfallen. Mit fünf einzelnen Thesen kann der Leser in der Regel wenig anfangen. Als Orientierung können Sie einen Umfang von etwa 3–5 Seiten Zusammenfassung pro 100 Seiten Text einplanen.

Helfen Sie dem Leser zusätzlich, indem Sie in Ihre Zusammenfassung die Überschriften der ersten drei Gliederungsebenen einfügen. Dadurch kann der Leser direkt ersehen, an welcher Stelle im Buch er nachlesen muss, wenn er Genaueres erfahren möchte. Noch komfortabler für den Leser ist es, wenn er zusätzlich zur Überschrift in einer Fußnote noch die konkreten Seitenzahlen findet; dann muss er nicht zusätzlich das Inhaltsverzeichnis bemühen. 572

IV. Verzeichnisse

Zu einer vollständigen Dissertation gehören auch Verzeichnisse, die der Leser benötigt, um sich die Arbeit zu erschließen: 573

- Erforderlich ist zunächst ein **Inhaltsverzeichnis**. Da Sie Ihre Überschriften automatisch formatiert haben, ist dessen Erstellung mit wenigen Klicks bewerkstelligt. Gehen Sie in Ihrem Text an den Anfang, das heißt die erste Seite nach dem Deckblatt. Dann klicken Sie bei *Word* im Menüpunkt »Verweise« auf den Button »Inhaltsverzeichnis«. Dort können Sie dann die Ebenen auswählen, die Ihr Verzeichnis anzeigen soll (also im Zweifel 7) und die Formatierung ändern. Sie können dort auch wählen, in welchem Format die Seitenzahl angezeigt werden soll und welche Füllung zwischen dem Überschriftentitel und der Seitenzahl stehen soll. Über die Taste F9 können Sie das Verzeichnis dann aktualisieren. Achten Sie nur auf Folgendes: Wenn Sie aus der *Word*-Datei eine pdf-Datei generieren, müssen Sie zuvor die Markups deaktivieren, sonst steht am Ende statt der Seitenzahl der Text »Fehler! Textmarke nicht formatiert.«. Da nach der Deaktivierung der Markups aber kein automatisches Inhaltsverzeichnis existiert, das Sie mit der F9-Taste aktualisieren können, sollten Sie die Datei vor der Konvertierung in eine pdf-Datei gesondert ohne die Markups abspeichern. 574
- Wenn Sie sehr viele Überschriften gebildet haben und Ihre Arbeit sehr lang geworden ist, kann sich zusätzlich eine sogenannte **Inhaltsübersicht** anbieten. Dabei handelt es sich um ein zweites Inhaltsverzeichnis vor dem umfassenden Verzeichnis, das nur die ersten beiden Gliederungsebenen anzeigt, damit der Aufbau der Arbeit auf einer Seite abgebildet werden kann. Wenn Sie eine solche Übersicht einfügen möchten, machen Sie einen Absatz vor dem Inhaltsverzeichnis und klicken wiederum unter »Verweise« auf »Inhaltsverzeichnis«. Nun wählen Sie bei der Anzeige aber nicht 7 Ebenen aus, sondern nur 2. 575
- Empfehlenswert ist ferner ein **Abkürzungsverzeichnis**. Häufig wird ein solches für entbehrlich gehalten, wenn die üblichen Abkürzungen verwendet werden. Dann wird in der Regel ein Hinweis empfohlen, man habe die Abkürzungen aus dem Verzeichnis von *Kirchner* verwendet. Dieses Buch halten jedoch nur Bibliotheken und vereinzelte Lehrstühle vor. Wenn Ihr Leser ein Anwalt ist oder sich bei der Lektüre Ihrer Arbeit gerade nicht in der Bibliothek befindet, muss er möglicherweise lange im Internet recherchieren, um eine Abkürzung entschlüs- 576

seln zu können. Ein Abkürzungsverzeichnis kann ihm diese Mühe ersparen. Freilich wird er es nicht benötigen, um die Abkürzungen h.M., BGH und NJW aufzuschlüsseln. In jeder Arbeit finden sich aber exotische Zeitschriften oder unbekannte Gesetze, deren Kürzel dem Leser nicht geläufig ist. Wenn Sie ein Abkürzungsverzeichnis erstellen, müssen Sie aber alle Abkürzungen des Buches aufführen – so unnötig dies im Einzelfall erscheinen mag. Im Übrigen ist auch nicht ausgeschlossen, dass Leser aus einem anderen Rechtsgebiet oder Fachbereich ein vermeintlich allgemein bekanntes Kürzel nicht kennen.

577 • Für ein **Stichwortverzeichnis** ist jeder Leser dankbar. Es erlaubt ihm, gezielt nach »seinen« Themen zu suchen und die Arbeit schnell zu verwerten. Ein solches Verzeichnis macht aber auch viel Arbeit. Wenn man es sinnvoll gestaltet (leider beobachtet man häufig anderes), führt man im Stichwortverzeichnis (das auch »Sachverzeichnis« genannt wird) nicht jede Stelle auf, an welcher der Begriff auftaucht, sondern nur die wirklich einschlägigen. Sie dürfen sich also nicht mit der Suchfunktion des Textverarbeitungsprogramms begnügen, sondern müssen überlegen, auf welche Kapitel Sie verweisen möchten, und die genauen Seitenzahlen anführen. Auch wenn Sie als Autor den eigenen Text gut kennen – solche Verzeichnisse machen viel Arbeit, vor allem wenn sich durch Aktualisierungen oder Umformatierungen Seitenverschiebungen ergeben. Dann müssen Sie – ein dynamischer Verweis ist hier nur begrenzt möglich – im Zweifel händisch alle Zahlen aktualisieren.

Bei der Vorabgabe ist ein Stichwortverzeichnis nicht üblich. Es würde im Zweifel sogar als übertrieben wahrgenommen werden. Für die veröffentlichte Fassung ist aber dringend zu einem Stichwortverzeichnis zu raten, um dem Leser eine bessere Erschließung des Textes zu ermöglichen. Denken Sie nur an Ihre eigenen Leseerfahrungen: Wie häufig haben Sie sich schon über ein fehlendes Stichwortverzeichnis geärgert oder ein Verzeichnis, das hinter jedem Begriff 30 Fundstellen aufführt, nur weil das Wort dort einmal im Text auftaucht? Die renommierten Verlage verlangen zumeist ohnehin ein Sachverzeichnis. Dort wird Ihre Arbeit also nur veröffentlicht, wenn Sie das Verzeichnis abgegeben haben.

V. Einleitung und Vorwort

578 In einer glücklichen Lage sind Sie, wenn Sie sich bereits Gedanken über die Einleitung zu Ihrer Arbeit und das Vorwort zum Buch Gedanken machen können. Diese beiden Elemente des Textes sollten ganz am Ende der Arbeit an der Dissertation verfasst werden. Denn beide sollen auf eine souveräne Art und Weise in die Problematik beziehungsweise in das Buch einführen. Souveränität über Ihr Thema müssen Sie sich aber erst erarbeiten. Eine Einleitung kann unmöglich geschrieben werden, bevor man sein Thema durchdrungen hat. Nach Abschluss des Haupttextes haben Sie zudem alle Zweifel abgelegt, haben konkrete Antworten gefunden und können entspannt über Ihr Thema sprechen. Genau aus dieser Stimmung heraus muss die Einleitung geschrieben werden.

579 Das Vorwort wiederum wird erst in der veröffentlichten Fassung relevant; es gilt also das Gleiche wie für das Sachverzeichnis. Anders als die Einleitung droht das Vorwort jedoch immer sehr trocken auszufallen. Das liegt zunächst daran, dass man bestimmte Angaben »loswerden« muss: dass die Arbeit in einem bestimmten Semester als Dissertation von einer bestimmten Fakultät angenommen wurde, der Dank an die

Betreuer, den Stand der Arbeit und der Dank an Dritte, die Ihnen bei der Korrektur geholfen haben. Häufig wird auch Familienmitgliedern gedankt, die einem in den schwierigen Phasen der Arbeit Unterstützung geboten haben; auch Widmungen der Arbeit sind sehr häufig. Daneben noch »Schwung« in das Vorwort zu bringen, ist schwer. Dennoch lohnt es sich, ein Zitat oder eine witzige Bemerkung einzubauen oder das Vorwort ungewöhnlich zu beginnen, um Interesse zu wecken. Denn so langweilig die Mehrzahl der Vorworte ist: Auf den natürlichen Voyeurismus der Leser ist Verlass. Vorworte werden immer gelesen – wohl in der unterschwelligen Hoffnung, man möge dem sonst so distanzierten, geradezu anonymen Autor etwas Privates entlocken. Das Vorwort mag zwar als einziger Teil der Dissertation in der ersten Person geschrieben sein; diese Hoffnung wird indes in der Regel enttäuscht.

B. Die mündliche Prüfung

Wenn beide Gutachter Ihre Arbeit für annahmefähig erklärt haben und sie für die vorgesehene Zeit für die Einsichtsberechtigten fakultätsöffentlich ausgelegt hat, werden Sie zur mündlichen Prüfung geladen. In der Regel wird Sie das Dekanat, das für den Promotionsausschuss die organisatorischen Arbeiten erledigt, zuvor telefonisch oder per E-Mail kontaktieren, um einige Termine mit Ihnen abzusprechen. Je nach Prüfungsform stehen die Prüfer weitestgehend fest (da identisch mit den Gutachtern) oder werden erst bestimmt (so für den Zweitprüfer im Rigorosum). Manche Fakultät reserviert bestimmte Tage im Semester für die Prüfung – dann können Sie froh sein, wenn diese nicht gerade erst vorbei sind. Häufig müssen die Termine auch wegen der oft nicht im Universitätsort wohnenden Professoren aufwändiger koordiniert werden.[510]   580

Für die Promotion hat die mündliche Prüfung nur eine geringe Bedeutung. Die meiste Zeit verbringen Sie mit der Anfertigung der Dissertation. Wenn diese angenommen ist, ist es nicht ausgeschlossen, aber mehr als unwahrscheinlich, dass Sie die mündliche Prüfung nicht bestehen. Die meisten Prüfungsordnungen messen der mündlichen Prüfung auch ein geringes Gewicht bei der Bildung der Note bei. Üblich ist etwa – Einzelheiten entnehmen Sie der Promotionsordnung Ihrer Fakultät – eine Gewichtung von 1/4 bis höchstens 1/3. In der Regel ist es praktisch ausgeschlossen, dass Sie sich bei zwei gleichlautenden Gutachten um eine Notenstufe verbessern oder verschlechtern. Wenn sich Erst- und Zweitgutachter aber nicht einig waren, entscheidet die mündliche Prüfung über die bessere oder schlechtere Note.   581

Es ist an den meisten Fakultäten üblich, vor der mündlichen Prüfung keine Einsicht in die Gutachten zu erlangen. Manche Fakultäten teilen dem Prüfling die Noten vor der Prüfung mit, andere nicht. Die anderen Professoren erfahren die Note durch die Auslegung, was den Doktoranden in dieser Phase leider wie ein Objekt in einem Begutachtungsverfahren aussehen lassen kann. Üblich ist es aber auch an vielen Fakultäten, die eine Notenbekanntgabe nicht explizit vorsehen, dass die Gutachter dem Doktoranden informell das Ergebnis ihres Votums mitteilen.   582

---

510 Unterhaltsam über den Abschluss des Verfahrens schreiben *v. Münch/Mankowski*, Promotion, S. 148–161.

583   Ob die mündliche Prüfung öffentlich ist, entscheidet die jeweilige Promotionsordnung. Ist dort ein Rigorosum vorgesehen, wird dies häufig nicht öffentlich abgehalten. Eine Disputation ist häufig zumindest »hochschulöffentlich«, also Mitgliedern der Fakultät nach vorheriger Anmeldung (in der Regel im Dekanat) zugänglich, häufig aber insgesamt öffentlich[511]. Manche Regelung verlangt nach der Zustimmung aller Beteiligten für die Zuhörer.

I. Rigorosum

584   Gerade wurde es bereits angesprochen: Wie die mündliche Prüfung abläuft, hängt von der Art der mündlichen Prüfung ab. Die älteste Form der mündlichen Prüfung im Promotionsverfahren ist das Rigorosum, die »strenge Prüfung«. Dabei handelt es sich um eine fachliche Prüfung, die losgelöst ist von der Dissertation und diese auch nicht zum Gegenstand hat. Vielmehr werden Sie in dem Rechtsgebiet, das Sie in Ihrer Dissertation behandeln, sowie einem oder zwei weiteren Fächern geprüft. Als Prüfungssituation ähnelt die Prüfung deshalb dem mündlichen Staatsexamen. Diese Prüfungsart wurde ursprünglich eingeführt, um eine fachliche Kontrolle der Leistungsfähigkeit des Doktoranden zu ermöglichen. Sie stammt aus einer Zeit, als es noch keine mündliche Staatsexamensprüfung in der heutigen Form gab oder bereits während des Studiums promoviert werden konnte. Diese Gründe sind inzwischen weggefallen. Man wird das Rigorosum heute als unnötig bezeichnen müssen, schließlich durchlaufen die Doktoranden in der Regel zwei mündliche Staatsexamen, in denen sie sehr intensiv geprüft werden. Warum anlässlich einer Doktorarbeit dann noch eine mündliche Prüfung stattfinden soll, bei der nicht über die Arbeit gesprochen wird, ist nicht ersichtlich. Es handelt sich um eine antiquierte Prüfungsform, die von den meisten Fakultäten inzwischen konsequenterweise nicht mehr vorgesehen wird – jedenfalls nicht in Reinform.[512] Manchenorts ist noch ein kleiner Zusatzteil zur Disputation vorgesehen, der einem Rigorosum ähnelt.[513]

585   Wenn Sie dennoch zu einem Rigorosum antreten müssen, müssen Sie sich in der Regel zunächst neben Ihrem »Dissertations-Rechtsgebiet« ein weiteres Gebiet aussuchen. Abhängig davon, von den Terminen und davon, wer Ihrem Betreuer möglicherweise noch »eine Prüfung schuldet«, wird dann der zweite Prüfer in diesem Fach bestellt. Auf dessen Person haben Sie keinen Einfluss. Sie sollten auch nicht bei Ihrem Betreuer »anregen«, doch eine bestimmte Person zu bestellen. Denn es ist unüblich, dass sich Doktoranden ihre Prüfer aussuchen. Das gilt im Übrigen auch für den Zweitgutachter. Für Letzteren mag man vielleicht noch vorsichtig eine Person ins Spiel bringen; seien Sie dabei aber ganz dezent. Es ist die Regel, dass Ihr Betreuer einen fachlich passenden Prüfer wählt. Sie sind noch nicht in der Position, solche

---

511   Vgl. etwa § 15 Abs. 3 der Promotionsordnung für die Juristische Fakultät der Universität Passau vom 29. Juni 2009.

512   Manche Promotionsordnungen sehen beide Prüfungsformen – Disputation und Rigorosum – vor und überlassen die konkrete Prüfungsform der Wahl des Doktoranden. In diesem Fall sollten Sie sich überlegen, ob Ihnen eher die inhaltliche, einem mündlichen Staatsexamen ähnelnde Prüfungsform des Rigorosums liegt oder ob Sie eher geeignet sind für ein akademisches Fachgespräch über Ihre Arbeit in Form der Disputation. S. zu dieser Überlegung *Strasser*, JuS 2006, 575 (576).

513   S. etwa § 14 Abs. 2 der Promotionsordnung der Universität Mannheim zur Erlangung des Doktorgrades der Rechte vom 12. Dezember 2011 i.d.F. vom 3. Juni 2013.

Entscheidungen zu treffen. Oft wird der Betreuer dabei auch einfach den Kollegen wählen, für den er selbst zuletzt ein Zweitgutachten erstellt hat, und sich mit seinem Doktoranden »revanchieren«.

Üblich ist es, sich bei dem Zweitprüfer im Vorfeld der mündlichen Prüfung kurz vorzustellen. Dies gilt auch dann, wenn Sie diese Person ohnehin aus Gesprächen in der Teeküche kennen oder ihr täglich auf dem Flur begegnen, weil Sie nebenan arbeiten. In diesem Fall stellen Sie sich selbstverständlich nicht »als Person« vor – das wäre albern –, sondern sprechen ihn nur kurz auf die Prüfung an. Dieses Gespräch ist ein Höflichkeitsbesuch. Darüber hinaus wird es aber häufig dazu genutzt, Andeutungen über den Prüfungsgegenstand zu machen. Wenn der Zweitprüfer Ihnen einen solchen Hinweis geben möchte, wird er das aber von sich aus machen. Fragen Sie nicht selbst danach! Wenn der Prüfer Ihnen ein Thema nennt – möglicherweise sogar einen konkreten Fall –, können Sie jedoch davon ausgehen, dass er mit Ihnen über den Themenkreis intensiv sprechen möchte. Sie sollten dann die wichtigste Literatur und die Leitentscheidungen gelesen haben, um ein Gespräch auf einem hohen Niveau führen zu können. Wenn der Prüfer den Stoff nicht eingrenzt, wird häufig ein Fall als Aufhänger zu einem Gespräch über die Grundstrukturen des jeweiligen Rechtsgebiets verwendet. 586

Die Hinweise auf den Prüfungsgegenstand zeigen Ihnen schon, dass das Rigorosum nicht wie ein drittes Staatsexamen behandelt wird. Es ist zwar eine fachliche Prüfung über denselben Stoff wie das Staatsexamen. Alle Beteiligten haben jedoch schon – mit gutem Erfolg, sonst hätten sie schließlich nicht promovieren dürfen – ein Staatsexamen absolviert. Das Rigorosum ist deshalb zwar eine Prüfung, aber eher an ein Gespräch unter Kollegen angenähert. Auch prüfen viele Professoren hier lieber abstrakte, grundsätzliche Fragen ihres Rechtsgebiets und sind an einer offenen Diskussion interessiert. Allerdings ist das nicht garantiert: Ich habe einen Bekannten, der sich nach zwanzig Jahren immer noch über den privatrechtlichen Teil seines Rigorosums ärgern kann, der aus »Urlaubsrecht rauf und runter« bestand, wie er nicht müde wird zu erzählen. Offenbar hatte ihm der Prüfer als Thema die »Grundlagen des Arbeitsrechts« angekündigt und ihn mit kleinteiligen Spezialfällen überrascht. Wie im mündlichen Staatsexamen hängt es also stark vom Prüfer ab, wie ein solches Gespräch verläuft. 587

II. Disputation

Häufiger als das Rigorosum sehen die deutschen Fakultäten eine Disputation vor – auch (etwas altertümlich latinisierend) Disputatio genannt. Der deutsche Name dieser Prüfungsform ist die »Verteidigung«. Genau das ist auch der Zweck dieser mündlichen Prüfung. In ihr stellen Sie Ihre Arbeit vor, beantworten Fragen und behaupten sich in einer kontroversen Diskussion über Ihre Thesen und die Probleme rund um Ihr Thema. Weil es sich um eine mündliche Prüfung mit Bezug zu Ihrer Dissertation handelt, sitzt im Prüfungsausschuss nicht nur der Erstgutachter (also Ihr Betreuer), sondern auch der Zweitgutachter. 588

Im Rahmen der Disputation stellen Sie in einem kurzen wissenschaftlichen Vortrag die wesentlichen Thesen oder Ergebnisse Ihrer Arbeit vor. In der Form sind Sie dabei frei; sehr verbreitet sind inzwischen *Powerpoint*-Präsentationen. Sie können jedoch 589 auch den klassischen wissenschaftlichen Vortrag wählen, bei dem – langsam sprechend in einer Mischung aus Schriftsprache und gesprochener Sprache – ein kurzer Text vorgelesen wird. Letzteres mag an sehr traditionellen Fakultäten möglicherweise die bevorzugte Prüfungsform sein. Erkundigen Sie sich bei Ihrem Betreuer, bei promovierten Kollegen oder im Dekanat, welches die »übliche« Form ist. Entscheiden Sie sich aber in jedem Fall für eine Vortragsform und Medienunterstützung, die zu Ihrem Vortragsstil passt. Es gibt Wissenschaftler, die so eloquent und lebendig vorlesen können, dass ein klassischer Vortrag abwechslungsreich wirkt und der Zuhörer sich dabei völlig auf den Inhalt konzentrieren kann. Umgekehrt gibt es auch Redner, die sehr gut und lebendig frei sprechen können. Bei ihnen würde ein vorgelesener Vortrag gekünstelt wirken, während der gute Vorleser bei einer *Powerpoint*-Präsentation möglicherweise unsouverän wirkt. Wenn Sie Medien einsetzen möchten, sollten Sie sich vorher erkundigen, was in dem anvisierten Raum zur Verfügung steht und Ihre Präsentation vor der Ankunft der Prüfer bereits technisch vorbereitet haben.

590 Der Vortrag ist im Allgemeinen sehr kurz. Sie werden deshalb keine Gelegenheit haben, Ihre gesamte Arbeit vorzustellen. Achten Sie darauf, sich auf die Kernthesen, das wirklich Neue und die diskussionswürdigen Fragen zu konzentrieren und unterschlagen Sie den Rest. Prüfer werden sehr ungeduldig, wenn der Vortrag zu langatmig ist und ihnen nur das vorkaut, was sie ohnehin schon bei der Begutachtung gelesen haben. Ob Sie nun einen freien Vortrag mit Unterstützung von Karteikarten, einen abgelesenen Vortrag oder eine *Powerpoint*-Präsentation halten: Die Sprache muss einem wissenschaftlichen Vortrag angemessen sein. Auf keinen Fall sollten Sie ins Alltagssprachliche abgleiten; auch zu saloppe Ausdrücke, Scherze und übertriebene rhetorische Mittel sind unangebracht. Wie die schriftliche Arbeit, so ist auch der mündliche Vortrag objektiv und zurückhaltend, stilistisch fehlerfrei und auf einem dem Anlass angemessenen Sprachniveau gehalten. Sprechen Sie aber nicht gekünstelt und in einer vermeintlichen Fachsprache, die nicht die Ihre ist.[514] Sie sollen professionell wirken, aber nicht aufgesetzt. Achten Sie auch darauf, langsam und deutlich zu sprechen. Das Thema ist anspruchsvoll und komplex (sonst hätte es keine Doktorarbeit »hergegeben«), sodass den Prüfern viel abverlangt wird, wenn Sie in einer knappen Viertelstunde dazu das Wesentliche durch bloßes Hören aufnehmen sollen.[515] Üblich ist es, den Prüfern zum Vortrag noch ein Handout zur Verfügung zu stellen. Das können die *Powerpoint*-Folien, aber auch schlicht die Thesen zu Ihrer Arbeit und dem Vortrag sein. Achten Sie darauf, dass es Ihren Vortrag unterstützt und nicht zu überfrachtet ist.

591 Vor der Aussprache und Diskussion brauchen Sie keine Angst zu haben. Schließlich haben die beiden Gutachter Ihre Arbeit schon für annahmefähig befunden. Außerdem gibt es niemanden im Prüfungsraum, der Ihre Arbeit und das Forschungsumfeld, in dem sie angesiedelt ist, besser kennt als Sie. Lassen Sie sich nicht von kritischen Fragen oder einer gerunzelten Stirn irritieren. Häufig möchten Sie die Prüfer nur aus der Reserve locken, um mit Ihnen eine angeregte Diskussion zu führen. Je lebhafter das Gespräch ist, desto eher werden sich die Prüfer für die Inhalte interessieren – was zumeist ein gutes Zeichen ist. Fragen Sie vorher andere Doktoranden,

---

514 Vgl. auch *Knigge-Illner*, Der Weg zum Doktortitel, S. 270 f.
515 Lesenswert zum Vortrag: *Knigge-Illner*, Der Weg zum Doktortitel, S. 269–277.

die bei Ihren Prüfern in einer Disputation bestanden haben, nach dem Kommunikationsverhalten der Prüfer.[516]

III. Kolloquium

Eine Mischung aus beiden Prüfungen bildet das sogenannte Kolloquium. Für dieses muss der Prüfling einen Vortrag aus seinem Rechtsgebiet vorbereiten, der jedoch nicht seine Dissertation zum Gegenstand hat. In der Regel kann der Prüfling das Thema frei wählen. Wählen Sie ein Thema aus einem Bereich, in dem Sie sich wohl und fachlich sicher fühlen. Die Dogmatik dieses Gebiets sollte Ihnen vertraut sein, schließlich müssen Sie mit Ausflügen in allgemeine Fragen abseits des Vortrags rechnen. Im Zweifel werden sich die Prüfer für ein aktuelles, noch wenig diskutiertes Thema am meisten interessieren. Denn die Prüfung soll ein Fachgespräch sein und kein Staatsexamen, das Standardwissen abprüft. Sofern Sie auf eine aktuelle Problematik stoßen, zu der Sie spontan ein paar interessante Gedanken haben, wählen Sie diese. Erkundigen Sie sich aber auch hier nach den Gepflogenheiten Ihrer Fakultät, wenn eine solche Prüfungsform vorgesehen ist. Fragen Sie auch andere Doktoranden nach ihren Erfahrungen mit den Prüfern. Was den Vortrag betrifft, gilt das zur Disputation Gesagte auch hier: Halten Sie einen stilistisch sauberen wissenschaftlichen Vortrag in angemessener Sprache. Sprechen Sie klar und langsam und unterstützen Sie den Vortrag mit den zu Ihrem Stil passenden Medien und einem prägnanten Handout.

IV. Nach der Prüfung

Mündliche Prüfungen deutscher Promotionsverfahren sind in der Regel eine schmucklose Angelegenheit. In Seminarräumen oder kleinen, praktischen Sitzungssälen wird ein Gespräch unter sechs oder acht Augen geführt, ohne dass es ein förmliches Protokoll oder feierliche Accessoires gäbe. Damit der Anlass nicht allzu trocken wird, ist jedoch ein kleiner Umtrunk nach der Prüfung an vielen Fakultäten üblich, wenn nicht der Doktorand darauf ausdrücklich verzichten möchte. Wenn Sie Freunde oder Lehrstuhlkollegen am Prüfungsort haben, werden diese wahrscheinlich mit einem Blumenstrauß und einer Flasche Sekt (hoffentlich begleitet von ›richtigen‹ Gläsern) auf Sie warten und Sie beglückwünschen. Üblich ist es aber auch, etwas für die Gratulanten, Freunde und Eltern (sofern nicht »abbestellt«) und die Prüfer bereitzuhalten.

Die Prüfer wissen dort, wo dies üblich ist, um diese Tradition und rechnen in der Regel etwas Zeit ein, um mit Ihnen anzustoßen. Sorgen Sie dann dafür, dass ein paar »Häppchen«, Kuchen oder sonstige Kleinigkeiten, Orangensaft und Sekt bereitstehen. Auf diese Weise wird der Anlass gebührend abgeschlossen und Sie haben eine schöne Erinnerung. Üblich ist es auch, einigen guten Kollegen und Freunden zuvor Bescheid zu geben, dass die Prüfung stattfinden wird und dass es zu einer (ungefähr bezeichneten) Uhrzeit einen kleinen Umtrunk geben wird. Es gibt jedoch auch Fakultäten, wo ein solcher Umtrunk nicht üblich ist oder auch aus räumlichen Gründen nicht stattfindet. Mancherorts ist Alkohol im Prüfungsraum verpönt, anderswo darf etwa aus brandschutzrechtlichen Gründen auf dem Flur nichts konsumiert und erst

592

593

594

---

516 *Nünning/Sommer*, Handbuch Promotion, S. 301.

recht kein Tisch aufgestellt werden. Wenn Sie um die Gepflogenheiten an Ihrer Fakultät nicht wissen, fragen Sie am besten im Dekanat nach. Denn dessen Mitarbeiter sind mit Verfahrensfragen und Gebräuchen rund um das Promotionsverfahren am besten vertraut. Hier kann man Ihnen gegebenenfalls auch logistische Amtshilfe leisten, wenn Sie als externer Doktorand keine Kollegen an der Fakultät haben, die einen Umtrunk vorbereiten können. Möglicherweise kann Ihnen auch das Sekretariat Ihres Betreuers Auskunft darüber geben, ob dieser Wert darauf legt, mit seinen Doktoranden anzustoßen – oder gerade nicht.

595 Es ist außerdem eine schöne Tradition, am Tag der mündlichen Prüfung oder in den auf sie folgenden Tagen die beiden Gutachter, gegebenenfalls auch die weiteren Prüfer in der mündlichen Prüfung zu einem Essen einzuladen. Sie sind dazu freilich nicht verpflichtet und mancher externe Doktorand reist speziell zur Prüfung an, um am selben Tag geschäftliche Termine wahrzunehmen. Wenn es sich für Sie einrichten lässt, ist es aber angemessen, einen Abend[517] freizuhalten und mit den Gutachtern, möglicherweise auch unter Begleitung des Partners und/oder der Eltern, essen zu gehen. Sie werden feststellen, dass sich die sonst eher distanzierten Professoren viel zugänglicher verhalten und dass das Verhältnis zwischen Betreuer und Doktorand mehr ist als ein bloßes langgezogenes prüfungsrechtliches Verwaltungsverfahren. Ein gemeinsames Essen ist ein schöner Abschluss für ein großes Projekt. Wenn Sie ein solches Essen planen, sollten Sie bei den beiden Gutachtern (beziehungsweise in deren Sekretariat) nachfragen, ob sie an dem anvisierten Tag abends Zeit haben. Wenn keine unaufschiebbaren Termine im Wege stehen, wird kein höflicher Betreuer eine solche Einladung ausschlagen.

C. Die Publikation der Arbeit

596 Mit der mündlichen Prüfung ist das Promotionsverfahren aber noch nicht beendet. Denn noch dürfen Sie den Titel nicht führen. Anders als im Habilitationsverfahren besteht für die Dissertation eine Veröffentlichungspflicht. Sie sorgt dafür, dass die Erkenntnisse der rechtswissenschaftlichen Forschung auch tatsächlich der Allgemeinheit zugutekommen und macht die Arbeit zugleich transparent. Die Veröffentlichung ist Voraussetzung für die Promotion, das heißt Sie dürfen den Titel erst führen, wenn das Werk veröffentlicht ist. Häufig wird zwar eine vorläufige Titelführung gestattet; diese ist aber in der Regel an die Vorlage eines Verlagsvertrages gebunden. Zur Titelführung bedürfen Sie dabei der Genehmigung des zuständigen Organs, in der Regel des Promotionsausschusses. Der entsprechende Bescheid gestattet die Titelführung für eine Zwischenzeit.

I. Veröffentlichungsvarianten

597 Von dem veröffentlichten Werk müssen vor der (dauerhaften) Titelführung innerhalb einer bestimmten Frist – in der Regel ein bis zwei Jahre – Pflichtexemplare abgeliefert

---

517 Ein Abendessen ist angemessener als ein Mittagessen. Außerdem ist es wahrscheinlicher, dass die Gutachter abends Zeit finden als mittags. Zudem möchten Sie den Abschluss Ihres Verfahrens nicht zwischen zwei Vorlesungen Ihres Betreuers »quetschen«.

werden. Deren Zahl hängt von der jeweiligen Promotionsordnung und der Veröffentlichungsform ab. Für im Buchhandel erschienene Exemplare beträgt die Zahl der abzuliefernden Exemplare in der Regel zwischen zwei und sechs. Wird das Werk nur kopiert und gebunden, so werden deutlich mehr Pflichtexemplare verlangt, um sie an die vielen verbundenen Bibliotheken und Universitäten zu schicken. Hier können es zwischen 20 und 100 Exemplare sein.[518] Nur wenige Fakultäten erlauben bisher die elektronische Publikation – ganz anders als in anderen Wissenschaftsbereichen.

Für welche Publikationsform Sie sich entscheiden, hängt von verschiedenen Faktoren ab. Am schnellsten und billigsten ist es, die Arbeit in der erforderlichen Zahl drucken und binden zu lassen. Ein einzelnes Exemplar kostet in einem normalen Copyshop etwa 5–7 Euro, sodass Sie mit einem nicht allzu hohen dreistelligen Betrag der Veröffentlichungspflicht nachkommen können. Solchen »Kellerdissertationen« haftet aber stets etwas Liebloses und Zweifelhaftes an. War der Autor von seinem Werk selbst nicht überzeugt? Hat gar ein Verlag das Manuskript abgelehnt? Auch die Wahrscheinlichkeit, dass Ihre Arbeit zitiert wird, sinkt dadurch. Wissenschaftler werden ein solches Typoskript zunächst mit Argwohn in Händen halten. | 598

Die Alternative dazu ist die Veröffentlichung in einem Dissertationsverlag. Weil die Arbeit dann mit einer Auflage von 150–300 Exemplaren (je nach Reihe und Verlag) im Handel erhältlich ist, reduziert sich zunächst die Zahl der abzuliefernden Exemplare. Allerdings gibt es hier wesentliche Unterschiede. Bei Verlagen wie dem *Verlag Dr. Kovač, Shaker, Utz* und *Grin* besteht die Möglichkeit, für relativ kleines Geld ein angemessen präsentiertes, im Buchhandel erhältliches Werk mit ISBN-Nummer zu erhalten. Allerdings haben diese Verlage unter Wissenschaftlern keinen besonders guten Ruf. Denn sie stellen in der Regel keine Anforderungen an die Note, um Zugang zu ihren Schriftenreihen zu gewähren. Leicht können deshalb auch diese Verlage als »Verlegenheitslösung« erscheinen. Für Qualität bürgen sie nicht; allerdings garantieren sie auch nicht das Gegenteil. Ich kenne etwa einen Doktoranden, der, von einem namhaften Professor betreut, mit *summa cum laude* promoviert wurde und seine Doktorarbeit bei einem dieser Verlage veröffentlicht hat. | 599

Auf der anderen Seite stehen einige renommierte Dissertationsverlage, von denen ich die Verlage *Duncker & Humblot, Mohr Siebeck* und den *Nomos*-Verlag bereits angesprochen habe.[519] Verlage wie *De Gruyter* und *Carl Heymanns* kommen hinzu. Diese Verlage genießen in der Wissenschaftslandschaft ein hohes Ansehen. Sie haben eine lange Tradition und verfügen über bekannte Schriftenreihen, in denen viele Klassiker erschienen sind. Um in solchen Schriftenreihen veröffentlichen zu können, benötigen Sie eine entsprechend gut votierte Arbeit, wobei stets die Dissertationsvoten und nicht die Ergebnisse in der mündlichen Prüfung entscheiden. In der Regel verlangen diese Verlage ein doppeltes *magna cum laude* zur Aufnahme in eine der bekannteren Reihen – es sei denn, Sie gehören einem Doktorandenkolleg an, in dem alle Doktoranden in einer bestimmten Reihe veröffentlichen dürfen, oder eine sehr spezialisierte Reihe sucht dringend nach einschlägigen, in die Reihe passenden Werken. Manche Reihen verlangen gar ein doppeltes *summa cum laude*. | 600

---

518 Die Universität Mannheim verlangt in diesem Fall 55 Exemplare, vgl. § 15 Abs. 2 S. 1 der Promotionsordnung der Universität Mannheim zur Erlangung des Doktorgrades der Rechte vom 12. Dezember 2011 i.d.F. vom 3. Juni 2013.
519 S. oben bei der Qualitätsbewertung von Quellen, Abschnitt § 5 B. III. [Rn. 395].

601   Dadurch weiß der Leser Ihrer Arbeit, dass das Werk mit hoher Wahrscheinlichkeit gut bewertet worden ist. Das spricht für die Qualität der Dissertationen, die in diesen Verlagen erschienen sind. Wenn Sie Ihr Werk in der Wissenschaftslandschaft bekanntmachen wollen oder selbst eine Karriere in der Wissenschaft anstreben, sollten Sie über eine Veröffentlichung in einer renommierten Reihe nachdenken. Denn Bücher aus diesen Reihen werden häufiger rezensiert als andere Dissertationen und viele Einrichtungen haben die Standardreihen sogar abonniert. In Universitätsbetrieben dürfte Ihr Werk deshalb häufiger zu finden sein als bei einer Veröffentlichung in einem weniger anerkannten Verlag.

601a   Es gibt innerhalb der renommierten Verlage jedoch Unterschiede zwischen der Publikation in einer der allgemeinen Reihen wie zum Beispiel den »Schriften zum Öffentlichen Recht« des Verlags *Duncker & Humblot* oder den »Studien und Beiträgen zum Privatrecht« bei *Mohr Siebeck* und der Publikation in einer speziellen Schriftenreihe, die entweder einem bestimmten Thema – etwa dem Unternehmensrecht – gewidmet ist oder von einem bestimmten Institut oder an einem bestimmten Ort herausgegeben wird. Solche speziellen Reihen verfügen in der Regel über Herausgeber, die entscheiden, welche Dissertationen in die Reihe aufgenommen werden. Zusätzlich müssen mitunter bestimmte Notenanforderungen erfüllt sein – allerdings nicht immer. Erfahrungsgemäß dauert es bei solchen speziellen, von (zumeist professoralen) Herausgebern betreuten Reihen länger, bis eine Entscheidung über die Aufnahme gefällt ist als bei den allgemeinen Reihen. Letztere werden von den Fachlektoren des Verlags betreut, deren Haupttätigkeit die Betreuung des Verlagsprogramms und die Entscheidung über die Aufnahme neuer Werke in das Verlagsprogramm ist. Deshalb haben sie mehr Routine und verfügen zudem über mehr Zeit zur Begutachtung von Arbeiten als ein Professor, der am Feierabend oder Wochenende die eingereichte Arbeit durchsehen muss. Wenn die spezielle Reihe dann noch von mehreren Professoren betreut wird, die nacheinander die Arbeiten begutachten, kann sich der Entscheidungsprozess im ungünstigen Fall lange hinziehen. Mir ist etwa von einer Freundin berichtet worden, dass sie fast zehn Monate warten musste, bis ein Team aus mehreren Professoren über die Aufnahme ihrer (mit *summa cum laude* bewerteten!) Dissertation in eine rechtsgeschichtliche Reihe entschieden hatte.

601b   Es kann freilich auch umgekehrt ablaufen: So ist manchmal die Publikation in einer sehr speziellen Reihe einfacher zu organisieren als in der allgemeinen Schriftenreihe des Verlags. Das liegt dann zumeist an zwei Gründen: zum einen an der Tatsache, dass die allgemeine Reihe eine bessere Note verlangt als die spezielle Reihe, und zum anderen daran, dass mitunter die Herausgeber einer sehr speziellen Reihe froh sind, wenn ihnen eine einschlägige Dissertation angeboten wird. Denn eine Reihe kann auch »einschlafen«, wenn in ihr über Jahre hinweg keine neuen Arbeiten mehr erscheinen. Und so kann es aus diesem Grund vorkommen, dass eine einschlägige Arbeit sofort in die Reihe aufgenommen wird.

601c   Für welchen Verlag und für welche Schriftenreihe innerhalb des Verlagsprogramms Sie sich entscheiden, hängt also von vielen Faktoren ab: dem Preis, dem Renommee des Verlages oder der konkreten Reihe, dem Spezialisierungsgrad Ihrer Arbeit und gegebenenfalls auch die Selbst-Vermarktung. Wenn Sie eine Karriere in der Wissenschaft anstreben oder Beachtung unter den eher dogmatisch orientierten Wissenschaftlern finden wollen, ist die Publikation in den allgemeinen Reihen der renommierten Verlage interessant. Wenn die Publikation nur die Erfordernisse der Promotionsordnung erfüllen, schnell abgewickelt sein und möglichst wenig kosten soll, kann es ratsam sein, zu einem der von Professoren eher wenig beachteten kleineren Promotionsverlage zu gehen. Wenn Sie sich in einem ganz speziellen Feld einen Namen machen wollen, zum Beispiel dem Umweltrecht, dem Insolvenzrecht, dem IT-Recht etc., so kann die Publikation in einer auf dieses Feld spezialisierten Reihe interessant sein. Denn solche Reihen werden von spezialisierten Instituten besonders beachtet und häufig sogar abonniert. Dann ist die Wahrscheinlichkeit, von den Experten Ihres speziellen Rechtsgebiets beachtet zu werden, möglicherweise größer als bei der Publikation in der allgemeinen Reihe.

II. Verfahren und Kosten

Gegen eine Veröffentlichung in einem der renommierten Verlage können die Kosten sprechen. Wenn man »zu promovieren« beginnt, ist man sich häufig der Kosten nicht bewusst, die später durch die Publikationspflicht entstehen können. Sie werden vielleicht bei den Anwälten in Ihrer Kanzlei oder bei Ihrem Betreuer, an dessen Lehrstuhl Sie arbeiten, bemerken, wie *Word*-Dateien an Verlage geschickt werden und diese wenige Wochen später in Form von Druckfahnen[520] eines Aufsatzes zurückkommen. Bereits diesen Service leisten Dissertationsverlage nur gegen Bezahlung. Der Regelfall in den meisten Verlagen ist die Selbstformatierung. Damit ist nicht nur gemeint, dass Ihr Dokument gewisse Formatierungen einhalten muss, wie ich Sie im Abschnitt über die Endredaktion beispielhaft aufgezählt habe (Rn. 541–555). Die Verlage lassen sich bei diesem Geschäftsmodell die Arbeit komplett formatieren, sodass der Verlag nur noch die pdf-Datei, die Sie ihm übermitteln, in Druck geben muss. Nach einigen Wochen erscheint das Werk dann im Buchhandel, ohne dass der Verlag weitere Formatierungen abseits des Umschlags vorgenommen hätte. 602

Selbst für die Selbstformatierungsvariante entstehen – das mag Sie überraschen – erhebliche Kosten. Unter 2.000 Euro ist eine Dissertation auch bei Selbstformatierung in einem bekannten Verlag nicht zu haben. Im Zweifel müssen Sie eher mit 2.500–4.000 Euro rechnen. Noch mehr kostet es, wenn Sie Ihre *Word*-Datei an den Verlag schicken und diesem die übrige Formatierungsarbeit überlassen. Bis zu 10–12 Euro pro gedruckter Seite können hier anfallen. Für ein 500seitiges Buch wären das mindestens 5.000 Euro. Sie müssen selbst entscheiden, ob Ihnen das Renommee des Verlages, die gediegene Aufmachung und die potenzielle Anerkennung in der Wissenschaft eine solche Summe wert ist. Seien Sie sich nur von Anfang an bewusst, dass ein Druckkostenzuschuss – wie der an den Verlag zu zahlende Betrag irritierenderweise genannt wird – fällig wird. 603

Ein Ausweg kann hier ein Druckkostenzuschuss – dieses Mal im »echten« Wortsinne als Zahlung an Sie verstanden – sein. Stiftungen, öffentliche Einrichtungen, aber auch die eigene Hochschule – zum Beispiel durch spezielle Reihen und Dissertationspreise – vergeben solche Druckkostenstipendien. Auch an die VG Wort sollten Sie denken. Recherchieren kann sich lohnen, und für manche Themenbereiche existieren spezielle 604

---

520 So werden die vom Verlag für den Druck vorgesehenen, bereits formatierten Seiten genannt. Sie werden in der Regel zur nochmaligen Korrektur an den Autor geschickt. Es ist bei der Korrektur auf solchen Druckfahnen dann üblich, die offiziellen Korrekturzeichen zu verwenden, die Sie im *Duden* finden (unter dem Stichwort »Textkorrektur«, s. S. 126–131).

Stiftungen. Wenn Ihre Dissertation in einen solchen Bereich fällt – etwa in Bereiche wie das Medizinrecht oder die Rechtsinformatik –, dann stehen die Chancen oft nicht schlecht, eine Förderung zu erlangen. Allerdings verzögert das Antragsverfahren jeweils die Veröffentlichung. Fördervoraussetzung ist in der Regel, dass die Dissertation noch nicht im Buchhandel erschienen ist und dass auch noch kein Vertrag abgeschlossen wurde. Sie müssen also die Rückmeldung abwarten, bevor Sie sich an den Verlag wenden.[521] Wenn Ihnen eine schnelle Veröffentlichung wichtig ist, dürfte die Förderung mittels Druckkostenstipendium schwierig werden.

III. Dedikationsexemplare

605 Der vielleicht schönste Moment des Verfahrens ist die Ankunft der gedruckten Exemplare Ihres eigenen Buches. Das eigene Werk mit einem professionellen Einband, einer ISBN-Nummer und in schöner Aufmachung in Händen zu halten, darf Sie zu Recht mit Stolz erfüllen. Ein manchmal endlos scheinendes Verfahren ist nun endgültig abgeschlossen. Nichts ist mehr zu ändern am Text – für Perfektionisten eine große Beruhigung (auch wenn Sie im Buch immer noch den ein oder anderen Tippfehler entdecken werden, trotz mehrerer Korrekturdurchläufe). Bei den renommierten Verlagen ist im Preis in der Regel eine Zahl von etwa 20–25 Freiexemplaren enthalten, bei den billigeren Verlagen können es bis zu 50 Exemplare sein. Von diesen Exemplaren liefern Sie zunächst die Pflichtexemplare mit einem offiziellen Anschreiben im Dekanat ab.

606 Daneben ist es aber eine gute akademische Tradition, beiden Gutachtern ein Exemplar mit einer persönlichen Widmung zukommen zu lassen. Wenn Sie die Zeit finden und vor Ort sind, ist eine persönliche Übergabe besonders höflich. Anderenfalls sollten Sie das Werk mit einem angemessenen Brief, verbunden mit Dank, an Ihren Betreuer und den Zweitgutachter schicken. Für viele ist damit die Beziehung zu Ihrem Betreuer beendet; häufig werden Sie von ihm weder etwas hören noch sich wieder bei ihm melden. Die Übergabe des gewidmeten (»dedizierten«) Exemplars bildet dann den höflichen und ordnungsgemäßen Abschluss eines Betreuungsverhältnisses, aber auch einer Lebensphase. Denn die Erstellung der Dissertation war über lange Zeit die erste Priorität in Ihrem Leben. Genießen Sie deshalb den Moment und das Privileg, den Gutachtern Ihren Beitrag zur Rechtswissenschaft nochmals offiziell zukommen lassen zu können. Nun haben Sie es geschafft.

---

521 Möglich ist aber auch der Vertragsabschluss unter der Bedingung einer Förderung oder die Einbeziehung einer Alternativrechnung in den Vertrag für den Fall, dass eine Förderung bewilligt wird (wenn Sie in jedem Fall in eine bestimmte Schriftenreihe aufgenommen werden möchten).

§ 7 Das Betreuungsverhältnis

Ein wenig wie ein Fremdkörper schließt sich dieser Abschnitt zum Betreuungsver- 607
hältnis an die vorigen, eher »ich-bezogenen« Teile über die Planung, Erstellung und
mündliche Verteidigung der Arbeit an. Das ist zum einen der Tatsache geschuldet,
dass die Erstauflage dieses Kapitel noch nicht enthielt und es nur schwer in die eher
inhaltsbezogenen Anmerkungen der vorigen Abschnitte einzufügen war. Zum anderen liegt das aber auch daran, dass die Erstellung der Dissertation im Kern eine ein-
same und von Selbstmotivation abhängige Tätigkeit ist. Selten werden Sie in Ihrem
Ausbildungs- und Berufsleben eine andere Aufgabe zu lösen haben, bei der Sie in
ähnlicher Weise auf sich gestellt sind – und bei deren Bewältigung auch nur begrenzt
Hilfe von außen möglich ist. Für den entscheidenden Aspekt der Dissertation, nämlich das Thema zu bewältigen, die Fülle an vorhandenem Material zu verarbeiten und
sich dazu zu motivieren, auch ohne verbindlichen Abgabetermin täglich an der Dissertation zu arbeiten, spielt der Betreuer der Arbeit keine unmittelbare Rolle. Er kann
nämlich weder Kreativität erzwingen noch den inneren Schweinehund für Sie überwinden. Die Bemerkungen zum Betreuungsverhältnis fallen vielleicht auch deshalb
eher knapp aus – auch wenn ihnen aus gliederungstechnischen Gründen ein eigener
Paragraf gewidmet ist.[522]

A. Doktorväter, Doktormütter und ihre Kinder

Dennoch ist die Promotion stärker als andere Qualifikationsverfahren von der Bezie- 608
hung zwischen dem »Prüfling« und dem »Prüfer« geprägt. Beide Begriffe sind hier in
Anführungszeichen gesetzt. Denn anders als beim Korrektor einer Examensklausur
besteht die Rolle des Betreuers einer Doktorarbeit nicht darin, eine Arbeit des Doktoranden mit einer vorgefertigten Musterlösung zu vergleichen und Fehler aufzuspüren. Vielmehr beurteilt er die Dissertation durch die Brille des Doktoranden, der in
vielen Fällen in dem von ihm beackerten Spezialgebiet, »seinem« Thema, sogar eine
größere Expertise angesammelt hat als der Betreuer selbst. Entscheidend für den Betreuer ist, ob die Arbeit wissenschaftlichen Ansprüchen genügt, wie er die Qualität
der Argumentation beurteilt und für wie überzeugend er die Herangehensweise und
die Schwerpunktsetzung hält. Dabei geht es aber weniger darum, den Rotstift anzusetzen und nach Fehlern zu suchen als vielmehr darum, eine wissenschaftliche Leistung einzuordnen. Der Betreuer wird deshalb seine Rolle auch nicht darin sehen,

---

522 Hier setzt sich somit oben zur Gliederung der Arbeit Gesagte durch: Zwar sollte man versuchen, die Kapitel eines Buches harmonisch zu verteilen, also möglichst gleich lange Abschnitte
zu bilden (Rn. 163). Oberstes Prinzip der Gliederung ist aber die Logik sowie im Speziellen die
horizontale und vertikale Eindeutigkeit (vgl. Rn. 145–150). In einem Kapitel sollte deshalb vor
allem nichts logisch nicht dorthin Passendes abgehandelt werden. Darüber hinaus muss der Inhalt auch hierarchisch richtig angesiedelt werden. Das Betreuungsverhältnis hat jedoch in keines
der anderen Kapitel als Unterpunkt oder inzident abzuhandelnde Frage gepasst, sodass ein eigener Abschnitt angezeigt war. Dieser eigene Abschnitt war mithin der Logik und der vertikalen
Eindeutigkeit als Gliederungsregeln geschuldet; hinter die logisch zwingenden Gliederungsregeln tritt dann die harmonische Einteilung der Kapitel als bloße Zielbestimmung zurück.

Rechtschreibfehler zu suchen und Einzelheiten der Zitiertechnik zu überprüfen. Die Einhaltung der Standards in Rechtschreibung, Zeichensetzung und Zitiertechnik wird er ebenso voraussetzen wie die Tatsache, dass nicht plagiiert wurde. Die Rolle des Betreuers ist also eher die eines Gutachters, der zugleich bei der Erstellung der Arbeit beratend über den Doktoranden wacht. Er ist zugleich ein akademischer Lehrer[523] und wird seit jeher gern als »Doktorvater« oder – im Falle von Professorinnen – auch als »Doktormutter« bezeichnet; beide Begriffe haben sogar Eingang in den Duden gefunden.

609 Ein kollegiales Verhältnis ist die Beziehung zum Betreuer der eigenen Doktorarbeit freilich nicht. Schließlich entscheidet er über Wohl und Wehe Ihrer Arbeit, hält also den Schlüssel für die Tür zur Welt der Wissenschaft(ler) in der Hand. Sind Sie bei Ihrem Betreuer mit der Arbeit gescheitert, wird es häufig schwer werden, einen anderen Wissenschaftler zu finden, der Ihre Arbeit betreuen wird. Entweder ein alternativer Betreuer kennt Ihren Betreuer persönlich, sodass er schon von Ihrem Schicksal erfahren hat; dann möchte er möglicherweise einen guten Freund und Kollegen nicht brüskieren, indem er seinem Judiz misstraut. Oder der potenzielle Alternativbetreuer möchte keine »Versorgungsfälle« übernehmen. Das »Nein« Ihres Betreuers kann deshalb weitreichende Auswirkungen haben. Zudem hat der Betreuer schlicht die formelle Aufgabe, über die Annahmefähigkeit Ihrer Qualifikationsarbeit zu entscheiden. Schon wegen dieser prüfungsrechtlichen Rolle steht er mit Ihnen nicht auf einer kollegialen Ebene, auch wenn es sich nicht um ein klassisches Prüfungsverfahren wie im Falle von Seminaren oder dem Staatsexamen handelt. Die Bezeichnung als »Mutter« oder »Vater« ist vor diesem Hintergrund sogar recht passend: Der Betreuer nimmt einen Nachwuchswissenschaftler in seine Obhut und berät bei den ersten eigenen Schritten in der neuen Welt der Wissenschaft. Dabei ist er jedoch immer in der Lage, mit einem ernsten Wort einzugreifen, wenn der Doktorand von der neu gewonnenen gedanklichen und organisatorischen Freiheit überfordert wird.

610 So verschieden Erziehungskonzepte und Elternpersönlichkeiten sind, so unterschiedlich sind dabei auch die verschiedenen Typen von Doktorvätern und -müttern. Der eine lässt seinem Doktoranden bewusst viel zeitlichen und inhaltlichen Freiraum und fordert selten Arbeitsberichte an. Der andere sieht sich eher in der Rolle eines »Supervisors«, wie der Betreuer im Englischen oft genannt wird, und lässt sich regelmäßige Berichte geben, liest geschriebene Passagen Korrektur, trifft sich mit seinen Doktoranden. Der zweitgenannte Typ ist in der Rechtswissenschaft jedoch deutlich seltener als der erste: Viel häufiger kommt es vor, dass die Betreuung eines Doktoranden sich für einige Jahre in der zu Beginn erteilten Betreuungszusage erschöpft und Gespräche oder sonstige Rückmeldungen vom Betreuer nur auf Drängen des Doktoranden zustande kommen. Diese Herangehensweise des Betreuers trägt der Tatsache Rechnung, dass sich Wissenschaft nur dann entfalten kann, wenn dem Wissenschaftler genügend Freiraum für eigene Gedanken bleibt, und zwar in zeitlicher, organisatorischer und inhaltlicher Hinsicht. Auch für den Doktoranden als Nachwuchswissenschaftler ist diese Freiheit wichtig, um eigene Erfahrungen zu machen

---

523 Die Bezeichnung »akademischer Lehrer« wird häufig jedoch eher für das Verhältnis eines Habilitanden zu seinem »Habilvater« bzw. von Professoren zu dem Betreuer ihrer Qualifikationsarbeiten verwendet als für das Verhältnis eines »einfachen« Doktoranden zu dem Betreuer seiner Arbeit.

können. Die Dissertation soll schließlich der eigene Beitrag zur Rechtswissenschaft sein und nicht die Arbeit des Betreuers.

Mancher Doktorand ist jedoch von der mit dieser Freiheit einhergehenden Eigenverantwortung nach einem mitunter verschulten Studium, das häufig den Lernstoff in auswendig zu lernende Prüfungsschemata presst, überfordert und würde sich eine intensive Betreuung wünschen. Einerseits ist dieser Wunsch verständlich und berechtigt, ist man doch im Studium nicht für die rein wissenschaftliche Tätigkeit, sondern eher für ein akademisch angeleitetes Fällelösen ausgebildet worden; und mit dem Betreuer steht ein erfahrener Wissenschaftler bereit, der die nötigen Tipps für eine (noch) bessere Doktorarbeit geben und vielleicht manche negative Erfahrung, die er selbst gemacht hat, beim Schützling vermeiden kann. Andererseits darf mit der Betreuung auch nicht zu viel Hoffnung verbunden werden. Die Arbeit muss schließlich immer noch selbst geschrieben werden. Zwar kann der Betreuer durch die Lektüre ausgewählter Passagen Tipps für das wissenschaftliche Schreiben geben, kann im Gespräch mit dem Doktoranden Gliederungsideen verfeinern und möglicherweise auch die Lektüre bestimmter Werke zu einem Kapitel der Dissertation empfehlen. Am Ende ist jedoch nur relevant, ob der Doktorand es schafft, die Tipps und guten Vorsätze umzusetzen und dabei kreativ und motiviert genug ist, um einen wissenschaftlichen Ansprüchen genügenden Text zu schreiben. Wenn vom Doktoranden »nichts kommt«, er also keinen Gliederungsentwurf oder Textausschnitt vorlegen kann, dann wird auch vom Betreuer keine Rückmeldung kommen – außer vielleicht ein paar mahnende Worte, dass man endlich »zu Potte kommen« oder an der Arbeitsweise etwas ändern möge.

Die Hoffnung, dass einen intensive Betreuung deutlich schneller ans Ziel kommen lässt, ist in der Regel naiv. Der Einfluss, den ein kurzes Gespräch mit dem Betreuer auf die Entstehung des Dissertationstexts haben kann, wird häufig überschätzt. Gerade in der Anfangsphase, wenn die häufig eher deskriptiven einleitenden Passagen geschrieben werden, ist eine Rückmeldung zu den ersten geschriebenen Seiten zudem nur begrenzt aussagekräftig. Wenn nicht der Schreibstil völlig ungenügend ist, kann der Betreuer zu diesem Zeitpunkt nur wenig zu solch frühen Ausschnitten aus der später eingereichten Arbeit sagen. Inhaltlich sind es nämlich eher die Passagen aus der Mitte der Dissertation, bei denen die Musik spielt, das heißt wo die entscheidende Eigenleistung erbracht wird und bei denen eine Arbeit scheitern kann oder bei denen die Entscheidung zwischen einem eher mittelmäßigen *cum laude* oder einem hervorragenden *summa cum laude* gefällt wird. In welche Richtung die Arbeit geht, zeigt sich aber eben erst, wenn der Hauptteil mit den großen dogmatischen Fragen erreicht ist. Eine hervorragende Eigenleistung kann zudem nicht erzwungen werden, sondern muss von dem Doktoranden selbst ausgehen. Die Pflicht, in bestimmten Abständen Kapitel der Dissertation vorzulegen, kann an diesem Problem nichts ändern. Weder der Doktorand noch der Betreuer dürfen sich also von solchen periodischen Abgabepflicht zu viel versprechen. Sie können eine gute Arbeit nicht erzwingen. Erfahrungsgemäß wird das gesamte Verfahren dadurch noch nicht einmal beschleunigt, weil Abgabepflichten in zu kurzen Abständen eher dazu verführen, schnell noch ein paar möglicherweise unnötige oder jedenfalls unnötig lange Passagen zum aktuellen Kapitel zu schreiben oder rechtshistorische Exkurse und lange einleitende Abschnitte einzufügen, allein um dem Betreuer etwas abgeben zu können. Solche Kapitel sind aber wenig aussagekräftig für die gesamte Arbeit und die Dauer des Verfahrens.

613   Das bedeutet indes nicht, dass der Doktorand völlig auf sich allein gestellt sein sollte – eine Konsequenz, die wiederum viele Betreuer zu ziehen scheinen. Ein gewisses Maß an Controlling und Überwachung hilft beiden, dem Doktoranden wie dem Betreuer. Ab und zu den Leistungsstand darzulegen, Gliederungsüberlegungen zu diskutieren und möglicherweise auch einzelne Schreibproben abzugeben kann verhindern, dass ein Verfahren durch eine nichtannahmefähige Arbeit am Ende notleidend wird. Außerdem kann der Betreuer steuernd eingreifen, wenn sich der Doktorand an einem Punkt »verrennt« oder einen ungeschickten Aufbau wählt. Auch der disziplinierend-motivierende Effekt, nach einer Zeit der Informationsabstinenz wieder in Kontakt mit dem Betreuer treten und etwas vorweisen zu müssen, kann zu regelmäßigem Arbeiten anhalten und das Verfahren so beschleunigen.

614   Diese Erwägungen sprechen jedenfalls für regelmäßige Rückmeldungen an den Betreuer und von dem Betreuer, wenngleich nicht in zu engmaschigen Zeiträumen. Monatliche Abgabefristen etwa führen nur dazu, dass unnötig Seiten produziert werden, um Fortschritt zu simulieren. Solche Kapitel führen aber die Arbeit nicht wirklich weiter und erzeugen höchstens eine falsche Sicherheit. Im schlimmsten Fall führen sie dazu, dass sich der Doktorand nur noch damit beschäftigt, Produktivität zu simulieren, ohne den Dissertationstext inhaltlich entscheidend weiterzubringen. Geeigneter sind eher halbjährliche Berichte an den Betreuer und spontane Gesprächstermine, wenn wirklich eine konkrete inhaltliche oder konzeptionelle Frage ansteht. Viele Betreuer halten etwa halbjährlich Doktorandenkollegs ab, in deren Rahmen alle betreuten Doktoranden den aktuellen Stand ihrer Arbeit präsentieren können; solche Termine bieten sich auch zur Abgabe eines Ausschnitts der Arbeit an. Abseits solcher halbjährlichen Routinetermine und konkreter Fragen sollte der Doktorand aber die Chance und die Pflicht haben, sich selbst ins Thema einzuarbeiten und selbstverantwortlich seine Arbeit zu organisieren. Der Doktorvater ist eben doch kein (Ersatz-) Vater[524], dem man beim Abendbrot berichtet, was man den ganzen Tag in der Bibliothek getrieben hat.

615   Es kann Ihnen passieren, dass Ihr Betreuer am liebsten auf jeglichen Betreuungsaufwand vor der Einreichung der Arbeit verzichten möchte und Ihnen kein Feedback anbietet, geschweige denn zur Abgabe von einzelnen Kapiteln auffordert. Wie umgehen mit der relativ häufigen Situation eines solchen Betreuers, der sich eher durch Nicht-Betreuung auszeichnet? Wenn Ihr Betreuer zu dieser Gattung gehört, wird es Ihnen nicht gelingen, ihn zu wöchentlichen Gesprächen und allmonatlichen Korrekturen von Dissertationskapiteln überreden zu können. Die meisten werden jedoch immer offen sein für ein fachliches Gespräch, wenn sie das Gefühl haben, damit Probleme des Doktoranden vorbeugen zu können, gegebenenfalls sogar in einer auch für den Betreuer interessanten fachlichen Diskussion. Sprechen Sie einen solchen Betreuer also ausdrücklich auf Ihre Bedürfnisse an. Denn dieser Betreuertyp geht davon aus, dass Sie bei Problemen aktiv werden, deutet Ihr Schweigen und ausbleibende Kontaktaufnahme (zunächst) als positives Zeichen. Sie müssen also aktiv werden und schildern, welche Aspekte der Dissertation Ihnen Probleme bereitet: Haben Sie das Gefühl, dass Ihr Schreibstil unwissenschaftlich ist oder handelt es sich um inhaltliches Problem? Wenn ja: um welches? Ist es eher eine Gliederungsfrage? Dann muss eher die Gliederung besprochen als ein Textausschnitt vorgelegt werden.

---

524 Sehr treffend die Ausführungen bei *v. Münch/Mankowski*, Promotion, S. 74.

Oder handelt es sich um eine rein inhaltliche Frage? Dann sollten Sie eher um ein fachliches Gespräch bitten.

Sie sollten auf jeden Fall dem Betreuer Zeit geben, sich mit dem betroffenen Aspekt 616
Ihrer Arbeit zu beschäftigten und ihn nicht einfach zwischen Tür und Angel um eine spontane Antwort bitten. Sie haben schließlich zu diesem Zeitpunkt, wenn Sie um Hilfe bitten, auch schon tage- oder gar wochenlang über die Frage nachgedacht. Am besten ist es also, dem Betreuer in einer E-Mail die Problematik zu schildern und idealerweise bei fachlichen Fragen auch schon ein paar Quellen anzugeben, mit denen Sie sich beschäftigt haben, und dabei kurz zu schildern, welche Schlüsse Sie aus diesen gezogen haben. Eine Anfrage per E-Mail bietet sich auch dann an, wenn Sie Ihren Betreuer täglich sehen, zum Beispiel weil Sie an am Lehrstuhl arbeiten. Sprechen Sie ihn dann einfach vorab einmal mündlich auf Ihr Anliegen an und kündigen die E-Mail an, damit er sich das Ganze in Ruhe überlegen kann. Wichtig sind insbesondere präzise Fragen, um gezielt Ihre Probleme ansprechen zu können.[525]

In der Regel wird der Betreuer Ihnen keine schriftliche Antwort geben, sondern sich 617
mit Ihnen zu einem Gespräch treffen, nachdem er Ihre E-Mail und die mitgelieferten Unterlagen gelesen hat. Die zuvor bereits festgehaltenen Fragen helfen Ihnen dann dabei, dieses Gespräch für sich selbst gedanklich zu strukturieren und danach die nötigen Schlüsse für die eigene Arbeit zu ziehen. Halten Sie am besten direkt nach dem Gespräch in einer Art Aktennotiz fest, was Sie besprochen haben und welche Kommentare Ihr Betreuer abgegeben hat. Das Gespräch läuft vielleicht sehr schnell ab und während des Treffens haben Sie möglicherweise das Gefühl, dass alles Sinn ergibt, was Ihr Betreuer zu sagen hat, und dass Sie sich die Ratschläge leicht werden merken können. Dann kann es jedoch immer passieren, dass Sie nach ein paar Wochen eben doch nicht mehr im Detail wissen, was Sie mit dem Betreuer besprochen haben. Hier können Ihnen Notizen, die Sie direkt nach dem Gespräch machen, helfen.

Die Notizen können in einem ungünstigen Fall auch einmal dazu dienen, dem Be- 618
treuer einen plötzlichen Meinungsumschwung vorzuhalten, wenn er in einem späteren Gespräch auf einmal eine völlig andere Auffassung vertritt. Unter Verweis auf Ihre Notizen können Sie diesen Widerspruch dann mit dem Betreuer diskutieren. Dass dieser Zweck sogar von einem Juraprofessor und Betreuer einiger Doktorarbeiten selbst angesprochen wird[526], zeigt, dass ein solcher Meinungsumschwung nicht völlig aus der Luft gegriffen ist. Außer in solchen Sonderfällen ist die Aktennotiz aber nur für Sie selbst gedacht. Es würde einen etwas penetranten Eindruck vermitteln, wenn Sie dem Betreuer nach dem Gespräch eine Art wissenschaftliches Bestätigungsschreiben oder Protokoll zuschicken würden. Fragen Sie aber sowohl im Gespräch als auch danach lieber noch ein zweites Mal nach, wenn Sie sich unsicher sind, ob Sie die Bemerkungen des Betreuers richtig verstanden haben!

Auf eine weitere Gefahr sei aber hingewiesen: Nicht jede Bemerkung des Betreuers in 619
einem Doktorandengespräch ist Ausdruck einer über Monate gefestigten Meinung; manches ist eher eine spontane Reaktion auf einen vom Doktoranden vorgetragenen Sachverhalt. Und das Talent, eine spontane Antwort wie die einzig vertretbare Lösung aussehen zu lassen, besitzen die meisten Professoren. Behalten Sie dies im Kopf, wenn Sie die Rückmeldungen nach dem Gespräch für sich analysieren. Hinzukommt,

---

525 S. auch der Ratschlag bei *Brandt*, Rationeller schreiben lernen, Rn. 136.
526 *Brandt*, Rationeller schreiben lernen, Rn. 144.

dass man als Doktorand – je länger man bereits an der Arbeit sitzt, umso eher – recht dünnhäutig wird, wenn es um das Thema Promotion geht. Die eigene Arbeit bestimmt schließlich einen Großteil dieses Lebensabschnitts, und immer gibt es einen Grund, unzufrieden zu sein. In dieser Gemütsverfassung kann ein flapsiger Kommentar des Betreuers schnell missverstanden und konstruktiv gemeinte Kritik als Ablehnung interpretiert werden. Für Ihren Betreuer ist Ihre Dissertation aber nicht das alles bestimmende Thema, und Sie sind nicht sein einziger Doktorand. Behalten Sie auch das im Hinterkopf und nehmen Sie die Kritik nicht persönlich. Der Betreuer möchte in aller Regel mit seinen Hinweisen helfen und wird es Ihnen sagen, wenn die Arbeit in die Nichtannahmefähigkeit zu rutschen droht. Seine Kritik ist deshalb nicht destruktiv gemeint. Wenn er möglicherweise in einem nonchalanten Ton bei Ihnen einen Nerv getroffen hat, sollten Sie die Worte, die Ihnen aufstoßen mögen, nicht überbewerten.[527]

620 Wenn Ihr Betreuer der eher seltenen Kategorie angehört, die sich ständig über den Fortgang berichten und Kapitel zur Korrektur vorlegen lässt, haben Sie möglicherweise das gegenteilige Problem, nämlich Ihrem Betreuer vermitteln zu müssen, dass Sie seit der letzten Rückmeldung nichts Berichtenswertes mehr zustande gebracht haben. Seien Sie in jedem Fall ehrlich und versuchen Sie nicht, über schnell geschriebene Alibi-Kapitel Produktivität vorzutäuschen. Denn jeder Betreuer möchte eine ehrliche Rückmeldung zum Stand der Arbeit und der Effizienz ihres Doktoranden. Wenn er ein Kapitel liest, soll dies nicht lediglich eine Sprachprobe sein, sondern tatsächlich einen Ausschnitt aus der später einzureichenden Dissertation bilden. Geben Sie deshalb nur Texte ab, die Sie auch unabhängig von einer »Abgabepflicht« in dieser Form geschrieben hätten. Wenn der Dissertationstext seit der letzten Textprobe nicht angewachsen ist, ist es keine Schande, dies offen anzusprechen. Es ist auch für den Abschluss Ihres Projektes günstiger, in solchen Fällen über Strategien für effizienteres Schreiben mit dem Betreuer zu sprechen als Zeit damit zu vergeuden, solche Alibi-Kapitel zu schreiben.

B. Institutionalisierung und »Professionalisierung« der Doktorandenbetreuung

621 Wie sich Ihr Betreuungsverhältnis gestaltet, hängt also stark von Ihrem Betreuer ab. Um das Ganze in vermeintlich geordnete Bahnen zu lenken, sind jedoch seit einigen Jahren Bestrebungen zu beobachten, verbindliche Strukturen für das Promotionsverfahren und die Betreuung von Doktoranden zu schaffen. Angelehnt an – natürlich – angelsächsische Traditionen sind vermehrt Graduiertenkollegs entstanden, in denen Doktoranden regelmäßig an Vortragsreihen teilnehmen, in Kolloquien über ihre Forschungsprojekte diskutieren und in denen sie neben dem eigentlichen Promotionsverfahren fortgebildet werden. Gegen solche strukturierten Promotionsprogramme, die häufig nur über die Vergabe von Stipendien[528] und damit in der Theorie nur für

---

527 *v. Münch/Mankowski*, Promotion, S. 74.
528 In der Regel werden dabei Stipendien für die Dauer von ca. drei Jahren in Höhe von ca. 1000–1365 Euro pro Monat (so im Fall der DFG) und bisweilen auch Mitarbeiterstellen vergeben. S. z.B. die Informationen zur DFG-finanzierten Promotion, abrufbar unter: *www.dfg.de/ download/pdf/foerderung/programme/grk/fragen_antworten_promotion.pdf.*

die Besten des Faches zugänglich sind, ist grundsätzlich nichts zu sagen, wenn der fachliche Austausch die eigene Arbeit befruchtet und die Fortbildungen zu unmittelbaren Verbesserungen der wissenschaftlichen Arbeit führen, allein: Allzu oft sind die positiven Effekte allenfalls mittelbar zu spüren, vor allem wenn fachfremde Vorträge besucht werden müssen, deren Erkenntnisse nur schwer in der eigenen Disziplin fruchtbar gemacht werden können. Im ungünstigen Fall verbringen die in solchen Kollegs eingebundenen Doktoranden viel Zeit mit dem Besuch der halb-verpflichtenden Veranstaltungen und werden dadurch von der Arbeit an ihrer Dissertation abgehalten. Zudem sollte das Ziel des Promovierens eher sein, seinen eigenen wissenschaftlichen Schreibstil zu bilden, eigene Meinungen zu entwickeln und selbstständig kreativ zu sein, also »die Herstellung wissenschaftlicher Handlungsautonomie im Zuge eines Sozialisationsprozesses zum autonomen Forscher«[529]. Diesem Ziel kann eine zu starre Strukturierung des Programmes zuwiderlaufen. Der Weg zur Promotion ist eben kein Studium, auch wenn dieser Begriff häufig verwendet wird.

Selbstverständlich gibt es aber auch positive Beispiele solcher Graduiertenkollegs, in denen hochqualifizierte Wissenschaftler unter dem Dach eines gemeinsamen Mottos zu unterschiedlichen Aspekten desselben Themas arbeiten und sich deshalb gewinnbringend austauschen können. Namentlich die Graduiertenkollegs der *Deutschen Forschungsgemeinschaft* (DFG) und die Programme der außeruniversitären Forschungseinrichtungen wie zum Beispiel die Institute der *Max-Planck-Gesellschaft* (MPG) oder der *Leibniz-Gemeinschaft* versuchen, dieses Ziel zu erreichen. Diese Kollegs sind jedoch in anderen Wissenschaftsdisziplinen deutlich verbreiteter als in der Rechtswissenschaft.[530] Das liegt wohl auch daran, dass in den empirisch arbeitenden Wissenschaftsdisziplinen die Kooperation mit anderen auch wegen des hohen Arbeitsaufwands für die Generierung von Daten verbreiteter ist, sodass eine größere Bereitschaft für die Arbeit in Teams und in Arbeitsteilung auch für Doktoranden und sogenannte Post-Docs besteht. 622

Die Politik fördert solche Strukturen gerne, weil sich die Projekte oft gut anhören, die Kollegs öffentlichkeitswirksam eröffnet werden können und für eine Professionalisierung der Doktorandenbetreuung zu sorgen scheinen. Und weil sich der Begriff »Professionalisierung« so positiv anhört, kann kaum etwas gegen solche Strukturen vorgebracht werden, wenn man sich nicht den Vorwurf einhandeln will, unmodern und uninnovativ zu sein. Insoweit kann durchaus von einem »Kampfbegriff« gesprochen werden, der suggeriert, dass die handelnden Akteure bisher unprofessionell agiert haben.[531] Tatsächlich unterstüzen solche institutionalisierten Strukturen den Austausch mit anderen Wissenschaftlern und erleichtern Doktoranden den Zugang zu Professoren. Bereits in einer frühen Phase des eigenen wissenschaftlichen Schaffens Zugang zu gestandenen Profis zu erhalten, kann positive Einflüsse auf das eigene Promotionsverfahren und die persönliche Entwicklung haben. 623

Die strukturierten Promotionsprogramme können jedoch die Betreuung durch einen Professor nicht ersetzen. Eine Person muss schließlich das Erstvotum schreiben, sodass jedenfalls eine Zuordnung der Dissertation zu einem Professor erfolgt, der insoweit qua Amt Betreuer der Arbeit ist. Selbst wenn die anderen Wissenschaftler aus 624

---

529 *Torka/Maiwald*, in: Brockmann et al., Promovieren in der Rechtswissenschaft, S. 113 (123).

530 S. dazu *Becker*, Das Einmaleins der Promotion, S. 46–56 und die Analyse von *Tesch*, in: Brockmann et al., Promovieren in der Rechtswissenschaft, S. 41 (45–47).

531 *Torka/Maiwald*, in: Brockmann et al., Promovieren in der Rechtswissenschaft, S. 113 (115).

der Forschungsinstitution Tipps geben können: Für den Doktoranden wird natürlich, nicht zuletzt aus prüfungsrechtlichen und prüfungstaktischen Gründen, die Interaktion mit demjenigen, der die Arbeit benoten wird, immer am wichtigsten sein. Diese Interaktion ist wiederum nicht anders als in einem klassischen Promotionsverhältnis, bei dem man ohne institutionelle Einbindung in ein Graduiertenkolleg oder ähnliche Einrichtungen unter der Ägide des Betreuers seine Arbeit schreibt. Die Institutionalisierung des Gesamtverfahrens ändert also an der Grundkonstellation – der persönlichen Beziehung zwischen Betreuer und Doktoranden – nichts. Anders wäre dies nur, wenn die Dissertation in einer Art *peer-review*-Verfahren bewertet würde, wie dies in anderen Wissenschaftsdisziplinen bei Zeitschriftenveröffentlichungen der Fall ist. Dann würde der Dissertationstext ohne Namensnennung einem externen Gutachter zugeleitet, der ohne persönliche Beeinflussung sein Votum zu der Arbeit abgibt. Eine solche Bewertung hat sich jedoch für Dissertationen nicht durchgesetzt. Sie sind deshalb immer auch von dem persönlichen Verhältnis zum Betreuer abhängig. Das mag in anderen Wissenschaftsdisziplinen, die (mehr) empirisch arbeiten und bei denen der Laborversuch, die Datenerhebung etc. einen großen Teil der Arbeit ausmacht, anders sein. Für die Rechtswissenschaft ändert sich durch die Einbindung in ein strukturiertes Programm zumeist nur insoweit etwas, als für mehr Rahmenprogramm, Fortbildung und Austausch gesorgt ist. Für die Entstehung des Dissertationstextes sind diese Aspekte aber nicht besonders relevant und das persönliche Gespräch mit dem erst-begutachtenden Betreuer und dem Doktoranden bleibt entscheidend.[532]

C. Betreuungsvereinbarungen

625 Doch auch vor dieser Zweierbeziehung machen die Bestrebungen zur Institutionalisierung und (vermeintlichen) Professionalisierung nicht Halt. Angestoßen von Entwicklungen in den strukturierten Promotionsprogrammen etwa der DFG[533], hat die Politik die »Betreuungsvereinbarung« entdeckt, um dem Betreuungsverhältnis rechtliche Konturen zu geben. In solchen Vereinbarungen werden das Thema der Dissertation und die geplante Dauer des Promotionsverfahrens festgelegt. Darüber hinaus enthalten sie weitere Rechte und Obliegenheiten, zum Beispiel zu regelmäßigen Abgaben, Teilnahme an Doktorandenseminaren etc. Sie unterscheidet sich also von der sogenannten Betreuungszusage, die der Annahme als Doktorand vorausgeht und in welcher der zukünftige Betreuer gegenüber dem Doktoranden und der Fakultät (die über die Zulassung zur Promotion entscheiden muss) verbindlich entscheidet, dass er den Doktoranden betreuen wird. Die Betreuungsvereinbarung – vom Gesetz wird sie oft auch »Promotionsvereinbarung« genannt – enthält über diese bloße Zusage hinaus weitere Vereinbarungen. Es hängt vom jeweiligen Landeshochschul- und universitären Satzungsrecht ab, ob eine solche Vereinbarung vorgesehen ist, was sie beinhalten darf und welche rechtliche Wirkung ihr zukommt.

---

532 S. auch *Torka/Maiwald*, in: Brockmann et al., Promovieren in der Rechtswissenschaft, S. 113 (125 f.), die zum Ergebnis kommen, dass sich in der Rechtswissenschaft wie in den Sozialwissenschaften »die Kontexte, die tatsächlich für die explizite Betreuung von Promovierenden vorgesehen sind, doch die gleichen geblieben« seien.

533 Die DFG hat 2008 mit ihren »Empfehlungen zur Erstellung von Betreuungsvereinbarungen« die Entwicklung vorgezeichnet. Vgl. dazu deren aktuelle Fassung (Stand: 2014), abrufbar unter: *dfg.de/formulare/1_90/index.jsp.*

Sofern sie nicht gesetzlich verankert ist, kann eine Betreuungsvereinbarung nur in der Wiederholung der Inhalte der Promotionsordnung bestehen und gegebenenfalls vorsichtige Hinweise und Zielbestimmungen enthalten, die eher eine »psychologische Erinnerungswirkung« entfalten.[534] Der Gesetzgeber hat dabei häufiger wohl nur den vermeintlich »faulen« Betreuer und nicht den zu disziplinierenden Doktoranden im Auge, wenn er die Einführung von Betreuungsvereinbarungen nur unter der Rubrik der »Verbesserung der Betreuung von Doktorandinnen und Doktoranden« erwähnt.[535] Die Betreuungsvereinbarung wird zudem nur zwischen dem Betreuer und dem Doktoranden geschlossen. Die Fakultät, die den Doktoranden promoviert, ist nicht Teil der Vereinbarung. Das ist deshalb bemerkenswert, weil die rechtliche Beziehung des Doktoranden eigentlich nur mit der Fakultät, nicht aber mit seinem Betreuer besteht. Von der Fakultät wird er zur Promotion zugelassen und die Fakultät erlässt die Promotionsordnung, die den verbindlichen rechtlichen Rahmen für die Promotion festlegt. Vor diesem Hintergrund hätte es nahegelegen, die Fakultät auch in die Betreuungsvereinbarung einzubeziehen, wollte man ihr einen wirklichen rechtlichen Gehalt geben. | 626

Die Vorstellung hinter den Betreuungsvereinbarungen ist aber zunächst eher, beide Seiten an ihre Rolle im Promotionsverfahren zu erinnern und sie somit zu disziplinieren, ihren Obliegenheiten nachzukommen. Dem Doktoranden soll vor Augen geführt werden, dass er regelmäßig Kapitel »produzieren« und an Seminaren oder ähnlichen Programmen teilnehmen muss. Der Betreuer soll durch die Vereinbarungen darauf hingewiesen werden, dass er regelmäßig die Fortschritte des Doktoranden überwachen und die vorgelegten Abschnitte begutachten muss. Dadurch soll wohl ebenfalls eine stärkere Strukturierung und Professionalisierung des Promotionsverfahrens erreicht werden. Darüber hinaus soll eine Erfolgskontrolle ermöglicht und die Promotionsdauer verkürzt werden. Damit sollen natürlich vor allem die Nachlässigen diszipliniert werden – Doktoranden, die sich nie beim Betreuer melden, bei den Seminaren nicht auftauchen, von denen noch nie ein Kapitel eingereicht wurde, aber auch Betreuer, die sich völlig in die Deckung zurückgezogen haben und keine Rückmeldung auf Anfragen des Doktoranden geben. Wie gesehen scheint der Gesetzgeber aber eher die Vorstellung zu haben, dass allein die Betreuerseite zu disziplinieren ist. | 627

Ob die Promotionsvereinbarung mehr als nur diesen psychologischen Effekt haben kann, ist jedoch zweifelhaft. Ob man sie nun als echten öffentlich-rechtlichen Vertrag, als vertragsähnliches Verhältnis oder als bloße Absichtserklärung eigener Art qualifiziert – wirklich erzwingen lassen sich die dort festgehaltenen Pflichten nicht. Soll ein Doktorand durch Androhung der Kündigung durch den Betreuer zur Teilnahme an Doktorandenseminaren und zur Produktion von Textabschnitten gezwungen werden? Kann der Betreuer zur Begutachtung von eingereichten Texten verurteilt werden? Die Regeln über öffentlich-rechtliche Verträge – so man sie für anwendbar hält – werden jedenfalls wegen der speziellen Natur des Promotionsverfahrens durch verfassungs- und prüfungsrechtliche Regeln überlagert.[536] Eine Auf- | 628

---

534 *Aulehner*, in: v. Coelln/Lindner, BeckOK Hochschulrecht Bayern, Art. 64 BayHSchG, Rn. 45.

535 So etwa das baden-württembergische Ministerium für Wissenschaft, Forschung und Kunst in seinem Eckpunkte-Papier » Qualitätssicherung im Promotionsverfahren«, S. 2, abrufbar unter: *mwk.baden-wuerttemberg.de/fileadmin/redaktion/m-mwk/intern/dateien/pdf/Landeshochschulgesetz/Eckpunkte_Qualit%C3%A4tssicherung_im_Promotionsverfahren.pdf.*

536 *Keil*, in: v. Coelln/Haug, BeckOK Hochschulrecht Baden-Württemberg, § 38 LHG, Rn. 60.

kündigung des Promotionsverhältnisses aufgrund von Verstößen gegen die Betreuungsvereinbarung ist vonseiten des Doktoranden selbstverständlich immer möglich.[537] Er muss sich, weil es sich um sein Projekt handelt, einseitig lossagen können. Eine Kündigung der Betreuungsvereinbarung durch den Betreuer dürfte aber nur zulässig sein, wenn dies die zugrunde liegenden gesetzlichen Grundlagen erlauben[538], wie auch generell rechtliche Folgen an die Betreuungsvereinbarung nur geknüpft werden dürfen, wenn das jeweilige Landeshochschulgesetz und die universitäre Promotionsordnung dem nicht entgegenstehen. Hinzukommt, dass nach herrschender Ansicht nach der Zulassung die Promotion nicht deshalb abgelehnt werden darf, weil (und wenn) die Dissertation ohne Betreuung durch einen Hochschullehrer abgeschlossen wurde. Dann gilt das Gleiche auch für den Fall, dass die Betreuungsvereinbarung gekündigt wurde, die Forschungsleistung aber schon erbracht ist.[539] Auch ohne bestehende Betreuungsvereinbarung ist die Promotion also nicht ausgeschlossen. Entscheidend ist demnach eher der psychologisch-disziplinierende Effekt als die rechtliche Verbindlichkeit.[540]

629 Wenn also der Betreuungsvereinbarung für das Promotionsverhältnis kaum ein rechtlich wirklich zwingender Gehalt zukommt, so setzt sie sich doch in immer mehr Hochschulgesetzen und Promotionsordnungen durch und hat zudem auch über einen weiteren Hebel Relevanz erhalten: Fast zeitgleich mit der Einführung von Betreuungsvereinbarungen in den Hochschulgesetzen wurde das Wissenschaftszeitvertragsgesetz (WissZeitVG) – das spezielle Befristungsrecht für wissenschaftliche Berufe – geändert. Auch diese Änderungen geschahen vor allem mit dem Ziel, die Bedingungen für die wissenschaftlichen Mitarbeiter, die wiederum häufig promovieren, zu verbessern. Das WissZeitVG erlaubt Befristungen im Hochschulbereich seit jeher in viel weitergehendem Umfang als im übrigen Arbeitsrecht und verhindert eine Beschäftigung in einem befristeten Arbeitsverhältnis nach Ablauf von 12 Jahren. Weil der Gesetzgeber der Meinung war, dass die Hochschulen dieses vom Gesetzgeber bewusst geschaffene System häufig durch Kettenbefristungsverträge zulasten der wissenschaftlichen Mitarbeiter ausnutzen, hat er im Jahr 2016 gegengesteuert und die Befristungsmöglichkeiten etwas eingeschränkt. Nunmehr kann nicht mehr sachgrundlos und ohne Vorgaben für die Dauer befristet werden, sondern die Befristungsdauer muss sich an dem Qualifizierungsziel messen lassen. Gemäß § 2 Abs. 1 S. 3 WissZeitVG ist »die vereinbarte Befristungsdauer (...) so zu bemessen, dass sie der angestrebten Qualifizierung angemessen ist«.

630 Hier kommt es nun zu einer interessanten Interaktion des Betreuungs- mit dem Arbeitsverhältnis. Vermehrt stellen nämlich die zuständigen Stellen in den Ministerien

---

537 So auch *Keil*, in: v. Coelln/Haug, BeckOK Hochschulrecht Baden-Württemberg, § 38 LHG, Rn. 60.

538 Dezidiert für eine Anwendung der klassischen Regeln des öffentlich-rechtlichen Vertrages einschließlich der Anfechtung und der Kündigung *Löwisch/Würtenberger*, Ordnung der Wissenschaft 3 (2014), 103 (104 und 109 f.).

539 So auch die verfassungsrechtlich angeleitete Auslegung des baden-württembergischen Landeshochschulgesetzes, das in § 38 Abs. 5 S. 2 vorschreibt, dass über die Annahme als Doktorand »nach Abschluss der Promotionsvereinbarung« zu entscheiden sei, durch *Löwisch/Würtenberger*, Ordnung der Wissenschaft 3 (2014), 103 (106 und 110) m.w.N.

540 *Keil* (in: v. Coelln/Haug, BeckOK Hochschulrecht Baden-Württemberg, § 38 LHG, Rn. 65) spricht mit Blick auf die baden-württembergische Regelung, die sogar Mindestinhalte für die dort »Promotionsvereinbarung« genannte Betreuungsvereinbarung vorschreibt, von der »Vergewisserungsfunktion«.

und in der universitären Personalverwaltung für die Angemessenheit im obigen Sinne darauf ab, was der Betreuer – der zugleich der Vorgesetzte des wissenschaftlichen Mitarbeiters ist – und der Doktorand – der zugleich wissenschaftlicher Mitarbeiter an der Universität ist – in der Betreuungsvereinbarung verabredet haben. Weil jene einen Zeitplan enthält (mitunter sogar – wie in Baden-Württemberg – enthalten muss), liegt es nahe, diesen für die angemessene Befristungsdauer heranzuziehen. Zum einen liegt mit der Betreuungsvereinbarung ein schriftliches Dokument vor, das eine einfache Kontrolle durch die Verwaltung erlaubt; zum anderen kann davon ausgegangen werden, dass das, was Betreuer und Doktorand gemeinsam vereinbart haben, angemessen ist. Mancherorts wird deshalb der Abschluss des Arbeitsvertrags von der Vorlage einer Betreuungsvereinbarung abhängig gemacht, die damit mittelbar rechtliche Relevanz erhält.

Erneut erscheint jedoch zweifelhaft, ob das damit verbundene Ziel des Gesetzgebers **631** und der Verwaltung, nämlich die vermeintliche Ausbeutung der wissenschaftlichen Mitarbeiter durch Professoren zu verhindern und eine größere Sicherheit für befristet beschäftigte wissenschaftliche Mitarbeiter zu gewährleisten, wirklich erreicht werden kann. Regelmäßig werden befristete Verträge mit wissenschaftlichen Mitarbeitern verlängert, wenn die dafür nötigen Mittel vorhanden sind und sich Mitarbeiter und Professor nicht überworfen haben. Wenn die Mittel ohnehin nur für eine begrenzte Zeit zur Verfügung stehen, wird auch unter dem neuen WissZeitVG kein Lehrstuhlinhaber einen Mitarbeiter über diese Dauer hinaus anstellen. Für Drittmittel erlaubt das WissZeitVG ohnehin eine auf diese angepasste Befristung, vgl. § 2 Abs. 2 WissZeitVG. Das Problem der befristet angestellten wissenschaftlichen Mitarbeiter besteht eher darin, dass die Befristung gemäß § 2 Abs. 1 S. 1 WissZeitVG grundsätzlich nur für die eigene künstlerische oder wissenschaftliche Qualifikation zulässig ist und dass fast keine klassischen unbefristeten Mittelbau-Stellen mehr existieren. Eine dauerhafte Beschäftigung an der Universität ist also – außerhalb von speziellen Institutionen und reinen Drittmittelstellen – nur auf der Ebene der Professur möglich, die wiederum nur für wenige und auf einem mit hohem Risiko behafteten Karriereweg zu erreichen ist. Dauerhafte, unbefristete Stellen im akademischen Mittelbau möchte aber weder die Wissenschaft noch die Politik schaffen. Sie würden Geld kosten beziehungsweise eine dauerhafte Zusage seitens des jeweiligen Bundeslandes erfordern, welche in der Regel nicht gegeben werden möchte. Viele Wissenschaftler – genauer gesagt: viele dauerhaft beschäftigte Wissenschaftler, also Professoren – sind sogar *für* das aktuelle System, weil es durch einen größeren »Durchlauf« an Mitarbeitern für steten Nachschub an dynamischen, neu motivierten (Arbeits-)Kräften sorgt und vermeintliche Beamtenmentalität in einem trägen Mittelbau, der sich nicht mehr qualifizieren muss, verhindert.

Ob diese Grundannahme zutrifft, sei einmal dahingestellt. In jedem Fall kann sich die **632** enge Verknüpfung des Arbeitsvertragsschlusses mit dem Abschluss einer Betreuungsvereinbarung für den angehenden wissenschaftlichen Mitarbeiter sogar als sehr lästig erweisen. Dieser möchte seine neue Stelle möglichst schnell antreten, häufig direkt nach Abschluss des Staatsexamens. Antreten kann er die Stelle jedoch nur mit einem Arbeitsvertrag, und diesen macht wiederum die Verwaltung davon abhängig, dass eine Betreuungsvereinbarung vorgelegt wird. Das bedeutet, dass sich der zukünftige Mitarbeiter bereits vor seinem ersten Arbeitstag mit dem Betreuer darüber einigen muss, dass er eine Promotion anstrebt, welches Thema die Dissertation haben soll und sogar mit welchem Zeitplan er diese abzuschließen gedenkt, möglicherweise sogar einschließlich zusätzlicher, konkretisierender Nebenabreden. Die Themensuche gestaltet sich jedoch nicht immer einfach, zieht sich vielmehr manchmal sogar über Monate hin, bis Recherchen und Besprechungen mit dem Betreuer dann zum endgültigen Thema geführt haben. So lange kann und möchte jedoch in der Regel kein wissenschaftlicher Mitarbeiter warten, bevor er die Stelle antritt. Man kann dies umgehen und den Vertrag zunächst auf ein halbes Jahr oder ein paar Monate befristen, bis eine Betreuungsvereinbarung geschlossen ist. Diese Verlegenheitslösung wird jedoch wohl in der Mehrzahl der Fälle einfach dadurch umgangen, dass eine recht vage gehaltene Betreuungsvereinbarung über ein noch vager gehaltenes Thema abgeschlossen oder in der Vereinbarung gar ein Phantasiethema genannt wird, das sich gar nicht mit dem später tatsächlich behandelten Thema der Dissertation deckt.

633 Dass es in einer nicht unwesentlichen Zahl an Fällen zu solchen Schein-Vereinbarungen kommen wird, wird auch für die Beteiligten in Verwaltung und Ministerien offensichtlich sein, dürfte jedoch häufig geflissentlich ignoriert werden, um das scheinbar mitarbeiterfreundliche System nicht zu gefährden. Der Erfolg des neuen Systems besteht jedenfalls in einer grundsätzlich längeren Befristungsdauer für promovierende wissenschaftliche Mitarbeiter.[541] Und auch von arbeitsrechtlicher Seite scheint man in Betreuungsvereinbarungen, die sich nicht so vollziehen lassen, wie sie vor Abschluss des Arbeitsvertrages geschlossen wurden, kein Problem zu sehen. *Maschmann/Konertz* stellen dazu etwa fest: »Unschädlich für die Befristungsabrede ist es, wenn sich der zu Anfang aufgestellte Arbeits- und Zeitplan aus persönlich-fachlichen oder im Forschungsgegenstand liegenden Gründen nicht einhalten lässt, jedenfalls solange die Basis für die der Befristung zu Grunde liegende Prognose nicht vollkommen unplausibel war.«[542] Auch im arbeitsrechtlichen Bereich scheint man also nur von einer begrenzten Aussage- und Durchsetzungskraft der Betreuungsvereinbarung auszugehen. Es bleibt auch vor diesem Hintergrund dabei, dass es wohl eher die psychologische Wirkung sein wird, die bei Betreuungsvereinbarungen entscheidet, als die rechtliche Durchsetzungskraft.

D. Einen (geeigneten) Betreuer finden

634 Bevor es jedoch zu einer Betreuungsvereinbarung kommen kann, muss zunächst ein Professor existieren, der die Arbeit betreuen möchte und den man sich auch als Betreuer vorstellen kann. Wie also eine geeignete Person finden? Häufig wird sich ein Professor an der Fakultät anbieten, an der man bereits studiert hat. Hier hat man sich womöglich schon im universitären Schwerpunktbereich für ein Fach entschieden, das sich tatsächlich als interessant herausgestellt hat, sodass häufig der Leiter des damaligen Seminars auch als Betreuer der Doktorarbeit anbietet. Wenn man sich fachlich umorientiert, kommen je nach Interessengebiet häufig aus fachlichen Gründen nur wenige Personen als Betreuer infrage. So wird es etwa selten mehr als ein oder zwei Personen an einer Fakultät geben, die sich auf das Arbeitsrecht spezialisiert haben.

---

541 Dies schon deshalb, weil vorsichtige Personalabteilungen im Zweifel eher auf eine längere Befristungsdauer hinwirken werden, um nicht zu riskieren, dass die Befristungsabrede in Gänze unwirksam ist und zu einem unbefristeten Arbeitsverhältnis führt, vgl. *Maschmann/Konertz*, NZA 2016, 257 (262).

542 *Maschmann/Konertz*, NZA 2016, 257 (262 f.).

Einige Gebiete sind wiederum so speziell, dass sich sogar nur ein Professor anbietet, zum Beispiel bei einer Promotion im Schiedsverfahrensrecht. Selbst bei einer nur groben Eingrenzung wie dem Vorsatz einer Promotion im strafrechtlichen Bereich werden selten mehr als eine Handvoll Betreuer an einer Fakultät infrage kommen.

Wenn Sie neben der Promotion als wissenschaftlicher Mitarbeiter an einem Lehrstuhl tätig sein wollen, bietet es sich an, einen Betreuer zu suchen, der gleichzeitig auch eine Mitarbeiterstelle zu besetzen hat. Viele Professoren möchten zudem auch ihre Mitarbeiterstellen nur mit eigenen Doktoranden besetzen. Die oben geschilderte Praxis der Befristung von Mitarbeiterstellen in Abhängigkeit von der Betreuungsvereinbarung dürfte dies noch verstärken: Wenn die arbeitsvertragliche Regelung von der in einer Betreuungsvereinbarung festgelegten Frist abhängig ist, möchte man diese Vereinbarung zumindest mitgestalten können und nicht von dem abhängig sein, was ein Kollege mit dem zukünftigen Mitarbeiter vereinbar hat. Hinzukommt, dass es Professoren häufig nicht gerne sehen, wenn ein Mitarbeiter sich fachlich eher für ein anderes Gebiet interessiert als das des eigenen Lehrstuhls. Auch für Sie als Doktoranden ist es günstiger, im Arbeitsalltag Kontakt mit dem Rechtsgebiet zu haben, in das Ihre Dissertation fällt, zum Beispiel wenn Sie Zuarbeiten für Publikationen Ihres Betreuers leisten und auf diese Weise die Chance auf Synergieeffekte haben. Dies spricht dafür, sich zunächst vor allem nach fachlich einschlägigen Professoren umzuschauen, die gleichzeitig Mitarbeiterstellen zu besetzen haben. | 635

Es werden aber auch andere Gründe sein, die für einen bestimmten Betreuer sprechen oder zu einem bestimmten Betreuer führen. So können persönliche Gründe einen in eine bestimmte Stadt hin oder von einem bestimmten Ort wegführen. Dann wird man sich möglicherweise dort auch nach einer Arbeitsstelle umschauen, um nicht pendeln zu müssen. Ein Promotionsvorhaben in einem bestimmten Fachbereich wird dann zu einer Person an der dortigen Fakultät führen. | 636

Wenn Sie nicht an einem Lehrstuhl arbeiten möchten, also »extern« promovieren, spielen solche Erwägungen keine Rolle. Dann können Sie sich allein von der Person des Betreuers bei Ihrer Anfrage leiten lassen. Sie werden Ihren Betreuer auch nicht so oft treffen, dass sich eine Wohnung an seinem Hochschulort lohnt. Einzig der Zugang zu einer Bibliothek muss gewährleistet sein. Wenn Sie zur Promotion zugelassen sind, haben Sie üblicherweise die gleichen Ausleihrechte wie Mitarbeiter derselben Einrichtung. Sie können also am Hochschulort Ihres Betreuers am leichtesten an Literatur kommen. Das spräche für die Suche nach einem Betreuer am Wohn- oder Arbeitsort, weil man dann auch spontan alle nötigen Bücher ausleihen kann. Häufig reicht es aber auch, sich in regelmäßigen Abständen die einschlägigen Werke aus dem Lesesaal der Fakultät, an der man promoviert, auszuleihen und für den spontan entstehenden Bedarf auf eine nahe gelegene Bibliothek auszuweichen, etwa eine andere Universität oder eine Landesbibliothek, sofern dort genügend juristische Fachliteratur vorgehalten wird. Wenn Sie an einem etwas abgelegenen Ort arbeiten möchten, werden Sie jedenfalls deutlich mehr Scans und Kopien erstellen müssen. | 637

Abseits dieser lokalen Präferenzen und der fachlichen Einschlägigkeit spielt selbstverständlich auch die Persönlichkeit des Betreuers eine Rolle, denn viele Bewertungsaspekte in der wissenschaftlichen Arbeit sind subjektiv (mit-)geprägt. Wenn Sie sich diesbezüglich nicht mit den Eigenarten Ihres Betreuers arrangieren können, wird das für viel – vermeidbaren – Frust sorgen. Auch die kommunikative Kompatibilität spielt eine Rolle. Manchen potenziellen Betreuer kennen Sie möglicherweise schon | 638 aus Vorlesungen und haben dort feststellen können, dass Sie mit ihm nicht auf einer Wellenlänge sind. Bisweilen täuscht man sich insoweit jedoch auch: Mancher Professor erscheint in Vorlesungen locker und studentenfreundlich, ist jedoch als Betreuer sehr streng und beutet seine Mitarbeiter aus, oder umgekehrt: Mancher Professor erscheint in seinen Vorlesungen sehr streng und unzugänglich, ist jedoch im persönlichen Umgang freundlich, unkompliziert und humorvoll. Sie sollten deshalb immer ein persönliches Gespräch mit dem potenziellen Betreuer suchen, um ihn besser einschätzen zu können. In extremen Einzelfällen kann man jedoch möglicherweise tatsächlich bereits nach dem Besuch der Vorlesungen des Betreuers sagen, dass man einen engen persönlichen Kontakt ausschließen möchte.

639 Als Ortsfremder – der also nicht an derselben Fakultät studiert hat, an der er später promoviert werden möchte – haben Sie diesen Vorteil nicht. Dann sollten Sie versuchen, in einem persönlichen Gespräch mit dem Betreuer möglichst viel über seinen Kommunikationsstil und die Art der Betreuung herauszufinden. Lässt er sich regelmäßig über den Fortgang der Arbeit berichten? Ist er offen dafür, Abschnitte aus der Dissertation zu begutachten? Hält er Ihre zeitlichen Vorstellungen für angemessen? Ist er für eigene Ansätze des Doktoranden offen oder gibt er gerne mit seinen Themenvorschlägen (und möglicherweise gar mit seinen Thesen) die Richtung der Dissertation vor? Ist er kritikfähig? Sie werden selbstverständlich nicht in einem kurzen Gespräch eine belastbare Antwort auf alle diese Fragen erhalten. Welcher Betreuer antwortet schließlich auf die Frage, ob man ihm auch eine Leseprobe abgeben dürfe, von vornherein mit »nein, auf keinen Fall«? An der Reaktion auf bestimmte Fragen und an der Schilderung der Betreuungssituation können Sie jedoch manches erahnen. Bereiten Sie in jedem Fall die entsprechenden Fragen für ein persönliches Gespräch vor.

640 Erfahrungsgemäß sind jedoch die meisten Betreuer für ihre Doktoranden zugänglich und für persönliche Anregungen und fachliche Gespräche offen. Eine der berechtigtsten Sorgen in persönlicher Hinsicht kann allenfalls sein, dass der Betreuer zur der Spezies von Professoren gehört, bei denen die Begutachtung extrem lange dauert. Ab und zu hört man von Doktoranden, deren Dissertation seit mehr als einem Jahr ohne Rückmeldung bei Ihrem Betreuer liegt und immer weiter veraltet. Das ist die Horrorvorstellung eines jeden Doktoranden – vor allem dann, wenn im Laufe der Zeit andere Doktorarbeiten zum selben Themenbereich abgeschlossen werden. Dass er zu dieser Art von Betreuer gehört, wird die von Ihnen ins Auge gefasste Person selbstverständlich nicht von sich aus mitteilen und danach fragen sollten Sie selbstverständlich auch nicht, da es entweder unverschämt wäre (wenn es nicht zutrifft) oder zwecklos (wenn es zutrifft). In Erfahrung bringen können Sie dies nur über den Kontakt zu Mitarbeitern oder ehemaligen Doktoranden dieses Professors. Fragen Sie bei Mitarbeitern aber nur nach, wenn Sie sie persönlich kennen und im Vertrauen mit ihnen sprechen können. Es würde keinen guten Eindruck machen, wenn Ihr anvisierter Betreuer vor dem persönlichen Gespräch mit Ihnen erfährt, dass Sie sich über die bei ihm übliche Dauer der Begutachtung erkundigt haben.

641 Um einen Gesprächstermin zu erhalten, sollten Sie sich mit einer kurzen persönlichen Vorstellung an den Betreuer wenden. Sofern mit der Vorstellung nicht zugleich eine Bewerbung um die ausgeschriebene Stelle als wissenschaftlicher Mitarbeiter verbunden ist – dann werden Sie ohnehin eine Bewerbungsmappe erstellen –, genügt es grundsätzlich, dem potenziellen Betreuer eine E-Mail zu schreiben. Machen Sie dort

jedoch die nötigen Angaben zu Ihrer Person, aus denen sich der Angeschriebene ein Bild über Sie machen kann. Dazu gehören neben Ihren fachlichen Interessen auch berufliche Erfahrungen, der im Studium gewählte Schwerpunktbereich und die Noten im Ersten und Zweiten Staatsexamen. Letztere spielen für die Zulassung zur Promotion eine Rolle und können somit ohnehin nicht verschwiegen werden, weil sie mit dem Antrag auf Zulassung – gegebenenfalls ist zusätzlich ein sogenannter Dispensantrag zur Befreiung von Notenvoraussetzungen erforderlich – ohnehin vorgelegt werden müssen. Viele Professoren möchten keine Doktoranden betreuen, die einen Dispens von der Anforderung eines Prädikatsexamens benötigen, einige haben sich bestimmte Notenuntergrenzen gesetzt, speziell für externe Kandidaten, die sie nicht persönlich kennen. Es macht in jedem Fall keinen guten Eindruck, wenn solche Angaben erst erfragt werden müssen. Empfehlenswert ist, Ihre Vorstellung in ein als gesonderte pdf-Datei der E-Mail angehängtes Schreiben zu packen, dem Sie auch ein Bild anfügen – vor allem dann, wenn Sie regelmäßig Veranstaltungen der angeschriebenen Person besucht haben.

In der Anfrage sollten Sie zudem schildern, warum Sie gerade den Empfänger der E-Mail anschreiben, welche Teilgebiete seiner Forschungsschwerpunkte Sie besonders interessieren (und warum), und im Idealfall sollten Sie bereits ein Thema oder einen Themenbereich nennen können, zu dem Sie gerne eine Dissertation verfassen möchten. Schreiben Sie auf keinen Fall eine Standard-E-Mail an alle potenziellen Betreuer in Deutschland, denn solche Musterbriefe fallen schnell auf. Professoren erhalten viele solcher E-Mails, gerade von externen Kandidaten, die nicht über herausragende Examensnoten verfügen, und beantworten Sie mitunter nicht einmal, weil Sie merken, nicht der alleinige Adressat der E-Mail zu sein. Wenn Ihre Examensnote nicht die Prädikatsschwelle überschritten hat, müssen Sie durch Ihr fachliches Interesse und das Engagement überzeugen. Dann sollten Sie besonders ausführlich begründen, warum Sie gerne promovieren möchten, warum Sie sich gerade den Angeschriebenen ausgesucht haben und welche Themen Sie bearbeiten möchten. Wenn das Promotionsvorhaben zu Ihrem bisherigen Lebenslauf passt – der beruflichen Tätigkeit, dem gewählten Schwerpunkt, absolvierten Praktika –, sollten Sie dies ebenfalls herausstellen. Dann merkt der Empfänger der E-Mail, dass Sie keine Standard-Nachricht verschicken, sondern sich explizit ihn ausgesucht haben. Wenn Sie ihn zudem noch aus einer Vorlesung oder durch die Teilnahme an einem Seminar oder einem Vortrag kennen, sollten Sie dies ebenfalls erwähnen. Dies betont Ihr fachliches Interesse an dem Betreuer und macht Sie in der Behauptung, sich bewusst für den Angeschriebenen als Wunsch-Betreuer entschieden zu haben, glaubwürdiger.

Erkundigen Sie sich zudem im Voraus nach den Voraussetzungen für die Zulassung zur Promotion an der Fakultät des potenziellen Betreuers. Grundsätzlich wird ein Prädikatsexamen verlangt, wobei alle Promotionsordnungen hiervon auch eine Befreiung zulassen. Diese Befreiungen (sogenannte Dispense) sind jedoch – ebenso wie die übrigen Zulassungsvoraussetzungen (einjähriges Studium an der Fakultät, Seminarschein mit bestimmter Note etc.) – von Fakultät zu Fakultät verschieden. Wenn Sie bereits aus der Promotionsordnung ersehen können, dass eine Zulassung ausscheidet (vor allem aus Notengründen), ist es offensichtlich zwecklos, ein Mitglied dieser Fakultät um die Betreuung des eigenen Promotionsvorhabens zu bitten. Wenn ein Dispens möglich, aber auch nötig ist, dann sollten Sie hierauf im Anschreiben ebenfalls hinweisen und die Bereitschaft signalisieren, die nötigen Leistungen und Nachweise zu erbringen. In dem folgenden persönlichen Gespräch werden Sie dann

642

643

im Idealfall auf den zu Ihnen passenden Betreuer stoßen und ihn sogleich von Ihrer Person und Ihrem Promotionsvorhaben überzeugen können.

644 So endet nun dieses Buch nicht mehr ganz so euphorisch-erleichtert wie in der ersten Auflage, als mündliche Prüfung und Publikation der Arbeit den letzten Paragrafen gebildet haben und der Satz »Nun haben Sie es geschafft« an das Ende gesetzt werden konnte. Gleichwohl sollten Sie sich auch vor der Suche nach einem geeigneten Betreuer keine allzu großen Sorgen machen. Wenn Sie sich für ein Thema wirklich interessieren und bereit sind, sich in die Forschungsfelder eines möglichen Betreuers einzuarbeiten, um eigene Vorschläge und Ideen in ein persönliches Gespräch mitzubringen, wird dieser Enthusiasmus auch ihn überzeugen. Schließlich freut sich jeder Forscher, wenn er Nachwuchswissenschaftler trifft, die sich für sein – möglicherweise exotisches – Spezialgebiet interessieren. Wenn diese dann sogar noch als Mitarbeiter am eigenen Lehrstuhl oder als Kooperationspartner in anderen Projekten, zum Beispiel als Koautor gemeinsamer Aufsätze, infrage kommen, stehen die Chancen noch besser. Für die Suche nach dem richtigen Betreuer und für das dann folgende Promotionsprojekt – das Ihnen mehr Raum für geistige und persönliche Entfaltung bietet als die meisten anderen Lebensphasen – wünsche ich Ihnen gutes Gelingen!

Anhang 1: Literaturempfehlungen und Vertiefungshinweise

Die nachfolgende Liste kann nur einen subjektiven Eindruck widerspiegeln und ist Ergebnis dessen, was ich selbst – oft zufällig – in den Händen gehalten habe. Wenn Sie gefragt werden, welche Lehrbücher zu einem bestimmten Rechtsgebiet zurate zu ziehen sind, werden Sie feststellen, dass Sie wirklich belastbare Aussagen nur zu wenigen, manchmal gar nur zu einem oder zwei Werken treffen können. Nicht anders ist es mit den nachfolgenden Büchern zu den verschiedenen Aspekten des »Promovierens«. Dessen ungeachtet möchte ich Ihnen aus der Fülle der von mir zitierten und auf dem Markt erhältlichen Werke einige Bücher nicht vorenthalten, die ich selbst konsultiert und als lesenswert empfunden habe. Keinesfalls schließt dies aus, dass es weitere, möglicherweise sogar bessere Werke gibt, die ich vielleicht noch nicht einmal zur Kenntnis genommen habe. Das Ergebnis redlicher Bemühungen sind folgende Hinweise:

1. Zum wissenschaftlichen Schreiben:

Bolker, Joan: Writing Your Dissertation in Fifteen Minutes a Day. New York 1998.

Brandt, Edmund: Rationeller schreiben lernen. Hilfestellung zur Anfertigung wissenschaftlicher (Abschluss-)Arbeiten. 5. Aufl., Baden-Baden 2016.

Esselborn-Krumbiegel, Helga: Von der Idee zum Text. Eine Anleitung zum wissenschaftlichen Schreiben. 5. Aufl., Paderborn 2017.

2. Zu Fragen der Sprache und des Stils:

Duden: Das Wörterbuch der sprachlichen Zweifelsfälle. Richtiges und gutes Deutsch. 8. Aufl., Mannheim 2016. [Nützliches Nachschlagewerk, das Erläuterungen zu allen aufgeführten Begriffen enthält, aber auch grammatikalische oder sprachliche Kapitel, zum Beispiel zum Briefeschreiben, zur Zeichensetzung, zum Gebrauch von Abkürzungen oder zu kleineren Fragen wie dem Gebrauch von Bindestrichen.]

Reiners, Ludwig: Stilfibel. Der sichere Weg zum guten Deutsch. 2. Aufl., München 2009 (dtv-Ausgabe = Neudruck der Ausgabe München 2007; Erstveröffentlichung der dtv-Ausgabe: 1963). [als Feierabendlektüre lesenswerter, aber auch etwas belehrender Klassiker eines umstrittenen Autors. Noch etwas verstaubter ist die »Stilkunst« desselben Autors. Beide Werke sind insgesamt etwas altväterlich, deutschtümlich geschrieben. Im Übrigen darf nicht verschwiegen werden, dass die »Deutsche Stilkunst« in ihrer ursprünglichen Fassung in großen Teilen aus dem gleichnamigen (!) Werk des jüdischen Autors *Eduard Engel* abgeschrieben war – aus angesichts des Erscheinungszeitpunktes (1943) schäbigen, berechnenden Motiven heraus. Vgl. dazu die Rezension von *Stirnemann*, Kritische Ausgabe 12/2004, S. 48–50 und *Walter*, Kleine Stilkunde für Juristen, S. 7–11]

Walter, Tonio: Kleine Stilkunde für Juristen. 3. Aufl., München 2017. [Schön geschrieben und als Anregung, über die eigene Sprache nachzudenken, lesenswert; nicht immer leicht in wissenschaftlichen Texten umsetzbar.]

3. Zur Promotion allgemein:

Stock, Steffen/Schneider, Patricia/Peper, Elisabeth/Molitor, Eva (Hrsg.): Erfolgreich promovieren. Ein Ratgeber von Promovierten für Promovierende. 3. Aufl., Berlin u.a. 2014.

4. Zu den Formalien, insb. zum Zitieren:

Bergmann, Marcus/Schröder, Christian/Sturm, Michael: Richtiges Zitieren. Ein Leitfaden für Jurastudium und Rechtspraxis. München 2010. [Sehr umfassend; die zweite Auflage ist für das 4. Quartal 2017 angekündigt.]

Byrd, B. Sharon/Lehmann, Matthias: Zitierfibel für Juristen. 2. Aufl., München 2016.

Putzke, Holm: Juristische Arbeiten erfolgreich schreiben. 5. Aufl., München 2014.

5. Zur Methodik und zum wissenschaftlichen Arbeiten:

Möllers, Thomas M.J.: Juristische Arbeitstechnik und wissenschaftliches Arbeiten. 8. Aufl., München 2016 [ein Buch mit guten Ratschlägen, nützlich vor allem für Studierende.]

Theisen, Manuel René: Wissenschaftliches Arbeiten. Erfolgreich bei Bachelor- und Masterarbeit. 16. Aufl., München 2013. [Gutes Standardwerk zum wissenschaftlichen Arbeiten. Auch für Doktoranden hilfreich, in den Formalien aber auf die Wirtschaftswissenschaften ausgerichtet; der Autor wurde jedoch auch in der Rechtswissenschaft promoviert. Die 17. Auflage ist für das 3. Quartal 2017 angekündigt.]

Mann, Thomas: Einführung in die juristische Arbeitstechnik. Klausuren – Haus- und Seminararbeiten – Dissertationen. 5. Aufl. des von Peter J. Tettinger begründeten Werkes, München 2015.

Schulze-Fielitz, Helmuth: Was macht die Qualität öffentlich-rechtlicher Forschung aus?, JÖR n.F. 50 (2002), S. 1–68. [Lesenswerter Beitrag zur Frage, welche formellen und materiellen Maßstäbe an qualitätvolle Forschung zu stellen sind. In dem Aufsatz geht *Schulze-Fielitz* auf einige Beispiele – auch von Kollegen – mit teils bissigem Zungenschlag ein, was den Beitrag zu einer unterhaltsamen, aber auch sehr lehrreichen Lektüre macht.]

6. Zur Einstimmung auf das große Projekt:

Eco, Umberto: Wie man eine wissenschaftliche Abschlußarbeit schreibt (»Come si fa una Tesi di Laurea«). 13. Aufl., ins Deutsche übersetzt von Walter Schick, Wien 2010. [Lesenswert auch zum wissenschaftlichen Schreiben.]

v. Münch, Ingo/Mankowski, Peter: Promotion. 4. Aufl., Tübingen 2013. [Unterhaltsam, aber gleichwohl aufschlussreich; interessant auch mit Blick auf das Verhältnis zum Betreuer und akademische Gepflogenheiten.]

Schneider, Egon: Die juristische Doktorarbeit, Düsseldorf 1977. [Lesenswerte, aber knapp gehaltene Ratschläge für die wissenschaftliche Arbeit, teilweise etwas veraltet.]

Anhang 2: Im Internet verfügbare Promotionsleitfäden deutscher Juraprofessorinnen und -professoren

Die folgende Liste soll Sie nicht dazu verleiten, alle von deutschen Professoren für wichtig gehaltenen Formalien gleichzeitig zu beachten. Vielmehr werden Sie feststellen, dass es in einzelnen Punkten durchaus verschiedene Ansichten geben kann. Auch legt jeder Betreuer sein Augenmerk auf unterschiedliche Aspekte und betont den jeweiligen Punkt in seinen Hinweisen mehr, als dies möglicherweise andere tun. Mit der Liste können Sie sich einen Überblick darüber verschaffen, welche Eigenschaften der Doktorarbeit einzelne Professoren für wichtig erachten. Nur die wenigsten haben freilich spezielle Leitfäden verfasst und diese auch noch im Internet veröffentlicht. Auch kann es für Sie möglicherweise interessant sein, die Ratschläge der Professoren »Ihrer« Fakultät einzubeziehen, sofern sie denkbare Zweitgutachter der Arbeit sind und in der folgenden alphabetischen Liste aufgeführt werden. Diese versucht, alle verfügbaren Quellen aufzulisten; sollten Sie auf weitere Leitfäden stoßen, bin ich über Hinweise, die ich in den Folgeauflagen berücksichtigen kann, dankbar. Leitfäden für Haus- und Seminararbeiten und sonstige an Studierende gerichtete Ratgeber sind nicht in der folgenden Liste aufgeführt. Sie deckt nur Promotionsleitfäden und allgemeine Veröffentlichungen zum wissenschaftlichen Arbeiten ab [Stand: 31. Mai 2017]. Änderungen in den Internetpräsenzen der Universitäten und Wechsel von Professoren an eine andere Fakultät bringen es leider mit sich, dass sich die Adressen häufig ändern. Suchen Sie deshalb im Falle einer nicht mehr aktiven Adresse zur Sicherheit über eine Internetsuchmaschine mit dem Namen der Person und des Leitfadens nach dem jeweiligen Dokument. Dies vorangeschickt, sind folgende Promotionsleitfäden/Merkblätter im Internet verfügbar:

Augenhofer, Susanne [Humboldt-Universität zu Berlin]: Merkblatt zum wissenschaftlichen Arbeiten *augenhofer.rewi.hu-berlin.de/doc/Merkblatt_wiss._Arbeiten.pdf.*

Aust, Helmut Philipp/ Krieger, Heike [Freie Universität Berlin]: Hinweise zum Erstellen einer Studienabschlussarbeit im Völkerrecht *www.jura.fu-berlin.de/fachbereich/einrichtungen/ oeffentliches-recht/lehrende/austh/Hinweise_SAA_und_SeminarArb/Hinweise-Studienabschlussarbeit-_neu_-1.pdf.*

Bork, Reinhard [Universität Hamburg]: Merkblatt für Doktoranden *www.jura.uni-hamburg.de/ media/ueber-die-fakultaet/personen/bork-reinhard/merkblatt-doktoranden.pdf.*

Bungenberg, Marc/Arndt, Jens [Universität Siegen]: Hinweise zur Erstellung von Haus-, Seminar-, Bachelor-, Master-, Diplomarbeiten und Dissertationen *www.wiwi.uni-siegen.de/rechts wissenschaften/oe-oecht/lehre/all_grundlagen/20141212_seminarhinweise.pdf.*

Butzer, Hermann [Leibniz Universität Hannover]: Merkblatt mit Informationen für Promotionsinteressenten *www.jura.uni-hannover.de/fileadmin/fakultaet/Institute/Butzer/PROMOT.pdf.*

Eckardt, Diederich [Universität Trier]: Hinweise für Doktorandinnen und Doktoranden *www.uni-trier.de/index.php?id=14225&L=0.* [enthält allerdings im Wesentlichen nur Vorgaben für den Ablauf des Verfahrens]

Epping, Volker [Leibniz Universität Hannover]: Doktorandenmerkblatt *www.jura.uni-hannover.de/ fileadmin/fakultaet/Institute/INTIF/Epping/Forschung/Doktorandenmerkblatt.pdf.*

Godt, Christine [Carl-von-Ossietzky-Universität Oldenburg]: Leitfaden zum Erarbeiten wissenschaftlicher Texte *www.uni-oldenburg.de/fileadmin/user_upload/f2/Stumidek/Leitfaden_Wiss_ Arbeiten_Juni_2016.pdf.*

Gröpl, Christoph [Universität des Saarlandes]: Hinweise für die Anfertigung von juristischen Dissertationen *www.uni-saarland.de/fileadmin/user_upload/Professoren/fr11_ProfGroepl/Promotion/ FormDiss__27.11.2012_.pdf.*

Hoeren, Thomas [Westfälische Wilhelms-Universität Münster]: Hinweise zu den Formalia juristischer Klausuren, Haus- und Seminararbeiten und Dissertationen *www.uni-muenster.de/Jura.itm/ hoeren/legacy/forschung/formalia.pdf.*

Hoffmann, Jochen [Friedrich-Alexander-Universität Erlangen-Nürnberg]: Hinweise zur Anfertigung einer wissenschaftlichen Arbeit *www.precht.rw.fau.de/files/2017/02/PRecht_Wissenschaftliche_ Arbeit.pdf.*

Kahl, Wolfgang [Ruprecht-Karls-Universität Heidelberg]: Formalia rechtswissenschaftlichen Arbeitens *www.jura.uni-heidelberg.de/md/jura/kahl/lehre/formalia_rechtswiss._arbeitens.pdf.*

Kindler, Peter [Universität Augsburg]: Dissertation – Richtlinien zur Manuskriptgestaltung *www.jura.uni-augsburg.de/lehrende/professoren/wurmnest/umzug_lmu_kindlepe/promotion/redaktionelle_richtlinien/redaktionelle_richtlinien.pdf.*

Knoche, Joachim [Ludwig-Maximilians-Universität München]: Tipps zur Promotion *www.jura.uni-muenchen.de/personen/k/knoche_joachim/promotion.html.*

Körber, Torsten [Georg-August-Universität Göttingen]: Leitlinien zum wissenschaftlichen Arbeiten und zu den Formalia von Haus-, Seminar und Studienarbeiten *www.uni-goettingen.de/de/506364.html.*

v. Koppenfels-Spies, Katharina/Vöneky, Silja [Albert-Ludwigs-Universität Freiburg]: Promovieren, warum nicht? *www.jura.uni-freiburg.de/institute/ioeffr2/downloads/promovierenwarumnicht* [Allgemeines zur Promotion und dazu, ob man eine solche anstreben soll; der Link war leider beim letzten Abruf nicht aktiv, auf den Leitfaden wird aber auf den Seiten der Universität Freiburg noch verwiesen].

Kort, Michael [Universität Augsburg]: Anleitung zum Anfertigen wissenschaftlicher Arbeiten *www.jura.uni-augsburg.de/lehrende/professoren/kort/downloads/01_wiss_arbeiten.pdf.*

Leisner-Egensperger, Anna [Friedrich-Schiller-Universität Jena]: Hinweise zur Anfertigung des Exposés: *www.rewi.uni-jena.de/rewi2media/Bilder/Fakult%C3%A4t/Lehrstuehle/Leisner_Egensperger/doktorand_expose.pdf.*

Leisner-Egensperger, Anna [Friedrich-Schiller-Universität Jena]: Hinweise für die Anfertigung einer von Prof. Dr. Anna Leisner-Egensperger betreuten Dissertation *www.rewi.uni-jena.de/rewi 2media/Bilder/Fakult%C3%A4t/Lehrstuehle/Leisner_Egensperger/dissertation_hinweise-p-1179.pdf.*

Madaus, Stephan [Martin-Luther-Universität Halle-Wittenberg]: Hinweise zur Manuskripterstellung bei einer Dissertation *wcms.itz.uni-halle.de/download.php?down=33700&elem=2764776.*

Manssen, Gerrit [Universität Regensburg]: Hinweise zur Anfertigung von Dissertationen, Hausarbeiten, Seminar-und Studienarbeiten *www.uni-regensburg.de/rechtswissenschaft/oeffentliches-recht/manssen/medien/pdf dateien/hinweise_zur_anfertigung_von_rechtswissenschaftlichen_arbeiten__stand_2014-06-10.pdf.*

Müller-Terpitz, Ralf [Universität Mannheim]: Leitfaden für das Erstellen einer juristischen Dissertation *wirtschaftsregulierungsrecht.uni-mannheim.de/Downloads/Leitfaden%20f%C3%BCr%20das%20Erstellen%20einer%20Dissertation.pdf.*

Nettesheim, Martin [Eberhard-Karls-Universität Tübingen]: Hinweise für Doktorandinnen und Doktoranden *www.jura.uni-tuebingen.de/professoren_und_dozenten/nettesheim/promotionen/HinweisefuerPromotion.pdf.*

Podszun, Rupprecht [Heinrich-Heine-Universität Düsseldorf] Formale Hinweise zur Anfertigung von Seminar-, Magister-und Doktorarbeiten bei Prof. Dr. Rupprecht Podszun *www.jura.hhu.de/fileadmin/redaktion/Fakultaeten/Juristische_Fakultaet/Podszun/LS_RP_Hinweise_Wiss_Arbeiten_2016.pdf.*

Repgen, Tilman [Universität Hamburg]: Merkblatt für Doktoranden *www.jura.uni-hamburg.de/media/ueber-die-fakultaet/personen/repgen-tilman/repgen-merkblatt-fuer-doktoranden.pdf.*

Röhl, Christian [Universität Konstanz]: Hinweise zur Anfertigung wissenschaftlicher Arbeiten *www.jura.uni-konstanz.de/roehl/lehre/.*

Rosenau, Henning [Universität Augsburg]: Hinweise zur Erstellung von Literaturverzeichnissen und zur Zitierweise von Literatur bei rechtswissenschaftlichen Hausarbeiten *www.jura.uni-augsburg.de/lehrende/professoren/kubiciel/downloads/hausarbeit_literatur_zitier.pdf.*

Schack, Haimo [Christian-Albrechts-Universität zu Kiel]: Zwingende Formalien einer Dissertation *www.ipvr.uni-kiel.de/de/ls_schack/dateien/service-fuer-studierende/diss.*

Schmoeckel, Mathias [Friedrich-Wilhelms-Universität Bonn]: Wege zur Promotion *www.jura.uni-bonn.de/institut-fuer-deutsche-und-rheinische-rechtsgeschichte/forschung/promotion/hinweise-zur-promotion/* [zur Frage, ob eine Promotion angestrebt werden soll und wie das Verfahren abläuft].

Schorkopf, Frank [Georg-August-Universität Göttingen]: Vademecum. Handreichung für die Anfertigung rechtswissenschaftlicher Ausarbeitungen *www.uni-goettingen.de/de/108557.html.*

Sosnitza, Olaf [Julius-Maximilians-Universität Würzburg]: Formale Anforderungen an Dissertationen *ww.jura.uni-wuerzburg.de/fileadmin/02120100/Allg._Hinweise/Formale_Anforderungen_an_Dissertationen_01.pdf.*

Schneider, Jens-Peter [Albert-Ludwigs-Universität Freiburg]: Leitfaden für eine Dissertation *www.jura.uni-freiburg.de/de/institute/imi2/Forschung/leitfaden-zur-dissertation.pdf.*

ders. [Albert-Ludwigs-Universität Freiburg]: Leitfaden für ein Exposé *www.jura.uni-freiburg.de/de/institute/imi2/Forschung/leitfaden-fur-ein-expose.pdf.*

Schröder, Rainer/Klopsch, Angela [Humboldt-Universität zu Berlin]: Der juristische Doktortitel *www.humboldt-forum-recht.de/deutsch/4-2012/index.html.*

Singer, Reinhard [Humboldt-Universität zu Berlin]: Leitfaden zu den Formalien einer Promotion *singer.rewi.hu-berlin.de/doc/rs/verschiedenes/LeitfadenPromotion2012.pdf.*

Stadler, Astrid [Universität Konstanz]: Leitfaden für die Anfertigung von Doktorarbeiten (mit Muster) *cms.uni-konstanz.de/jura/stadler/downloads/.*

Stieper, Malte [Martin-Luther-Universität Halle-Wittenberg] Empfehlungen zu den Formalien von schriftlichen Arbeiten *wcms.itz.uni-halle.de/download.php?down=40298&elem=2445925.*

Streinz, Rudolf [Ludwig-Maximilians-Universität München]: Promotionsleitfaden *www.jura.uni-muenchen.de/fakultaet/lehrstuehle/streinz/Promotionsleitfaden/promotionsleitfaden.pdf.*

Wendt, Rudolf [Universität des Saarlandes, Saarbrücken]: Hinweise zum Anfertigen von Doktorarbeiten *wendt.jura.uni-saarland.de/HinweisefuerDoktoranden/HinweisezumAnfertigenvonDoktorarbeiten.htm*

Siehe auch folgende Dokumente, die von einzelnen Universitäten bzw. Fakultäten veröffentlicht wurden:

Technische Universität Dresden: Hinweise zum Anfertigen rechtswissenschaftlicher Arbeiten *tu-dresden.de/gsw/jura/ressourcen/dateien/studium/bachelor_laws/studienorganisation/ba-arbeit_lic/Hinweise-zur-Erstellung-wiss.-Arbeiten.pdf?lang=de.*

Friedrich-Alexander-Universität Erlangen-Nürnberg: Merkblatt für wissenschaftliche Arbeiten *www.zr1.rw.fau.de/files/2016/03/Merkblatt-f%C3%BCr-wissenschaftliche-Arbeiten.pdf.*

Martin-Luther-Universität Halle-Wittenberg: Hinweis der Studiendekanin – Eckpunkte wissenschaftlichen Arbeitens *wcms.uzi.uni-halle.de/download.php?down=27391&elem=2633658.*

Universität Kassel: Leitfaden für die Betreuung an der Universität Kassel, abrufbar unter: *www.uni-kassel.de/uni/fileadmin/datas/uni/forschung/Forschungsreferat/Dokumente/Informationsbroschueren/LeitfadenBetreuung.pdf.*

Universität Kassel: Ich will promovieren. Anregungen, abrufbar unter: *www.uni-kassel.de/themen/fileadmin/datas/themen/wissenschaftlicher_nachwuchs/Dokumente/Informationsbrosch%C3%BCren/2014_11_Ichwillpromovieren_aktuell.pdf.*

Friedrich-Schiller-Universität Jena: Leitlinien zu den Formalien einer Haus-, Seminar- oder wissenschaftlichen Arbeit *www.rewi.uni-jena.de/rewi2media/Downloads/Studium/Formalia_Hausarbeit-p-166.pdf.*

Sachverzeichnis

Hinweis: Die Verweise beziehen sich auf die Randnummern.